EL DRAMA DE JESUS
Drama vivido en el Corazón del Hijo Primogénito

JOSE JULIO MARTINEZ, S.J.

EL DRAMA DE JESUS

VIDA DE NUESTRO
SEÑOR JESUCRISTO

Edición 29ª

Obra traducida al inglés, portugués, francés,
chino, alemán, gujerati y marati (India).
Más de un millón de ejemplares
distribuídos por España,
Iberoamérica y otros países

EDICIONES MENSAJERO

Para componer esta obra he tenido presentes las de Vilariño, Lebreton, Fillion, Papini, Sarabia, Abad y Bougaud. A veces transcribo párrafos enteros de las mismas. Sirva esta cita general para siempre, pues dado el carácter de este libro, no he pretendido hacer una obra completamente original, sino poner al alcance de todos lo mejor que he encontrado escrito acerca del Señor que más nos ama.

En esta nueva edición:

– He acomodado a los **Leccionarios** actuales los fragmentos del Evangelio que transcribo en el libro, y que aparecen impresos con letra distinta.

– He introducido nuevos comentarios a las escenas de la vida de Jesús; he repasado y pulimentado los anteriores.

– He añadido un **Indice de Temas**, que resultará muy práctico para Reuniones de Evangelio y para conversaciones de formación religiosa.

– He puesto un **Indice General** mucho más completo que el anterior.

– Finalmente, el libro aparece enriquecido con ilustraciones de dibujos, mapa y planos que facilitan la lectura y la comprensión del drama vivido en el Corazón del Hijo Primogénito.

Con aprobación eclesiástica

© Ediciones Mensajero
   Sancho de Azpeitia, 2 - 48014 Bilbao
   Apartado 73 - 48080 Bilbao
   ISBN: 84-271-1751-5
   Depósito Legal: BI - 327 - 97.
   Printed in Spain

Impreso en GRAFMAN, S.A. - Gallarta (Vizcaya)

¡JUSTICIA AL OBRERO!

Cierto día en París, calmada ya la revolución de 1848, una muchedumbre invade la iglesia de San Lorenzo, cubiertas las cabezas, el grito de protesta en los labios, la amenaza en los ojos...

De pronto, un personaje nuevo aparece en la puerta: se abre paso; llega hasta el púlpito; sube en dos saltos; pasea por la turba una mirada centelleante; hace gestos de querer hablar.

—¡Silencio, silencio! —gritan unos.

—¡Que hable! —claman otros.

Y todos callan y todos se apiñan para oírle.

Han conocido al tribuno, y esperan sus palabras.

Raimundo Brucker tenía entonces cuarenta y ocho años. Obrero, periodista, poeta y orador de mitin, había escrito algunos libros, y después los había arrojado a las llamas.

Raimundo Brucker mira de nuevo a los amotinados, con aquel fuego del alma que le salía por los ojos.

Espera unos momentos: los ve a todos en expectativa; y cuando se persuade de que reina silencio en todo el recinto, lanza este clamor:

—¡No se hace justicia al Obrero!

Resuena un aplauso, que el orador contiene con ademán imperioso, mientras continúa exaltándose por momentos:

—¡No se hace justicia al Obrero; no se respeta al Obrero! Pasan ante él, y no le saludan; pasan ante él y ni siquiera le miran; pasan ante él, ¡le injurian cara a

cara! Esto me subleva, señores; esto me hace vibrar de indignación... Lo he dicho y lo sostengo: ¡no se hace justicia al Obrero!

La que vibra de entusiasmo es aquella muchedumbre: el orador los ha fascinado; en algunos ojos brillan lágrimas; le vitorean, le aplauden, y al mismo tiempo se mandan callar para no perderle una sílaba:

—No se hace justicia al Obrero; y con sólo mirar la iglesia en que os hablo, todo en ella atestigua a la vez la inteligencia y el poder del Obrero. ¿Quién, sino el Obrero, ha levantado esta bóveda que nos cobija, y ha tallado sobre la piedra esos animales y plantas que parecen vivir? ¿Quién, sino el Obrero, ha construido ese órgano gigante, cuyas armonías impresionan y recrean? ¿Quién, sino el Obrero, ha ideado todas estas maravillas, y las ha ejecutado, y las ha puesto al servicio del hombre? Y sin embargo... ¡no se hace justicia al Obrero!

Otra salva de aplausos le obliga a callar unos minutos. Su voz parece adquirir nuevos bríos, y grita:

—¡No aplaudáis, compañeros! Sabed que sólo hay un Obrero digno de este nombre glorioso; un Obrero que ha hecho todas las cosas y ha hecho a todos los demás obreros; y... ¡no se hace justicia al Obrero: el Obrero es Dios!

El silencio de un respeto religioso desciende sobre todos. Brucker lo aprovecha para seguir con acento conmovido:

—El Obrero es Dios. El, sabio y todopoderoso, ha levantado esta bóveda azul del cielo con millones de astros por lámparas..., ha dado la vida a plantas y animales..., ha hecho al hombre, dándole inteligencia para conocerle a El, corazón para amarle a El y a los hombres por El... Y todo lo hizo de la nada, y todo lo hizo por puro amor, sin tener ninguna necesidad de nosotros, deseando darnos su felicidad... Y sin embargo, ¡no se hace justicia al Obrero! Hace un momento habéis entrado en su casa con la cabeza cubierta; habéis pasado ante aquel altar, donde está El, y no le habéis saludado; habéis proferido amenazas —¡yo las he oído!— contra los servidores de este Obrero que son vuestros amigos... Esto me subleva, compañeros. Esto me hace vibrar de indignación: ¡no se hace justicia al Obrero!

Todos callan en la iglesia. Todos evitan mirar al vecino que tienen al lado. Brucker añade:

—He terminado, señores. Me llamo Raimundo Brucker, vivo en Suger, 4. Si puedo serviros en algo, estoy a vuestra disposición.

Baja del púlpito; todos le abren calle y, en silencio, sale del templo. Tras él toda la gente desfila poco a poco...

¡Poder invencible de la verdad, cuando se presenta tal como es!

Yo quiero presentarte esta verdad, querido lector, que también eres obrero; obrero de las máquinas o de los campos, de los quehaceres domésticos o de los libros. Y esta verdad, consoladora y bendita, es que aquel Obrero no se contentó con crear todas las cosas, sino que él mismo se hizo Hombre, apareció entre los hombres, y apareció... como Obrero, el Obrero de Nazaret, Jesús, Hijo de María.

Hijo de María, en cuanto Hombre, e Hijo del Eterno Padre, en cuanto Dios. Porque Dios es uno, sólo hay un Dios verdadero, pero en El hay tres Personas distintas: el Padre, el Hijo y el Espíritu Santo.

Este misterio —la Santísima Trinidad— no podemos comprenderlo; pero de alguna manera podemos declararlo, con estas expresiones, acomodadas a nuestro alcance:

Dios, conociéndose a sí mismo, forma la imagen de sí mismo, una imagen tan perfecta, que es una Persona.

A Dios en cuanto se conoce llamamos Padre; en cuanto que es conocido, llamamos Hijo.

El Padre tiene infinito poder, infinita hermosura, infinita felicidad. El Hijo es en todo igual al Padre. Es Dios de Dios.

Al contemplarse el Padre y el Hijo, se encuentran infinitamente amables. Se aman, y este amor es tan perfecto, que es una Persona: el Espíritu Santo, Dios como el Padre y el Hijo, amor de entrambos, digno de la misma adoración.

Las tres Personas existen desde siempre y para siempre; viven en el mismo amor, gozan de la misma felicidad, son un Dios único, infinito en infinitas perfecciones.

De las tres, la que se hizo hombre sin dejar de ser Dios es el Hijo. Nació de una madre virgen, y pasó por nuestro mundo haciendo bien a todos.

Su historia es la más bella y atrayente que jamás han presenciado los hombres. La conservamos en libros escritos por testigos que vieron y oyeron lo que cuentan, y la tienes en estas páginas.

Conocerle a El es vida; y después de haberle conocido... ¡nunca serás de los que no hacen justicia al Obrero!

ENTRADA

El mundo le esperaba.—Así es como vino a vivir entre nosotros.—Aquella noche en Belén.—Luz para todo el mundo.—La primera persecución.—Carpintero de pueblo.—El Anunciador.

1.—EL MUNDO LE ESPERABA

También hace veinte siglos los hijos del pueblo tenían inquietudes como hoy, y también levantaban la voz para que se oyesen sus peticiones.

¿Qué pedían los hijos del pueblo?

En Roma, la ciudad de los amos del mundo, cuando las gentes se amotinaban ante el palacio de su Emperador, una petición proferían a gritos, una petición que vibraba en el aire con amagos de amenazante tempestad: **¡Pan y espectáculos!**

Pan y espectáculos pedían los ciudadanos del imperio más civilizado, y con pan y espectáculos se hubieran contentado también los demás habitantes de la tierra.

¿Qué espectáculos eran éstos?

Espectáculos del circo, juegos sangrientos de gladiadores, cacerías de esclavos, dramas de adulterios y homicidios representados al vivo, luchas de hombres contra tigres, luchas de hombres contra hombres... ¡Espectáculos del circo, alimentados con la misma sangre de aquellos hijos del pueblo!

César Augusto presentó para una de estas orgías 320 pares de esclavos, que mutuamente se tenían que matar; el Emperador Trajano dio juegos que duraron ciento veintitrés días, y en los que combatieron 10.000 gladiadores; Herodes Agripa hizo que de una vez se batiesen 700 contra 700...

Y, mientras jóvenes fornidos se embestían y degollaban sobre la arena, miles de espectadores, desde el gigantesco graderío, seguían con avidez los asaltos y las defensas de aquellos luchadores; temblaban de sádica emoción ante los primeros borbollones de sangre humana; aplaudían enloquecidos ante el gladiador que sabía caer y morir con arrogante postura; pataleaban furiosos al derribado que pedía misericordia para no ser rematado.

A esos espectáculos de sangre y de crueldad asistían las mujeres y los niños.

Tanto se rebajaba allí la dignidad humana y tanto se corrompían las costumbres, que el filósofo Séneca dejó escrita esta acusación: «Después de que he estado entre los hombres, vuelvo menos hombre.»

Así eran los espectáculos del Paganismo decadente... ¡y los hijos del pueblo seguían pidiendo pan y espectáculos! No conocían ideales más elevados, no tenían quien los guiase a otra felicidad infinitamente mayor, no tenían quien los amase hasta poner la vida por ellos...

¡Pan y espectáculos! ¿Y después? ¡Morir!

A pensamientos tan bajos correspondía la situación de la moralidad pública y privada.

La historia del matrimonio es la historia de un pueblo: si en el matrimonio se guarda fidelidad, el pueblo prospera; si el matrimonio se corrompe, el pueblo se arruina.

Como cáncer insaciable, nacido en el corazón del Imperio, se propagaba la infidelidad conyugal y la frecuencia de los divorcios. Consideraban a las mujeres como seres de casta inferior; había quienes contaban el número de años por el de sus matrimonios disueltos; horrorizaba la nobilísima misión de la familia... Fueron necesarias las leyes Julia y Papia para favorecer a las que llegasen a tener tres hijos.

El Estado se corrompía desde la raíz a la copa: vicios nefandos contra la naturaleza serpeaban por doquiera con su doliente cortejo de enfermedades y suicidios, hasta el punto de que llegó a escribir el historiador Tito Livio: «Hemos adelantado tanto en la malicia, que ya no podemos soportar nuestros males ni el remedio de nuestros males.»

Esta degradación moral fue favorecida por la bancarrota de las ideas religiosas.

Bien les recordaba la razón humana que todas las cosas habían sido creadas por un Ser Supremo, que este Ser Supremo es autor del hombre, su Padre y su Juez; que nos ha impreso en el alma una ley natural que manda hacer lo bueno y evitar lo malo; que la muerte nos lleva hacia él para que le demos cuenta de nuestras obras y recibamos premio o castigo...

Despreciaron esa luz de la razón, y en vez de glorificar al verdadero Dios, se dejaron cegar por el placer y se labraron dioses de marfil y de madera que no eran sino hombres de proporciones mayores y de mayores vicios.

De tales dioses exponían en sus templos estatuas obscenas; hacían que los adolescentes aprendiesen en las escuelas los adulterios de Júpiter y de Venus, y para imitar los ejemplos de sus voluptuosas divinidades, practicaban, ante las representaciones de ellas, ceremonias tan inmorales que no se pueden describir.

En cuadro de trazos tan sombríos, todavía resalta por su negrura la condición de los trabajadores.

El trabajo manual era despreciado, el trabajo manual era un deshonor: «Un hombre libre —decía el filósofo Aristóteles— no puede dedicarse a los trabajos mecánicos sin rebajarse.»

Disminuía la clase de los obreros libres, y el trabajo recaía sobre los esclavos.

Los esclavos... la gran vergüenza de aquella sociedad. Así los describía un autor: «Hay instrumentos mudos: son los arados y los martillos; instrumentos que andan: son los bueyes; instrumentos que hablan: son los esclavos.»

Estos instrumentos que hablan, ni tenían libertad ni

derecho a vivir: sus amos podían matarlos impunemente; más aún, podían abusar de ellos para sus liviandades. ¡Y en Roma había ricos que poseían de diez a veinte mil esclavos! Tener 500 no era extraordinario, y las personas acomodadas necesitaban, por lo menos, diez mil.

Nadie se compadecía de estos desgraciados en sus dolores; nadie se ocupaba de ellos cuando no podían trabajar; nadie les decía que tenían un alma tan preciosa ante Dios como las almas de los señores.

Así vivía aquel mundo, con hombres muy ricos, embriagados en placeres, y hombres muy pobres, ahogados en miseria. Y unos y otros anhelando una felicidad que nadie les daba...

Y esperando un libertador. Esperando un Hombre que les trajese pensamientos elevados; que les repitiese las antiguas verdades, olvidadas ya; que les purificase las ideas morales; que les enseñase a amarse unos a otros, todos como hermanos, todos como hijos de un Padre celestial.

Esperando un libertador... En efecto: según los historiadores paganos Suetonio y Tácito, era persuasión general que del Oriente había de salir quien cambiase el estado del mundo.

En Oriente habitaba el pueblo judío, adorador del Dios verdadero y depositario de sus gracias. El Altísimo le había prometido que de su raza nacería el Maestro de las almas, el Amigo de los pobres, el Libertador de los oprimidos, el Salvador de todos, el Esperado, el Unico que con sus enseñanzas, su santidad y su sacrificio sería capaz de reconciliar a los hombres con Dios.

Esa reconciliación era necesaria, desde que el pecado del primer hombre, Adán, destrozó aquel estado de amistad con promesa de inmortalidad y felicidad eterna, que Dios había ofrecido a la familia humana.

¡Y no había hombre, por muy sabio, por muy rico, por muy santo que fuese, capaz de establecer tal reconciliación!

Pudimos inferir ofensa a Dios que tiene dignidad infinita. Y no podemos ofrecerle expiación suficiente, porque no tenemos dignidad infinita. ¡Vivíamos fuera de la amistad con Dios!

Esta es la explicación de aquellos odios, y matanzas, y

abominaciones, y tinieblas espirituales, en que vivían los hombres. Habían permitido que sobre ellos reinase el pecado, el demonio, la muerte... y estaban condenados a la suprema desolación: los que murieran con pecado personal grave, irían al infierno para siempre. Los que murieran sólo con el pecado original, heredado del primer padre, al limbo. Y todos sin gozar nunca de la infinita hermosura de Dios, del infinito amor de Dios, de su infinita felicidad, para la cual precisamente habían sido creados... ¡Tremenda frustración, causada por la desobediencia de un hombre que a todos constituyó en pecadores, puesto que todos eran hijos de aquel que desobedeció!

Pero Dios se compadeció de la familia humana, y decidió enviar un hombre con dignidad suficiente —¡dignidad divina!— para que la obediencia de él pudiera atraer el perdón sobre todos los hombres, y hacerlos otra vez hijos de Dios.

Para preparar la venida de este reconciliador prometido al pueblo judío, el Espíritu Santo, desde muchos siglos antes, hizo ver a hombres escogidos de aquel pueblo —los profetas— rasgos que destacarían claramente en la vida y en las obras del que había de venir, como salvador de los judíos y de todas las naciones.

Uno contempla Belén, ciudad pequeña de Judá, ennoblecida por su nacimiento; y al mismo tiempo contempla otra generación más sublime, por la cual el mismo que nace en Belén es Hijo de Dios.

Otro profeta proclama que nacerá de madre virgen, y que será **Dios-con-nosotros.**

Otro le contempla entrando en Jerusalén, como rey pacífico, montado sobre un pollino, y anunciando la paz a todos los pueblos.

También conocen sus padecimientos. Le han visto sediento, azotado, vendido por treinta monedas de plata, crucificado, dolorido.

Pero comprenden que estos padecimientos no son el destino final del hombre que ellos anuncian. Son el precio que con generosidad absoluta entregará a la divina justicia, hecho obediente hasta la muerte, para establecer aquella anhelada reconciliación de los hombres con Dios.

Por eso, si los profetas le ven también puesto en el sepulcro, clamarán que ese sepulcro es glorioso: de ahí,

vencida la antigua enemistad con Dios y la muerte, obra del pecado, resurgirá vida inmortal y felicidad para todos los hijos de Adán.

Aquellos videntes predicaban a sus compatriotas —los judíos— cuanto Dios les revelaba y hoy lo conservamos escrito en los libros que llamamos **Antiguo Testamento** de la Sagrada Escritura, palabra de Dios.

La serie de estas profecías, tan precisas muchas de ellas, tan distanciadas en el espacio y en el tiempo, tan acordes, es una de las maravillas en que resplandece la sabiduría infinita de Dios.

Si sólo un hombre hubiese compuesto un libro de profecías, y después, el Deseado de las naciones hubiese venido conforme a ellas, cosa sería de gran valor. Pero lo que tenemos vale mucho más.

Tenemos una serie de libros escritos por hombres que, durante cuatro mil años, constantemente y sin variación, vienen uno tras otro a predecir el mismo acontecimiento.

Por eso los judíos fieles le esperaban con anhelo y pedían que llegase: **¡Ven, Señor, y no quieras tardar!**

Que se abra la tierra y nazca el Salvador. Que rocíen los cielos y descienda el Justo...

Cumplido el tiempo marcado por Dios, apareció el Esperado de las gentes. Apareció ante el extenso mundo pagano, cuya degradación no tenía humano remedio; apareció, con el nombre de Jesús, ante el pequeño mundo judío que le estaba esperando.

Le estaba esperando; y cuando le ve llegar, puede descubrir que en él se cumplen las antiguas profecías conservadas en sus libros santos. Sin embargo... no quiere reconocerle como enviado de Dios.

«Vino a los suyos, y los suyos no le recibieron.» ¿Por qué? Es un drama pavoroso, es un drama único en la Humanidad. El drama de Jesús que busca al hombre y es esquivado por el hombre.

Acércate a ver el curso y el desenlace de esta historia en las páginas siguientes.

La he compuesto para ti, obrero, oficinista, soldado, estudiante —chico o chica—, labrador, padre o madre de familia... Para ti, que acaso no tienes otros libros en que leerla.

La he compuesto empleando con frecuencia las mismas palabras con que nos la cuentan los cuatro historiadores que la escribieron, tal como la presenciaron. Dos de ellos, Juan y Mateo, fueron testigos de vista; los otros dos, Lucas y Marcos, trataron íntimamente con muchos testigos.

De los cuatro cronistas, el primero en escribir fue San Mateo. Era judío; estaba al servicio de los romanos como recaudador de impuestos; fue llamado por Jesús, al que siguió inmediatamente. Compuso su obra en hebreo para demostrar a sus compatriotas que Jesús Nazareno era el hombre anunciado por los profetas, como **el Ungido de Dios** para salvar al mundo.

Y así, en la primera página de su libro, al nombre personal del protagonista, Jesús, añade el título de **Ungido** (en hebreo, **Mesías;** en griego, **Cristo),** y lo presenta como coronación de toda la historia pasada (hijo de los patriarcas y reyes a quienes había sido prometido), y como padre de los tiempos nuevos que durarán hasta el fin del mundo.

San Mateo redactó sus páginas dentro de los treinta años siguientes a la despedida de Jesús, cuando aún vivían muchos testigos de los sucesos que en ellas refiere.

Por la misma época compuso su libro el segundo historiador, San Marcos. Lo destinaba principalmente a la catequesis de cristianos procedentes, no del judaísmo, sino del paganismo romano. Por eso, escribe en griego, idioma tan difundido en el imperio como en el latín.

San Marcos, por haber escuchado a San Pablo, y luego a San Pedro en Roma, cuando predicaban el Evangelio de Jesucristo, nos ofrece un relato conciso, en estilo sencillo y popular, rebosante de claridad y de fuerza.

A los mismos años se remonta la tercera redacción de este divino drama, cuyo autor, San Lucas, empieza proclamando que sólo escribe después de haberse informado cuidadosamente de todo lo ocurrido.

En un griego muy artístico, nos va exponiendo no sólo hechos y palabras, milagros y enseñanzas de Jesús, sino muchos de los sentimientos de su Corazón. Este es el Evangelio en que nos conmueve la oveja perdida, el hijo pródigo, el ladrón que se arrepiente, el apóstol que llora por haber negado al querido maestro...

Y San Juan. Todos llaman a su libro **El cuarto Evangelio.** Testigo excepcional, porque ha visto, ha oído al Hijo de Dios hecho hombre; ha apoyado su cabeza sobre el pecho de él, en la última cena.

Compone su obra cuando ya es muy anciano, a ruegos de los discípulos que desean conservar todo lo que el venerable Apóstol les ha predicado acerca de Jesús Nazareno. San Juan compendia así aquella predicación: Jesús es el Verbo increado (Palabra) de Dios, por quien todas las cosas han sido hechas. Es el Hijo de Dios que se hace hombre para hacernos a los hombres hijos de Dios.

Con el fin de infundirnos esta fe y de conservar algunos pormenores históricos omitidos en los tres primeros, San Juan escribe las divinas páginas de su Evangelio en un griego muy sencillo —no clásico— y al mismo tiempo, muy puro y transparente.

Tales son los cuatro redactores de un Evangelio único.

Pueblos de Palestina, en tiempos de Jesús.

No hay cuatro Evangelios, sino uno solo escrito por cuatro, cada uno de los cuales no copia a los demás, sino que aporta su manera de ver y referir la misma historia, acomodándose a los distintos destinatarios y a las personales inspiraciones del Espíritu Santo.

Así poseemos hoy no sólo la riquísima variedad y belleza de los textos evangélicos, sino cuadruplicado el valor histórico de las cuatro narraciones, al presentarse cada autor como testigo independiente de los otros tres.

No podemos dudar de su veracidad: refieren sucesos cuyos actores o testigos próximos podían contradecirles, pues aún estaban vivos. Además escriben bajo la inspiración divina, y dispuestos a dar la vida —como la dieron después— por confesar que es verdad todo lo que escriben.

No podemos dudar de ellos cuando, con la honrada sencillez del que se sabe bien informado, nos presentan el drama vivido por Jesús buscando al hombre. Drama que también es tuyo.

Sí, mi querido lector: en este drama tú no eres mero espectador. Tú eres uno de los actores. Ya lo verás.

2.—ASI ES COMO SE HIZO HOMBRE

En los días de Herodes, rey de Judea..., el ángel Gabriel fue enviado por Dios a Nazaret, ciudad de Galilea, a una Virgen, desposada con un hombre lla-

mado José, de la estirpe de David; la Virgen se lla-
maba María. El ángel, entrando en su presencia, dijo:
—Alégrate, la llena de gracia: el Señor está contigo;
bendita tú entre las mujeres.

Hay dos modos de referir los sucesos admirables: uno, empleando exclamaciones de estupor ante su grandeza; otro, contando simplemente lo ocurrido sin ponderaciones ni asombros.

Este segundo camino es el que siguen los historiadores del Niño que va a aparecer en el mundo, como el hijo de un artesano.

La escena ha empezado en Nazaret, pueblecito de Galilea, que parece suspendido en los flancos de una montaña, en un terreno de granados, higueras y nogales. Alguien lo comparó a una rosa que abre su corola mirando al cielo. La imaginación no hubiera podido fingir un asilo más reposado para la más casta de las doncellas: María de Nazaret.

Descendía esta joven del gran Rey David; pero la calamidad de los tiempos y los infortunios familiares habíanla reducido al plano de las gentes del pueblo que no tienen ni dinero ni nobleza de sangre.

Cuando hilaba o leía en su casa, cuando iba por agua a la fuente, cuando asistía a las solemnidades religiosas, parecía una niña como todas las demás. Pero cuando llegó el tiempo anunciado por los Profetas y quiso Dios escoger una Madre para el Deseado de las naciones, no fue a buscarla entre las reinas del Oriente ni entre las poetisas de Grecia ni entre las aristócratas de Roma. Fue a buscar una virgencita humilde en un pueblo sin historia.

Había nacido de padres ya ancianos, que, según la tradición, se llamaban Joaquín y Ana. Desde el primer instante de su concepción, por un privilegio único de Dios Omnipotente, fue preservada inmune de aquel pecado que nos alcanza a todos los que tenemos un padre pecador, como origen común, y que por esto mismo, llamamos **pecado original.**

El suavísimo nombre de la doncella, María, significa, según distintas interpretaciones, Mar amargo, Señora, Iluminadora, Esperanza, Hermosa, Querida del Señor, Graciosa, Regalo.

Todo lo fue la Virgen de Nazaret: Mar de dolor y de paciencia, Señora de la tierra y del cielo, Iluminadora del mundo como luz de amanecer, Esperanza de los pecadores, Toda hermosa y hermosísima en cuerpo y alma, Llena de gracia, Regalo de Dios a los hombres, Amada y amadísima de Dios.

Las miradas del Altísimo se complacen en esta Niña, obra perfecta de su potencia creadora. Y también de su potencia santificadora, pues la ha concebido enriquecida con una gracia santificante superior a la de todos los santos y ángeles juntos.

Ella crece en edad y también en sabiduría, escondida como humilde violeta en la santidad del Templo de Dios, a donde sus padres la han presentado como acostumbraban los padres piadosos de algunas jóvenes israelitas.

Allí María se ocupa en los quehaceres propios de aquellas jóvenes. Y lee los libros santos, medita, ora, pide al Dios de sus padres que venga pronto el Salvador del mundo.

Así crece tanto en santidad, y tanto crecerá durante toda su vida, que cuando llegue al término de su camino sobre la tierra, la santidad de María, Virgen Inmaculada y llena de gracia, sólo podrá ser comprendida por el entendimiento de Dios, pues es la santidad suprema después de la santidad del mismo Dios.

Pero esa sublime hermosura de su vida interior, toda ungida de fe, amor y esperanza, queda suavemente disimulada por una conducta semejante a las de su edad.

Ha cumplido catorce años; y sus padres, movidos —según podemos piadosamente pensar— por inspiración divina, la desposan con José, joven santísimo, descendiente también del Rey David, que ejerce la humilde profesión de carpintero.

Aquellas dos almas se unen con el más puro de los amores. De rodillas en la presencia del Altísimo renuevan el voto de virginidad perpetua que hicieron en sus primeros años, prometiendo a Dios solemnemente y libremente guardar inmaculados sus cuerpos y sus almas.

Saben que si es hermoso tener hijos para multiplicar la descendencia del pueblo de Dios, según la ilusión de los israelitas fieles, todavía es más hermoso entregarse en exclusiva al mismo Dios, que es todo pureza y gracia y santidad, para conocerle mejor, para amarle más.

Así era y así vivía la escogida para Madre del Salvador. Y mientras nadie se acuerda ya de las matronas romanas ni de las reinas orientales, ella recibe cada día el recuerdo, el amor y las lágrimas de millones de hijos, esparcidos por el mundo, que repiten sin cesar las dulces palabras del celestial embajador: **Salve, María; llena de gracia, el Señor está contigo; bendita tú entre las mujeres.**

Al oír estas palabras, ella se turbó, y se preguntaba qué saludo era aquél. El ángel le dijo:

—No temas, María, porque en ti se agrada Dios. Concebirás en tu seno y darás a luz un hijo, y le pondrás por nombre Jesús. Será grande, se le llamará Hijo del Altísimo; el Señor Dios le dará el trono de David su padre; reinará sobre la casa de Jacob para siempre, y su reino no tendrá fin.

Decir estas frases a una joven israelita instruida en los libros santos era lo mismo que decirle: Tú serás la Madre del Gran Rey que ha de venir, tú serás la Madre del Salvador esperado.

Al oír esta promesa —la más bella y halagadora que

entonces se pudiera imaginar—, aquella joven prudentísima recuerda que ella ha consagrado la virginidad a su Dios; ella no duda de las palabras del mensajero; pero como era cosa nunca oída que una virgen concibiese un hijo en su seno, pregunta cómo sucederá esto, y añade que ella no conoce varón; como si dijera:

—Creo que eres un ángel venido del cielo; creo que lo que me presentas está sobre toda dignidad humana; sin embargo, debo decirte que yo no tengo ni tendré nunca trato marital con hombre, pues estoy consagrada a Dios.

El ángel le contestó:

—El Espíritu Santo vendrá sobre ti, y la fuerza del Altísimo te cubrirá con su sombra; por eso el santo que nacerá de ti será llamado Hijo de Dios. Ahí tienes a tu pariente Isabel, que, a pesar de su vejez, ha concebido un hijo, y ya está de seis meses la que llamaban estéril, porque nada es imposible para Dios.

Misteriosa y grande manera de hablar:

—El Espíritu Santo descenderá sobre ti. No concebirás por obra de varón, sino por obra del Altísimo. De ti nacerá un hijo, igual a los demás hombres en su naturaleza humana, pero a la vez igual a Dios en su naturaleza divina. Este hijo será el Hijo de Dios, que existe desde toda la eternidad. Y en prueba de que te anuncio una verdad, ahí tienes a tu prima Isabel, que siendo anciana y estéril, también ha concebido un hijo por milagro. Dios lo puede todo: si Dios ha hecho que la anciana tenga un hijo, también puede hacer que la virgen sea madre sin dejar de ser virgen.

El ángel ha cumplido su misión: ha propuesto a la joven la dignidad altísima de ser Madre de Dios, y nada se hará hasta que ella consienta. ¡Tanto respeta Dios la libertad humana!

El ángel ha cumplido su misión; queda callado, respetuoso. Instante solemne. ¡Oh Virgen feliz! Toda la humanidad, cautiva del pecado y privada de la amistad de Dios, espera ahora tu respuesta, espera que tú quieras recibir al único que puede salvarla.

Entonces dijo María:

—He aquí la esclava del Señor: hágase en mí según tu palabra.

Y el ángel se retiró de ella.

Se retiró de la que era ya su Reina y Señora, Reina también de todos los ángeles y de todos los hombres; pues en aquel mismo momento sobre la Virgen María descendió el Espíritu Santo, que es el amor del Padre y del Hijo, y al cual se atribuyen las grandes obras del amor de Dios.

De la purísima sangre de esta Señora formó un cuerpo perfectísimo. Creó un alma y la unió a este cuerpo.

En el mismo instante, a este cuerpo y alma se unió el Hijo de Dios.

Y de esta suerte, el que antes era sólo Dios quedó hecho Hombre, sin dejar de ser Dios.

Dios y Hombre en una sola Persona: este es el misterio maravilloso de la Encarnación.

Misterio digno de ser meditado con la emoción agradecida y amante con que San Juan lo compendió en aquella sublime frase: «El Verbo se hizo carne y acampó entre nosotros.»

¿Quién es este Verbo que se ha hecho carne viva en el seno purísimo de la Madre Virgen?

Verbo significa Palabra, Idea, Imagen sustancial.

El Padre celestial, contemplándose a Sí mismo, concibe la Imagen de Sí mismo, Imagen que es infinitamente perfecta como lo es el Padre; Imagen que es Persona, como lo es el Padre; Imagen que es Dios, como lo es el Padre.

Esta Imagen perfectísima, que procede del entendimiento del Padre, esta Luz de Luz, este Dios verdadero de Dios verdadero, es la Segunda Persona, es el Hijo de Dios, el Verbo (Palabra) de Dios.

De este Verbo habla San Juan como sólo puede hablar un ángel o un hombre iluminado por divina claridad. Dice así:

En el principio existía el Verbo, y el Verbo estaba en Dios, y el Verbo era Dios. El estaba en el principio con Dios.

Todo fue hecho por él, y sin él no fue hecho nada de cuanto ha sido hecho.

En él estaba la vida, y la vida era la luz de los hombres, y esta luz resplandece en las tinieblas, y las tinieblas no la recibieron...

Era la luz verdadera que alumbra a todo hombre. Al mundo vino, y en el mundo estaba; el mundo fue hecho por él, y el mundo no le conoció.

Vino a los que eran suyos, y los suyòs no le recibieron. Pero a cuantos le recibieron, dioles poder para ser hechos hijos de Dios, pues son los que creen en él. Este no ha nacido de sangre, ni de amor carnal, ni de querer humano, sino de Dios.

Para este último versículo (el 13 en el capítulo primero de San Juan), he adoptado la lectura **distinta** que aparece en códices antiquísimos y en santos Padres del siglo II (1).

La traducción usada dice: «Estos no han nacido de sangre, ni de amor carnal, ni de querer humano, sino de Dios.» Alude a **todos los que creen en el Verbo hecho hombre,** y repite que quedan hechos **hijos de Dios,** excelsa dignidad expresada ya en el versículo anterior.

La variante que he adoptado no presenta el plural de **todos los beneficiados** con la filiación divina, sino el singular del **único que puede beneficiarlos** por ser Hijo de Dios.

Así, a lo largo de este pasaje, San Juan mantiene el protagonismo del Verbo. Este **existe** desde siempre, **está** cabe Dios, **es** Dios, **ha hecho** todas las cosas, **viene** a los hombres para hacer hijos de Dios a cuantos crean en él, y **viene no engendrado** por carne y sangre, ni adoptado legalmente por voluntad de hombre, sino nacido de Dios.

¿Quién reveló a San Juan la verdad sublime de que un hombre cuya ardiente amistad poseyó él mismo y en cuyo pecho se reclinó; un hombre a quien él vio comer, dormir y morir, no había sido concebido por voluntad de hombre, sino por Dios?

Con pleno fundamento podemos pensar que fue la Virgen María.

El discípulo siempre fiel la recibió en su casa y la trató como a madre propia, de acuerdo con la última voluntad de Jesús: «Ahí tienes a tu madre».

Y así, no nos resulta difícil meditar cómo aquella madre única, en alguna de sus conversaciones con el hijo adoptivo que nos representa a todos los redimidos por el Hijo primogénito, le contaría sus recuerdos de Nazaret, como los había contado a San Lucas, que para eso los conservaba y meditaba en su corazón:

---

(1) Pueden verse citados y estudiados a fondo por el Padre E. Elorduy, S. I., en artículo que presentó al Congreso Mariológico (Zaragoza, 1979).

24

—Cuando el ángel me anunció un hijo y yo le objeté que no tenía trato marital con varón, me explicó que aquél no sería concebido por voluntad de hombre, sino que sería Hijo de Dios.

Y esto es lo que San Juan —según la variante que he adoptado— escribe en el verso 13 de su primer capítulo, de acuerdo con la finalidad en todo su libro pretendía: inculcarnos la fe de que Jesús es el Hijo de Dios venido al mundo para que nosotros, creyendo en él, lleguemos a ser también hijos de Dios.

Y así termina esta página añadiendo su propio testimonio al testimonio de María. El ha visto, él ha oído y tocado. Dice:

Y el Verbo se hizo carne y acampó entre nosotros. Y hemos visto su gloria; gloria propia del Hijo único del Padre, lleno de gracia y de verdad.

El Verbo se hizo carne en aquel momento mismo en que María pronunció su humilde palabra: Hágase en mí... **Hágase,** palabra humilde, pero inmensa y potente, que sólo se puede comparar con la palabra de la Creación. **¡Hágase la luz!,** dijo Dios, y la luz fue hecha. Hágase la tierra, hágase el cielo, hágase la vida... Y todo empezó a existir. Y nosotros empezamos a ser hombres.

Ahora dice María: Hágase en mí según tu palabra, y se hace Hombre el Hijo de Dios y nosotros recibimos la potestad de ser hechos hijos de Dios.

Al pronunciar María su aceptación, el cielo se estremece. Mas la Virgen Madre nada oye. Su cabeza descansa sobre su pecho, y su alma se halla sumergida en un silencio semejante a la paz de Dios. El Verbo se ha hecho carne, habita entre nosotros, es hijo de María. Ella no le ve, no le palpa; pero cree. Pronto será alabada y proclamada bendita precisamente por eso: «porque has creído».

3.—EL CANTO DE GRATITUD

María, después del gran acontecimiento, concibe el deseo de visitar y ayudar a su prima Isabel, la anciana que ha concebido un hijo, siendo estéril.

Este niño será Juan Bautista, el Penitente del Desierto, el Predicador de fuego que preparará la llegada de Jesús, el Mensajero fiel que desaparecerá cuando el Rey aparezca.

He aquí lo que había sucedido, contado por San Lucas, con estilo de belleza inimitable y sencilla:

En tiempos de Herodes, rey de Judea, había un sacerdote llamado Zacarías, del turno de Abías, casado con una descendiente de Aarón llamada Isabel.

Los dos eran justos ante Dios, y caminaban sin falta según los mandamientos y leyes del Señor. No tenían hijos, porque Isabel era estéril, y los dos eran de edad avanzada.

Una vez que oficiaba delante de Dios con el grupo de su turno, según el ritual de los sacerdotes, le tocó entrar en el santuario del Señor a ofrecer el incienso; la muchedumbre del pueblo estaba fuera rezando durante la ofrenda del incienso.

Y se le apareció el ángel del Señor, de pie a la derecha del altar del incienso. Al verlo, Zacarías se sobresaltó y quedó sobrecogido de temor.

Pero el ángel le dijo:

—No temas, Zacarías, porque tu ruego ha sido escuchado: tu mujer Isabel te dará un hijo y le pondrás por nombre Juan. Te llenarás de alegría y muchos se alegrarán de su nacimiento. Pues será grande a los ojos del Señor: no beberá vino ni licor; será lleno de Espíritu Santo ya en el vientre materno, y convertirá muchos israelitas al Señor, su Dios. Irá delante del Señor, con el espíritu y poder de Elías, para convertir los corazones de los padres hacia los hijos, y a los desobedientes a la sensatez de los justos, preparando para el Señor un pueblo bien dispuesto.

Zacarías replicó al ángel:

—¿Cómo estaré seguro de eso? Porque yo soy viejo y mi mujer es de edad avanzada.

El ángel le contestó:

—Yo soy Gabriel, que sirvo en presencia de Dios; he sido enviado a darte esta buena noticia. Pero mira: quedarás mudo hasta que esto suceda, por no haber dado fe a mis palabras que se cumplirán a su debido tiempo.

El pueblo estaba aguardando a Zacarías, sorprendido de que tardase tanto en el santuario. Al salir no podía hablarles, y ellos comprendieron que había te-

nido una visión en el santuario. El les hablaba por señas, porque seguía mudo.
Al cumplirse los días de su servicio en el templo volvió a casa.

Poco tiempo después, su esposa Isabel concibió un hijo y decía muy contenta al verse madre:
—¡El Señor me ha quitado la pena de no tener hijos!
Cuando llegó María, tras una caminata de cuatro días (más de cien kilómetros), a impulsos de su eximia caridad, saludó a Isabel con la fórmula acostumbrada:
—La paz contigo.
¿Qué pasó entonces en el corazón de esta santa mujer? ¿Qué efusión de luz divina? Antes de que María le descubriera su secreto, se sintió llena del Espíritu Santo que le reveló la divina maternidad de María, y sintió que daba saltos de júbilo la criatura que llevaba en su seno.

Y exclamando en voz alta, dijo a María:
—Bendita tú entre las mujeres, y bendito el fruto de tu vientre. ¿Quién soy yo para que me visite la madre de mi Señor? En cuanto tu saludo llegó a mis oídos, la criatura saltó de alegría en mi vientre. ¡Dichosa tú, que has creído!, porque lo que te ha dicho el Señor se cumplirá.

También María se siente llena del Espíritu Santo, y a las bendiciones de Isabel responde con el **Magnificat,** el canto de la gratitud a Dios, todo serenidad y humildad, todo confianza en el poder y en la misericordia del Altísimo:

—Proclama mi alma la grandeza del Señor; se alegra mi espíritu en Dios, mi salvador; porque ha mirado la pequeñez de su esclava.
Desde ahora me felicitarán todas las generaciones, porque el Poderoso ha hecho obras grandes por mí: su nombre es santo. Y su misericordia llega a sus fieles, de generación en generación.
El hace proezas con su brazo: dispersa a los soberbios de corazón; derriba del trono a los poderosos, y enaltece a los humildes; a los hambrientos colma de bienes y a los ricos despide vacíos.
Auxilia a Israel, su siervo, acordándose de la misericordia —como lo había prometido a nuestros pa-

dres—, en favor de Abrahán y su descendencia para siempre.

Veinte siglos de Cristianismo han repetido este cántico en todos los templos. Tan sencillo y tan ingenuo, parece un preludio de la palabra que Jesús pronunciará treinta años después: «Felices los pobres, felices los limpios de corazón.» Este cántico basta para demostrar la verdad de la visita del ángel y el soberano prodigio obrado en la Virgen María.

Porque si no fuera bajo la acción inmediata del Espíritu de Dios, ¿cómo esa doncella desconocida, esa jovencita de aldea, aceptaría el título de bendita entre todas las mujeres, que su prima le ha dado, y cómo se atrevería a decir que todas las generaciones la llamarán feliz y gloriosa?

Y lo más admirable es que sus palabras se han cumplido, y todos los siglos pasan ante ella felicitándola por la gloria incomparable de ser Madre de Dios, sin dejar de ser virgen.

4.—NACE EL PRECURSOR

Llegó para Isabel el día del alumbramiento, y dio a luz su hijo, tanto tiempo esperado y milagrosamente concebido.

El Evangelio nos presenta la venturosa escena familiar. Llegan parientes, amigos y vecinos, para congratularse con la madre feliz.

Al octavo día va a celebrarse una gran fiesta, la circuncisión, ceremonia sagrada, comparable a nuestro bautismo, por la cual los varones de Israel entraban a formar parte del pueblo de Dios, y recibían su nombre, elegido ordinariamente por el padre.

Esta vez, como el padre está mudo, se adelantan algunos de los parientes, y quieren poner al niño el nombre de su padre Zacarías.

La madre interviene, diciendo:
—Nada de eso. Se llamará Juan.
Le replicaron:
—Ninguno de tus parientes se llama así.
Entonces preguntaban por señas al padre cómo quería que se llamase. El pidió una tablilla y escribió:
—Su nombre es Juan.
Todos quedaron admirados. En el acto recuperó el uso de la palabra, y empezó a hablar bendiciendo a Dios.

Como las aguas de un río generoso cuyos diques se rompen, desbórdanse del corazón del buen anciano los sentimientos de júbilo, de gratitud y de admiración, que durante nueve meses se habían acumulado silenciosamente.

Y, lleno del Espíritu Santo profetizó diciendo:

—Bendito sea el Señor, Dios de Israel, porque ha visitado y redimido a su pueblo, suscitándonos una fuerza de salvación en la casa de David, su siervo; según lo había predicho desde antiguo por boca de sus santos profetas.

Es la salvación que nos libra de nuestros enemigos y de la mano de todos los que nos odian; así realiza la misericordia que tuvo con nuestros padres, recordando su santa alianza y el juramento que juró a nuestro padre Abrahán.

Para concedernos que, libres de temor, arrancados de la mano de los enemigos, le sirvamos en santidad y justicia, en su presencia todos nuestros días.

Así canta Zacarías la llegada del Reino que viene a redimir y salvar. Y en seguida anuncia la parte que tendrá su hijo, el niño recién nacido, en esta obra de Dios:

—Y a ti, niño, te llamarán profeta del Altísimo, porque irás delante del Señor, a preparar sus caminos, anunciando a su pueblo la salvación, el perdón de sus pecados.

Poseídos de santa veneración escuchaban los presentes al anciano.

Estas noticias se divulgaron por toda la montaña de Judea, y cuantos las oían reflexionaban, diciendo:
—¿Qué será este niño?
Porque la mano de Dios estaba con él.

María permaneció tres meses con su prima Isabel, y después regresó a Nazaret. Allí, en recogimiento santo y encendida en amor inefable, espera el nacimiento de su Hijo.

5.—EL PRIMER DOLOR Y GOZO

María, en Nazaret, ha vuelto a su casa, no a la de su esposo José, porque todavía no se han celebrado las bodas solemnes, sino solamente los esponsales.

Y he aquí que el humilde carpintero queda maravillado cuando advierte que ella va a ser madre. Esto no sorprende a los de fuera, ya que los esponsales, entre los judíos, equivalían a verdadero matrimonio. Este se celebraba meses más tarde, y sólo añadía la ceremonia exterior con que la esposa era conducida a la casa del esposo, para empezar a vivir juntos.

A nadie extrañaba la maternidad de María; pero José empieza a sufrir una duda angustiosa: él había tratado con ella de guardar siempre los dos su virginidad y ahora precisamente, cuando se acerca el día de las bodas solemnes, de las fiestas de familia, advierte las señales claras de una maternidad purísima, que era bendición del Espíritu Santo, pero que él no acierta a comprender...

Su esposa ha concebido un hijo: ¿cómo puede ser esto? El sabe que su esposa es santa... ¡Su esposa es santa, su esposa es humilde, y no le dice que aquel hijo es el Hijo de Dios!

María calla, dejándolo todo en manos del Señor. José comprende que allí se realiza algún misterio elevado, y quiere dejar en libertad a su joven esposa, quiere separarse de ella.

Este pensamiento le tortura como una espada penetrante; y prepara su ausencia, lleno de dolor.

Pero apenas había tomado esta resolución, se le apareció en sueños un ángel del Señor, que le dijo:

—José, hijo de David, no tengas reparo en llevarte a María, tu mujer, porque la criatura que hay en ella viene del Espíritu Santo. Dará a luz un hijo, y tú le pondrás por nombre Jesús, porque él salvará a su pueblo de los pecados.

Todo esto sucedió para que se cumpliese lo que había dicho el Señor por el profeta:

Mirad: La Virgen concebirá y dará a luz un hijo,
y le pondrá por nombre Emmanuel,
que significa: «Dios-con-nosotros».

Cuando José despertó, hizo lo que le había mandado el ángel del Señor, y se llevó a su mujer a casa.

Así veló por su siervo fiel el Padre que está en los cielos. Y el hombre sumido en dolor inmenso se siente ahora rebosante de consuelo y admiración y júbilo indescriptible: El, el carpintero del pueblo, es el elegido para esposo de la Madre de Dios y padre legal del Salvador del mundo. ¡Varón incomparable y glorioso, el humilde San José! Dios le hizo Señor de su casa y Príncipe de toda su posesión.

Recibió a María en su casa; celebráronse las bodas solemnes, y comenzaron a vivir como un hermano castísimo con una hermana virgen perpetua. El trabajaba en su oficio; ella preparaba los pañales y vestidos para el Niño esperado. El y ella felices en su casita de Nazaret.

Pero he aquí que setecientos años antes el profeta Miqueas anunció que el Prometido nacería en Belén de Judá, y esta ciudad distaba de Nazaret cuatro días de camino.

Todo lo tenía medido y calculado la suave providencia del Altísimo. En efecto,

Por aquellos días se promulgó un decreto de César Augusto (el emperador de Roma), mandando que se empadronasen los habitantes de su imperio. Y todos iban a empadronarse cada cual a la ciudad de su estirpe.

José, pues, como era de la casa y familia de David, vino desde Nazaret, ciudad de Galilea, a la ciudad de

David, llamada Belén, en Judea, para empadronarse
con María, su esposa, la cual estaba para tener un
hijo.

Así nos prepara San Lucas para referirnos dónde y
cómo ocurrió el nacimiento del Hijo de Dios. María y
José tuvieron que trasladarse desde Nazaret a Belén,
cuando ellos no pensaban en tan largo y tan fatigoso
viaje.

6.—A BELEN

Tienen que andar 120 kilómetros, y se unen tal vez a
una de las caravanas que hacen el mismo camino.

Van saboreando en sus corazones el sublime misterio
que pronto contemplarían sus ojos, mientras los demás
caminantes reniegan contra el Emperador de Roma, que
los obliga a emprender tales jornadas. María y José
piensan en su dicha y dan gracias: piensan en el amor
de su Dios, y sus corazones se deshacen de amor; piensan en los hombres, y a sus ojos asoma el llanto...

Las sierras de Galilea quedan ya lejos. Ya atraviesan la
Samaria. Ya van faldeando las montañas de Judea. A la
izquierda dejan Jericó, la ciudad de las palmeras y de las
rosas; a la derecha, sobre elevadas cumbres, se alza la
Ciudad Santa, Jerusalén.

Una corta jornada más, y aparece sobre una colina
tapizada de verdura la ciudad de David; la que regó con
sus lágrimas la bella Noemí y en cuyos campos espigaba
Rut, sencilla y afanosa; la que iba a ser patria del Esperado, la encantadora Belén.

Numerosos judíos invaden casas y albergues, pues
han venido de muchas partes para cumplir la ley del
Emperador.

También María y José buscan su hospedaje, llamando
primero a la puerta de algún pariente, de algún conocido.

Pero todos responden que ya no tienen sitio por haber
llegado muchos forasteros; que lo sienten mucho y que
Dios los ampare.

Para que María no se fatigue más, José la deja sentada en alguna piedra, al socaire de una tapia, y él sigue
llamando a otras puertas, pero tampoco encuentra habitación.

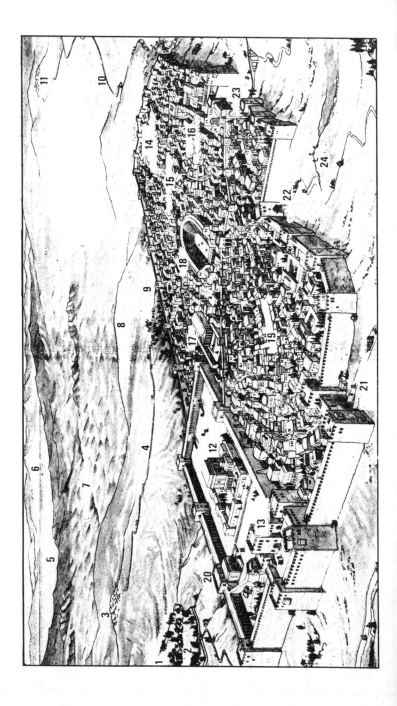

Jerusalén en tiempo de Jesucristo: 1. Monte de los Olivos. 2. Huerto de Getsemaní. 3. Betania. 4. Carretera a Jericó. 5. Mar Muerto. 6. Montes de Moab. 7. Desierto de Judá. 8. Monte de las Tentaciones. 9. Valle de Hebrón. 10. Carretera a Belén. 11. Belén. 12. Templo. 13. Fortaleza Antonia con el Pretorio de Pilato. 14. Cenáculo. 15. Casa de Caifás. 16. Palacio de Herodes. 17. Forum. 18. Teatro. 19. Calle de la Amargura. 20. Puerta Dorada. 21. Puerta de Damasco. 22. Puerta de la Tentación. 23. Puerta de Jafa. 24. Calvario, en cuyas cercanías se hallaba el jardín de José de Arimatea, con el Santo Sepulcro. (Grabado en la página anterior.)

Templo de Jerusalén, en tiempo de Jesucristo: 1. Atrio de los Israelitas. 2. Pretorio de Pilato, en la Torre Antonia. 3. Puerta Preciosa. 4. Pórtico de Salomón. 5. Puerta Dorada. 6. Pináculo del Templo. 7. Pórtico Real. 8. Puertas de las Comadrejas. 9. Paso subterráneo a la ciudad. 10. Puerta del Arrabal. 11. Amplio atrio de los Gentiles. 12. Subida en las partes más santas del templo. 13. Altar de los holocaustos. 14. Lugar santísimo (Sancta sanctorum). (Grabado en la página siguiente.)

35

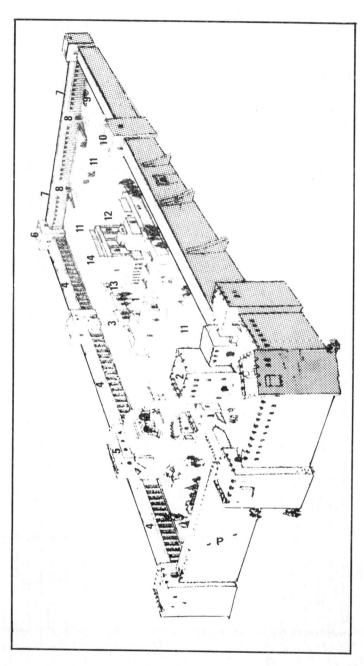

Entonces se asoma a la posada pública, en cuyo patio interior, grande, destartalado, cuadrangular y rodeado de porches, caben todos los que llegan. Cada uno busca su puesto bajo cualquiera de los arcos; ata su burro o camello o caballo a una de las anillas clavadas en la pared; extiende su manta en el suelo y se tumba a dormir. Aquello es una mescolanza de hombres y bestias. ¿Cómo poner aquí a María que está para dar a luz? Pobres, sí; pero dignos.

Así lo comprende José, y sale a buscarla con el corazón oprimido, al pensar que tendrá que decirle: «No hay sitio para nosotros.»

El sol ya se ha puesto y empieza a oscurecer. Es invierno y la noche será fría.

María y José se miran, y las lágrimas tiemblan en sus ojos. No por ellos, sino por el Niño que pronto nacerá. Viene a salvar a los hombres, y los hombres no le reciben.

En las afueras de Belén, saliendo por la puerta de Hebrón, hay una caverna abierta en las entrañas de una roca, donde suelen guarecerse algunas noches tempestuosas los pastores y sus rebaños. Por eso, se ven allí, en un rincón, algunas pajas y un pesebre destartalado.

Alguien dice a los dos santos esposos que pueden refugiarse allí, si quieren pasar la noche bajo techado.

Allá se encaminan silenciosos. En la pequeña ciudad de Belén se oyen músicas y cantares. ¡Qué locamente se divierten para aliviar el mal humor del viaje largo y penoso! José y María llegan a la gruta, y ella, la descendiente de cien reyes, se sienta sobre una piedra.

Por fin puede descansar. ¡En qué trono, Dios mío, en qué palacio! José la mira con un afecto de ternura y veneración infinito... Y después, lentamente, delicadamente, se pone a limpiar y ordenar la cueva...

Hace un poquito de fuego, arregla las pajas del pesebre. Se le parte el alma al ver que no puede ofrecer a su esposa un refugio mejor. Ella le consuela diciéndole que Dios así lo dispone, que el Hijo de Dios quiere nacer pobre, para que los hombres no desprecien a los pobres.

El Hijo de Dios quiere nacer pobre; quiere nacer en una cueva de animales, cuyas paredes son las rocas musgosas, el suelo encharcado, el techo abierto a las goteras.

7.—AQUELLA NOCHE EN BELEN

Oíd la encantadora sencillez del Evangelio:

Estando allí, se cumplió el tiempo en que María debía dar a luz.

Era la noche del 24 de diciembre. Todas las naciones de la tierra estaban en paz. Jesucristo, Eterno Dios e Hijo del Eterno Padre, quiere consagrar al mundo con su misericordiosa venida.

La Virgen María conoce que está cerca el momento esperado, y se recoge en profunda oración.

José la contempla en religioso silencio, orando también.

Pasan las horas y se acerca la plenitud de los tiempos.

Pasan las horas, y en aquella medianoche, más clara que el mediodía, parece que sobre el mundo los cielos comienzan a destilar dulzura de miel... Llega el momento: y la Virgen Santa, sin dolor, sin pesadumbre, sin mengua de su integridad virginal, ve delante de sí, nacido de ella misma, más limpio y resplandeciente que el sol, al bien y remedio del mundo, que ya con sus lágrimas comienza a hacer oficio de Redentor.

No se puede explicar con palabras ni comprender con entendimiento humano el gozo que siente en aquel punto la Virgen María, al ver hecho hijo suyo al que sabe que es Hijo de Dios.

Con qué reverencia y amor le habla y le besa por primera vez: **¡Hijo mío, Señor mío, Dios mío!** Y con qué dulcísimas miradas el Niño le corresponde...

Según toda la tradición cristiana, Jesús nació de María Santísima, como un rayo de sol sale por un cristal sin romperlo ni mancharlo. Gran prodigio, anunciado por Isaías setecientos años antes: «Una virgen concebirá y parirá un hijo.»

¡Oh, la Virgen, la Madre de Dios, la Bendita entre todas las mujeres! En aquella noche feliz tiene a su Niño en los brazos y le envuelve en pañales y le reclina en el pesebre. No hay otra cuna para El...

Allí le contempla, allí le ama, allí le adora.

Le pone también en los brazos del carpintero José, que le recibe temblando de amor, y se ofrece a servirle y cuidarle y trabajar por él toda la vida.

Pasarán los años; y la misma Señora referirá a San

Lucas cuanto sucedió en Belén, Nazaret, Jerusalén. El lo redactará cuidadosamente para su libro del Evangelio, en cuya primera página dice que sólo escribe después de haber oído a los testigos de los sucesos.

María fue el testigo excepcional que refirió a San Lucas estas conmovedoras escenas, las primeras del divino drama.

Por eso, los peritos en el idioma griego advierten que San Lucas, en estas primeras páginas de su libro, transcribe palabras estrictamente *maternales,* como *envolver en pañales, colocar en la cuna,* y hasta el mismo nombre dado al niño, en griego *brefos,* que al castellano pudiera traducirse por *nene de pecho, mamón.* Palabras pronunciadas por una madre que, al contar la historia de su hijo, contaba su propia historia, hasta el punto de que estos dos primeros capítulos de San Lucas han sido llamados *Evangelio de María.*

Continúa de esta manera:

En aquella región había unos pastores que pasaban la noche al aire libre, velando por turno su rebaño.

Y un ángel del Señor se les presentó: la gloria del Señor los envolvió de claridad, y se llenaron de gran temor.

El ángel les dijo:

—No temáis; os traigo la buena noticia, la gran alegría para todo el pueblo: hoy, en la ciudad de David, os ha nacido un salvador: el Mesías, el Señor. Y aquí tenéis la señal: encontraréis un niño envuelto en pañales y acostado en un pesebre.

De pronto, en torno al ángel, apareció una legión del ejército celestial, que alababa a Dios diciendo:

Gloria a Dios en el cielo,

y en la tierra paz a los hombres que Dios ama.

Cuando los ángeles dejaron a los pastores, éstos se decían unos a otros:

—Vamos derechos a Belén, a ver eso que ha pasado, y que nos ha comunicado el Señor.

Fueron corriendo y encontraron a María y a José y al niño acostado en el pesebre.

A la escasa luz del establo divisan una mujer, joven y bella, que contempla en silencio a su hijito recién na-

Goiko

cido. Y ven al Niño con los ojos entornados, la carita sonrosada, las manos pequeñitas.

Los pastores se enternecieron. Un nacimiento, el nacimiento de un hombre que viene a vivir entre los demás hombres, es siempre un misterio de dolor y de esperanza: conmueve aun a los sencillos que no lo comprenden.

El ángel les había dicho que aquel recién nacido no es un niño como los demás: es el Esperado desde hace miles de años por el pueblo doliente.

Y ahora —¿qué verían en aquel pequeñuelo?— se cercioran de que es verdad cuanto el ángel les había dicho.

Y suplican a la Madre que acepte los regalos de sus rediles que le traen: leche, huevos, lana... Que es poco, pero ellos son pobres y se lo dan con mucho amor; que por piedad lo quiera tomar para ella y el Niño... que le felicitan por tener un Hijo tan precioso y que quieren besarle antes de marchar...

María recibe sus dones con un cariño y una gratitud que los deja encantados, y les presenta al Niño para que puedan besarle.

Ellos cuentan lo que el ángel les ha dicho de aquel niño.

Todos los que lo oían se admiraban de lo que decían los pastores. Y María conservaba todas estas cosas, meditándolas en su corazón. Los pastores se volvieron, dando gloria y alabanza a Dios por lo que habían visto y oído; todo como les habían dicho.

8.—JESUS

María y José —tal vez orientados por los mismos pastores que vinieron a visitarlos— han podido encontrar en Belén una casita mejor acondicionada que la cueva, y en ella se han establecido. A los ocho días del nacimiento celebran la circuncisión del Niño y le ponen el nombre de JESUS, que es como el ángel le había llamado antes de que fuese concebido en el seno maternal.

Jesús, Nombre sobre todo nombre, ante el cual se dobla toda rodilla, en el cielo, en la tierra y en los abismos. Ya el Profeta Isaías había anunciado los nombres que tendrá el Hijo de María: «Será llamado Admirable, Consejero, Dios, Fuerte, Padre de los tiempos nuevos, Príncipe de la Paz.»

Pero el nombre de Jesús es su nombre personal, el nombre que explica su misión y su historia. ¿Por qué? Porque Jesús significa Salvador, y él viene a salvar a todos los hombres. Por eso ante Jesús doblan su rodilla en el cielo los que ya se han salvado por él; en la tierra los que esperamos salvarnos por él; en los infiernos los que no se quisieron salvar.

Nada se puede pensar más dulce, nada se puede cantar más suave, nada se puede oír más agradable que Jesús, Hijo de Dios. Este es el nombre que pronunciamos en los momentos de dolor: ¡Jesús mío! Este es el nombre que nos dirá al oído un sacerdote en la última hora: ¡Jesús, Jesús, Jesús! Este es el primer nombre que pronunciaremos a nuestra entrada en la eternidad, cuando nos encontremos ante él: ¡Jesús!

Entre los demás nombres que tuvo el Hijo de María, hay otro que suele ponerse al lado de Jesús. Es **Cristo**.

Cristo, lo mismo que **Mesías**, significa **Ungido**. Fue ungido con la plenitud de la gracia y de la divinidad.

Antiguamente eran ungidos los Reyes, los Sacerdotes y los Profetas. Jesús fue ungido por su Padre para ser el Rey de todas las naciones, para ser el Sacerdote que ofreciese su propio Cuerpo y Sangre en un sacrificio que reconciliase al mundo con Dios, y para ser el Profeta que revelase a los hombres la estupenda verdad de que Dios los ama. Jesús es el Cristo, el Ungido de Dios.

Jesús es el nombre personal del Hijo de Dios hecho Hombre.

Cristo es el nombre oficial de su dignidad mesiánica, de su oficio de Redentor.

Jesús es más amable, más íntimo.

Cristo más respetuoso, más triunfal.

Sus discípulos hemos fundido ambos nombres en uno solo. Un nombre que es ideal de conquistas para los jóvenes, tesoro de ciencia para los sabios, incentivo de amor para los santos, canto de victoria para los mártires. Un nombre que es fusión de la ternura, del entusiasmo, de la majestad y del amor. Un nombre incomparable: JESUCRISTO.

9.—LUZ DEL MUNDO

María y José, a los cuarenta días de nacido Jesús, subieron a Jerusalén, donde ella quería cumplir el rito llamado de la purificación —que en realidad no la obligaba, ya que su parto había sido virginal— y también para que el Niño fuese presentado en el Templo del Señor, de acuerdo con la ley antigua: «Todo primogénito entre los hijos de Israel, lo mismo de hombres que de animales», será consagrado al Señor, en reconocimiento de la merced que él les hizo al sacarlos de la esclavitud de Egipto.

Los primogénitos de los animales eran sacrificados o rescatados; los primogénitos de los hombres, en un principio, eran dedicados al sacerdocio; más tarde, cuando Dios escogió para este ministerio a la tribu de Leví, debían ser rescatados por cinco siclos (unas quince pesetas) para que sus padres pudiesen llevárselos a casa.

El Hijo de María no está obligado a esta Ley, por ser Hijo de Dios, mas quiere someterse a ella y aparecer ante el mundo como **el hijo del hombre,** como un hombre cualquiera.

Pero aquel Niño, mientras el sacerdote encargado de la ceremonia lo toma como a los demás niños y lo ofrece a Dios, sabe ofrecerse a su Padre celestial y sacrificarse por los hombres con aquellas palabras de los libros santos:

—Ya no quieres los sacrificios y ofrendas antiguas; por eso me has dado un cuerpo que pueda sufrir y ser inmolado. Los holocaustos que antes te ofrecían por el pecado, ya no te agradan; entonces dije: Héme aquí que vengo para cumplir tu voluntad, Dios mío y Padre mío.

Vivía entonces en Jerusalén un hombre llamado Simeón, hombre honrado y piadoso, que aguardaba el consuelo de Israel; y el Espíritu Santo moraba en él. Había recibido un oráculo del Espíritu Santo: que no vería la muerte antes de ver al Mesías del Señor. Impulsado por el Espíritu Santo fue al templo.

Cuando entraban con el Niño Jesús sus padres (para cumplir con él lo previsto por la ley), Simeón lo tomó en brazos y bendijo a Dios diciendo:

—Ahora, Señor, según tu promesa, puedes dejar a tu siervo irse en paz; porque mis ojos han visto a tu Salvador, a quien has presentado ante todos los pueblos: luz para alumbrar a las naciones, y gloria de tu pueblo, Israel.

El padre y la madre del niño escuchaban admirados todo esto.

¡Bellísima escena! Aquel anciano venerable levanta en alto, como víctima inocente, a un niño, hijo del pueblo humilde, y con sus ojos iluminados por Dios, ve que este niño ha de ser la luz de todo el mundo. Y delante del anciano, los que se dicen padres de este niño, él un carpintero, ella una mujercita de aldea...

Simeón los ha bendecido, llamándolos bienaventurados por ser padres de tal Hijo. Pero de pronto, como si viera oscurecerse las claridades de aquel cielo magnífico que ha contemplado, se vuelve a la Madre, y le dice:

—Mira: este niño está puesto para que muchos en Israel caigan y se levanten; será como una bandera discutida: así quedará clara la actitud de muchos corazones.

Ha predicho el porvenir con claridad y fuerza: Este

niño levantará bandera; ante él los hombres se dividirán en dos bandos: unos creerán en él, esperarán en él, le amarán —hasta el martirio, si es preciso—; para éstos será resurrección. Otros le rechazarán, no obedecerán a sus mandamientos, querrán acabar con él: para éstos será ruina...

Conoce el santo anciano que de los sufrimientos del Hijo participará la Madre; conoce que el Hijo será puesto en una cruz y que la Madre velará al pie de la Cruz. Y mientras María le mira en silencio, como esperando oír la parte que a ella le tocará en aquella ruina y aquella resurrección traída por Jesús, le dice con profunda pena:

—*Una espada traspasará tu alma.*

La Virgen Santa recibe estas palabras en su Corazón. Toma al niño en sus brazos y le envuelve en miradas de ternura infinita. Nada responde. El silencio es el sagrado refugio del alma en las dichas más puras y en los martirios supremos.

Nada dicen sus labios, pero sus ojos están diciendo a su Hijo amadísimo la palabra que dijo al ángel en el día primero, y que jamás dejará de pronunciar a lo largo de toda su vida: —He aquí la esclava del Señor. Hágase en mí según tu voluntad.

Había también una profetisa, Ana, hija de Fanuel, de la tribu de Aser. Era una mujer muy anciana: de jovencita había vivido siete años casada, y llevaba ochenta y cuatro de viuda; no se apartaba del templo día y noche, sirviendo a Dios con ayunos y oraciones. Acercándose en aquel momento, daba gracias a Dios y hablaba del niño a todos los que aguardaban la redención de Israel.

Cumplido en el Templo todo lo que ordenaba la Ley, María y José regresaron a su casa, que entonces estaba en Belén.

10.—LOS MAGOS DE ORIENTE

«El era la Luz que vino a este mundo para iluminar a todos los hombres.» El día de su nacimiento había iluminado a los pastores, hijos del trabajo, que velaban en sus puestos, representantes del pueblo y del dolor. Ahora quiere iluminar a los Magos de Oriente, ricos que cultivan las ciencias, representantes de la sabiduría y del poder.

Aquéllos eran judíos, éstos gentiles; viene a iluminar todo el mundo.

A los primeros envió un ángel, y a los segundos una estrella misteriosa, que apareció inesperadamente en el firmamento.

Ellos, que se dedicaban al estudio de los astros, sorprendieron su aparición y conocieron que aquel lucero anunciaba el nacimiento del Esperado de las naciones; quisieron conocerle; quisieron adorarle, y se pusieron en camino.

Leamos el Evangelio de San Mateo:

Jesús nació en Belén de Judá, en tiempos del rey Herodes. Entonces, unos Magos de Oriente se presentaron en Jerusalén preguntando:

—¿Dónde está el Rey de los Judíos que ha nacido? Porque hemos visto salir su estrella y venimos a adorarle.

Al enterarse el rey Herodes, se sobresaltó y todo Jerusalén con él.

Herodes no era judío, no era romano, no era griego. Era un intruso en el trono, que en el vuelo de un ave o en una palabra furtiva sospechaba traiciones y conjuras para destronarlo. Era un idumeo cruel que se arrastraba ante Roma y matará a su mujer, a sus hermanos, a sus mismos hijos, para asegurarse el poder sobre los judíos.

Y este hombre oye decir a los sabios extranjeros que en su misma capital ha nacido un Rey: el corazón le da un vuelco, pero pronto concibe su plan, y disimula.

Convocó a los sumos pontífices y a los letrados del país, y les preguntó dónde tenía que nacer el Mesías.

Ellos le contestaron:

—En Belén de Judá, porque así lo ha escrito el Profeta:

«Y tú, Belén, tierra de Judá, no eres la última de las ciudades de Judá, pues de ti saldrá un jefe que será el pastor de mi pueblo Israel.»

Entonces Herodes llamó en secreto a los Magos, para que le precisaran el tiempo en que había aparecido la estrella, y los mandó a Belén, diciéndoles:

—Id y averiguad cuidadosamente qué hay del niño, y, cuando lo encontréis, avisadme, para ir yo también a adorarle.

Ellos, después de oír al rey, se pusieron en camino; y de pronto la estrella que habían visto salir comenzó a guiarlos hasta que vino a pararse encima de donde estaba el niño.

Al ver la estrella, se llenaron de inmensa alegría. Entraron en la casa, vieron al niño con María, su madre, y cayendo de rodillas le adoraron; después, abriendo sus cofres, le ofrecieron regalos: oro, incienso y mirra.

Este relato de la visita de los Magos, preludio del gran movimiento que conducirá las naciones al Evangelio,

está lleno de suavidad. Es la primera brisa del mundo nuevo.

Ahí se ve de qué fuertes atractivos dispondrá Jesucristo para apoderarse de las almas. Lo que domina en los Magos es una necesidad profunda de Dios, con la certeza de que le hallarán. Habían creído en las antiguas tradiciones, en las universales e invencibles esperanzas de la Humanidad; creyeron en las intuiciones de su corazón, desde que la estrella se mostró; creyeron con una fe tan grande, que ninguna tribulación bastó para detenerlos.

Mas cuando, después de sus largos caminos, se hallan ante una casita modesta y ven un niño, de pocos días, un vulgar artesano, una madre pobre, entonces brilla toda la grandeza de su fe.

No dudan ni un momento. Sus corazones limpios comprenden el misterio de aquel abatimiento, y, bajo los velos en que se oculta, adoran al Dios prometido. Y ante él vacían sus tesoros.

Le ofrecen mirra porque este niño es hombre, morirá joven y su madre necesitará mirra para ungir el cadáver;

le ofrecen oro porque este niño es Rey, y todas las coronas de los reyes deben estar a sus plantas; le ofrecen incienso porque este niño es Dios.

Mucho han sufrido hasta llegar aquí; pero el gozo de este instante —contemplar al niño, oír las palabras de la dulce madre— les recompensa por todo lo pasado.

¡Momento feliz! Allí todos nosotros, los que no éramos judíos, los que vivíamos sin la alianza, sin las promesas y sin Dios en el mundo, los gentiles, los pecadores, allí empezamos a ser **pueblo de Dios,** traídos a la casa del Padre por Jesucristo. Los Magos fueron nuestros introductores, nuestros primogénitos en la fe. Ellos van delante, nosotros seguimos.

El astuto Herodes aguarda su regreso con la noticia de dónde estaba el niño para enviar en seguida a matarlo; pero ellos, «habiendo recibido en sueños un aviso del cielo para que no volviesen a Herodes, regresaron a su país por otro camino».

11.—A EGIPTO

Cuando marcharon los Magos, el ángel del Señor se apareció en sueños a José y le dijo:

—Levántate; coge al niño y a su madre; huye a Egipto, y quédate allí hasta que yo te avise, porque Herodes buscará al niño para matarlo.

José se levantó, cogió al niño y a su madre, de noche; se fue a Egipto, y se quedó hasta la muerte de Herodes. Así se cumplió lo que dijo el Señor por el profeta: «Llamé a mi hijo, para que saliera de Egipto.»

Al verse burlado por los Magos, Herodes montó en cólera, y mandó matar a todos los niños de dos años para abajo, en Belén y sus alrededores, calculando el tiempo por lo que había averiguado de los Magos.

Entonces se cumplió el oráculo del profeta Jeremías:

«Un grito se oye en Ramá: llanto y lamentos grandes: es Raquel que llora por sus hijos, y rehúsa el consuelo, porque ya no viven.»

Esta degollación de inocentes fue la última hazaña del viejo Herodes: Mató a todos los niños, menos al niño que pretendía matar. ¿Qué pueden contra Dios los planes del hombre?

En este sacrificio de víctimas puras se encierra el misterio impresionante de lo que ha de venir: hoy mueren estos niños inocentes por Jesús; a través de todos los siglos seguirán dando su vida miles y miles de inocentes por él: ¡por él, que será el primer inocente que dará la suya por todos los hombres!

Felices aquellos primeros mártires, aunque el dolor de sus madres levantó hasta el cielo los grandes clamores anunciados por Jeremías.

María y José ven crecer a su Niño en Egipto; y cómo empieza a dar los primeros pasos y a balbucir las primeras palabras, y cómo mientras más crece, más se parece a su Madre.

En una vida feliz —trabajo y cariño familiar— esperan que el Señor les comunicará la orden de volver a su tierra, cuando cese el peligro.

Y murió el primer perseguidor de Jesucristo abriendo con su espantosa agonía, la serie de justas sentencias que Dios ejecuta contra los que persiguen a sus cristianos. Describe así la muerte el historiador judío Flavio Josefo.

Un fuego interno le consumía lentamente. A causa de los horribles dolores de vientre que sentía, érale imposible tomar alimento alguno. Cuando estaba de pie, apenas podía respirar. Su aliento exhalaba olor hediondo, y en todos sus miembros experimentaba continuos calambres. Presintiendo que no sanaría, sobrecogióle amarga rabia, porque suponía, y con razón, que todos se alegrarían de su muerte. Hizo, pues, juntar en el anfiteatro de Jericó, rodeado de soldados, a los personajes más notables, y ordenó a su hermana Salomé que los mandase degollar, así que él hubiera exhalado el último suspiro, para que no faltasen lágrimas en su muerte. Por fortuna Salomé no ejecutó la orden. Después Herodes, como sus dolores crecían por momentos y le atormentaba el hambre, quiso darse una cuchillada; pero se lo estorbaron. Murió el año treinta y siete de su reinado.

Entonces, San José, avisado por un ángel, tomó al niño y a la Madre y volvió con ellos a aquella su casa de Nazaret, casa y taller de carpintero, donde los golpes del martillo y el chirriar de la sierra sólo se interrumpían el sábado, día dedicado al descanso y a la oración.

El niño iba creciendo y robusteciéndose, y se llenaba de sabiduría; y la gracia de Dios lo acompañaba.

12.—PERDIDO Y ENCONTRADO

Los padres de Jesús solían ir cada año a Jerusalén, por las fiestas de Pascua. Cuando Jesús cumplió doce años, subieron a la fiesta según la costumbre, y cuando terminó, se volvieron; pero el niño Jesús se quedó en Jerusalén, sin que lo supieran sus padres.

Estos, creyendo que iba en la caravana, hicieron el camino de un día.

Era costumbre que grupos de hombres regresaran separados de grupos de mujeres, y que los niños pudieran ir con éstas o con aquéllos.

María pensaba que el niño iría con José; y José que iría con su Madre.

Como eran tantos los peregrinos que habían subido a la ciudad —hasta de tres millones habla el historiador Flavio Josefo—, no es extraño que tardaran un día entero en juntarse y reconocerse los de un mismo pueblo según iban volviendo a sus casas.

En cuanto María encuentra a su esposo, le basta una mirada para caer en la cuenta de que su hijo no viene con él. ¿Dónde está? Nadie le puede responder.

A la mañana siguiente emprende el camino de regreso, siempre acompañada por José; pregunta a los grupos de peregrinos que salen de la ciudad si han visto a un muchacho de estas y estas señas, vestido de este color.

—Dicen que se parece a mí —les diría.

Y todos le dan la misma respuesta:

—No le hemos visto, Señora.

Y todos la compadecen. Una madre que ha perdido a su hijo inspira profunda compasión.

Ella no descansa, no puede descansar. Llega a Jerusalén, recorre plazas y calles, clava los negros ojos en cada chico que encuentra al paso, penetra en las casas de sus parientes y conocidos; pregunta, suplica, ora... Todo en vano.

No siente el cansancio ni el sudor ni la sed; no sacude el polvo de sus sandalias, ni arregla sus vestidos, ni se cuida de que muchos la miren como si quisieran averiguar por qué aparece tan apenada.

Ella sólo piensa en el hijo que no está a su lado, porque sabe que aquel hijo tiene que sufrir mucho, y teme si habrá empezado ya...

¿Dónde está el niño?

Durante las fiestas pascuales, el Padre celestial ha dicho a Jesús que se quede en el Templo sin avisar a su madre ni a su padre adoptivo, ya que en su oficio de Redentor es independiente de ellos.

El niño sabe que esta separación será un martirio para

su santa madre; pero Dios lo quiere y él ha venido a obedecer: se queda en el Templo.

Allí vive tres días, comiendo el pedazo de pan que le da alguna persona caritativa, orando a Dios por los hombres, y asistiendo a las explicaciones de la Escritura que los Doctores daban al pueblo.

Allí le encuentra su madre. Acompañada de José, ha subido al Templo y recorre los amplísimos atrios y los pórticos maravillosos, examinando ansiosa los grupos de peregrinos que hormiguean por todas partes.

A la sombra de una columna de mármol divisa un grupo de sabios, unos sentados, otros de pie, cuyos ojos fulguran con el brillo de una conversación que los tiene subyugados.

María se acerca respetuosa —¿qué tiene que ver la humilde aldeana con los Maestros de la ciudad?—, se acerca para ver quién es el que dirige aquella conversación que así cautiva a los ancianos del Templo. Su corazón se lo ha dicho ya.

Cuando llega, divisa en medio del coro a su hijo amadísimo, en la espléndida hermosura varonil de sus doce años, con los cabellos rizados, el rostro moreno, los labios frescos y los ojos encendidos de una divina claridad.

María le contempla enajenada: su hijo está sentado en medio de los Doctores, y ora les escucha, ora les pregunta, dejando a todos pasmados de su sabiduría y de sus respuestas.

Aquella madre dichosa se le acerca y deja hablar al corazón:

—Hijo, ¿cómo nos has hecho esto? Mira con cuánto dolor tu padre y yo te buscábamos.

Y Jesús les dijo:

—¿Por qué me buscabais? ¿No sabíais que yo debo estar en las cosas de mi Padre?

Esta es la primera palabra que conservamos de las que habló Jesús. Palabra misteriosa en que declara su divinidad: él tiene otro Padre, distinto de María y José: su Padre es Dios. Y a la vez insinúa la misión que trae al mundo: ocuparse en las cosas de su Padre.

Pero como ya ha cumplido el encargo que su Padre le confiara de pasar tres días en el Templo, se acerca cariñoso a su madre, en cuyas pupilas ha visto las lágrimas,

se deja abrazar y besar por ella; vuelve a Nazaret con María y José, y allí vive obediente a los dos.

Obediente a los dos... José es un carpintero de pueblo; María, su esposa, es una mujer de pueblo; Jesús, que les obedece, es Dios, ¡y parece un aprendiz de carpintero!

13.—EL CARPINTERO

Al llegar a este punto de su relato, San Lucas, médico observador, por segunda vez habla del crecimiento de Jesús, según la información que él mismo recibió de la madre. Dice así:

María conservaba todo esto en su corazón. Y Jesús crecía en sabiduría, en estatura y en gracia ante Dios y ante los hombres.

Crecía siguiendo los pasos de todos los nacidos: niño, adolescente, joven, varón. Crecía fuerte y sano como convenía a quien había de dar la salud con sólo tocar a los enfermos.

Crecía varonilmente hermoso, con la belleza de un rostro por cuyos ojos se asoma un alma infinitamente santa.

Y crecía aprendiendo por experiencia propia lo que sabía ya por ciencia divina y por ciencia infusa.

¡Qué maravillosa la existencia de Jesús!

Es obrero, hijo de la mujer de un obrero, y va experimentando el dolor y la alegría de ganarse el pan con el sudor de su frente, con el esfuerzo de sus manos.

Esas manos que bendecirán a los niños, curarán a los leprosos, resucitarán a los muertos y absolverán a los pecadores; esas manos han sentido más de una vez el mordisco de la sierra que se desvía, y el golpe del mazo, y el peso de los tablones. Manos de niño pobre, que se endurecen pronto en el trabajo, manos de un carpintero de aldea, donde el trabajo es duro y mal retribuido.

Empezó por ser aprendiz junto a San José, y llegó a ser maestro en el oficio.

Un día y otro día, un mes y otro mes, un año y otro año, primero con José, y después solo, persevera en la ruda labor sin contar las horas de trabajo de cada jornada.

Concluida la ocupación diaria, sobre todo las vísperas de fiesta, barre Jesús las virutas, asea el local, pone en orden los instrumentos de trabajo y lleva sobre sus hombros, para cada cliente, las piezas terminadas. Mira si quedan satisfechos o si hay algo que corregir, y recibe agradecido el precio de la obra.

Después hace compañía a su madre, y le pregunta si se le ofrece algo en qué ayudarla. María le recibe amorosamente; y si hace calor y viene fatigado y sudoroso, le ofrece agua fresca traída por ella misma de la fuente de Nazaret.

Así ganó Jesús, con el sudor de su frente, el pan cotidiano para sí y para su madre; y si algo sobraba, para aliviar a los pobres; y así se lo agredecía ella...

Fue obrero de la materia, antes de ser obrero del espíritu. Fue pobre antes de llamar a los pobres al Reino de los cielos.

Su oficio le ha hecho familiares todas esas cosas que intiman con la vida del hombre y la mujer, y así ha penetrado en los secretos del hogar.

Fabricó la mesa, y conoció el regocijo del padre que se sienta a comer rodeado de muchos hijos.

Fabricó el lecho, y conoció el misterio del niño que allí nace, y del anciano que allí muere.

Fabricó la artesa donde se amasa la harina, y conoció

la solicitud de la madre que reparte el pan a sus pequeños.

Y fabricó los escaños donde los viejos se sientan al
fuego, y las arcas donde la esposa guarda el traje de
fiesta, y los arados con que el labrador abre los surcos
soñando en espigas de oro...

A la experiencia del trabajo y de la vida casera, añadió
la experiencia del campo. Jesús amaba el campo como
lo han amado todas las almas grandes.

Ha disfrutado de sus aromas y de sus luces los días de
fiesta, acompañando de niño a María y a José, y después
solo a la Madre viuda.

Ha visto por los alrededores de Nazaret cómo verdean
los pámpanos sobre los sarmientos secos de las vides, y
cómo penden los racimos rubios y morados, alegría de
los vendimiadores. Ha visto echar por tierra el grano de
trigo, que morirá y resucitará después en una espiga

colmada. Ha visto las bellísimas tonalidades rojas, amarillas y moradas de los lirios en la primavera.

Ha observado cómo la gallina llama a sus polluelos y los cobija bajo sus alas apenas se ennegrece el cielo y empieza a tronar. Ha seguido el vuelo de los pajarillos que no pueden caer en el lazo sin permiso del Padre celestial.

Ha contemplado con especial cariño la vida de los pastores y las ovejas. El, que desciende de un Rey pastor y ha de ser mañana el Pastor bueno que sale a buscar la oveja perdida.

Todo lo ha visto, todo lo ha amado: desde la semilla que apenas se ve sobre la palma de la mano, hasta la higuera que cubre bajo su ramaje la casa del labrador. Desde los niños que juegan en la plaza, hasta los doctos profesores de la Ley que pasan silenciosos.

Pero esto es lo menos importante de lo que sabe Jesús: Porque, aparte esa ciencia *adquirida,* que día tras día se irá enriqueciendo, posee Jesús una ciencia milagrosamente infundida en su entendimiento humano, gracias a la cual conoce todo, *absolutamente todo cuanto pueda ser conocido de los hombres por revelación divina,* ya pertenezca al don de la sabiduría, ya al don de la profecía o a cualquier otro don del Espíritu Santo; ya sea pasado, presente o futuro, y con amplitud y perfección superiores a las de cualquier otro entendimiento creado.

Tal es la llamada por los teólogos ciencia *infusa,* que aquí, dado el carácter popular de la presente obra, me basta haberla citado.

Pero no me basta aludir únicamente a ese conocer infuso que abarca lo creado y lo increado, sino que al hablaros ahora de la sabiduría de Jesús debo citar algo más admirable todavía en su inteligencia *humana.*

Y es que Jesús, con esa inteligencia —en todo igual a la nuestra—, no sólo conoce, sino que ve.

Es la maravillosa *visión beatífica,* es la claridad redundante de contemplar a Dios cara a cara, encendida en el entendimiento de Jesús desde aquel mismo instante en que fue creado de la nada.

Los hombres que ya se han salvado fueron *viadores* (caminaron por las vías de este mundo); ahora son *comprehensores* (contemplan la hermosura de Dios, participan de su felicidad, cada uno según el grado que mereció).

El hombre Jesús es al mismo tiempo *viador* (desde que fue concebido hasta que suba al cielo) y *comprehensor* (desde que fue concebido hasta siempre).

En este conocimiento de la divinidad —para el cual no es necesaria intervención de cerebro ni de ningún sentido corporal— Jesús contempla siempre a Dios su Padre, contempla su Espíritu Santo, contempla su propia persona como Hijo de Dios. Esta contemplación le causa el gozo propio de los bienaventurados del cielo, en grado superior al de todos ellos juntos.

Algunos católicos actuales opinan que Jesús no poseía la ciencia de que os he hablado. Dicen que, en los primeros años de su vida, *no tenía conciencia* de su propia dignidad divina.

Los ángeles y los bienaventurados en el cielo están unidos con Dios de una manera *accidental;* sin embargo conocen a Dios y en Dios se conocen a sí mismos. El alma de Jesús, ¿no ha de conocer todo esto mucho mejor, si desde el instante de su creación está unida con Dios de manera *personal tan perfecta,* que es el alma de Dios?

Jesucristo, en el momento mismo de ser concebido en el seno de María, es el *Hijo unigénito del Padre,* al que Juan Evangelista no hubiera podido proclamar *lleno de verdad,* si le faltase la verdad de saber quién es él mismo, y quien es su Padre (1).

Niño era todavía, cuando su madre santísima lo encontró en el Templo de Jerusalén, entre los teólogos de

_____

(1)   También puedo evocar aquí el argumento de San Bernardo en la segunda Homilía de **Missus est:**

A Jesús, recién concebido el Padre comunicó lo más, que es ser Hijo de Dios: ¿no había de comunicarle lo menos, que es saber que es Hijo de Dios?

Escribe también San Bernardo, en la misma Homilía:

«No tuvo menos sabiduría, o, por mejor decir, no fue menos sabiduría Jesús recién concebido que nacido, pequeño que grande... siempre estuvo lleno del espíritu de sabiduría... Y cuando dice el Evangelio que crecía en sabiduría, se ha de entender, no de lo que en sí mismo era, sino de lo que al exterior parecía...».

entonces, a los que oía, preguntaba y dejaba atónitos por la sabiduría que descubría al responderles.

Y cuando ella, mostrándole a San José considerado por todos como padre de Jesús, le dice: « Tu padre y yo te buscábamos», él responde que tiene otro Padre y que a este Padre debe complacer.

Su Padre es Dios; y, desde el primer instante de su encarnación, Jesús contempla a su Padre Dios, le ama y cumple cuanto agrada a su Padre Dios.

Además, unido con Dios y en el mismo Dios, lo contempla todo. Todos los seres creados o por crear; todos los hombres, cada uno con sus obras, palabras, pensamientos, penas y alegrías. Todos a la vez. Todos en cada instante. Todos con el curso completo de la vida de cada uno.

Mas no es una contemplación meramente admirativa. Es un conocer cálido, vibrante, ungido de amor a cada hombre, como efecto del amor inmenso dedicado a Dios.

Y así, el Corazón de Jesucristo, desde el primer instante de su existencia, dedica al Padre a quien viene a glorificar, y a nosotros, sus hermanos, a los que viene a redimir, un amor creado entonces, que viene impulsado por el eterno amor del Verbo encarnado, y que nunca terminará.

A impulsos de ese mismo amor, en el Corazón de Jesús quedan concebidos designios de paz sobre cada uno de nosotros: vocación, caminos en la vida, penas y gozos, éxitos y fracasos... Designios de paz, concebidos y con amor acariciados para ti, para mí, en el Corazón de Jesucristo, desde hace veinte siglos... ¡Y sólo conseguiremos felicidad, cuando conozcamos y cumplamos esos designios!

He ahí por qué nos interesa crecer en el conocimiento del Corazón de Jesucristo, y confiar en él.

El Evangelio —meditando, rezando— nos lleva a ese conocimiento.

Porque si Jesús es la luz verdadera venida a este mundo para iluminar a todos los hombres, sólo quedaremos iluminados si le buscamos con humildad.

Ahora vemos que está ocultando sus resplandores dentro de la pequeña carpintería de un pueblo sin historia.

Aparece como un joven ejemplar entre los demás nazaretanos; exacto con los clientes del taller; muy cariñoso para sus padres; muy amable para todos. Y no cambiará este ritmo de vida mientras no suene la hora marcada por el Padre.

Así pasan treinta años.

Casi toda su vida, lo mejor de su vida, para enseñar prácticamente a los hombres la lección difícil de trabajar y obedecer.

Trabajar, porque nuestro trabajo completa la obra creadora de Dios. Trabajar, porque nuestro trabajo con recta intención es expiación de pecados, es atracción de beneficios, es oración en favor de las personas queridas, es mérito para el cielo.

Obedecer a un hombre —padre de familia, jefe de taller—, porque representa a Dios. Lección difícil. Los que la cumplen, serán perfectos.

Y todos la pueden cumplir desde que el divino trabajador de Nazaret dice con sus obras, más que con sus palabras, a todos los trabajadores del mundo:

—Aprended de mí a no sublevaros ni maldecir la Providencia de Dios porque no os ha puesto en un estado de vida más cómodo. Aprended, con el trabajo noble y cristianamente aceptado, a hacer más tolerables y llevaderos los días penosos de esta vida, y a merecer así la felicidad interminable.

14.—MUERE SAN JOSE

Llega un día en que el carpintero de Nazaret puede decir al Padre celestial: —Padre, he cumplido la obra que me encargaste hacer.

Altísima fue la misión de José: ser amparo y sustento para Jesús y María; encubrir la maternidad virginal de María y el misterio de Cristo; ofrecer la prueba legal de que Jesús descendía de la familia de David, ya que la descendencia por línea materna no se tenía en cuenta.

Los últimos años de este hombre, tan grande en su humildad, son tan desconocidos como los primeros.

Vive, silencioso y discreto, entre los enigmas divinos de Belén y Nazaret. Es un velo extendido sobre las verdades que el mundo no debe saber todavía. Escogido para esta delicada misión, tiene todas las cualidades que ella pide: la reserva, la modestia, el olvido de sí mismo, una ausencia celestial de curiosidad, una pureza angélica.

Cuando el velo ya no se necesita, parte silenciosamente a la eternidad. Su fin tiene el mismo carácter de absoluto desasimiento que toda su vida. Muere antes de los milagros y la predicación de Jesús.

Parte sin haber visto nada, pero sin desear nada, ni estar quejoso de nada, confiado en Dios, que será fiel en sus promesas; con los ojos fijos en ese amable joven, de quien sabe que está llamado a la gran obra de Dios, y que no ha hecho todavía nada más que serrar tablas y construir arados.

Aquella muerte feliz de José, asistido en las cosas temporales por la Virgen María, su amantísima esposa, como solícita enfermera, y en las cosas del alma por Jesús, Hijo de Dios, Sumo Sacerdote de la Ley de gracia, le ha constituido en Patrono de la buena muerte.

Y todas las mañanas, y todas las noches, recibe la súplica constante de los cristianos, que le llaman con su esposa y el Hijo de su esposa: **¡Jesús, José y María, asistidme en mi última agonía!**

Cuando queda Jesús como dueño del taller, comienza a ser llamado el carpintero y el hijo de María la viuda. Con su trabajo y sudor gana el propio sustento y el de su madre, hasta que llegue en los designios de Dios la hora señalada para la despedida.

15.—EL ANUNCIADOR

Entretanto, Juan, el hijo de los ancianos Zacarías e Isabel, dejó la casa de sus padres, joven todavía, y se escondió en el Desierto.

Allí vive solo, sin casa, sin tienda, sin nada más que una piel de camello para cubrirse y un cinturón de cuero.

Con saltamontes y miel silvestre alimenta su cuerpo, alto, seco y quemado del sol. Con la oración y la esperanza en el que pronto vendrá, alimenta su espíritu, impetuoso y valiente como un profeta, inocente y humilde como un niño.

Es una figura a propósito para conmover las muchedumbres. Hijo de la vejez y del milagro, fue consagrado desde su nacimiento como nazareo, esto es, puro; y nunca entró la tijera en su cabello, ni bebió vino, ni tuvo más amores que el amor de Dios.

Un día abandonó sus soledades, y las gentes le vieron aparecer en las orillas del río Jordán y le oyeron clamar. Era el último de los profetas. Los profetas antiguos habían dicho al pueblo de Israel: «Vendrá, vendrá el Ungido de Dios, vendrá el Libertador del pueblo, vendrá.»

Juan puede anunciar: «Ya viene, ya está entre vosotros.»

En el año quince del reinado del emperador Tiberio, siendo Poncio Pilato gobernador de Judea, y Herodes virrey de Galilea, bajo el sumo sacerdocio de Anás y Caifás, vino la Palabra de Dios sobre Juan, hijo de Zacarías, en el desierto.

Y recorrió toda la comarca del Jordán, predicando un bautismo de conversión para perdón de los pecados, como está escrito en el libro de los oráculos del Profeta Isaías:

«*Una voz grita en el desierto: Preparad el camino del Señor, allanad sus senderos; elévense los valles, desciendan los montes y colinas; que lo torcido se enderece, lo escabroso se iguale.*
Y todos verán la salvación de Dios.»

El evangelista San Juan proclama la excelencia del Anunciador, diciendo que fue un hombre enviado por Dios para dar testimonio de la luz, para testificar que Jesús Nazareno es la luz de Dios venida al mundo.

Por eso, los clamores de Juan produjeron enorme impresión. Acudían a oírle gentes de Jerusalén y de toda la Judea y de toda la ribera del Jordán.

El a todos predicaba lo mismo:

—Haced penitencia, porque se acerca el Reino de los Cielos.

Penitencia significa cambio profundo en el alma. Es un pasar de la avaricia a la limosna, del placer a la pureza, del pecado a la santidad.

Reino de los cielos o reino de Dios, significa el reinado de Dios sobre todos los hombres; un reinado práctico, reconocido voluntariamente, deseado y amado. Los hombres se confiesan súbditos y siervos de Dios. Dios reina sobre ellos por su Ley y su gracia en esta vida; por sus premios y su Gloria después.

¡Haced penitencia —clamaba el Profeta del Desierto—, porque el Reino de los cielos está cerca!

Y con la predicación juntaba un rito sagrado, el bautismo, que le valió el sobrenombre glorioso de **el Bautista.**

Consistía este rito en una inmersión completa en las aguas del Jordán. Mediante este lavatorio exterior, excitaba en las almas el deseo de una purificación moral, que debía llevarlas a santificarse para hacerse dignas de participar en el Reino de Cristo.

Bien pronto se divulga por toda Palestina cómo en las orillas del Jordán ha aparecido un Profeta que predica el Reino de los cielos y administra un bautismo para el perdón de los pecados.

Vivientes oleadas de peregrinos invaden durante varios meses las riberas del Jordán, antes desiertas y silenciosas.

Allí se ven juntos los sensuales saduceos de Jerusalén y los rudos soldados del Imperio Romano; los odiados publicanos (recaudadores de tributos) y los honrados campesinos; las mujeres pecadoras y los incontaminados fariseos.

Es un movimiento tal hacia la persona del Profeta, que nunca se ha visto en Palestina otro semejante desde los días ya lejanos de los Macabeos.

Confesaban sus pecados y recibían en las aguas del río el bautismo de Juan.

Este no se envanecía con el éxito, sino que lo aprovechaba para mejor preparar los caminos al Ungido del Señor.

Y advirtiendo la presencia de fariseos y saduceos, sabios, ricos, que tal vez estarían en primera fila, oyéndole sin conmoverse y satisfechos de la fama de justos que tenían en el pueblo, los apostrofa con tremendas imprecaciones:

—*¡Raza de víboras! ¿Quién os ha enseñado que podréis huir de la ira que os amenaza? Haced frutos dignos de penitencia... El hacha está ya puesta a la raíz del árbol, y todo árbol que no dé buen fruto, será cortado y echado al fuego.*

No basta bautizarse en el Jordán, si no limpiáis también la conciencia. De nada os servirán las apariencias exteriores, si no os convertís en el alma. Haced todo lo contrario de lo que habéis hecho hasta aquí, o pasaréis por el hierro y el fuego.

Las gentes de corazón bien dispuesto se conmueven al oírle y le preguntan:

—¿Qué debemos hacer para salvarnos?

Él les responde con el magnífico precepto de la caridad:

—*El que tiene dos túnicas, dé una al que no la tiene, y el que tiene alimentos haga lo mismo.*

Vinieron también publicanos a bautizarse y le decían:

—*Maestro, ¿qué hemos de hacer?*

Respondióles: —No exijáis más de lo que os está ordenado.

Preguntábanle también los soldados: —Y nosotros, ¿qué haremos?

Él les dijo:

—*No hagáis violencia a nadie, ni uséis de fraude, y contentaos con vuestras pagas.*

Así urgía a todos a cumplir los propios deberes, sin detenerse ni ante el mismo rey Herodes Agripa.

Admirados de tanta valentía en el hablar y de tanta santidad en la conducta, algunos se preguntaban si Juan sería el que había de venir.

Pero Juan «no era la Luz, sino que era el hombre enviado por Dios para dar testimonio de la Luz, a fin de que todos creyesen por él».

Y cumplió fielmente su misión, como nos lo atestigua San Lucas:

Hallándose el pueblo en ansiosa expectación y pensando si Juan sería el Mesías, Juan respondió a todos, diciendo:

—Yo os bautizo en agua; pero llegando está otro más fuerte que yo, a quien no soy digno de soltar la correa de las sandalias. El os bautizará en el Espíritu Santo y en fuego. El es el dueño del campo: limpiará la era y almacenará el trigo en su granero, mientras quemará la paja con fuego inextinguible.

Por aquellos mismos días, el hijo de una viuda en Nazaret se ataba las correas de sus sandalias; despedía a su madre; dejaba la casa y los campos en que se deslizó su infancia feliz, y tomaba el camino del Jordán hacia donde Juan predicaba y bautizaba.

Hasta ahora todos le llamaban Jesús, el hijo del carpintero José. Juan lo señalará con el dedo, diciendo:

—Ese es el que quita el pecado del mundo.

Y todos empezarán a llamarle el Maestro, el Señor.

Ha llegado su hora, y sale a iluminar.

Es la luz del mundo.

ACTO PRIMERO

EL ENCUENTRO

Aurora triunfal: Jordán, Caná, Jerusalén, Galilea, el Lago.—Aparecen los enemigos: El paralítico, Mateo, la cuestión del ayuno. No les teme: Va a Jerusalén.—Allí están ellos.—«Mi Padre me ha enviado.»—Triunfa: las espigas, la mano seca.—Ellos concluyen: «Vamos a perderle.»

16.—MI HIJO MUY AMADO

Juan Bautista ve su misión con plena claridad.

El se reconoce enviado para anunciar a otro, a otro más importante que él. Habrá otro bautismo más eficaz.

Después del bautismo del agua, el bautismo del fuego. Después del bautismo de la penitencia, el bautismo más divino del amor. Hay que preparar las almas para el que va a venir. Esta es la misión de Juan. El la está cumpliendo. Y he aquí que uno de aquellos días «vino Jesús de Galilea al Jordán, en busca de Juan, para ser bautizado por él».

Con esta sencillez nos refiere el Evangelio la aparición de Jesús entre las gentes que venían con deseos de penitencia y purificación.

El es purísimo. El no necesita penitencia. Pero él ha cargado con todos los pecados de los hombres, y quiere entrar en las aguas —quiere pasar por la muerte— para sepultarnos en ellas.

Después saldrá del río —volverá a la vida— para elevar consigo a la Humanidad rescatada y purificada.

Juan nunca le había visto; pero al mirarle ahora, le conoce en seguida, iluminado por Dios.

Cuando Jesús se presentó a Juan para que lo bautizara, Juan intentaba disuadirle, diciéndole:

—Soy yo el que necesita ser bautizado por ti, ¿y tú vienes a mí?

Jesús le contestó:

—Déjame ahora: conviene que tú y yo cumplamos todo lo que Dios quiere.

Entonces Juan accedió.

Bautizado Jesús, al instante que salió del agua, se abrieron los cielos para él y vio bajar al Espíritu de Dios en forma de paloma y posar sobre él. Y oyóse una voz del cielo que decía:

—Este es el Hijo mío, el amado, en quien yo me complazco.

He aquí una manifestación de Dios a los hombres, tan

luminosa y tan suave, que no inspira espanto como aquellas del Sinaí, realizadas entre llamaradas y tronar de trompetas.

¡Y es la manifestación de Dios Padre, Dios Hijo, Dios Espíritu Santo!

El Padre habla para anunciar que ya está enviado al mundo el Hijo redentor, el Hijo suyo, el muy amado.

El Hijo se presenta como un hombre cualquiera, aguardando turno en la fila de los demás hombres, en todo igual a nosotros, menos en el pecado, como acaba de proclamar Juan Bautista.

El Espíritu Santo, como una claridad supraterrestre que adopta la silueta de una paloma, desciende sobre el Hijo para ensalzar al que se ha humillado.

Este Espíritu, esta Tercera Persona de la Trinidad, este amor del Padre y del Hijo es el mismo que fue prometido al hijo de Zacarías, el mismo que cubrió a María Virgen, que llenó a Isabel, que consoló al anciano Simeón, como leímos en los capítulos precedentes. El mismo que veremos inspirar a Jesús en múltiples ocasiones, y que ahora empieza conduciéndolo al Monte desértico de los Cuarenta Días.

17.—TENTACION Y VICTORIA

Bautizado Jesús, volvió del Jordán lleno del Espíritu Santo, y al punto fue llevado por el Espíritu al Desierto, para que fuese allí tentado por el diablo.

Y estaba en el Desierto cuarenta días y cuarenta noches, y era tentado por Satanás y habitaba con las bestias.

De la multitud a la soledad. Es la última preparación. Ha venido para hacer de los hombres hijos de Dios, y se retira de los hombres para hablar de ellos con Dios.

Ha venido para enseñarles a triunfar del mundo y de sus concupiscencias, y se retira para ayunar y pasar hambre.

Ha venido para enseñarles a triunfar de las sugestiones del demonio, y se retira para dejarse tentar por el demonio.

En la tentación no hay culpa. Ser tentado es ser hombre. Jesús, santísimo, impecable, permite al Tentador que se le acerque. El lo vencerá y al fin lo arrojará de la Tierra como su Padre lo arrojó del Cielo.

Pero antes de la victoria final, el combate.

Satanás, la criatura más abominable, el primer rebelado contra Dios, el primer maldecido de Dios, aunque fue condenado para siempre, conserva su entendimiento angélico, con el cual puede conocer lo que Dios le permite.

Ahora, en este desértico monte de Judea, ve un hombre joven llegado de Nazaret, que durante cuarenta días permanece en abstinencia y oración, como han hecho otros servidores del Altísimo. Por esto mismo, Satanás lo considera enemigo suyo, y quiere vencerlo.

Observa que el enigmático penitente, al final de la cuarentena, muestra tener hambre; juzga que es el momento oportuno para seducirle; toma tal vez las apariencias de un ermitaño que vive también en alguna de aquellas cuevas; se acerca a Jesús, y le dice:

—Si eres Hijo de Dios, di a esta piedra que se convierta en pan.

Jesús le contestó:

—Está escrito: «No sólo de pan vive el hombre, sino también de otras cosas creadas por Dios.»

Entonces lo transportó el diablo a la santa ciudad; lo puso sobre el alero del templo, y le dijo:

—Si eres Hijo de Dios, tírate de aquí abajo, porque está escrito: «Encargará a sus ángeles que cuiden de ti, y te sostendrán en sus manos, para que tu pie no tropiece con las piedras.»

Jesús le contestó:

—Está mandado: «No tentarás al Señor, tu Dios.»

Todavía, llevándolo a un monte muy alto, el diablo le mostró todos los reinos del mundo, y le dijo:

—Te daré el poder y la gloria de todo eso, porque a mí me lo han dado y yo lo doy a quien quiero. Si tú te arrodillas ante mí, todo será tuyo.

Jesús le contestó:

—¡Apártate, Satanás! Porque está escrito: «Al señor tu Dios adorarás, y a él sólo darás culto.»

Completadas las tentaciones, el demonio se marchó hasta otra ocasión.

Se marchó vencido el Tentador. Ha querido seducirle por la gula, invitándole a quebrantar el ayuno. Por la soberbia, proponiéndole descender desde lo más alto del Templo en manos de los ángeles a la vista del pueblo estupefacto. Por la ambición, ofreciéndole todos los reinos del mundo.

Pero Jesús desbarata sus planes y le aplasta la cabeza con la sencillez de sus palabras:

«No es el comer lo más importante de la vida del hombre.

No hay que tentar a Dios poniéndonos. en peligros graves y pidiéndole milagros inútiles.

¡Sólo a Dios adorarás, sólo a Dios entregarás tu corazón!»

Satanás le ofrecía el pan material, Jesús viene a libertar el espíritu de la esclavitud de la materia. Viene a transformar los hombres en ángeles; no las piedras en pan, la materia en otra materia. Si a eso se redujera su poder, todos los hombres carnales le seguirían, jurando creer en él; pero en realidad buscando comer el pan producido por él.

Pero Jesús no quiere esto. Al contrario: quiere que crean en él, aunque les cueste hambre, dolor y muerte.

Sin el pan de trigo se puede vivir: un higo olvidado entre las hojas, un pez cogido en el lago pueden suplirlo. En cambio, sin el pan del alma no se puede vivir con vida eterna.

Satanás le ofrecía el prodigio material: una caída portentosa en el punto más concurrido de Jerusalén, para que los hombres ——siempre hambrientos y sedientos de lo maravilloso, siempre dispuestos a postrarse ante cualquier charlatán milagrero— lancen un grito de entusiasmo delirante al verle bajar así de lo más alto del Templo, y se junten a su alrededor y le proclamen Rey de Israel.

Pero Jesús no quiere arrastrar con maravillas inútiles. Curará a los sordos, limpiará a los leprosos, sanará a los enfermos, sobre todo a los enfermos del alma; pero cuando llegue la hora de juntar a su alrededor los siervos fieles y fundar su Reino, se apoyará en otro poder mayor que el de los milagros: el poder del amor.

El no quiere impresionar a las multitudes; quiere atraer los corazones. El no quiere que se echen en tierra por él; quiere que se enamoren de él. En vez de lanzarse de lo más alto del Templo, subirá a la Cruz. En vez de espantar a los hombres, se dejará matar por salvar a los hombres.

Y Satanás le ofrecía el imperio material: todos los reinos del mundo, toda la materia. Y en pago, le pide ¡una adoración!

Jesús lo arroja indignado: —¡Apártate, Satanás! La adoración es sólo para Dios.

Los hombres darán al demonio más que una adoración —le darán el dinero de sus hijos, la alegría de su esposa, su propia vida, su alma— por mucho menos que todo el mundo, por el placer de un momento.

Pero desde que Jesús ha vencido al Tentador, los hombres podemos vencerle también, aunque nos ataque con sus dos potentísimos aliados: el mundo, la carne.

Y cada vez que lo vencemos, la paz y el contento de esta victoria espiritual, son más perfectos y más durables que la fugaz satisfacción de consentir en el pecado.

También en esto seguimos a Jesús. Dice el Evangelista San Lucas que, superadas las tentaciones, se le acercaron ángeles y le sirvieron.

18.—ESTA EN MEDIO DE VOSOTROS

Juan continúa predicando a orillas del Jordán. Pero desde el día en que bautizó a Jesús, ya no dice: «Después de mi **vendrá**», sino que dice: «**Ya ha venido:** se halla en medio de vosotros...»

Un día se le presenta la ocasión de afirmar de una manera solemne esa llegada del Esperado. Los Príncipes de Israel, que tenían el derecho de inspección sobre lo que se enseñaba públicamente, se muestran sorprendidos ante las predicaciones que han resonado a orillas del Jordán, y nombran una comisión de sacerdotes y levitas (los teólogos de entonces), para que indaguen acerca del predicador y de la obra que realiza. Ellos encuentran a Juan en Betania, al otro lado del Jordán, donde estaba bautizado, y le preguntan quién es. En seguida comprendió él que le trataban como a sospechoso de querer apropiarse el título de Cristo, y confesó la verdad:

—*Yo no soy el Cristo.*
—*Entonces, ¿qué? ¿Eres Elías?*
—*No lo soy.*
—*¿Eres el Profeta?*
—*No.*
—*¿Quién eres?, para que podamos dar respuesta a los que nos han enviado. ¿Qué dices de ti mismo?*
—*Yo soy la voz del que clama en el desierto: —Enderezad el camino del Señor, según dijo el profeta Isaías.*

Los enviados insisten. Hasta entonces el interrogatorio no pasaba de la persona de Juan Bautista. Ahora le preguntan por su obra:

—*¿Por qué, pues, bautizas, si tú no eres el Cristo, ni Elías, ni el Profeta?*
Juan les dice:
—*Yo bautizo en agua; pero en medio de vosotros está quien vosotros no conocéis.*
Ha venido detrás de mí, pero existía antes que yo...

Así Juan Bautista, en esta conversación, que es como la clausura oficial del Antiguo Testamento, afirma claramente que ya ha llegado el deseado de Israel, y que está dotado de una sobrehumana dignidad, pues ha nacido después, pero existía antes.

Si no les manifiesta el nombre de ese divino desconocido, es porque ellos no se lo preguntan. Desprecian al austero profeta del Jordán, porque reprende sus vicios; y, religiosos tan sólo en apariencia, se cuidan poco de conocer el nombre del verdadero Ungido del Señor. ¡Esos mismos fariseos entregarán más tarde Juan Bautista a Herodes, y Jesucristo a Pilato!

19.—MAESTRO, ¿DONDE VIVES?

Terminada la Cuaresma en el Desierto, vuelve Jesús hacia las orillas del Jordán:

Juan, al ver a Jesús que viene hacia él, exclama:
—Este es el Cordero de Dios, que quita el pecado del mundo... Yo he visto al Espíritu que bajaba del cielo como una paloma y se posaba sobre él. Yo no le conocía; pero el que me envió a bautizar con agua me dijo: «Aquel sobre quien vieres bajar el Espíritu y posarse sobre él, ése es el que bautizará con Espíritu Santo. Yo lo he visto, y por eso, doy testimonio de que este es el Hijo de Dios.»
Al día siguiente, otra vez estaba Juan con dos de sus discípulos y, fijándose en Jesús que pasaba, dice:
—Este es el Cordero de Dios.

Los dos discípulos, en cuanto oyeron estas palabras, siguieron a Jesús. Al ver que le seguían, Jesús se vuelve y les pregunta:

—¿Qué buscáis?

Ellos le contestaron:

—Rabí (que significa Maestro), ¿dónde vives?

El les dijo:

—Venid y lo veréis.

Entonces fueron, vieron dónde vivía y se quedaron con él aquel día; serían las cuatro de la tarde.

Andrés, hermano de Simón Pedro, era uno de los dos que oyeron a Juan y siguieron a Jesús; encuentra primero a su hermano Simón y le dice:

—Hemos encontrado al Mesías (que significa Cristo). Y lo llevó a Jesús. Jesús se le quedó mirando y le dijo:

—Tú eres Simón, el hijo de Juan; tú te llamarás Cefas (que se traduce Pedro) (1).

Al día siguiente, determinó Jesús salir para Galilea; encuentra a Felipe y le dice:

—Sígueme.

Felipe era de Betsaida, ciudad de Andrés y de Pedro. Felipe encuentra a Natanael y le dice:

—Aquel de quien escribieron Moisés en la Ley y los Profetas lo hemos encontrado: Jesús, hijo de José, de Nazaret.

Natanael le replicó:

—¿De Nazaret puede salir algo bueno?

Felipe le contestó:

—Ven y verás.

Vio Jesús que se acercaba Natanael y dijo de él:

—Ahí tenéis a un israelita de verdad, en quien no hay engaño.

Natanael le contesta:

—¿De qué me conoces?

Jesús le responde:

—Antes de que Felipe te llamara, cuando estabas debajo de la higuera, te vi.

Natanael respondió:

---

(1) La traducción exacta de Cefas es **Roca**, o sea, una **piedra** que nadie puede mover y sobre la cual se puede construir un edificio inconmovible. Así anuncia a Simón que será **Piedra** fundamental, y de ahí viene el nombre de **Pedro**.

—*Rabí, tú eres el Hijo de Dios, tú eres el Rey de Israel.*

Jesús le contestó:

—*¿Por haberte dicho que te vi debajo de la higuera crees? Has de ver cosas mayores.*

Y le añadió:

—*Yo os aseguro: veréis el cielo abierto y a los ángeles de Dios subir y bajar sobre el Hijo del Hombre.*

Juan Bautista enderezó sus mejores discípulos a Jesús, ya que él mismo no le podía seguir, pues su puesto estaba a las orillas del río. Uno de aquellos dos primeros que le siguieron tímidamente y le preguntaron: **Maestro, ¿donde vives?**, era Juan el joven, el avangelista.

Cuando tenga casi cien años describirá aquella escena en su Evangelio. Pero recordará hasta el mínimo detalle de la hora, porque la impresión de amabilidad y grandeza que le produjo su primer encuentro con Jesús jamás se le borrará del alma.

Los dos afortunados que han oído a Jesús en la intimidad de una noche pasada con él, salieron a comunicar su hallazgo:

—¡Hemos visto al Mesías!

En este grito espontáneo se vislumbra el intenso júbilo de una antigua esperanza, plenamente satisfecha.

20.—MANIFIESTA SU GLORIA

Tres días después, se celebraba una boda en Caná de Galilea, y la madre de Jesús estaba allí. Jesús y sus discípulos estaban también invitados a la boda.

Faltó el vino, y la madre de Jesús le dijo:

—*No les queda vino.*

La breve frase de María es un cántico a la bondad de Jesús. Ella aún no le ha visto realizar ningún milagro: pero le conoce tan perfectamente, que sin pedirle nada, lo espera todo.

En la primera parte de la respuesta dada por Jesús a María, unos intérpretes encuentran el *asentimiento* del hijo a los deseos de la madre. Otros creen encontrar una *negativa anulada* por la sonrisa y el tono de voz en que fue pronunciada.

Pero éstos y aquéllos y todos los cristianos en la segunda parte de la misma respuesta, «aún no ha llegado mi hora», entendemos que Jesús cambia sus propios planes por atender a las súplicas de su madre, siempre atenta a los necesitados.

Y hoy, en el cielo, Jesús y María siguen siendo hijo y madre. Por eso, procedemos en perfecto acuerdo con el Evangelio, cuando fomentamos la devoción hacia Nuestra Señora, cuando le pedimos favores, cuando la llamamos Mediadora de las gracias, Protectora, Abogada, Madre.

Ella, pues, entendió muy bien que a Jesús no le sufriría el corazón dejar a los reción casados en la vergüenza de avisar ante todos los comensales que el vino se acabó.

Dijo la madre a los sirvientes:
—Haced lo que él os diga.
Había allí colocadas seis tinajas de piedra, para las purificaciones de los judíos, de unos cien litros cada una.
Jesús les dijo:
—Llenad las tinajas de agua.
Y las llenaron hasta arriba. Entonces les mandó:
—Sacad ahora, y llevadlo al mayordomo.
Ellos se lo llevaron.

Pero aquello ya no era agua; sino vino excelente. El milagro está hecho.

El mayordomo probó el agua convertida en vino sin saber de dónde venía (los sirvientes sí lo sabían, pues habían sacado el agua); entonces llamó al novio y le dijo:

—Todo el mundo pone primero el vino bueno y cuando ya están bebidos, el peor; tú en cambio has guardado el vino bueno hasta ahora.

Así, en Caná de Galilea Jesús comenzó sus signos; manifestó su gloria y creció la fe de sus discípulos en él.

Quiso Jesús hacer su primer milagro por las súplicas de su madre. Si ella no hubiera pedido, no lo hubiera hecho todavía. Ella aceleró **su hora.** Ella lo puede todo, porque sabe pedir a quien puede darlo todo.

Este milagro de Caná forma el paso entre la vida oscura que ha llevado Jesús y la vida pública que va a comenzar. Antes de dejar el santuario sagrado de la familia, casi en el umbral, se vuelve, y, con un acto brillante, da testimonio de su gratitud y de su respeto para con aquella dulce madre que ha presidido su juventud. El milagro de Caná es el milagro de la piedad filial, como más adelante la resurrección de Lázaro será el prodigio de la amistad.

El evangelista no ha necesitado decirnos que los novios quedaron agradecidísimos a quien con sólo una palabra les dejó 600 litros de vino excelente.

Pero ha querido recalcarnos el doble efecto del primer milagro de Jesús: resalta su gloria, es decir, su dignidad personal; y sus discípulos se adhieren más a él por la fe.

Así, alrededor del Nazareno se difunde una aureola de admiración y cariño popular. Ninguna voz adversa se levanta contra él.

Pero él quiere que sea en Jerusalén, en la capital de Judea, en la ciudad santa de David, su primera actuación pública como enviado de Dios.

Así nos lo cuenta San Juan, testigo de vista:

Se acercaba la Pascua de los judíos, y Jesús subió a Jerusalén. Y encontró en el templo a los vendedores de bueyes, ovejas y palomas, y a los cambistas sentados; y haciendo un azote de cordeles, los echó a to-

*dos del templo, ovejas y bueyes; y a los cambistas les
esparció las monedas y les volcó las mesas; y a los
que vendían palomas les dijo:*

*—Quitad esto de aquí: no convirtáis en un mercado
la casa de mi Padre.*

*Sus discípulos se acordaron de lo que está escrito:
«el celo de tu casa me devora».*

Entonces intervinieron los judíos y le preguntaron:

—¿Qué signos nos muestras para obrar así?

Jesús contestó:

—Destruid este templo, y en tres días lo levantaré.

Los judíos replicaron:

*—Cuarenta y seis años ha costado construir este
templo, ¿y tú lo vas a levantar en tres días?*

*Pero él hablaba del templo de su cuerpo. Y cuando
se levantó de entre los muertos, los discípulos se
acordaron de que lo había dicho y dieron fe a la Escritura y a la palabra que había dicho Jesús.*

Así se manifiesta Jesús en la ciudad de Jerusalén. Entra en el Templo, la Casa de su Padre, y arroja a los
judíos que la profanaban. Ha llegado su hora definitiva,
y empieza a obrar y hablar, después de treinta años de
silencio.

Los negociantes se ven obligados a salir del lugar
santo con sus dineros y sus animales. No pueden resistir
a la energía y a la majestad de aquel nazareno. Sólo les
queda fuerza para preguntarle en su huida:

—¿Con qué autoridad haces esto?

Es la primera palabra contra Jesús que aparece en su
historia. Aquellos hombres materializados, guardianes
infieles de la Casa de Dios, tenían interés en que conti-
nuase convertida en casa de negocios.

Jesús, que ha despreciado todos los imperios del
mundo con tal de no postrarse ante Satanás, los despacha a latigazos, y ellos le piden una prueba de su autoridad. El da la prueba:

—Destruid este Templo, y yo lo levantaré en tres días.

Templo es el cuerpo de todo hombre que vive en
amistad con su Dios. Templo vivo donde el Altísimo
tiene su morada y sus complacencias: ¡cuánto mejor se
puede llamar templo aquel Cuerpo de Jesús, que no
sólo es una morada de Dios, sino que es el Cuerpo de
Dios!

Y ésta es la prueba suprema que da Jesús en confirmación de su divina misión al mundo:

—Destruid este Templo —matadme—, y yo lo reedificaré en tres días —resucitaré.

Ellos no le entienden. No le quieren entender, porque les ha prohibido los negocios sacrílegos. Se le ponen delante y le piden razón de su autoridad. Eran **los judíos.** San Juan da este nombre a los príncipes de la nación, los Príncipes de la Riqueza, de la Ciencia, de la Liturgia.

Por hoy se contentan con hacerle una pregunta. A lo largo del drama, irá creciendo su rencor y su ceguera.

En cambio, el pueblo de Jerusalén vio con agrado el gesto del Señor.

Mientras estaba en Jerusalén, por las fiestas de Pascua, muchos creyeron en su nombre, viendo los signos que hacía; pero Jesús no se confiaba con ellos, porque los conocía a todos, y no necesitaba el testimonio de nadie sobre un hombre, porque él sabía lo que hay dentro de cada hombre.

21.—CONFIDENCIAS NOCTURNAS

No todos los judíos de la capital estaban contra él. Había uno llamado Nicodemo, varón rico y principal, de la secta de los fariseos.

Este fue de noche a Jesús y le dijo:

—Maestro, conocemos que eres un maestro enviado de Dios, porque nadie puede hacer los milagros que tú haces si Dios no está con él.

Después de este saludo, le pregunta cómo se entra en el Reino de Dios y Jesús le contesta:

—Te lo aseguro: quien no nazca de nuevo, no puede ver el Reino de Dios.
Nicodemo le pregunta:
—¿Cómo puede nacer un hombre, siendo viejo? ¿Acaso puede por segunda vez entrar en el seno de su madre, y nacer?
Jesús le contesta:
—Te lo aseguro: quien no nazca de agua y de Espíritu, no puede entrar en el Reino de Dios.

Lo que nace de la carne es carne; lo que nace del Espíritu es espíritu. No te extrañes de que te haya dicho: «Tenéis que nacer de nuevo»; el viento sopla donde quiere y oyes su ruido, pero no sabes de dónde viene ni a dónde va. Así es todo el que ha nacido del Espíritu.

Con esta comparación, le ha declarado que el Espíritu Santo se comunica a nuestras almas de un modo misterioso, y es como la brisa, que no la vemos, pero la conocemos por sus efectos.

Y así, confiadamente, íntimamente, le habla Jesús aquella noche de la nueva vida que él viene a traer.

Le habla de las cosas divinas con la claridad de quien las ha visto y las está viendo siempre, porque él ha bajado del cielo, y está en la tierra sin abandonar el cielo.

Y ¿para qué ha bajado del cielo el Hijo del Hombre?

Para salvar el mundo a costa de su vida.

Esta es la voluntad del Padre.

Y el mismo Jesucristo parece que queda maravillado, cuando contempla esta verdad y cuando la descubre a Nicodemo:

—*Tanto amó Dios al mundo que entregó su Hijo único, para que no perezca ninguno de los que creen en él, sino que tengan vida eterna.*

Porque Dios no mandó su Hijo al mundo para condenar al mundo, sino para que el mundo se salve por él.

El que cree en él, no será condenado; el que no cree, ya está condenado, porque no ha creído en el nombre del Hijo único de Dios.

Esta es la causa de la condenación: que la luz vino al mundo, y los hombres prefirieron la tiniebla a la luz, porque sus obras eran malas.

Pues todo el que obra perversamente detesta la luz y no se acerca a la luz, para no verse acusado por sus obras.

En cambio, el que realiza la verdad, se acerca a la luz, para que se vea que sus obras están hechas según Dios.

Aquella noche la palabra de Jesús, semilla de la verdad, cayó en tierra buena, Nicodemo era noble y agradecido. Y llegará un día en que defenderá a Jesús en pleno Sanedrín. Y llegará la tarde del Viernes Santo en que irá valiente a pedir a Pilato el cadáver del que murió por dar la vida a los hombres.

El mismo se lo había oído esta noche: ¡Tanto amó Dios al mundo, que le entregó su Hijo Unigénito!

Y llegará el día en que también Nicodemo morirá por confesar su fe en Jesús. Sangre por sangre, vida por vida.

22.—LA ULTIMA PALABRA DE JUAN

Poco tiempo se detuvo Jesús en Jerusalén. Abandonó la capital; se retiró con sus discípulos a Judea, y allí moraba con ellos y bautizaba.

Los discípulos de Juan Bautista llevaban a mal que un bautizado por su maestro, como era Jesús, bautizase a otros y reuniese discípulos.

Se presentan, pues, a Juan, que seguía bautizando en Enón, cerca de Salín, donde había agua abundante, y le dicen:

—Maestro, aquel de quien tú diste testimonio, cuando estuvo contigo a la otra orilla del Jordán, ahora se ha puesto a bautizar, y todos se van con él.

Parecen decirle: él es algo porque tú le diste nombre famoso ante todo el pueblo, y ahora te hace la competencia. Todos le siguen y tú quedarás sin discípulos.

¡No conocían el corazón grande del Bautista, cuyo

único deseo era precisamente que todos se fueran en pos de Jesús!

Les responde estas bellísimas palabras.

—Nadie puede apropiarse de lo que no se le haya dado del cielo. Vosotros mismos sois testigos de que he dicho: «Yo no soy el Cristo, sino que he sido enviado delante de él.» El que lleva la esposa es el esposo; mas el amigo del esposo que le acompaña y le oye se llena de alegría con sólo oír la voz del esposo. Esta es la alegría que yo siento ahora.

Confiesa Juan que el único dueño de las almas, el esposo de la humanidad es Jesucristo. ¡Que todos vayan a él para que posean la felicidad del divino amor! El oficio de Juan —como el del amigo en las nupcias judías— se reduce a preparar la llegada del esposo y alegrarse cuando éste proclama que ya ha encontrado a la esposa.

Por eso, añade:

—Es preciso que él crezca y que yo mengüe. El que viene de lo alto, está por encima de todos... Da testimonio de lo que él mismo ha visto y oído; pero nadie acepta su testimonio. El que acepta su testimonio, certifica la veracidad de Dios.

No eran pocos los que ya creían en Jesús. Pero Juan quiere que sean muchos más, que sean todos los hombres. Por eso le parecen pocos, le parecen nadie. Añade que esos pocos, al haber creído a Jesús, están certificando que Dios ha dicho la verdad.

Y termina así:

—El enviado de Dios habla las palabras de Dios, pues Dios no le comunica su espíritu con medida. El Padre ama al Hijo, y todo lo ha puesto en su mano. Quien cree en el Hijo, posee la vida eterna. Quien no da crédito al Hijo, no verá la vida, sino que la ira de Dios pesa sobre él.

Estas son las últimas palabras del fidelísimo anunciador de Cristo. Son su despedida pública:

—Ya viene el que esperábamos —dice—. Yo puedo ya callar. Yo soy de la tierra. El viene del cielo. Yo nada soy, nada merezco: a él habéis de ir, a él habéis de creer. ¡Ay del que no vaya, ay del que no crea!

Clamor admirable, que completa la belleza del carácter de Juan Bautista. Este gigante de la soledad salió del desierto con la invectiva en los labios, la frase acerada, austera, ardiente, de los Profetas; y podía hablar así porque reprendía crímenes y voluptuosidades, que él jamás conoció.

Luego se encuentra con Jesús, y no sé qué dulzura, hasta entonces desconocida, comienza a templar su fuego. Al calor de un amor más grande, el duro metal entra en fusión.

Después, juntándose la humildad con la ternura, en lugar de concentrar sobre sí aquel movimiento de las multitudes que le rodean, lo dirige sobre «uno más grande que él», y expresa con entusiasmo el gozo que siente al verse eclipsado.

He aquí la grandeza de Juan Bautista. Sólo le falta un rasgo para ser acabado: el martirio. Pero pronto se encenderá esta aureola sobre la augusta figura del Precursor de Jesucristo.

Por aquellos días Herodes, a las muchas maldades que había cometido, añadió ésta: apresó a Juan Bautista y, atado, lo metió en la cárcel.

Se van a cumplir los deseos de Juan. «Que crezca Jesús y yo disminuya.» Y disminuirá en los sótanos de un castillo, cortada su cabeza de un hachazo, sin más testigos que Dios y el verdugo.

Su muerte será el premio y la corona de su misión. Había nacido para dar testimonio de la verdad, preparando así el camino al que es la verdad. Y morirá mártir de la verdad. Herodes, rey adúltero, le ha encarcelado porque el austero Bautista le avisó terminantemente:

—Rey, no te es lícito tener la mujer de tu hermano.

Y aquel rey no podía tolerar que le dijesen la verdad.

23.—SALVADOR DEL MUNDO

Cuando supo Jesús que Juan había sido encarcelado y que los fariseos comentaban cómo Jesús hacía más discípulos que Juan, salió de Judea y partió de nuevo a Galilea.

En este camino recogió una oveja perdida —la mujer samaritana— y llevó la fe a un pueblo: Sicar.

Juan Evangelista, uno de sus compañeros de viaje, nos presenta aquella escena con palabras vivientes:

Llegó Jesús a un pueblo de Samaria llamado Sicar, cerca del campo que dio Jacob a su hijo José: allí estaba el manantial de Jacob.

Jesús, cansado del camino, estaba allí sentado junto al manantial. Era alrededor del mediodía.

Llega una mujer de Samaria a sacar agua, y Jesús le dice:

—Dame de beber.

(Sus discípulos se habían ido al pueblo a comprar de comer.) La samaritana le dice:

—¿Cómo tú, siendo judío, me pides de beber a mí, que soy samaritana? (porque los judíos no se trataban con los samaritanos).

Jesús le contestó:

—Si conocieras el don de Dios y quién es el que te pide de beber, le pedirías tú, y él te daría agua viva.

Esa agua viva prometida por Jesús es la gracia santificante, la vida divina en el alma: apaga la sed de placeres terrenos, aumenta la sed de agradar a Dios.

La mujer le dice:

—Señor, si no tienes cubo, y el pozo es hondo, ¿de dónde sacas el agua viva?, ¿eres tú más que nuestro padre Jacob, que nos dio este pozo, del cual bebieron él y sus hijos y sus ganados?

Jesús le contestó:

—El que bebe de esta agua, vuelve a tener sed; pero el que beba del agua que yo le daré, nunca más tendrá sed: el agua que yo le daré se convertirá dentro de él en un surtidor de agua que salta hasta la vida eterna.

La mujer le dice:

—Señor, dame esa agua: así no tendré más sed, ni tendré que venir aquí a sacarla.

El le dice:

—Anda; llama a tu marido, y vuelve.

La mujer le contesta:

—No tengo marido.

Jesús le dice:

—Tienes razón, que no tienes marido: has tenido ya cinco, y el de ahora no es tu marido. En eso has dicho la verdad.

Pasmada queda la samaritana al ver que aquel desconocido sabe los secretos de su pobre vida, y le dice respetuosa:

—Señor, veo que tú eres profeta.

Y luego, parte porque, aunque pecadora, tenía fe y curiosidad de lo que por aquel tiempo andaba en la boca de muchos, acerca de la próxima aparición del Mesías, parte también por deseo de interrumpir una conversación que le resultaría humillante, da un corte y propone una duda:

—Nuestros padres adoraron en este monte, y vosotros decís que está en Jerusalén el sitio en que se debe adorar.

Conveníale a Jesucristo seguir por este camino la conversación, y le dice:

—Créeme, mujer: se acerca la hora en que ni en este monte ni en Jerusalén adoréis al Padre. Vosotros adoráis al que no conocéis: nosotros adoramos al que conocemos, porque la salvación viene de los judíos.

Pero se acerca la hora —y ya está aquí—, en que los que quieran dar culto verdadero adorarán al Padre en espíritu y verdad. Porque tales son los adoradores que el Padre quiere. Dios es espíritu, y los que le adoran, deben hacerlo en espíritu y verdad.

Tal vez estas expresiones parecen demasiado elevadas a la mujer de los cinco maridos. Y como para demostrar al profeta judío que también ella sabe algo de religión, le dice humildemente:

—Sé que vendrá el Mesías. Cuando llegue, él nos lo explicará todo.

Entonces Jesús, con la sencillez que emplea Dios para revelar verdades sublimes, le dice:

—Soy yo: el que habla contigo.
En esto llegaron sus discípulos y se extrañaban de que estuviera hablando con una mujer, aunque ninguno le dijo: «¿Qué le preguntas o de qué hablas?»
La mujer, entonces, dejó su cántaro, se fue al pueblo y dijo a la gente:
—Venid a ver un hombre que me ha dicho todo lo que he hecho: ¿será éste el Mesías?
Salieron del pueblo y se pusieron en camino adonde estaba él.
Mientras tanto sus discípulos le insistían:
—Maestro, come.
El les dijo:
—Yo tengo un alimento que vosotros no conocéis.
Los discípulos comentaban entre ellos:
—¿Le habrá traído alguien de comer?
Jesús les dijo:
—Mi alimento es hacer la voluntad del que me ha enviado, y llevar a término su obra. ¿No decís vosotros que faltan todavía cuatro meses para la cosecha? Yo os digo esto: Levantad los ojos y contemplad los campos, que están ya dorados para la siega.

En efecto: véase ya venir a los samaritanos que salían de Sicar, atraídos por la palabra de la mujer del cántaro, arrepentida y convertida en predicadora.

Creyeron en él por el testimonio que había dado la mujer: «Me ha dicho todo lo que he hecho.»

Así, cuando los samaritanos llegaron a Jesús, le rogaban que se quedara con ellos. Y se quedó allí dos días. Todavía creyeron muchos más por su predicación, y decían a la mujer:

—Ya no creemos por lo que tú dices; nosotros mismos le hemos oído, y sabemos que él es de verdad el Salvador del mundo.

Salvador del mundo: el título propio de Jesús, el título que conquistará con su Sangre. Los samaritanos fueron los primeros en dárselo. Dos días convivió con ellos, y ellos le conocieron.

Pasados los dos días, Jesús salió de allí y prosiguió su viaje a Galilea.

24.—ENTRE LOS GALILEOS

Son los días más hermosos para Jesús. Las muchedumbres acuden a él con júbilo y se dejan guiar con absoluta confianza.

Estas gentes, sanas y fogosas, se apiñan para beber las palabras del Maestro, como las flores beben el rocío de la mañana. Además, la influencia política de saduceos y fariseos no puede ser tan intensa ni eficaz como en Jerusalén, donde el Gran Consejo ejercía una vigilancia continua sobre todas las sinagogas y sobre la vida religiosa del pueblo.

También Jesús, entre los galileos, se siente libre para publicar su Mensaje.

Y sus primeras palabras fueron pocas, sencillas. Parecían las de Juan:

—Ha llegado el tiempo: se aproxima el Reino de Dios. Haced penitencia y creed al Evangelio.

¡Creed al Evangelio! Hoy llamamos Evangelio al libro donde está escrita la historia de Jesús. Pero Jesús no traía libros. Por Evangelio entiende —según el dulce significado de esta palabra griega— **la Buena noticia, el Mensaje feliz.**

Jesús es el Mensajero venido de Dios para anunciar a los hombres que los ciegos verán, los enfermos serán curados, los muertos resucitarán, los pobres serán consolados, los pecadores serán perdonados, los hombres carnales serán convertidos en espirituales, los hijos de Adán en hijos de Dios.

Pero cada uno —para participar de estas maravillosas realidades— debe creer al Evangelio; debe creer que Jesús anuncia la verdad, cuando anuncia su Mensaje feliz; debe creer que Jesús es el Mensajero de Dios.

Jesús demostrará que lo es con los milagros, que son el sello con que Dios autoriza a sus Legados:

Había un funcionario real que tenía un hijo enfermo en Cafarnaún. Oyendo que Jesús había llegado de Judea a Galilea, fue a verle, y le pedía que bajase a curar a su hijo, que estaba muriéndose.

Jesús le dijo:

—Como no veáis signos y prodigios, no creéis.

El funcionario insiste:

—Señor, baja antes de que se muera mi niño.

Jesús le contesta:

—Anda: tu hijo está curado.

El hombre creyó en la palabra de Jesús, y se puso en camino. Iba ya bajando, cuando sus criados vinieron a su encuentro, diciéndole que su hijo estaba curado. El les preguntó a qué hora había empezado la mejoría. Y le contestaron:

—*Hoy a la una le dejó la fiebre.*

El padre cayó en la cuenta de que ésa era la hora en que Jesús le había dicho «tu hijo está curado». Y creyó él con toda su familia.

El oficial del rey y su familia habían creído en Jesús. Viven en Cafarnaún, ciudad rica y pecadora, a las orillas del Mar de Tiberíades.

Reclinada suavemente en una colina de la costa, tiene delante el espléndido panorama del lago infatigable, por ambos lados jardines y elegantes quintas de re·reo.

Dotada de situación inmejorable, abundante comercio y fácil comunicación con los pueblos de Galilea, la escoge Jesús como residencia habitual y como centro de sus excursiones apostólicas.

Cafarnaum será su **ciudad** —así la llaman a veces los evangelistas—: y la casa de un pescador, Simón Pedro, será **su casa.**

De esta manera vino a cumplirse lo que había dicho el profeta Isaías:

«El país de Zabulón y el país de Neftalí, el camino que va al mar, más allá del Jordán, la Galilea de los gentiles: ese pueblo que yacía en las tinieblas, ha visto una luz grande; y a los que habitaban en una región de sombras de muerte, se les apareció una luz».

Esta luz era la palabra de Jesús, era el Mensaje feliz que él anunciaba.

La aurora triunfal de su vida seguía ascendiendo siempre. Dice San Lucas:

La fama de él se divulgaba por toda la región. Enseñaba en las sinagogas y era aclamado por todos...

Un día, hallándose Jesús junto al lago de Genesaret, las gentes se agolpaban en torno a él, ansiosas de oír la palabra de Dios. A la orilla del lago vio dos barcas, cuyos pescadores habían bajado y estaban lavando las redes. Subió a una de ellas, la de Simón, y le pidió que la desviase un poco de tierra. Y sentándose dentro predicaba desde la barca al numeroso concurso.

¡Bellísimo cuadro! La barca de un pescador ofrece inocente y popular tribuna al Maestro Jesús: tiene que subirse en ella y apartarse de la playa, para que las turbas no le opriman. ¡Con qué avidez le seguían y escuchaban!

Cuando acabó de hablar, dijo a Simón:
—Rema mar adentro y echad las redes para pescar.
Simón contestó:
—Maestro, nos hemos pasado la noche bregando y no hemos cogido nada; pero, por tu palabra, echaré las redes.
Y, puestos a la obra, hicieron una redada de peces tan grande, que reventaba la red. Hicieron señas a los socios de la otra barca, para que vinieran a echarles una mano. Se acercaron ellos y llenaron las dos barcas, que casi se hundían. Al ver esto, Simón Pedro se arrojó a los pies de Jesús, diciendo:

—Apártate de mí, Señor, que soy un pecador.
Y es que el asombro se había apoderado de él y de los que estaban con él, al ver la redada de peces que habían cogido; y lo mismo pasaba a Santiago y Juan, hijos de Zebedeo, que eran compañeros de Simón.
Jesús dijo a Simón:
—No temas: desde ahora serás pescador de hombres.
Ellos sacaron las barcas a tierra.
Luego, Jesús dice a Simón y a Andrés:
—Venid conmigo, y os haré pescadores de hombres.
Ellos al momento dejaron las redes y le siguieron.

Y, pasando adelante, vio a otros dos hermanos: a Santiago, hijo de Zebedeo, y a su hermano Juan, en la barca, con Zebedeo su padre, repasando las redes; y los llamó.

Ellos al momento dejaron la barca y a su padre, y le siguieron.

No está solo Jesús: dos hermanos, Simón y Andrés, y otros dos hermanos, Santiago y Juan, están dispuestos a seguirle a donde quiera ir, a partir con él su pan, a conservar sus palabras, a obedecerle como a su padre y más que a su padre.

Cuatro pescadores, cuatro obreros del mar, que apenas sabían leer ni se distinguían entre sus compañeros, son escogidos por el Señor que pasó junto a ellos. Son escogidos para fundar un Reino que se ha de extender a todo el mundo.

Por él han dejado todo lo que tenían: sería mucho o poco, pero era todo. Lo han dejado por él. Desde aquella hora, la misma voz del Maestro se percibe en la intimidad de las almas a lo largo de los siglos: «Sígueme, que yo te haré pescador de hombres.»

El mundo no oye esta voz; pero todos los días ve al soldado que deja sus armas, al estudiante que deja sus matrículas, al ingeniero que deja sus proyectos, al obrero que deja sus talleres, al hijo que deja a sus padres, por seguir al que le ha llamado secretamente.

Y lo mismo que los apóstoles, tienen por misión transmitir al mundo el Mensaje que Jesús trajo de su Padre.

25. —«¿QUE DOCTRINA ES ESTA?»

El sábado, Jesús iba a la sinagoga.

El sábado era el día del descanso y de la piedad. La sinagoga era el lugar donde se congregaba el pueblo para oír las explicaciones de la Escritura, dadas por los rabinos y los escribas.

Todo judío tenía derecho a entrar y leer, e incluso a hablar sobre lo que se había leído. Era una casa, adonde se iba, en compañía de amigos y hermanos, a conversar acerca de Dios.

Jesús se levantaba, pedía un volumen de las Escrituras, recitaba con voz tranquila algunos versículos.

Luego los comentaba con elocuencia intrépida y tajante, que confundía a los fariseos, tocaba a los pecadores, conquistaba a los pobres, encantaba a los piadosos.

El viejo texto se transfiguraba de improviso, se hacía transparente, actual para todos; parecía una verdad nueva, un descubrimiento hecho por ellos, un discurso oído por primera vez; las palabras acartonadas por la antigüedad y resecas por las repeticiones, tomaban vida y color: un nuevo sol las doraba una por una, sílaba por sílaba; palabras frescas, como acuñadas en aquel momento; resplandecientes a todos los ojos como una imprevista revelación.

En Cafarnaún nadie se acordaba de haber oído a un maestro así. Los sábados que hablaba Jesús, la sinagoga estaba llena; el pueblo se desbordaba hasta la calle. Todo el que podía ir, iba.

De uno de estos sábados nos cuenta San Marcos, que lo oyó a San Pedro, testigo de vista:

Llegó Jesús a Cafarnaún, y el sábado siguiente fue a la sinagoga a enseñar. Quedaron asombrados de su enseñanza, porque no enseñaba como los letrados, sino con autoridad.

Estaba precisamente en la sinagoga un hombre que tenía un espíritu inmundo, y se puso a gritar:

—¿Qué quieres de nosotros, Jesús Nazareno? ¿Has venido a acabar con nosotros? Sé quién eres: El Santo de Dios.

Jesús le increpó:

—Cállate y sal de él.

El espíritu inmundo lo retorció y, dando un grito muy fuerte, salió.

Todos se preguntaron estupefactos:

—¿Qué es esto? Este enseñar con autoridad es nuevo. Hasta a los espíritus inmundos manda, y ellos obedecen.

Su fama se extendió en seguida por todas partes, alcanzando la comarca entera de Galilea.

Al salir Jesús de la sinagoga fue con Santiago y Juan a casa de Simón y Andrés.

La suegra de Simón estaba en cama con fiebre, y se lo dijeron.

Jesús se acercó, la cogió de la mano y la levantó. Se le pasó la fiebre y se puso a servirles.

Al anochecer, cuando se puso el sol, le llevaron todos los enfermos y poseídos.

La población entera se agolpaba a la puerta. Curó a muchos enfermos de diversos males y expulsó muchos demonios.

Se levantó de madrugada, se marchó al descampado y allí se puso a orar.

No ha descansado en todo el día, y su descanso en la noche es retirarse a la soledad y hacer oración a Dios. ¡Qué negocio el negocio de Jesús con su Padre; y qué misterio esta oración del Hijo a quien el Padre escucha siempre...!

Simón, y los que estaban con él fueron en su seguimiento. Y, habiéndole hallado, le dijeron:
—Todos te andan buscando.
La gente dio con él, e intentaba detenerle para que no se les marchase.
Pero él les dijo:
—También a las demás ciudades tengo que anunciar el Reino de Dios, porque para eso me han enviado.
Y así iba Jesús recorriendo toda la Galilea, enseñando en sus sinagogas, y predicando el alegre Mensaje del Reino, y sanando toda dolencia y toda enfermedad en los del pueblo.
Y de muchos de ellos salieron también demonios, que gritaban:
—Tú eres el Hijo de Dios.
E increpándolos no les dejaba hablar, porque sabían que él era el Mesías.
Con esto corrió su fama por toda la Siria, y presentábanle todos los que estaban enfermos y acosados de varios males y dolores: los endemoniados, los lunáticos, los paralíticos; y él los curaba.
E íbale siguiendo una gran muchedumbre de gente de Galilea, y Decápolis, y Jerusalén, y Judea, y de la otra parte del Jordán.

Nada detiene el paso del Evangelio. Por parte del pueblo no puede darse adhesión más entusiasta y consoladora. Por parte de Jesús —como lo dirá después San Pedro— «pasó haciendo bien y sanando a todos los oprimidos por el demonio».

Así quedó cumplido lo que había dicho el profeta Isaías: «El tomó nuestras enfermedades, y cargó con nuestras dolencias.»

26.—NOTA DISCORDANTE

Precisamente en Nazaret, la ciudad donde se había criado y cuyo nombre le acompañará hasta la muerte, Jesús **Nazareno,** es donde pasó por algunas cabezas el pensamiento de matarle: envidia pueblerina contra el paisano que vuelve coronado de fama, mientras los demás del pueblo ven pasar las horas en la monotonía del trabajo diario. Ocurrió así el hecho:

Jesús volvió a Galilea, con la fuerza del Espíritu. Enseñaba en las sinagogas y todos le alababan.
Fue Jesús a Nazaret, donde se había criado; entró en la sinagoga, como era su costumbre los sábados, y se puso en pie para hacer la lectura.
Le entregaron el Libro del Profeta Isaías y, desenrollándolo, encontró el pasaje donde estaba escrito:
«El Espíritu del Señor está sobre mí, porque él me ha ungido. Me ha enviado para dar la Buena Noticia a los pobres, para anunciar a los cautivos la libertad, y a los ciegos, la vista. Para dar libertad a los oprimidos; para anunciar el año de gracia del Señor.»
Y, enrollando el libro, lo devolvió al que le ayudaba, y se sentó. Toda la sinagoga tenía los ojos fijos en él. Y él se puso a decirles:
—Hoy se cumple esta Escritura que acabéis de oír.

Como si dijera:
—Este ungido que había de venir para evangelizar a los pobres, para traerles el Mensaje feliz del Reino, soy yo.
Y amplificó el tema con elocuencia tan suave y tan penetrante, que todos —como anota el evangelista— elogiaban admirados las palabras llenas de gracia que salían de los labios de Jesús.
Pero alguno lanzó el chispazo de la murmuración envidiosa. Otros corearon y lanzaron preguntas despectivas:

—¿No es éste el hijo de José?

—Su madre, ¿no se llama María? ¿Y sus hermanos Santiago, José, Simón y Judas? (1).

—¿No es éste el carpintero a quien hemos conocido desde pequeño? ¿Nos dejaremos encantar por sus palabras? Si quiere que creamos en él, que no se contente con palabras bellas: que haga aquí, entre nosotros, alguna de esas maravillas que ha hecho en otras ciudades, según dicen.

---

(1)   En el idioma arameo, que influyó en traducciones griegas y latinas, el nombre de *hermano* se aplica también a otros parientes, como ocurre en el presente relato y en el que será presentado bajo el número 38. Se trata de primos de Jesús, que no pudo tener hermanos, ya que María —según la tradición y las enseñanzas de la Iglesia— fue virgen perpetua. Y el Evangelio sólo la llama «madre de Jesús», no madre de ningún otro.

De los cuatro primos citados aquí, Santiago y Judas serán luego los dos santos apóstoles llamados Santiago el Menor y Judas Tadeo. Y el mismo Evangelio nos da el nombre de su madre: María, la de Cleofás.

Sorprende Jesús sus pensamientos, y les sale al paso:

—Sin duda me recitaréis aquel refrán: «Médico, cúrate a ti mismo»: haz también aquí, en tu tierra, lo que hemos oído que has hecho en Cafarnaún.
Y añadió:
—Os aseguro que ningún profeta es bien mirado en su tierra. Muchas viudas había en Israel, durante los tiempos de Elías, cuando estuvo cerrado el cielo tres años y seis meses, y hubo una gran hambre en todo el país; sin embargo, a ninguna de ellas fue enviado Elías, más que a una viuda de Sarepta en el territorio de Sidón. Y muchos leprosos había en Israel, en tiempo del profeta Eliseo; sin embargo, ninguno de ellos fue curado, más que Naamán el sirio.
Al oír esto, todos en la sinagoga se pusieron furiosos, y levantándose lo empujaron fuera del pueblo, hasta un barranco del monte en donde se alzaba su pueblo, con intención de despeñarlo.
Pero Jesús se abrió paso entre ellos, y se alejaba.

27.—APARECE EL ENEMIGO

Aquella irritación de sus paisanos fue un episodio pasajero.

Durante estos primeros meses sienten los pueblos tal entusiasmo y admiración creciente por el amable Maestro, que «ya no podía entrar abiertamente en las ciudades, y tenía que andar por parajes desiertos», para evitar las aclamaciones ruidosas.

Y su fama se extendía cada día más, y acudían a él pueblos en masa, para oírle y ser curados de sus enfermedades.

Primeros días de la predicación de Jesús, hermosos días de la predicación de Jesús, en los que aquellas muchedumbres dan curso libre a su amor por él, mezclado con algún interés por los milagros que les hacía; pero libre de cualquier murmuración o protesta, y mucho más de cualquier enemistad o contradicción.

Aurora triunfal y breve, en la que pronto se levantarán las primeras nubes, precursoras de días trágicos:

Al cabo de algunos días, Jesús entró de nuevo en Cafarnaún.

Y corriendo la voz de que estaba en la casa, acudieron tantos que no cabían ya ni delante de la puerta.

El, sentado, les enseñaba. Y estaban también sentados allí los fariseos y doctores de la ley, que habían venido de los lugares de Galilea y de Judea y de Jerusalén.

¡Los fariseos! Los que se consideraban **separados** (eso significa la palabra **fariseo),** los que se tenían por más justos que los demás y despreciaban a todos.

Y los doctores de la ley, los llamados también **escribas** o letrados, los que en vez de repartir al pueblo el pan de la verdadera instrucción religiosa, se detenían en explicar minucias y ridiculeces de tradiciones humanas.

Ya han entrado de lleno en la escena del drama los enemigos de Jesús. Y no es extraño que hayan venido a oírle desde la capital.

La profunda conmoción religiosa producida por la predicación de Jesús en Galilea ha repercutido lejos, y los ha puesto en estado de alarma: quieren conocer con sus propios ojos al nuevo Profeta, que se ha ganado el amor del pueblo. Y están allí observando, espiando.

Entonces llegaron cuatro llevando un paralítico, y como no podían meterlo por el gentío, levantaron unas tejas encima de donde estaba Jesús, abrieron un boquete y descolgaron la camilla con el paralítico.

Viendo Jesús la fe que tenían, dijo al paralítico:

—Hijo, tus pecados quedan perdonados.

Unos letrados, que estaban allí sentados, pensaban para sus adentros:

—¿Por qué habla éste así? Blasfema. ¿Quién puede perdonar pecados fuera de Dios?

Jesús conoció lo que pensaban y les dijo:

—¿Por qué pensáis eso? ¿Qué es más fácil: decir al paralítico «tus pecados quedan perdonados» o decirle «levántate, coge la camilla y echa a andar»? Pues, para que veáis que el Hijo del Hombre tiene potestad en la tierra para perdonar pecados... entonces dijo al paralítico: —Contigo hablo: Levántate, coge tu camilla y vete a tu casa.

Ha sido el primer conflicto y el primer triunfo. Cuando escribas y fariseos le oyen decir: «Perdonados te son tus pecados», piensan que sólo Dios tiene la potestad de perdonar pecados, y se escandalizan de que Jesús se atribuya esta potestad.

El Señor descubre sus pensamientos, y les responde con un argumento clarísimo, irrebatible:

¿Qué es más fácil: perdonar pecados o hacer un milagro? Para el hombre, las dos cosas son igualmente difíciles: son imposibles. Para Dios las dos cosas son fáciles. Pues yo haré delante de vuestros ojos la obra que se puede ver, el milagro, para que creáis que también puedo hacer lo que no se ve: perdonar los pecados.

Hizo el milagro.

Luego Jesús tiene el poder de Dios, es Dios.

Enorme fue la impresión en los presentes:

El curado se levantó inmediatamente, cogió la camilla y salió a la vista de todos. Se quedaron atónitos y daban gloria a Dios diciendo:
—Nunca hemos visto cosa igual.

Poco después ocurren otros dos encuentros que nos refieren así los evangelistas:

Luego Jesús, pasando de allí hacia el lago, vio a un

recaudador, Leví, hijo de Alfeo, llamado también Mateo, que estaba sentado al mostrador de los impuestos, y le dijo:

—Sígueme.

El, levantándose, lo dejó todo, y le siguió. Luego le ofreció un banquete en su casa. Estando Jesús a la mesa, un buen grupo de publicanos y pecadores se reclinaron con él y con sus discípulos, pues eran ya muchos los que le seguían. Los letrados y fariseos, al ver que comía con pecadores y publicanos, dijeron a los discípulos:

—¿Qué es eso de comer con publicanos y pecadores?

Jesús lo oyó, y les dijo:

—No necesitan médico los sanos, sino los enfermos. No he venido a buscar a los justos, sino a los pecadores para que se arrepientan.

El consuelo que estas palabras, tan nuevas y tan penetrantes, ha inspirado a la humanidad nos invita a pensar el asombro de aquellos fariseos, que se consideraban justos, y la agradecida admiración de aquellos cobradores de impuestos, que eran considerados como pecadores, cuando las oyeron por primera vez.

Unos y otros mirarían a Mateo, el hombre que dio a Jesús la ocasión para pronunciarlas, cuando le preparó un convite en su casa.

Pero este mismo Mateo fue allí el primer beneficiado de las amistosas llamadas que Jesús dirige a los pecadores para que cambien de vida.

¡Qué pronto cambió y con cuánta generosidad!

Además del nombre con que todos le conocían, Mateo, tenía el nombre de Leví. Cuando presenta esta escena en el Evangelio que él mismo escribió, se cita con su propio nombre, como confesando haber pertenecido al despreciado gremio de los recaudadores, esos publicanos antipáticos a los judíos, por estar al servicio del poder romano, hasta que Jesús le llamó y declaró ante fariseos y letrados que él ha venido a buscar pecadores.

Pero aquellos no se dan por vencidos, aprovechándose de la popularidad de Juan Bautista, tratan de oponerlo a Jesús, con ocasión de aquel mismo banquete que él había aceptado: Se le acercan y le dicen:

—Los discípulos de Juan ayunan a menudo y oran,

y los de los fariseos también; en cambio los tuyos comen y beben.

La respuesta de Jesús encierra gran encanto. Adviértese en ella el nuevo espíritu, esa mezcla de suavidad y de austeridad que habrá de sustituir a la rigidez orgullosa del fariseísmo.

Jesús comienza por pedir gracia, si cabe hablar así, para este primer momento de la reunión del Maestro y de los discípulos, al cual seguirán grandes amarguras:

—Queréis que ayunen los amigos del esposo, mientras el esposo está con ellos? Días vendrán en que el esposo les será arrebatado, y entonces ayunarán.

Y con una comparación casera, acerca del vino nuevo, que no se encierra en odres viejos, termina dejando comprender que aquellas objeciones, antiguas, no tenían sentido ante la santa novedad de las cosas que iban a llegar.

He aquí los primeros acontecimientos del ministerio público de Jesús. Oculto ayer entre la multitud, se presenta ya, y con una palabra, una mirada, se atrae algunos discípulos, pobres como él. Baja a la plaza pública, y antes de enseñar al pueblo, le ama. Le dispensa bienes.

Las muchedumbres, conmovidas, se van tras él, para oír su palabra; los magnates para espiarle. Casi todos ignoran aún su doctrina; no conocen más que sus beneficios.

28.—EN EL CORAZON DE JERUSALEN

Fariseos y escribas han iniciado sus ataques contra Jesús. El no los teme; llegada la fiesta solemnísima de la Pascua, se presenta en medio de ellos, en su ciudad de Jerusalén, donde eran los amos del pueblo.

Nos dice San Juan, que estaba presente:

Hay en Jerusalén, junto a la puerta de las ovejas, una piscina que llaman en hebreo Betesda. Esta tiene cinco soportales, y allí estaban echados muchos enfermos, ciegos, cojos, paralíticos, que aguardaban el movimiento del agua. Porque a intervalos un ángel bajaba a la piscina y removía el agua; y el primero que entraba después de removerse el agua, quedaba curado de cualquier enfermedad que tuviera.

Estaba también allí un hombre que llevaba treinta y ocho años enfermo. Jesús, al verlo echado, y sabiendo que ya llevaba mucho tiempo, le dice:

—¿Quieres quedar sano?

El enfermo le contestó:

—Señor, no tengo a nadie que me meta en la piscina cuando se remueve el agua; para cuando llego yo, otro se me ha adelantado.

Jesús le dice:

—Levántate, toma tu camilla y echa a andar.

Y al momento el hombre quedó sano, tomó su camilla y echó a andar. Aquel día era sábado, y los judíos dijeron al hombre que había quedado sano:

—Hoy es sábado, y no se puede llevar la camilla.

El les contestó:

—El que me ha curado es quien me ha dicho: Toma tu camilla y echa a andar.

Ellos le preguntaron:

—¿Quién es el que te ha dicho que tomes la camilla y eches a andar?

Pero el que había quedado sano no sabía quién era; porque Jesús, aprovechando el barullo de aquel sitio, se había alejado. Más tarde lo encuentra Jesús en el templo y le dice:

—Mira, has quedado sano, no peques más, no sea que te ocurra algo peor.

Se marchó aquel hombre, y dijo a los judíos que era Jesús quien le había sanado.

Los judíos acosaban a Jesús, porque hacía tales cosas en sábado. Pero él les dijo:

—Mi Padre sigue actuando, y yo también actúo.

Crecía en ellos el deseo de matarle, porque no sólo violaba el sábado, sino que a Dios llamaba Padre suyo, haciéndose igual a Dios.

Ha sido majestuosa la respuesta de Jesús, único hombre que puede dar tales respuestas:

Mi Padre no cesa de gobernar el mundo día tras día; para él no hay sábado: pues también yo puedo hacer mis obras todos los días, porque soy igual a mi Padre.

Así habla Jesús en el lugar más santo del mundo: el Templo de Jerusalén.

Así habla ante el auditorio más autorizado: los Príncipes y los Sabios del pueblo de Israel, pueblo de Dios.

Así habla en los días solemnes, los de la gran Pascua, cuando a miles de peregrinos pueden llegar sus palabras.

«El ha venido para dar testimonio a la verdad.»

Los judíos —los dirigentes del pueblo— entendieron el discurso de Jesús; no encuentran argumentos para rebatirlo, y deciden acudir a la violencia — matarle—, esa degradante escapatoria de los que se reconocen justamente vencidos.

Pero Jesús no les tiene miedo. Siempre maestro de la verdad que nos salva, sigue exponiendo sus relaciones con el Padre, que desbordan las fronteras puestas por nosotros entre la vida y la muerte, y siempre suenan a revelación de actualidad:

—Os lo aseguro: el Hijo no puede hacer por su cuenta nada que no vea hacer al Padre. Lo que hace éste, eso mismo hace también el Hijo, pues el Padre ama al Hijo y le muestra todo lo que él hace, y le mostrará obras mayores que ésta para vuestro asombro. Lo mismo que el Padre resucita a los muertos y les da vida, así también el Hijo da vida a los que quiere. Porque el Padre no juzga a nadie; sino que ha confiado al Hijo el juicio de todos, para que todos honren al Hijo como honran al Padre. El que no honra al Hijo, no honra al Padre que lo envió.

Os lo aseguro: quien escucha mi palabra y cree al que me envió, posee la vida eterna y no será condenado, porque ha pasado ya de la muerte a la vida. Os aseguro que llega la hora, y ya está aquí, en que los muertos oirán la voz del Hijo de Dios; y los que hayan oído vivirán.

Porque igual que el Padre dispone de la vida, así ha dado también al Hijo el disponer de la vida. Y le ha dado potestad de juzgar, porque es el Hijo del Hombre.

No os sorprenda que venga la hora en que los que están en el sepulcro oirán su voz: los que hayan hecho el bien saldrán a una resurrección de vida; los que hayan hecho el mal, a una resurrección de condena.

Tenía que ser impresionante oír una voz que se anuncia como potente para despertar a los muertos en el último día.

Mientras ellos callan ante las vibraciones de esta voz, Jesús prosigue con la seguridad del que conoce su ciencia y su poder:

—Mi juicio es justo, porque yo no busco mi volun-
tad, sino la voluntad del que me ha enviado.

Luego confirma su divina misión con el testimonio de
Juan Bautista y, sobre todo, con el testimonio del Padre:

—Vosotros enviasteis mensajeros a Juan y él ha
dado testimonio a la verdad. No es que yo dependa
del testimonio de un hombre; si digo esto, es para que
vosotros os salvéis. Juan era la lámpara que ardía y
brillaba, y vosotros quisisteis gozar un instante de su
luz.
Pero el testimonio que yo tengo es mayor que el de
Juan: las obras que el Padre me ha concedido reali-
zar; esas obras que hago dan testimonio de mí: que el
Padre me ha enviado. Y el Padre que me envió, él
mismo ha dado testimonio de mí. Nunca habéis oído
su voz, ni visto su semblante, y su palabra no habita
en vosotros, porque al que él envió no le creéis.
Estudiais las Escrituras, pensando encontrar en
ellas vida eterna: pues ellas están dando testimonio
de mí, ¡y no queréis venir a mí para tener vida! No
recibo gloria de los hombres; además os conozco y sé
que el amor de Dios no está en vosotros.
Yo he venido en nombre de mi Padre, y no me reci-
bisteis; si otro viene en nombre propio, a ése recibi-
réis. ¿Cómo podréis creer vosotros, que aceptáis glo-
ria unos de otros y no buscáis la gloria que viene del
único Dios? No penséis que yo os voy a acusar ante el
Padre; hay uno que os acusa: Moisés, en quien tenéis
vuestra esperanza. Si creyerais a Moisés, me creeríais
a mí, porque de mí escribió él. Pero si no dais fe a sus
escritos, ¿cómo daréis fe a mis palabras?

No dice el evangelista cuál fuera el comentario de los
oyentes a estas palabras de Jesús.
Podemos pensar que más de uno bajó la cabeza, al
verse en ellas retratado.
Son palabras encendidas y piadosamente dolorosas,
que vivirán siempre para atravesar el corazón de los
incrédulos de todos los tiempos:
—Yo vengo en nombre de mi Padre, pruebo mi legación con milagros, y vosotros no me queréis recibir.
Otro cualquiera vendrá en su nombre propio; no traerá
prueba ninguna, y a ése recibiréis vosotros.

Yo no busco la gloria de los hombres: yo quiero vuestra salvación.

Vosotros no queréis creer, porque no tenéis amor de Dios.

¡Andáis mendigando alabanzas unos de otros, y no queréis venir a mí para alcanzar la vida!

29.—¿QUE HAREMOS PARA PERDERLE?

Regresó Jesús a Galilea, después de su triunfo en Jerusalén.

También allí le espían ahora los fariseos y tienen dos nuevos encuentros con él; quedan vencidos y renuevan el propósito de los cobardes: matarle.

Ocurrieron así estos sucesos:

Un día de sábado, caminaba Jesús junto a unos sembrados; y sus discípulos, sintiendo hambre, arrancaron algunas espigas y comían el grano, según caminaban, restregándolas con las manos (1).

Los fariseos, al verlo, le dijeron:

---

(1) La legislación judía permitía al que iba caminando coger algunas espigas del trigal vecino, para saciar su hambre de pobre. Tal era el hambre de los compañeros de Jesús. No son acusados de coger espigas, sino de cogerlas en sábado.

—Mira, tus discípulos están haciendo una cosa que no está permitida en sábado.

Les replicó:

—¿No habéis leído lo que hizo David, cuando él y sus hombres sintieron hambre? Entró en la casa de Dios y comieron de los panes presentados, cosa que no estaba permitida ni a él ni a sus compañeros, sino sólo a los sacerdotes.

¿Y no habéis leído en la ley que los sacerdotes pueden violar el sábado en el templo sin incurrir en culpa?

Pues os digo que aquí hay uno que es más que el templo.

Si comprendierais lo que significa «quiero misericordia y no sacrificio», no condenaríais a los que no tienen culpa.

Y añadió:

—El sábado se hizo para el hombre, y no el hombre para el sábado. Así que el Hijo del hombre es señor también del sábado.

Ellos no hallan réplica para la contundente lógica de Jesús.

La frase grandiosa con que ha terminado, «el Hijo del hombre es señor del sábado», les dice —si ellos quieren entender—: Como Hijo de Dios, hecho Hijo de hombre, tengo el mando sobre todos los tiempos, incluido el sacratísimo del sábado y dispenso de él a mis discípulos para que puedan arrancar unas espigas que sacien su hambre de pobres... ¿Qué podéis decir en contra?

He aquí la religión eterna reapareciendo, la religión del espíritu que comprende e interpreta, la religión de la misericordia que alivia la carga cuando es sobradamente pesada. En lugar de una religión ininteligible y dura, la religión de la luz y del amor.

Para encaminar a sus oyentes hacia el autor de esta religión nueva, Jesús ha pronunciado dos frases definitivas: «Aquí está el que es mayor que el templo.» «Yo soy el dueño del sábado.»

Así el Maestro divino emplea sucesivamente, y a veces al mismo tiempo, el buen sentido, la indignación, la ironía, el milagro, para restituir en las almas la verdadera idea de la religión.

Sus enemigos callaron; pero al cabo de algunos días volvieron a enfrentarse con Jesús.

El hecho está referido por los tres primeros evangelistas, y cada uno ofrece algún pormenor interesante. He aquí la concordia de los tres relatos:

Un sábado, entró Jesús en la sinagoga a enseñar. Había allí un hombre que tenía parálisis en el brazo derecho.
Los letrados y fariseos preguntan a Jesús:
—¿Es lícito curar en sábado?
Y estaban al acecho por si curaba en sábado, para tener de qué acusarlo.
Pero Jesús, conociendo los pensamientos de ellos, dijo al hombre del brazo paralítico:
—Levántate y ponte ahí, en medio.
El se levantó, y se quedó en pie.
Jesús les dijo:
—Os haré una pregunta: ¿qué está permitido en sábado, hacer lo bueno o hacer lo malo? ¿Salvar la vida a un hombre o dejarlo morir? Si uno de vosotros solo tuviera una oveja, y se le cayera a un hoyo, ¿no la sacaría en seguida, aunque fuera en sábado? ¡Cuánto más que una oveja vale un hombre! Por tanto, es lícito hacer bien en sábado.
Ellos nada replicaron. Jesús, mirándolos con indignación, y dolido al verlos tan obstinados, dijo al hombre:
—Extiende el brazo.
El obedeció, y su brazo quedó restablecido.
Los fariseos se llenaron de furor.

30.—TODO EL DRAMA DE JESUS

Sabiendo él que querían perderle, se retiró con sus discípulos hacia el mar, y en pos de él fueron muchos de Galilea y de Judea y de Jerusalén, y de Idumea y de la Decápolis. Y al oír las cosas que hacía, vino a él una gran muchedumbre de los alrededores de Tiro y Sidón».

Debió de ser aquella retirada una marcha triunfal. El mesianismo estaba desplegado por todas partes. El pueblo ardía de entusiasmo. Las turbas se arremolinaban alrededor de Jesús.

Dondequiera que se presentase, los sanos acudían

para oír al joven Maestro; los enfermos, para tocar al misericordioso Taumaturgo; los demonios para postrarse ante el Señor omnipotente. Le oprimían, le empujaban hasta el mar. Dicen así los evangelistas:

Advirtió a los discípulos que le pusieran una barca, para que la turba no le oprimiese. Porque, como sanaba a muchos, se le echaban encima todos, deseando tocarle cuantos tenían enfermedades. Le presentaron los cogidos de varias dolencias y los que tenían demonios. El los curó a todos, pero les mandó que no le descubriesen...

De manera que así se cumplía lo que estaba dicho por el profeta Isaías: «Mirad a mi siervo, mi elegido, mi amado, mi predilecto. Sobre él he puesto mi espíritu, para que anuncie el derecho a las naciones. No porfiará, no gritará, no voceará por las calles. La caña cascada no la quebrará, el pábilo vacilante no lo apagará, hasta implantar el derecho. En su nombre esperarán las naciones.»

Aquí está compendiado el drama de Jesús:

El Padre celestial lo presenta a los hombres, y dice por medio del Profeta: Este es mi servidor, este es mi elegido, este es mi amado. Yo le he ungido por mi Espíritu Santo para que anuncie a las gentes la verdad y salvación. Será tan misericordioso, que el pecador más pecador no se perderá, si acude a él. «La caña casi rota, no la acabará de romper. El pabilo que humea todavía no lo apagará.»

Jesús, por su parte, cumple el encargo que su Padre le confió: ha sido enviado para traer consuelo a los afligidos y anunciar a los pobres el Alegre Mensaje del Reino: Pasa haciendo bien y sanando a todos.

El pueblo le sigue, el pueblo se le entrega. Las expresiones evangélicas tomadas en su conjunto son de un realismo y de un vigor impresionante:

«Su fama se divulgó por toda la región de Galilea.» «Era elogiado por todos.» «Todos le andaban buscando.» «Toda la ciudad se había congregado a la puerta de su casa.» «Corrió su fama por toda la Siria...» «Las gentes le buscaban y fueron hasta donde estaba él, y le detenían para que no se les fuese.» «Se lanzaban sobre él para tocarle cuantos tenían enfermedades.»

«Dijo a sus discípulos que le dispusieran una barquilla para que la muchedumbre no le oprimiese.»
Jamás un hombre ha sido tan amado por el pueblo. Mas entretanto...

Los escribas y fariseos, llenos de furor, hablaban unos con otros qué harían de Jesús. Saliendo de allí se juntan con los herodianos (antes sus enemigos irreconciliables) *y consultan contra él qué harán para perderle.*

Este es el drama que Jesús está viviendo en su Corazón de Hijo Primogénito: el pueblo le ama; los jefes del pueblo le quieren matar; él se dejará prender por ellos —cuando llegue **su hora**— y entregará su vida en voluntario sacrificio al Padre, para expiar la culpa que todos tienen y para que la gracia, cuya plenitud rebosa de este Corazón divino, los haga hijos de Dios.

ACTO SEGUNDO

LEVANTA SU BANDERA

Elige doce compañeros.—Sus Apóstoles, sus embajado-
res.—Anuncia su programa. El secreto de la felicidad.—Cumple lo que predica, pasa haciendo bien: Centurión, Naím, el leproso.—El Alegre Mensaje del Reino
se anuncia a los pobres; la pecadora es perdonada.—Así
era Jesús.

31.—ELIGE SUS EMBAJADORES

Jesús sabe que ha de morir sin haber salido apenas de
Palestina, y sabe que su Mensaje está destinado a todo
el mundo.

Ya que él no ha de llevarlo personalmente, elige a
doce hombres que lo llevarán, siendo testigos suyos en
Judea, en Samaria, y en los últimos confines de la tierra.

Nos cuentan los evangelistas aquella elección:

*Salió Jesús al monte para hacer oración y pasó la
noche orando a Dios. Y cuando fue de día, llamó a sus
discípulos, los que él quiso; y vinieron a él.*

*Y escogió doce entre ellos, a los que también llamó
Apóstoles, para que estuviesen con él y para enviarlos
a predicar: Simón, a quien dio el nombre de Pedro, y
Andrés, su hermano; Santiago del Zebedeo, y Juan,
hermano de Santiago, a los que puso por nombre*

Boanerges, esto es: Hijos del trueno; Felipe y Barto-
lomé; Mateo el publicano, y Tomás; Santiago el de
Alfeo y Simón el Cananeo, apodado el Zelante; Judas
Tadeo (hermano de Santiago) y Judas Iscariote, que
fue el traidor.

Casi todos eran pescadores, trabajadores manuales.
El más ilustre de todos era cobrador de impuestos. Es
evidente que para fundar su obra Jesús contaba con una
fuerza superior a la de estos hombres.

Era la fuerza del amor que vence a los poderes visi-
bles y a los invisibles. La insinúa el evangelista cuando,
a continuación de los doce nombres, dice que Jesús les
dio potestad para curar enfermedades y para lanzar demonios.

Los once primeros eran galileos. El último, Judas, era
de la Judea.

Aquellos Doce afortunados, que recibieron la gracia
inestimable de vivir con Jesucristo, de caminar a su
lado, oyendo su conversación familiar, de comer en su
mesa y dormir bajo su techo, de ver sus ojos y besar sus
manos y contemplar sus lágrimas, aquellos Doce, cuya
amistad con Jesús millones de almas han envidiado secretamente a través de los siglos, no siempre se mostra-
ron dignos de la suprema felicidad que sólo a ellos se
concedió.

Tardos de cabeza y pequeños de corazón, probaron la
paciencia del Maestro, que día tras día los instruye y los
aguanta; los ilumina y los perfecciona.

Con facilidad muestran sus deseos de recompensas
materiales, su intransigencia con quien no está por
ellos, sus envidias mutuas, su celo sin discreción, sus
ignorancias. Verdaderamente «Dios escogió lo necio del
mundo para confundir a los sabios; y lo flaco del mundo
para confundir a los fuertes; y lo vil y despreciable del
mundo y lo que nada es para reducir a los que son, a fin
de que ninguna carne se jacte ante él».

Por otra parte, eran hombres de buen sentido, capaces de progreso intelectual, como lo prueban sus poste-
riores hechos y escritos; llenos de fe y de piedad, temerosos de Dios y obedientes a la ley; de vida honestísima;
íntegros y leales, humildes y activos, enamorados de su
Maestro.

Su educación será la obra maestra de Jesús. ¡Con qué

paciencia, con qué delicadeza, con qué diligencia y constancia atenderá, un día y otro día, a esta obra trascendental!

Jesús todo lo sufre; Jesús sabe que el sacrificio de su vida será eficaz en ellos, sabe que recibirán el Espíritu Santo, y quedarán transformados en hombres nuevos y ganarán el Imperio Romano para el Reino de Dios.

Jesús sabe que sus impertinencias de ahora se convetirán en anhelos de padecer y en alegría de haber padecido por el nombre de Jesús. Sabe que sus egoísmos de ahora se convertirán en la sublime caridad que ansía llorar con los que lloran y gozar con los que gozan y hacerse todo a todos, con el fin único de ganarlos a todos para el amor de Jesús. Sabe que sus ambiciones de ahora se convertirán en la infinita generosidad de quien, habiéndolo dado todo, se entrega a sí mismo en el martirio de la sangre por dilatar el Reino fundado por Jesús, que es el Reino de la verdad y del amor.

Jesús sabe lo que harán por él sus apóstoles y todos los que andando el tiempo seguirán los pasos de sus apóstoles.

Sabe también que este heroísmo de los suyos tiene que costarle a él los supremos heroísmos de Getsemaní y del Calvario.

Pero está contento de haberlos llamado, y no los dejará de la mano hasta convertirlos en verdaderos pescadores de hombres.

Iba Jesús de ciudad en ciudad y de un lugar a otro, predicando y anunciando el Reino de Dios, **y los Doce con él.**

Esta fue la verdadera educación. Durante dos años y medio, Jesús los hace testigos no sólo de sus milagros más brillantes y de su predicación sublime, sino de su vida íntima. ¡Espectáculo incomparable, cuando se sabe lo que era Jesús!

Quería él inspirarles poco a poco, por este medio, la convicción de su naturaleza superior; penetrarlos de respeto y de amor; infundirles sin discursos, sin palabras, la certeza de que era un ser sobrenatural, omnipotente, superior a los hombres, a los ángeles, a las fuerzas de la naturaleza; para que cuando le viesen caído, humillado, muerto en una cruz, entendiesen que estaba cumpliendo unos designios de Dios serenamente previstos y amorosamente aceptados, que deberían inspirarles una admiración llena de amor, en lugar de abatirlos.

¡Qué lento y difícil aquel trabajo! Ellos hubiesen comprendido a un Dios potente, glorioso, derribando por tierra a sus enemigos. Es lo que esperaban.

Pero el misterio, muy de otra manera hermoso, de un Dios humilde, oculto, venciendo a sus enemigos a fuerza de amor... ¡Será necesario el arte infinito de su Maestro para hacérselo aceptar! Ese gran arte de Dios, que hizo la aurora para preparar nuestros ojos a los esplendores del sol de mediodía...

La víspera de su muerte los encomendará a su Padre en una oración sublime:

—He manifestado tu nombre a los hombres que me has dado del mundo... Te ruego por ellos... Mientras yo estaba en el mundo, yo los guardaba en tu nombre...

Les he dado tu palabra, y el mundo los ha aborrecido, porque no son del mundo, como tampoco yo soy del mundo...

No te pido que los retires del mundo, sino que los guardes del mal...

Santifícalos en la verdad. Tu palabra es la verdad.

Como tú me has enviado al mundo, también yo los envío al mundo. Y por ellos me ofrezco en sacrificio, para que ellos sean santificados en la verdad.

Pero en aquella noche de dolor y de confidencias, Jesús tendrá también que decir al Padre:

—He guardado a los que me diste, y ninguno de ellos se ha perdido, sino el hijo de perdición, de modo que se ha cumplido la Escritura...

El hijo de perdición, hebraísmo que significa el reo de condenación, el perverso, el traidor, Judas.

¡Y era uno de los Doce, uno de los elegidos!

En nuestros días se ha intentado rehabilitarlo. Pero dos palabras suyas le pondrán para siempre entre los seres más viles; la primera: **¿Qué me queréis dar, y yo os lo entregaré?** La segunda: **Yo te saludo, Maestro: y le besó.** ¡Vender a su Maestro y amigo por cualquier dinero, y entregarlo con un beso! No hay habilidad de estilo capaz de probar que eso no es aborrecible.

32.—ANUNCIA SU PROGRAMA

a) **El secreto de la felicidad.**

Elegidos los Doce, vino Jesús a un campo con sus discípulos y gran gentío de toda la Judea y de Jerusalén y del país marítimo de Tiro y de Sidón, que habían venido a oírle y a ser curados de sus dolencias. Asimismo los molestados de los espíritus inmundos quedaban libres.

Y todo le mundo procuraba tocarle; porque de él salía una fuerza que curaba a todos.

Mas Jesús, viendo este gentío, se subió a un monte, donde, habiéndose sentado, se le acercaron sus discípulos.

Entonces, levantando sus ojos, decía:

—Felices los pobres en el espíritu, porque de ellos es el Reino de los cielos.

Así empieza el programa anunciado por Jesús en el sermón que llamamos **de la Montaña.**

El Sermón de la Montaña es el título más grande de la existencia de los hombres en el infinito universo.

Es la patente de nuestra dignidad de seres provistos de alma inmortal y superior a todo el mundo material.

Es la promesa de que podremos elevarnos sobre nosotros mismos, y ser hechos hijos de Dios.

Si un ángel descendido hasta nosotros de un mundo superior nos pidiese lo mejor y de más alto precio que tuviéramos en nuestras casas, la obra maestra del espíritu, no le llevaríamos ante las grandes máquinas engrasadas, ante los prodigios mecánicos...; le ofreceríamos sencillamente el Sermón de la Montaña y después, únicamente después, un centenar de páginas arrancadas de los poetas de todos los pueblos. Pero el Sermón sería siempre el diamante único, refulgente en su límpido esplendor de luz, deslumbrante entre la coloreada pobreza de nuestras esmeraldas y zafiros...

Quien lo ha leído una vez y no ha sentido, a lo menos en el breve momento de la lectura, un estremecimiento de agradecida ternura, un principio de llanto en lo más profundo de la garganta, un ansia de amor y remordimiento, una necesidad confusa pero punzante de hacer algo para que aquellas palabras no sean tan sólo palabras, para que aquel sermón no sea únicamente sonido y símbolo, sino esperanza inminente, viva en todos los vivos, verdad presente, verdad para siempre y para todos; quien lo ha leído una vez y no ha experimentado algo de esto, mejor que ningún otro merece nuestro amor, porque todo el amor de los hombres no podrá nunca compensarle de lo que ha perdido.

Felices los pobres en el espíritu, dice Jesús al empezar. Pobres en el espíritu son los que tienen su corazón despegado de los bienes de la tierra.

¡Qué dulce será al declinar la tarde, lejos de los negocios y de la fiebre del mundo moderno, leer y saborear lentamente, íntimamente, las mismas palabras del Maestro!

Felices los que tienen hambre y sed de la justicia, porque de ellos es el Reino de los cielos.

Felices los sufridos, porque ellos heredarán la tierra.

Felices los que lloran, porque ellos serán consolados.

Felices los que tienen hambre y sed de la santidad, porque ellos quedarán saciados.

Felices los misericordiosos, porque ellos alcanzarán misericordia.

Felices los limpios de corazón, porque ellos verán a Dios.

Felices los que trabajan por la paz, porque ellos serán llamados hijos de Dios.

Felices los perseguidos por su fidelidad a la justicia, porque de ellos es el Reino de los Cielos.

Felices vosotros cuando os insulten y os persigan y os calumnien de cualquier modo por mi causa. Estad alegres y contentos, porque vuestra recompensa será grande en el cielo.

Doctrina jamás oída en el mundo, doctrina admirable, doctrina de Dios.

¿Quién que no fuese Dios pudo hallar esta solución para el problema de la felicidad que a todos los filósofos preocupó, y esta fuente para saciar la sed de felicidad que a todos los hombres abrasa?

Y aunque la hubiese hallado, ¿quién se hubiera atrevido a proponerla?

Y aunque la hubiese propuesto, ¿quién le hubiera creído?

¡Y he aquí que millones y millones de varones y mujeres de todas las naciones y épocas no sólo han creído en esta doctrina, sino que han ajustado a ella su vida toda! Y han sido felices. Han sido felices en el mundo. Felices ahora y después.

Como quien teme que no le hayan entendido bien, tras el código de la bienaventuranza, proclama el de la malaventura:

b) **Los desgraciados.**

—*En cambio, ¡ay de vosotros, los ricos!, porque ya tenéis vuestra consolación.*

¡Ay de vosotros, los que estáis hartos!, porque tendréis hambre.

¡Ay de vosotros, los que ahora reís!, porque gemiréis y lloraréis.

¡Ay de vosotros, cuando la gente os alabe! Eso mismo hacían vuestros padres con los falsos profetas.

c) **El deber de los escogidos.**

Como aludió a los profetas falsos, se vuelve un momento a los discípulos, que están a su lado, y les dice para que sean profetas buenos:

—Vosotros sois la sal de la tierra.
Vosotros sois la luz del mundo.

La sal conserva las carnes impidiendo su corrupción: el enviado de Cristo, el apóstol, el sacerdote, conserva las almas para la vida eterna: es un sembrador de eternidad en las almas. Es la sal.

La luz penetra en los lugares inmundos y no se mancha. Arroja las tinieblas, y no se oscurece. Desciende del cielo, y alegra la tierra. El enviado de Cristo trata con los pecadores para salvarlos, y no se contamina. Expulsa los errores, y brilla con la verdad. Vive con el alma en el cielo, y trabaja en la tierra. Es la luz. Por eso les dice el Señor:

—Alumbre vuestra luz a los hombres, para que vean vuestras buenas obras, y den gloria a vuestro Padre que está en el cielo.

d) **Se ha de cumplir toda la Ley.**

—No creáis que he venido a abolir la ley o los profetas: no he venido a abolir, sino a dar plenitud.

Os aseguro que antes pasarán el cielo y la tierra que deje de cumplirse hasta la última letra o tilde de la ley. El que se salte uno de los preceptos menos importantes, y enseñe así a los hombres, será menos importante en el Reino de los Cielos.

Pero quien los cumpla y enseñe, será grande en el Reino de los Cielos.

Jesucristo sienta aquí el gran principio. Para levantar al mundo, es preciso levantarse a sí mismo. ¿Cómo? Obedeciendo a la ley, cumpliendo la voluntad de Dios.

Después, como dueño de esta ley, la despoja de los comentarios e interpretaciones humanas que la habían desfigurado, separa el espíritu de la letra, o mejor, penetra hasta el fondo de la letra para sacar el espíritu, y despliega en toda su belleza la eterna ley de la humanidad, añadiendo en nombre propio las perfecciones que él mismo ha venido a traer.

Su tono es cada vez más firme, más divino. La repetición de las palabras: **se dijo a los antiguos... pero yo os digo,** infunde en esta parte de su discurso una majestad imponente y suave. Siéntese la presencia de un supremo legislador.

e) **De la ira.**

—*Si no sois mejores que los letrados y fariseos, no entraréis en el Reino de los Cielos.*
Habéis oído que se dijo a los antiguos: «No matarás, y el que mate será procesado.» Pero yo os digo: Todo el que esté peleado con su hermano, será procesado. Y si uno llama a su hermano **imbécil,** *tendrá que comparecer ante el Sanedrín, y si lo llama* **renegado,** *merece la condena del fuego.*

Con estas expresiones nos advierte Jesús que no sólo matando o haciendo grave daño se peca contra la caridad; sino también mostrando ira o insultando gravemente al prójimo.

—*Por tanto, si cuando vas a poner tu ofrenda sobre el altar, te acuerdas allí mismo de que tu hermano tiene quejas contra ti, deja allí tu ofrenda ante el altar y ve primero a reconciliarte con tu hermano, y entonces vuelve a presentar tu ofrenda.*
Procura arreglarte con el que te pone pleito, en seguida, mientras vais todavía de camino, no sea que te entregue al juez, y el juez al alguacil, y te metan en la cárcel. Te aseguro que no saldrás de allí hasta que no hayas pagado el último cuarto.

f) **Sobre el adulterio.**

—*Habéis oído el mandamiento «no cometerás adulterio». Pues yo os digo: el que mira a una mujer casada deseándola, ya ha sido adúltero con ella en su interior.*
Si tu ojo derecho te hace caer, sácatelo y tíralo. Más te vale perder un miembro, que ser echado entero en el Abismo.
Si tu mano derecha te hace caer, córtatela y tírala, porque más te vale perder un miembro, que ir a parar entero al Abismo.

Jesús hace una comparación enfática. El ojo derecho, la mano derecha, indican cosas que tengamos en mucha estima. De ellas deberemos desprendernos si nos fueren perjudiciales, como nos desprenderíamos del ojo o de la mano, si esto fuese necesario para salvar la vida de todo el cuerpo.

—Está mandado: «El que se divorcie de su mujer, que le dé acta de repudio.»
Pues yo os digo: el que se divorcie de su mujer —no hablo del caso de prostitución—, la induce al adulterio; y el que se case con la divorciada, comete adulterio.

La ley permitía a los judíos despedir a su mujer. En la religión cristiana sólo se podrá hacer si ella es infiel. Pero en ningún caso se permite un divorcio completo que autorice nuevas nupcias. El matrimonio cristiano es indisoluble; Jesús explicará esta doctrina más claramente en otra ocasión (ver el capítulo 81).

g) **Uso del juramento.**

—Sabéis que se mandó a los antiguos: «No jurarás en falso» y «Cumplirás tus votos al Señor».
Pues yo os digo que no juréis en absoluto: ni por el cielo, que es el trono de Dios; ni por la tierra, que es estrado de sus pies; ni por Jerusalén, que es la ciudad del Gran Rey. Ni jures por tu cabeza, pues no puedes volver blanco o negro un solo pelo. A vosotros os basta decir sí o no. Lo que pasa de ahí viene del Maligno.

h) **No resistir.**

—Sabéis que está mandado: «Ojo por ojo, diente por diente.» Pues yo os digo: No hagáis frente al que os agravia. Al contrario, si uno te abofetea en la mejilla derecha, preséntale la otra; al que quiera ponerte pleito para quitarte la túnica, dale también la capa; a quien te requiera para caminar una milla, acompáñale dos; a quien te pide, dale; y al que te pide prestado, no lo rehúyas.

La respuesta de los hombres a la violencia puede ser de tres maneras: la venganza, la fuga, el poner al otra mejilla. La primera es el principio bárbaro del Talión, hoy prohibido en los códigos, pero dominante en el uso.
Al mal se suele responder con el mal. Muchas veces el castigo se vuelve sobre el vengador, y la cadena terrible de las venganzas, y de las venganzas de las venganzas, se alarga sin tregua. La ley del Talión puede dar un consuelo bestial al que fue herido el primero; pero en vez de detener el mal, lo multiplica.

No es mejor partido la fuga. Quien se esconde, redobla el valor del enemigo.

El mejor camino, a despecho del absurdo aparente, es el que Jesús aconseja. Si uno te da un bofetón y tú le contestas con dos bofetones, el otro contestará a puñetazos y tú recurrirás a los puntapiés y sacarás las armas, y uno de los dos perderéis, quizás por una nadería, la vida.

Si huyes, tu adversario te perseguirá, alentado por tu temor.

Poner la otra mejilla no quiere decir recibir la segunda bofetada. Significa cortar, desde el primer anillo, la cadena de los males siguientes. Tu adversario, que espera la resistencia o la fuga, se siente humillado ante ti y ante sí mismo. Todo se lo esperaba menos eso. Está confundido, con confusión que es casi vergüenza. Tu inmovilidad le hiela la rabia, le da tiempo a reflexionar.

No puede acusarte de provocación, porque no le respondes; no puede acusarte de miedo, porque estás dispuesto a recibir el segundo golpe. Todo hombre tiene un oscuro respeto del valor ajeno, especialmente si este valor es moral, es decir,,, de la especie más rara y difícil.

El ofendido que no se enfurece ni escapa, demuestra más dureza de ánimo, más dominio de sí, más verdadero heroísmo que aquel que en la ceguera de la furia se lanza sobre el ofensor para restituirle doblado el mal recibido. La impasibilidad, cuando no es tontería; la suavidad, cuando no es cobardía, asombra, como todas las cosas maravillosas, incluso a las almas vulgares. Hacen comprender a la bestia que aquel hombre es más que un hombre.

i) **Amor a los enemigos.**

—Habéis oído que se dijo: «Amarás a tu prójimo y aborrecerás a tu enemigo.»

Yo, en cambio, os digo: Amad a vuestros enemigos, haced bien a los que os aborrecen y rezad por los que os persiguen y calumnian. Así seréis hijos de vuestro Padre que está en el cielo, que hace salir su sol sobre malos y buenos, y manda la lluvia a justos e injustos.

Porque, si amáis a los que os aman, ¿qué premio tendréis? ¿No hacen lo mismo también los publicanos? Y si saludáis sólo a vuestro hermano, ¿qué ha-

céis de extraordinario? ¿No hacen lo mismo también los paganos? Por tanto, sed perfectos como vuestro Padre celestial es perfecto.

¡Palabras admirables! Las lee uno en la juventud, cuando el corazón se entreabre confiadamente al dulce sol de una amistad que aún no ha sufrido engaño, y parecen hermosas. Las vuelve a leer, cuando han pasado algunos años, cuando se ha visto el mundo, sus odios, sus dobleces, su egoísmo; cuando se han sufrido desengaños; y entonces parecen más bellas: parecen divinas.

¡Qué alma la que pronunció tales palabras! ¡Profunda y pura, como aquel cielo azul que las recogía!

Mas para hacer que reine en uno mismo y en los demás la justicia, la dulzura, la paz, la castidad, no basta poseer la belleza moral; mejor dicho, no hay belleza moral ni justicia, ni pureza, ni dulzura, ni dominio sobre sí mismo, ni desinterés para con los demás, si Dios no es llamado, si El no viene a bendecir y conservar y acrecer esas raras virtudes.

El gran defecto de los reformadores consiste en creer que basta amar a los hombres para reformarlos. Es necesario primero amar a Dios.

El corazón no sentirá calor por el lado que mira a la tierra, si está frío por el lado que mira al cielo. Y por eso, a la elevación y pureza de la parte que se refiere a los hombres, quiere Jesús que añadamos la absoluta belleza moral de esa otra parte del corazón, todavía más profunda y más hermosa, que se refiere a Dios.

j)   **Sobre la vanidad y la oración.**

—*Guardaos de hacer vuestras buenas obras delante de la gente, para ser vistos; de lo contrario, no tendréis premio de vuestro Padre que está en el cielo.*

Así, cuando des limosna, no vayas tocando la trompeta por delante, como hacen los hipócritas en las sinagogas y en las calles, para que la gente los alabe. Os aseguro que ya han recibido su premio.

Tú, en cambio, cuando des limosna, que no sepa tu mano izquierda lo que hace la derecha, para que tu limosna quede escondida; y tu Padre, que ve en lo escondido, te lo pagará.

Cuando recéis, no seáis como los hipócritas, a

quienes gusta rezar de pie en las sinagogas y en las esquinas de las plazas, para que los vea la gente. Os aseguro que ya han recibido su paga.

Cuando recéis no uséis muchas palabras como los paganos, que se imaginan que por hablar mucho les harán caso. No seáis como ellos, pues vuestro Padre sabe lo que os hace falta antes que se lo pidáis. Vosotros rezad así:

Padre nuestro del cielo, santificado sea tu nombre; venga tu reino; hágase tu voluntad en la tierra como en el cielo. Danos hoy el pan nuestro; perdónanos nuestras ofensas, pues nosotros hemos perdonado a los que nos han ofendido; no nos dejes caer en tentación, sino líbranos del maligno.

Porque si perdonáis a los demás sus culpas, también vuestro Padre del cielo os perdonará a vosotros. Pero si no perdonáis a los demás, tampoco vuestro Padre perdonará vuestras culpas.

Por primera vez ha pronunciado Jesús la oración del Padrenuestro. Oración sencilla para los sencillos, profunda para los profundos, inmensa y de alguna manera universal e infinita como Dios y la Humanidad. Todo se encuentra en ella: lo que se refiere a la tierra y lo que se refiere al cielo; lo presente y lo porvenir; el tiempo y la eternidad.

Y todo bajo una forma jamás antes conocida. El niño puede balbucear y entender esta plegaria, y el genio no puede agotar su profundidad. El santo la recita entre lágrimas; y ¿quién es el pecador, el sabio, el escéptico, que no pueda decirla de la misma manera?

Es la oración universal, no del judío, no del cristiano, no del católico, sino del hombre. Más adelante nos la volverá a enseñar el mismo Jesús, y comentaremos cada una de sus peticiones (ver capítulo 70).

Para llegar, pues, a la belleza moral de esa parte del corazón que se refiere a Dios, es preciso primero la limosna, que todo hombre debe dar y que representa el desprendimiento de las cosas materiales.

Después la oración, que pide el socorro de Dios, y representa la sujeción de nuestro espíritu a su voluntad.

Finalmente la penitencia, que sujeta la carne para que obedezca el espíritu; pero la penitencia con el mismo sello de pureza y desinterés.

—*Cuando ayunéis, no andéis cabizbajos, como los farsantes que desfiguran su cara para hacer ver a la gente que ayunan. Os aseguro que ya han recibido su paga.*

Tú, en cambio, cuando ayunes, perfúmate la cabeza y lávate la cara, para que tu ayuno lo note, no la gente, sino tu Padre, que está en lo escondido; y tu Padre, que ve en lo escondido, te recompensará.

Y por encima de todo eso, por encima de la limosna, de la penitencia, de la oración misma, el abandono en Dios, la amorosa sencillez de un niño en los brazos de su padre; el descanso confiado que no es pereza ni presunción.

k) **Rectitud de intención.**

—*No amontonéis tesoros en la tierra, donde la polilla y la carcoma los roen, donde los ladrones abren boquetes y los roban.*

Amontonad tesoros en el cielo, donde no hay polilla ni carcoma que se los roan, ni ladrones que abran boquetes y roben. Porque donde está tu tesoro, allí esté tu corazón.

La lámpara del cuerpo es el ojo.

Si tu ojo está sano, tu cuerpo entero tendrá luz; si tu ojo está enfermo, tu cuerpo entero estará a oscuras.

Y si la única luz que tienes está oscura, ¡cuánta será la oscuridad!

Dice que la luz de nuestro cuerpo, por la que ve todo nuestro cuerpo, es la vista. Si ella está bien, todo el cuerpo ve bien; si está mal, todo el cuerpo ve mal, y todo se convierte en tinieblas. Pues así debemos tener sana y recta la intención del corazón, que es el ojo y la luz de nuestra alma.

Si es elevada aquella intención de nuestro corazón —es decir: si con nuestras obras pretendemos conseguir algún fin noble—, nuestro corazón se ennoblece.

Si con nuestras obras pretendemos agradar a Dios, nuestro corazón ya está en Dios, ya está en el cielo, incluso mientras peregrinamos sobre la tierra (1).

---

(1) Esta eficacia **de la intención** para infundir valor de eternidad en las obras de cada día es aprovechada por los miem-

Para ayudarnos a despegar el corazón de las cosas terrenas y aficionarlo a las de arriba, nos inculca una confianza absoluta en nuestro Padre del cielo:

I) **Confianza en Dios.**

—*Nadie puede estar al servicio de dos amos. Porque despreciará a uno y querrá al otro; o, al contrario, se dedicará al primero y no hará caso del segundo. No podéis servir a Dios y al dinero.*

Por eso os digo: no estéis agobiados por la vida pensando qué vais a comer, ni por el cuerpo pensando con qué os vais a vestir. ¿No vale más la vida que el alimento, y el cuerpo más que el vestido? Mirad a los pájaros: ni siembran, ni siegan, ni almacenan y, sin embargo, vuestro Padre celestial los alimenta. ¿No valéis vosotros más que ellos? ¿Quién de vosotros, a fuerza de agobiarse, podrá añadir una hora al tiempo de su vida?

¿Por qué os agobiáis por el vestido? Fijaos cómo crecen los lirios del campo: ni trabajan ni hilan. Y os digo que ni Salomón, en todo su fasto, estaba vestido como uno de ellos. Pues si a la hierba, que hoy está en el campo y mañana se quema en el horno, Dios la viste así, ¿no hará mucho más por vosotros, gente de poca fe? No andéis agobiados pensando qué vais a comer, o qué vais a beber, o con qué os vais a vestir. Los paganos se afanan por esas cosas. Ya sabe vuestro Padre del cielo que tenéis necesidad de todo eso.

Ante todo buscad el Reino de Dios y su justicia; lo demás se dará por añadidura. Por tanto, no os ago-

bros del Apostolado de la Oración. Ofrecen al Padre, uniéndose al Corazón de Jesucristo, inmolado en el sacrificio de la Cruz que se renueva en la Misa, no sólo las oraciones y los padecimientos, sino también todo el quehacer diario, con esta intención excelsa: que venga el reino de Dios —verdad, paz, amor— a nuestro mundo atormentado por mentiras, terrorismos, impurezas. Así convierten en apostolado católico las vulgares obras de cada día.

Por eso, Pío XII proclamó esta Asociación como «gratísima a Dios» y deseó verla extendida por todo el mundo; Pablo VI la llamó «una de las grandes esperanzas de la Iglesia en estos tiempos», y aprobó los nuevos **Estatutos** de la misma, concordes con el Concilio Vaticano, cuando enseña que «los seglares, procediendo con recta intención en sus obras ordinarias, están realizando la consagración del mundo».

biéis por el mañana, porque el mañana traerá su propio agobio. A cada día le bastan sus disgustos.

Párase uno involuntariamente ante cada una de las palabras de este adorable discurso: descansa en él, siéntese en plena luz. Porque ¿qué podéis desear? ¿Buscáis la renovación del mundo, el triunfo de la justicia, de la paz, de la fraternidad, del progreso? He ahí el medio. Sed buenos, sed puros, sed justos, sed desinteresados.

¿Buscáis para vosotros la luz? ¿Preguntáis dónde se halla la religión, si existe una, y qué hay necesidad de creer y de obrar, y quiénes son los predicadores de la verdad? Obrad el bien; amad a los pobres, rogad; abandonaos amorosamente en manos de Dios. Porque si El da de comer a los pajarillos, ¿qué no dará a vosotros, que pedís la luz y la verdad? «Pedid y recibiréis.»

ll) **Juicio acerca del prójimo.**

—No juzguéis, y no seréis juzgados.

Porque os juzgarán como juzguéis vosotros, y la medida que uséis, la usarán con vosotros.

¿Por qué te fijas en la mota que tiene tu hermano en el ojo y no reparas en la viga que llevas en el tuyo?

¿Cómo puedes decir a tu hermano: «Déjame que te saque la mota del ojo», teniendo una viga en el tuyo? Hipócrita: sácate primero la viga del ojo; entonces verás claro y podrás sacar la mota del ojo de tu hermano.

m) **Generosidad.**

Dad y se os dará; se os dará en vuestro seno una medida buena, repleta, sacudida y que rebose. Porque se os medirá con la medida con que midáis.

n) **El consejero.**

—¿Acaso puede un ciego guiar a otro ciego? ¿No caerán los dos al hoyo? No es ningún discípulo más que el maestro. Bastante perfecto será el que salga como su maestro.

No dejéis las cosas santas a los perros, no echéis vuestras perlas delante de los puercos, no sea que las pisen con sus patas y luego, vueltos contra vosotros, os despedacen.

0) **Eficacia de la oración.**

—*Pedid y se os dará; buscad y hallaréis; llamad y se os abrirá.*

Porque todo el que pide, recibe; y el que busca, encuentra, y al que llama, se le abrirá.

¿Acaso hay alguno de vosotros que dé una piedra a su hijo cuando le pide pan, y le dé una serpiente cuando le pide un pez?

Si, pues, vosotros siendo malos sabéis dar buenas dádivas a vuestros hijos, ¡cuánto más vuestro Padre que está en los cielos dará bienes a los que se los piden!

p) **La regla de oro del amor al prójimo.**

—*Tratad a los demás como queréis que ellos os traten; en esto consiste la ley y los profetas.*

Bien sabe el Maestro que su programa es costoso a la carne. Y tiene que ser así. No se salva al mundo riéndose con el mundo. No se transforma la propia alma sin mortificar sus desórdenes. No se sube al cielo sin despegarse dolorosamente de la tierra.

Por eso nos dice que no basta rogar y llevar en el corazón buenos sentimientos. Hay que obrar, hay que sufrir, hay que superarse. Son sus palabras:

q) **Del camino estrecho.**

—*Entrad por la puerta estrecha.*

Ancha es la puerta y espacioso el camino que lleva a la perdición, y muchos entran por ellos.

¡Qué estrecha es la puerta y qué angosto el camino que lleva a la vida! Y pocos dan con ellos.

r) **¡Cuidado con los falsos maestros!**

—*Cuidado con los profetas falsos: se acercan con piel de oveja; por dentro son lobos rapaces. Por sus frutos los conoceréis.*

A ver, ¿acaso se cosechan uvas de las zarzas o higos de los cardos?

Los árboles sanos dan frutos buenos; los árboles dañados dan frutos malos. Un árbol sano no puede dar frutos malos, ni un árbol dañado dar frutos buenos. El árbol que no da fruto bueno se tala y se echa al fuego.

Es decir, que por sus frutos los conoceréis.

s) **Fe y obras.**

No todo el que me dice «Señor, Señor» entrará en el Reino de los Cielos, sino el que cumple la voluntad de mi Padre que está en el cielo.

Aquel día muchos dirán: «Señor, Señor, ¿no hemos profetizado en tu nombre, y en tu nombre echado demonios, y no hemos hecho en tu nombre muchos milagros?»

Yo entonces les declararé: «Nunca os he conocido. Alejaos de mí, malvados.»

t) **Cómo debemos oír al Maestro.**

—El que escucha estas palabras mías y las pone en práctica, se parece a aquel hombre prudente que edificó su casa sobre roca. Cayó la lluvia, se salieron los ríos, soplaron los vientos y descargaron contra la casa; pero no se hundió, porque estaba cimentada sobre roca.

El que escucha estas palabras mías y no las pone en práctica, se parece a aquel hombre necio que edificó su casa sobre arena. Cayó la lluvia, se salieron los ríos, soplaron los vientos y rompieron contra la casa, y se hundió totalmente.

He aquí el Sermón de la Montaña, la primera predicación galilea, en la cual Jesús no trata todavía de las grandes cuestiones dogmáticas, la Trinidad, la Encarnación, la Redención del mundo por la Cruz, que más adelante irá explanando.

Ha empezado por el corazón. Jesús lo quiere levantar, purificar, enternecer, transformar, para poner al entendimiento en estado de recibir la luz. ¿Qué sería una familia, una sociedad, Europa, el mundo, si todos sus miembros cumpliesen esta doctrina?

Los siglos han transcurrido sin debilitar su perfume. Cuanto hay de bueno entre nosotros, procede de esas páginas inmortales, y cuando en la historia unos creyentes más generosos que los demás, las han tomado al pie de la letra, se han levantado tan arriba, que los pueblos entusiasmados han puesto altares a sus pies.

Al terminar Jesús este discurso, la gente estaba admirada de su enseñanza, porque les enseñaba con autoridad y no como los letrados.

Comprendemos muy bien la admiración del pueblo feliz que puede oír a Jesucristo. Esta elevación, esta sinceridad, esta sabiduría y belleza absoluta no proceden de la tierra. Habla como Señor, manda como soberano, mueve como Dios.

En el sermón del monte está la clave de las cuestiones humanas. Verdades tan nuevas, tan sublimes, tan humanas y al propio tiempo tan ideales, no las ha dicho ningún maestro.

Este es el libro de la sempiterna meditación.

Decían los judíos en el monte Sinaí a Moisés: «Háblanos tú, y oiremos; no nos hable el Señor, no sea que muramos», pero a Jesús dice el buen cristiano: «No me hable Moisés, ni ninguno de los profetas; háblame tú, Señor, Dios, inspirador y alumbrador de los Profetas, pues tú solo, sin ellos, me puedes enseñar perfectamente; pero ellos sin ti nada pueden.»

Hoy no tenemos la dicha de escuchar al mismo Jesús; sólo tenemos su palabra escrita en el Evangelio. ¿Qué hubiera sido oír aquella palabra viva y dulce en la Montaña?

El aire libre de la altura, el cielo sereno, el campo silencioso, la naturaleza sonriente, las vistas despejadas y amenas, el pueblo vario y entusiasta, venido de todos los alrededores, los discípulos en gran número y los apóstoles recién elegidos rodeando al Maestro; y en medio, Jesús, sentado humildemente en una leve elevación del césped, abriendo sus labios para consolar a los pobres, a los humildes, a los que lloran y padecen... ¿Qué reunión más divina ha tenido jamás la Humanidad?

El pueblo oía con sublime silencio aquellas palabras que caían como rocío benéfico sobre hierbas sedientas de refrigerio y de luz.

Los que, desorientados en las tinieblas de la vida, camináis fatigados por hundidos valles de dolores, subid a esta Montaña, iluminada por nueva luz y refrigerada por auras puras y celestiales... Escuchad al Maestro.

Aún habla. No en el monte de Kurun Hattin, ni en la colina de Genesaret, sino en el monte santo de la Iglesia Católica.

Felices los que oyen su voz.

33.—CUMPLE LO QUE DICE: PASA HACIENDO BIEN

Jesús en la Montaña ha promulgado la nueva ley de la imitación de Dios y ha prometido hacernos hijos de Dios.

Pero de la Montaña hay que bajar: del campo amplio y perfumado, a las calles estrechas de la ciudad; de la conversación nunca oída hasta ahora, al trabajo de todos los días; de las promesas a las realidades.

Y también hay que bajar del monte pacífico, donde todos son amigos y admiradores, a la sinagoga que acecha y dice: ¿qué haremos para matarle?

Jesús baja sabiendo lo que le espera.

Y basta leer el Evangelio para sentirse conmovido por la bondad de su Corazón.

Le seguía gran muchedumbre de gente. En esto se oyen gritos de asombro: ¡un leproso! Era una víctima de enfermedad repugnante y dolorosa, que debía vivir separado de su familia y veía caerse sus carnes consumidas por la lepra...

¿Cómo se encontraba en medio de la multitud, estándoles prohibido mezclarse con ella? No se sabe.

El ha oído hablar de Jesús. El busca a Jesús. Habiéndole visto, cae de rodillas, y exclama:

—*Señor, si quieres, me puedes limpiar.*

Compasivamente conmovido, Jesús extendió la mano hacia el enfermo.

La lepra creíase tan contagiosa, que aquel acto atrevido causó emoción a la gente. Pero Jesús no se mancha con nuestras miserias.

Le tocó diciendo:

—*¡Quiero, queda limpio!*
Y en seguida quedó limpio de la lepra. Jesús le dijo:
—*Cuida de no decirlo a nadie, sino ve a presentarte al sacerdote y entrega la ofrenda que mandó Moisés, para darles testimonio.*

El leproso, inundado en júbilo y gratitud, no pudo contenerse sin publicar por todas partes el beneficio recibido.

Jesús, después de la predicación de la Montaña, entró en Cafarnaún, su ciudad adoptiva.

Y estaba allí enfermo, a punto de morir, el criado de un centurión. Este tenía en mucha estima a su criado, y cuando oyó hablar de Jesús, envió a él unos ancianos de los judíos que le rogasen:

—Señor, tengo en casa un criado que está en cama paralítico y sufre mucho.

Y ellos, luego que llegaron a Jesús, le suplicaban mucho, diciéndole:

—Merece que le otorgues esto; porque ama a nuestra nación, y nos ha hecho una sinagoga.

Les dijo Jesús:

—Yo iré y le sanaré.

Y se iba con ellos.

Mas cuando ya estaba cerca de la casa, le envió el centurión sus amigos, diciéndole:

—Señor, no te tomes este trabajo: Yo no soy digno de que entres en mi casa; por eso ni aun me he creído digno de salir a buscarte: basta que lo digas de palabra y mi criado quedará sano. Porque yo también vivo bajo disciplina, y tengo soldados a mis órdenes: y digo a uno «vete», y va; al otro, «ven», y viene; a mi criado, «haz esto», y lo hace.

Cuando Jesús lo oyó, quedó admirado y dijo a los que le seguían:

—Os aseguro que en Israel no he encontrado tanta fe. Os digo que vendrán muchos de oriente y occidente y se sentarán con Abrahán, Isaac y Jacob en el Reino de los Cielos; mientras que los ciudadanos del reino serán arrojados fuera, a las tinieblas. Allí será el llanto y el rechinar de dientes.

Y dijo al centurión:

—Vuelve a casa; que se cumpla lo que has creído.

Y en aquel momento se puso bueno el criado.

Después iba Jesús camino de una ciudad llamada Naín, e iban con él sus discípulos y mucho gentío. Cuando estaba cerca de la puerta de la ciudad, resultó que sacaban a enterrar a un muerto, hijo único de su madre, que era viuda; y un gentío considerable de la ciudad la acompañaba.

Al verla el Señor, sintió lástima y le dijo:

—No llores.

Se acercó al ataúd (los que lo llevaban se pararon), y dijo:

—¡Muchacho, a ti te lo digo: levántate!

El muerto se incorporó y empezó a hablar; y Jesús lo entregó a su madre.

Todos, sobrecogidos, daban gloria a Dios diciendo:

—Un gran profeta ha surgido entre nosotros. Dios ha visitado a su pueblo.

Y la fama de este milagro corrió por toda la Judea y por todo el país circunvecino.

Escena encantadora, revelación viva de la ternura del Corazón de Jesús. Un joven, hijo único de una viuda, que descubierto sobre una camilla, según costumbre de los judíos, va a ser enterrado; una gran multitud que le sigue; y, sobre todo, la madre que camina penosamente detrás del féretro, ahogada en lágrimas, explican la emoción de Jesús.

Toca el féretro con tal autoridad, que los cuatro portadores al punto se detienen.

Y llama al joven y lo devuelve a su madre.

¿Qué diría ella? ¡Qué asombro! ¡Qué júbilo! ¡Qué gratitud! No sabe a quién dirigirse, a Jesús o a su hijo. Se la ve arrojarse a los pies de uno y llenárselos de besos; luego caer en los brazos del otro.

Y aquellas dos multitudes reunidas, la que acompañaba a Jesús al llegar a Naín, y la que acompañaba al muerto, ambas absortas, estremecidas.

¡Qué maravilloso este milagro, tan bello en su motivo y tan digno de esa ternura virginal, de esa sensibilidad humana y de ese poder divino, que desbordan del Corazón de Jesús!

Los discípulos de Juan Bautista refirieron todos estos sucesos a su maestro encarcelado.

Como en el castillo de Maqueronte podía Juan recibir visitas, conoció **las obras del Cristo.** Así: con sus respectivos artículos aparecen estas dos palabras en el original griego, como para recalcar que Juan las conoció como las obras **propias** del único que es el **Ungido del Señor.**

Entonces envió dos de sus discípulos a Jesús, para que le preguntasen:

—¿Eres tú el que ha de venir o debemos esperar a otro?

Jesús curó a muchos de enfermedades y llagas, y

de espíritus malignos; dio vista a muchos ciegos, y respondió a los enviados:

—Id y anunciad a Juan lo que estáis viendo y oyendo: los ciegos ven y los inválidos andan; los leprosos quedan limpios y los sordos oyen; los muertos resucitan, y la Buena Noticia es anunciada a los pobres.

¡Y dichoso el que no se sienta defraudado por mí!

Sabía el Señor que Juan no preguntaba si debían esperar a otro porque él mismo dudase de Jesús, sino movido por el noble deseo de que sus enviados creyesen en el Nazareno.

Por eso, antes de responder con palabras, Jesús hace varios milagros, como demostración visible de la presencia de Dios en su Ungido, como argumentos convincentes que nos muestra Jesucristo para que creamos en él.

Quien se resiste a creer, es como el caminante que cierra los ojos: tropieza, cae, queda defraudado en su deseo de llegar. ¡Con qué sentimiento de compasión íntima dice Jesús a los enviados de Juan: Dichoso el que no se sienta defraudado por mí!

Al irse ellos, Jesús habló de Juan a la gente:

—¿Qué salisteis a contemplar en el desierto? ¿Una caña sacudida por el viento? O ¿qué fuisteis a ver?, ¿un hombre vestido con lujo? Los que visten con lujo habitan en los palacios. Entonces, ¿a qué salisteis?, ¿a ver un profeta?

Sí, os digo, y más que profeta; él es de quien está escrito:

«Yo envío mi mensajero delante de ti, para que prepare el camino ante ti.»

Os aseguro que entre los nacidos de mujer no se ha levantado uno superior a Juan Bautista.

Afirma Jesús que la dignidad de Juan Bautista es mayor que la de todos los profetas antiguos. Ellos anunciaron al que había de venir. El ha podido decir: ¡Este es: Este es el que quita el pecado de mundo!

Y su predicación, preparando a la gente para el Reino de Dios, ha sido tan fructuosa, que se agolpan innumerables a la puerta, como si quisieran conquistarlo violentamente. Lo dice el mismo Jesucristo: «Desde los días de Juan Bautista hasta ahora, el Reino de los cielos padece violencia, y los esforzados son los que lo arrebatan.»

Después de elogiar tanto a su Precursor, añade el Maestro una palabra para nosotros: «El más pequeño en el Reino de los cielos es mayor que Juan.» Es decir, con ser tanta la dignidad del Bautista, cualquiera de mis cristianos es mayor que él, por ser vasallo del Reino que yo fundo ahora, la Iglesia, y miembro vivo de mi Cuerpo místico. Soberana y desconocida alteza la del último cristiano que viva en gracia de Dios.

Termina Jesús esta consoladora enseñanza con un aviso misterioso: «El que tenga oídos para oír, que oiga.»

Y oyeron todos. Pero... del mismo clavel saca veneno la serpiente y miel la abeja. Dice el Evangelio que el pueblo, los arrepentidos, los bautizados por Juan, al oír eso, glorificaron a Dios.

En cambio, los fariseos y los doctores de la ley (es decir, los no bautizados por Juan) despreciaron el consejo de Dios con daño de sí mismos.

Hubo un rato de silencio. Sonriendo tristemente, el Señor volvió a tomar la palabra, y aludiendo principalmente a los fariseos y doctores, dijo:

—¿A quiénes se parecen los hombres de esta generación? ¿A quiénes los comparamos? Se parecen a esos niños que juegan en la plaza gritando a sus compañeros: «Tocamos la flauta, y no bailáis; cantamos lamentaciones, y no lloráis.» Vino Juan el Bautista, que ni comía ni bebía, y dijisteis que estaba endemoniado. Viene el Hijo del hombre, que come y bebe, y decís: «Mirad qué comilón y qué bebedor, amigo de publicanos y pecadores.»

Termina Jesús con una breve frase, indicando que la sabiduría de Dios queda reconicida y alabada por los que se portan como discípulos fieles de ella, es decir, los que han recibido a Juan y ahora reciben a Jesús.

Después sale de Naín, hacia su habitual residencia en Cafarnaún. Por el camino se detiene algún día en la pequeña ciudad de Magdala, y allí recibe un homenaje que se ha hecho inmortal: el homenaje de una mujer arrepentida.

¿Quién es esta mujer?

En la presente escena no aparece citada con nombre propio, sino con el calificativo de **pecadora.** Buenos comentaristas del Evangelio la identifican con la hermana de Marta y de Lázaro, que en la historia evangélica aparecerá luego con el nombre de María y también con el de María Magdalena.

Este apelativo le vino de Magdala, la población ribereña del mar Galileo, donde se estableció para entregarse a una vida alegre, sin las cortapisas y amonestaciones que para ella hubiera supuesto la cercanía de su serio hermano Lázaro y de su hacendosa hermana Marta.

Estos quedaban en el hogar paterno, allá en Betania, y es indudable que lloraron y rezaron cuando les llegó la noticia de que su hermana menor derrochaba juventud, belleza y dinero con legionarios romanos o mercaderes judíos, e incluso manchaba el apellido familiar como pública mujer de mala vida. Alma capaz del amor más sublime, ¡cómo se vio hundida en lo más bajo por un cuerpo bello, una cabellera muy bien rizada y cuidada, un corazón todo fuego!

Pero un día oyó a Jesús que había llamado felices a los limpios de corazón; se encontró entre las personas de las que el Maestro expulsó demonios sucios; intuyó que su vida podía rehacerse; concibió el atrevido deseo de ver a Jesús más de cerca, decirle algo, oírle algo...

34.—MEDICO DE LAS ALMAS

San Lucas, el evangelista de las delicadezas reservadas en el Corazón de Jesús para los arrepentidos, nos presenta esta narración de la que se han apoderado novelistas de segundo orden, para falsearla y convertirla en el drama de un amor vulgar.

Es más sencilla, pero más divina:

Un fariseo rogaba a Jesús que fuera a comer con él. Jesús, entrando en casa del fariseo, se recostó en la mesa. Y una mujer de la ciudad, una pecadora, al enterarse de que estaba comiendo en casa del fariseo, vino con un frasco de perfume, y, colocándose detrás junto a sus pies, llorando, se puso a regarle los pies con sus lágrimas, se los enjugaba con sus cabellos,

*los cubría de besos y se los ungía con el perfume. Al
ver esto, el fariseo que le había invitado, se dijo:*

*—Si éste fuera profeta, sabría quién es esta mujer
que le está tocando y lo que es: una pecadora.*

Jesús tomó la palabra y le dijo:

—Simón, tengo algo que decirte.

El respondió:

—Dímelo, maestro.

Jesús dice:

*—Un prestamista tenía dos deudores: uno le debía
quinientos denarios y el otro cincuenta. Como no tenían con qué pagar, perdonó a los dos. ¿Cuál de los
dos le amará más?*

Simón contestó:

—Supongo que aquel a quien perdonó más.

Jesús le dijo:

—Has juzgado rectamente.

Y, volviéndose a la mujer, dijo a Simón:

*—¿Ves esta mujer? Cuando yo entré en tu casa, no
me pusiste agua para los pies; ella me ha lavado los
pies con sus lágrimas y me los ha enjugado con su
pelo. Tú no me besaste; ella, desde que entró, no ha
dejado de besarme los pies. Tú no me ungiste la cabeza con ungüento; ella me ha ungido los pies con
perfume. Por eso te digo, sus muchos pecados están
perdonados, porque tiene mucho amor: pero al que
poco se le perdona, poco ama.*

Y a ella le dijo:

—Tus pecados están perdonados.

*Los demás comensales comenzaron a decir entre
sí:*

—¿Pero quién es éste, que hasta perdona pecados?

Mas Jesús dijo a la mujer:

—Tu fe te ha salvado; vete en paz.

Esta arrepentida es una de las iluminadas por el Alegre Mensaje del Reino: «Convertíos y haced penitencia.»

Ella vio a Jesús, oyó a Jesús; y su corazón se estremeció en un dolor infinito por la maldad pasada y en un
deseo vehemente de ser buena.

Persuadida de que el Nazareno es el autor de aquella
feliz transformación de su alma, quiere darle las gracias
ante todo el mundo; quiere ofrecerle un obsequio de
riquísimo nardo oloroso, sin importarle qué dirán de ella
aquellos hombres justos y graves que rodean a Jesús.

Entra con su alabastro cerrado, apretado contra el pecho, tímida y cautelosa como una absuelta que sale de la cárcel en aquel momento. Entra sin haber tenido que pedir permiso a nadie, dada la costumbre vigente de permitir a los curiosos el acceso a los convites de personas importantes.

Entra en silencio y con los ojos bajos. Los alza tan sólo un momento: el momento que basta para ver, bajo el batir de sus párpados, dónde está Jesús. Se le acerca a los pies ya descalzos (las normas judías mandaban dejar las sandalias a la entrada del comedor) y tendidos en la parte baja del diván en que Jesús se reclina, al modo oriental copiado de los romanos.

La mujer avanza temblorosa, como sintiendo que se le clavan las miradas de todos aquellos honrados comen-

sales, intrigados por lo que pretenderá hacer aquí tal pecadora ante tal señor.

Pero ella no resiste más; no puede contener por más tiempo la ola de ternura que le oprime el corazón, que le pone en los ojos el empujón de las lágrimas. ¡Y se echa arrodillada a los pies del portador de paz!

Quisiera hablar para proclamar su agradecimiento por el bien que ha recibido, por la nueva luz que le ha hecho abrir los ojos. Pero ¿cómo hallar en aquel momento palabras expresivas de inmensa gratitud, palabras dignas de él? Por otra parte, los labios le tiemblan de tal suerte, que no podrían pronunciar dos sílabas; no sería su discurso sino un balbuceo roto por los sollozos.

No pudiendo hablar con la boca, habla con los ojos; sus lágrimas caen una a una, rápidas y calientes, sobre los pies de Jesús, como ofrenda silenciosa de su gratitud.

Aquel llanto era un desahogo necesario para su corazón: llora su vida de ayer, su miserable vida de pecados, que para muchos fue causa de remordimientos y perdición.

Pero llora también de esperanza y de consuelo. Llora su castidad rescatada, llora su alma liberada de la esclavitud, llora ante la dulzura de la vida nueva que hoy emprenderá, vida de penitencia y de amor a Dios...

Este llanto ha sido tan sincero, tan copioso, que los pies de Jesús están totalmente mojados. Entonces resalta de nuevo la delicadeza y la generosidad de un corazón convertido. Para secarlos, no busca una toalla de las que habría en el festín: destrenza sobre ellos la hermosa cabellera cuyos bucles a muchos hombres habían seducido; con ella enjuga respetuosamente, amorosamente, los cansados pies del Nazareno; luego los unge, uno por uno, con el rico perfume que traía en su frasco.

Y siente el consuelo inefable de que Jesús acepte en silencio el ardiente homenaje de su amor, de su gratitud... ¡Cómo se cumple en Magdalena la promesa pronunciada por Jesús en el sermón de la montaña: «Felices los que lloran, porque ellos serán consolados»!

Mas no sólo queda consolada, sino defendida y honrada ante todos.

Porque Simón, el dueño de la casa, juzgó interiormente que Jesús nada tenía de profeta, puesto que había sido incapaz de conocer la figura y los ademanes de Magdalena como los de una pública pecadora.

¡Y Jesús fue tan profeta, que conoció estos pensamientos de Simón, sin que él hiciese ademán ninguno!

Con una breve parábola le prueba que ella ha sido más espléndida que él en las efusiones de la amistad; que, por eso mismo, merece se le perdone mucho, y proclama este perdón, hablando a la arrodillada con un tono de voz en que vibra la potestad exclusiva de Dios:

—*Tus pecados quedan perdonados.*

Cuatro palabras que sobresaltan a los comensales. Los prodigios que Jesús se atribuye para demostrar su legación divina, pueden ser rechazados como trucos de magia o debidos a intervención diabólica. Pero que ahora, delante de todos, se arrogue un poder exclusivo de Dios, el poder de perdonar pecados... ¡es intolerable!

Jesús no se altera. Y como supremo juez óue dicta sentencia inapelable, indiscutible, dice a la mujer, mientras con un bondadoso gesto de su mano derecha la invita a levantarse con la honra recuperada:

—*Tu fe te ha salvado. Vete en paz.*

Concluido su relato, San Lucas no nos dice qué comentaron los acusadores ni qué sintió la perdonada. Deja que lo adivinemos, que lo meditemos.

Y podemos meditar que María Magdalena salió de allí con un incontenible anhelo de soledad. Quería encontrarse en Dios con su alegría, con su agradecimiento, con su conversión para siempre. Quería palparse y repetirse que todo había sido realidad, no un sueño encantador:

—Aceptó mis besos en sus pies santos... y mis lágrimas y mi ungüento perfumado... Reconoció que mi amor es grande... Me dijo que estoy perdonada, y que puedo irme en paz, porque tengo fe... ¡Sí: yo creo...! Creo que él es enviado de Dios para perdonar y salvar... Creo que toda mi vida debe quedar consagrada a él, para servirle, para amarle como él merece, para recibir sus palabras divinas...

Y María cumplió. A Marta y a Lázaro lleva el gozo inesperado de que reciban viva a la querida hermana que había muerto por muchos pecados: les habla de Jesús Nazareno para que también ellos le quieran mucho y le hospeden en este bendito hogar de Betania; ella misma, con otras mujeres piadosas, le seguirá por los caminos de Palestina; volverá a ungirle con nardo precioso seis días antes del Viernes Santo; subirá con él hasta la catástrofe del Calvario, sin perder la fe ni el amor; sentirá el consuelo único de oír su propio nombre en los labios del recién resucitado: —¡María!

Grandes milagros hizo Jesús que nunca se repetirán. Hay un milagro grandísimo, repetido todos los días: que una persona —obrando libremente, no arrastrada— abandone los caminos del pecado y suba a la santidad. Es el milagro del Corazón que ama incluso a los pecadores.

35.—POR CAMINOS Y PUEBLOS

Pocos son los días en que Jesús está convidado a la mesa de algún rico.

Su vida ordinaria nos la describe San Lucas: «Iba Jesús de ciudad en ciudad y de aldea en aldea, predicando y anunciando el Alegre Mensaje del Reino de Dios. Y con él iban los Doce, y también algunas mujeres que habían sido curadas de malignos espíritus y de enfermedades.»

Estas mujeres, que atendían a la alimentación y al vestuario de los trece hombres, caminaban y se albergaban separadas de ellos; pero formando dos comunidades con un Maestro único (1).

Entre estas mujeres se encontraban María Magdalena y Juana, que también aparecerán juntas en la mañana de Pascua, y otras varias cuyos donativos y trabajo personal ayudaban a Jesús y a los Doce en la predicación del Evangelio.

El mismo Jesús cuando envió sus Apóstoles a predicar, les dio unas instrucciones que serían las que El practicaba en su vida de Misionero:

---

(1) Ya era costumbre que algunas mujeres piadosas preparasen los alimentos y las ropas de los rabinos; pero sin acompañarlos en sus caminatas. Jesús introduce una novedad, gracias a la cual quedan abiertos para las mujeres cristianas innumerables caminos de caridad, apostolado, fundaciones, misiones, enseñanza, etc.

Predicar el Reino de Dios y curar a los enfermos; hacer bien a todos sin esperar recompensa material; confiar a la providencia del Padre celestial el pan de cada día y hospedarse en casas cuyas familias merezcan recibir la paz.

Es dulce y bueno para la imaginación representarse al Señor cuando va de camino, rodeado de sus Apóstoles.

Va vestido como los galileos, con una túnica de color apagado, que para andar recoge con un cíngulo. Es de punto, sin costura, y se la ha hecho su Madre. Sobre la túnica lleva el **tallith,** un manto de lino blanco con rayas azules y pliegues amplios.

Ni el sol de Oriente ni la costumbre de la tierra le permiten llevar la cabeza descubierta. La cubre con el **keffyeh,** especie de turbante, cuyas extremidades cuelgan flotantes sobre cuello y espaldas.

En los pies desnudos lleva sandalias de cuero. A veces, para los caminos largos, trae en la mano un bastón. Lo que no ha llevado nunca es saco de provisiones, ni túnica de repuesto, ni otro par de sandalias. Como él mismo ha dicho, al Misionero se le debe dar lo que necesita para vivir.

Su presencia exterior es majestuosa: alto, fuerte, y de un rostro perfectísimo, iluminado por la hermosura de un Corazón que se asoma a sus ojos cuando habla y cuando mira.

A la energía con que reprende a escribas y fariseos, sabe unir la compasión con que recibe a los arrepentidos y consuela a los que lloran.

Sabe atemorizar, pero prefiere atraer.

Alguna vez empuñó el látigo, pero siempre ofrece el Corazón.

Sonríe a los niños, ama al joven bueno que cumplió todos los mandamientos, descansa con sus amigos, llora por el dolor de dos hermanas, contempla los lirios y los pájaros, bendice el pan que hace Dios, alaba magníficamente a la viuda caritativa, amenaza terriblemente a los hipócritas.

Todas las pasiones, todos los afectos, todas las virtudes, todo lo humano que no sea pecado, se puede encontrar y admirar en Aquel que es perfecto Hombre y perfecto Dios.

En su habitual mansedumbre, nada tiene de triste ni

de abatido. Sin arrugas en su frente ni en su cara, no muy cerrados los labios, modestamente inclinados aunque firmes los ojos, por la serenidad humana de fuera muestra la divina serenidad de dentro.

Su amable figura, vestida de blanco o de colores, aparecía entre el verdor de las tierras galileas como flor del campo o amable lirio de los valles, que atrae las miradas de todos.

A juzgar por las alusiones de su predicación, comería legumbres, pan, huevos y pescado.

Para darnos ejemplo de prudente previsión y ahorro en medio de la pobreza, él mismo, de limosna o de lo que sus discípulos de un modo o de otro recogían, ahorraba para sus necesidades y para los pobres. Depositario de aquel dinero nombró a Judas, que era, por tanto, el encargado de la bolsa y de las compras.

Su vida era común en lo exterior, la habitual de la gente entre la que vivía, sin extraordinarias penitencias, ni asperezas, ni ayunos, como los que Juan había practicado. Abundante o escaso, participaba de lo que le daban en cada sitio, sin llamar a nadie la atención.

No desdeñaba los convites que le ofrecían de vez en cuando. Los ordenaba siempre para la gloria de Dios y para la paz de los hombres de buena voluntad.

Su trabajo era continuo. Su descanso poco, y turbado por las muchedumbres que le buscaban afanosas en la soledad y en la ciudad, en el camino y en la casa. Pasaba no pocas noches en oración, retirado de todos.

La ternura de su Corazón era perfecta. Nunca estuvo alguien adornado de afectos como los suyos; nunca su sensibilidad ha tenido igual; nunca humanos sentimientos han recibido un tinte tan divino en su fuerza, profundidad, fidelidad y delicadeza. Tanta pureza en el amor provenía de su eximia santidad. Su amor humano era efectivo; fuego maravillosamente casto, ternura ilimitada y poderosa, a la que nada se parece en toda la creación, porque siendo a la vez humano y divino, había recibido y llevaba siempre en su Corazón aquella abundancia de amor y ternura que sólo Dios podía sentir.

36.—PODEROSO EN PALABRAS

Uno de los secretos que explican la atracción de las turbas a Jesús es el encanto de su palabra: encanto siempre nuevo, que atrae cinco mil hombres y les hace pasar tres días y tres noches sin cuidarse de comer por escucharle; elocuencia invencible, que desarma a sus enemigos cuando van a prenderlo y los obliga a exclamar sin atreverse a tocarle:

—Jamás un hombre habló como este hombre.

Fuego encendido que penetra hasta lo más íntimo del alma y hace decir a sus compañeros de camino:

—¿No estaban ardiendo nuestros corazones mientras él nos hablaba?

Luz, vida, esperanza, inmortalidad: eso es la palabra de Jesús y eso encuentran en él las gentes del pueblo, cuando corren de madrugada al Templo para escucharle, y cuando quedan todos suspensos de sus labios, y cuando le oyen con gran placer en sus discusiones y triunfos contra los fariseos, y cuando Pedro le responde ferviente:

—¿A quién iremos, Señor? Tú tienes palabras de vida eterna.

Sus palabras tienen vida y su modo de decirlas es propio del autor de la vida.

El no se ampara con la autoridad y poder de otros, como lo hicieron los demás Profetas; no invoca a otro superior a él, no recurre a justificaciones ni ayudas extrañas.

Habla en nombre propio, habla como Heredero en su Reino, habla como Hijo que tiene todo el poder de su Padre.

Los Profetas y Justos y Patriarcas del Antiguo Testamento pronunciaban mandatos que a ellos mismos obligaban: Jesús trae otro acento. Ellos transmitían las órdenes de su soberano, Jesús las de su Padre; ellos hablan a siervos de Dios, Jesús a siervos propios. Ellos pedían a Dios sabiduría y palabras para hablar, Jesús es la sabiduría increada, Jesús es la Palabra, el Verbo del Padre.

Jamás un hombre habló como este hombre. Jamás habló ni hablará nadie con tanta dulzura y doctrina, con tanta gracia y autoridad como este hombre. ¿Por qué? Porque este hombre es Dios.

TU MADRE TE DABA LA VIDA,
TU SE LA HABIAS DADO.

Te oyen hablar, Señor, y luego exclaman:
"Jamás un hombre habló como este Hombre."
Pues a hablar te enseñó tu santa Madre,
siendo tú niño.

Te ven llorar por Lázaro, y comprenden
que lloras de verdad, no de apariencia.
Tu Madre así lloró; tú la admirabas,
siendo tú niño.

Aceptaste ser pobre y perseguido;
y amaste a pobres, pródigos, enfermos...
que para amar te preparó tu Madre,
siendo tú niño.

Hablar, llorar, amar... es nuestra vida.
Tu Madre te la daba; pero, antes,
esa vida a tu Madre –¡qué misterio!–
tú se la diste.

ACTO TERCERO

FRENTE A FRENTE

Ellos calumnian: ¡Belcebú! El ilumina: Las parábolas del Reino.—El derrocha beneficios: Seis grandes milagros. Ellos insidian más: ¡Príncipe de los demonios! El se apena por el pueblo, envía los Doce, como luego enviará los setenta y dos. Ellos logran que el Precursor caiga mártir.—Multiplica los panes, hace la Gran Promesa.—No quieren creer, algunos le dejan, surge el traidor.—¡Todo lo hizo bien!

37.—CONMIGO O CONTRA MI

Los príncipes del pueblo, ya desde el principio hostiles a Jesús, están más alarmados cada día.

Jesús de Nazaret adquiere una popularidad que amenaza llevarse consigo a todo Israel, y dejarlos a ellos sin auditorio ni autoridad, en medio de un pueblo cuyas alabanzas tanto ambicionaron.

Es preciso cortar aquella invasión de un carpintero, que sin contar con ellos, se ha puesto en pocos días a la cabeza de los maestros de Israel.

Bajaron, pues, a Galilea letrados y fariseos para enterarse bien de lo que ocurría y deshacer el prestigio de Jesús en el pueblo.

No les sería fácil: Jesús vuelve a su casa de Cafarnaún

lleno de gloria y seguido del amor de la gente, porque todo lo había hecho bien. Se congregó una turba tan numerosa a su alrededor, que ni tomar aliento le dejaban.

Entonces le presentaron un endemoniado, ciego y mudo. Y Jesús le sanó de modo que veía y hablaba. Y quedaron todos atónitos y decían: —¿No será este el Hijo de David?

Mas están ahí los espías enviados de Jerusalén, los enemigos de Jesucristo, los cuales, sin poder contenerse al oír tales alabanzas, dicen a la gente:

—Eso es que tiene pacto con Belcebú, y si echa los demonios, es por Belcebú, jefe de los demonios.

Tremenda calumnia, ante la cual Jesús no pierde la serenidad; lee —como anota el evangelista San Lucas— los pensamientos de ellos, y les responde delante de la gente:

—¿Cómo puede Satanás echar a Satanás? Un reino en guerra civil no puede subsistir; una familia dividida no puede subsistir. Si Satanás se rebela contra sí mismo para hacerse la guerra, no puede subsistir: está perdido. Además vosotros decís que yo echo los demonios con el poder de Belcebú; y vuestos hijos, ¿por arte de quién los echan? Por eso, ellos mismos serán vuestros jueces. Pero si yo echo los demonios con el dedo de Dios, entonces es que el Reino de Dios ha llegado a vosotros.

Al decirles Jesús que ha llegado el Reino de Dios, insinúa que hasta ahora imperaba el reino de Satanás, aquellas «tinieblas y sombras de muerte», consecuencias del pecado de Adán, por el que todos los hombres nacen «hijos de ira». Pero Jesús, el nuevo Adán, vence al antiguo vencedor; le arrebata los que tenía cautivos, y concede a éstos la potestad de renacer como «hijos de Dios».

Lo expresa él mismo con una comparación enérgica:

—Cuando un hombre fuerte y bien armado guarda su palacio, sus bienes están seguros. Pero si otro más fuerte lo asalta y lo vence, le quita las armas de que se fiaba y reparte el botín.

Pero la llegada del Reino de Dios vencedor de las tinieblas no priva al hombre de su libertad, le deja el poder —honroso y terrible— de elegir salvación o condenación.

Jesús urge la necesidad de ponernos a su lado, de manera clara, tajante, no con términos medios o componendas:

—El que no está conmigo, está contra mí; el que no recoge conmigo, desparrama.

Luego, para que teman y se arrepientan los que se ponen a su lado y luego le abandonan, añade esta breve parábola, que contiene punzante lección para los inconstantes:

—Cuando un espíritu inmundo sale de un hombre, va errante por el desierto buscando un sitio para descansar; al no encontrarlo, dice: «Volveré a mi casa, de donde salí.»

Al llegar, la encuentra barrida y arreglada. Entonces va, coge otros siete espíritus peores que él, y se mete a vivir allí. Y el final de aquel hombre resulta peor que el principio.

Después, condenando la calumnia de ellos, que motivó todo este discurso, les dice:

—Creedme: todo se podrá perdonar a los hombres, los pecados y cualquier blasfemia que digan. Pero el que blasfeme contra el Espíritu Santo, no tendrá perdón jamás; cargará con su pecado para siempre.

Se refería a los que decían que tenía dentro un espíritu inmundo.

Con estas últimas palabras nos explica San Marcos que el pecado contra el Espíritu Santo consiste en atribuir al demonio las obras del Hijo de Dios.

Cuando dice el Señor que este pecado no se perdonará, no quiere decir que la Iglesia no tenga potestad para perdonarlo: la Iglesia recibió del mismo Jesucristo poder para perdonar todos los pecados.

Quiere decir que este pecado no se perdonará por culpa del mismo pecador que lo comete, porque no se dispondrá para recibir el perdón, ya que es suma su malicia, y además porque así como el que se ciega no puede recibir la visión, así el que blasfema contra el Espíritu Santo se cierra el camino de la salvación, porque ¿cómo se probará a nadie que Jesucristo es Dios, si las pruebas, que son los milagros y obras del Espíritu Santo, las atribuye al demonio?

Y para demostrarles la grave inconsecuencia con que obran cuando le llaman endemoniado, les urge con un dilema que no pueden refutar: Expulsar un demonio es cosa buena; sin embargo, vosotros decís que soy malo: mis obras son solidarias de mi persona como el fruto del árbol:

—O decid que el árbol es bueno y su fruto bueno, o decid que el árbol es malo y su fruto malo; porque el árbol por su fruto se conoce. ¡Raza de víboras! ¿Cómo podéis hablar cosa buena siendo malos? Porque de la abundancia del corazón habla la lengua. El hombre bueno, del buen tesoro de su corazón saca cosas buenas: mas el hombre malo, del mal tesoro de su corazón saca cosas malas.

Y os digo que en el día del juicio han de dar cuenta los hombres de toda palabra ociosa que pronuncien. Porque por tus palabras serás justificado y por tus palabras serás condenado.

Palabra ociosa es la palabra vacía. La palabra que ni para el que la dice ni para el que la oye trae alguna utilidad o conveniencia o descanso legítimo.

Si de estas palabras se nos pedirá cuenta en el último juicio, ¿qué será de las palabras malas, qué será de las palabras impuras, qué de blasfemias?

—Por tus palabras serás justificado. Por tus palabras serás condenado.

38.—MI MADRE Y MIS HERMANOS

Todavía estaba platicando al pueblo, cuando su madre y sus hermanos vinieron a él y querían hablarle: pero no podían acercarse, a causa de la muchedumbre. Y enviaron quien le dijera:

—Mira que tu madre y tus hermanos están fuera y te buscan.

El respondió:
—¿Quién es mi madre y quiénes son mis hermanos?
Y extendiendo la mano hacia sus discípulos, dijo:
—Estos son mi madre y mis hermanos. El que cumple la voluntad de mi Padre del cielo, ése es mi hermano y mi hermana y mi madre.

¡Admirable benignidad de Nuestro Dios y Señor Jesucristo! Mucho amaba él a su madre. Ella más que nadie cumplía perfectísimamente la voluntad del Padre celestial y por eso ella más que nadie de cuantos allí estaban era madre y hermana y todo de Jesús. Pero el que siempre en el orden natural respetó a María como a su santísima madre, y el que por ser su hijo, le dio carismas de santidad inapreciables, nos da a entender que en el orden sobrenatural, como Mesías, estaba desligado de vínculos carnales y no reconocía más lazos que la voluntad de su Padre.

Y añade que a los que cumplan esta voluntad, entre los cuales la misma Virgen María ocupa el puesto primero, él los amará como a hermanos y hermanas y madre (1).

Acaso aquellos sobrinos suyos habían pedido a María que los acompañase para facilitarles el acceso a Jesús y el persuadirle de que debía recogerse en casa, dejando aquellas pretensiones de maestro... Y acaso también la señora, siempre discreta y caritativa, les respondió que si se trataba de buscar a Jesús y estar con él, los acompañaría.

Y ésa es precisamente la idea que resalta en el texto griego de San Lucas: la madre y los hermanos buscan a Jesús para acercarse a él, para verle estando con él, y así hacer lo que él diga.

---

1   Esta llegada de los **parientes** —tal es el significado de la palabra **hermanos,** según quedó explicado en el capítulo 26— nos ha sido relatada por los tres primeros evangelistas, en cada una de cuyas redacciones encontramos matices propios. Así se enriquecen mutuamente, como ocurre en otros pasajes de la vida de Jesús.
San Mateo dice que los parientes querían hablar con Jesús. San Marcos añade que pretencían recogerlo y llevárselo consigo, temerosos de que —tal vez por el excesivo trabajo— empezase a desvariar.
En el escrito de San Lucas parece adivinarse la inspiradora de algunas páginas de este evangelista: la Virgen Madre.

Nos dicen los peritos en aquel idioma que aquí se usa el mismo verbo empleado por la madre en el Templo, cuando encontró al hijo ausente durante tres días: «...te buscábamos...:». Y evocamos el mismo consejo que ella dio a los servidores en Caná de Galilea: «Haced lo que él os diga.»

A cuantos así lo cumplan, en esta misma escena Jesús ha prometido amarlos como a hermano, como a hermana, como a madre.

Favor magnífico. El cristiano que consume su vida en una oficina o en un taller para que su mujer y sus hijos tengan pan y alegría; la mujer que hace en casa milagros con el jornal de su marido, y llena el plato de sus hijos antes de poner algo en el suyo; la abuela que zurce las medias o el estudiante que se afana sobre sus libros; los fatigados, los afligidos, los pequeños, si en su vida cumplen lo que Dios quiere, son más honrados, son más grandes, son más ricos que los poderosos y los famosos del mundo. ¿Por qué? Porque son hermanos y hermanas y madre de Jesús.

39.—LAS PARABOLAS DEL REINO

Ellos le han llamado Balcebú, le han comparado con el que habita en las sombras eternas.

El les presta nuevos destellos de claridad, les ofrece la luz de la vida.

Pero desde ahora, les ofrecerá esta luz y esta verdad, no en una forma de predicación directa como en el sermón del monte, sino en una forma misteriosa y velada, por una parte; popular, amena y transparente por otra. Les hablará en parábolas.

Parábola significa semejanza, comparación.

Es una imagen tomada del mundo natural y visible para explicar o aclarar alguna doctrina sobrenatural y difícil.

La parábola cautiva la imaginación, ayuda a la memoria, sirve al entendimiento.

La parábola excita là curiosidad, mueve los corazones bien dispuestos a no contentarse con la luz que dan, sino a seguir preguntando para descubrir la luz que prometen. Por eso he dicho que eran populares y transparentes.

La parábola encubre suficientemente la doctrina para

que los de mala voluntad se queden a oscuras, y oyendo no oigan y viendo no vean. Por eso he dicho que eran misteriosas y veladas.

Todas las parábolas de Jesús pueden reducirse a tres grupos: Las Parábolas del Reino. Las Parábolas del Pecado y del perdón. Las Parábolas del Fin de los tiempos. Aquéllas empiezan por la del Sembrador.

El Sembrador—Había bajado Jesús hacia el mar. Sentóse a la orilla y, sin permitirse descanso, comenzó de nuevo a enseñar.

Avida de verle y escucharle, acudió muchedumbre tan numerosa, que se vio obligado a subir a una lancha como lo había hecho otras veces. Sentóse en ella, y todo el pueblo se agolpó a la orilla.

Precioso espectáculo. Era por la tarde. En los suaves acantilados de la costa, que formaban un anfiteatro enfrente del mar, se acomodaron de pie o sentados miles de galileos, fijos los ojos en aquel Maestro que allá abajo, en una lancha suavemente mecida por el lago, levantaba hacia ellos aquella suavísima mirada, bañada a un mismo tiempo en amor, en misericordia y en compasión, tanto más acendrada cuanto que él conocía lo que cada uno entonces pensaba y lo que cada uno en adelante había de pensar y hacer.

Y recordando lo que ya para entonces había predicado y enseñado, y dándose cuenta del diverso modo con que su palabra había sido recibida por aquellos que allí estaban y por los demás que le habían escuchado en todas partes, determinó advertirles paternalmente el cuidado con que debían recibir su predicación y el empeño con que debían guardarla y cumplirla.

Esperaba la gente que les quisiese hablar; entonces él, extendiendo graciosamente la mano, les dijo:

—¡Oíd!...

Un silencio admirable extendió sus alas por todo el auditorio; y el Maestro habló así:

—Salió el sembrador a sembrar. Al sembrar, un poco cayó al borde del camino; vinieron los pájaros y se lo comieron. Otro poco cayó en terreno pedregoso, donde apenas tenía tierra. Como la tierra no era profunda, brotó en seguida; pero en cuanto salió el sol, se abrasó, y por falta de raíz se secó. Otro poco cayó entre zarzas, que crecieron y lo ahogaron. El resto

*cayó en tierra buena y dio grano: unos, ciento; otros,
sesenta; otros, treinta.*
El que tenga oídos, que oiga.

Como quien dice: Fíjese cada cuál en lo que le toca, y
entienda las alusiones que sean para él.
Y con esto calló, dejando a su auditorio pensativo.
«Sus discípulos le preguntaban después qué signifi-
caba esta parábola.»
Jesús se la explicaba delicadamente:

—*Vosotros oíd lo que significa la parábola del sem-*
brador:
Si uno escucha la palabra del Reino sin entenderla,
viene el Maligno y roba lo sembrado en su corazón.
Esto significa lo sembrado al borde del camino.
Lo sembrado en terreno pedregoso significa el que
la escucha y la acepta en seguida con alegría; pero no
tiene raíces, es inconstante, y, en cuanto viene una
dificultad o persecución por la Palabra, sucumbe.
Lo sembrado entre zarzas significa el que escucha
la Palabra; pero los afanes de la vida y la seducción
de las riquezas la ahogan y se queda estéril. Lo sem-

brado en tierra buena significa el que escucha la Palabra y la entiende; ése dará fruto y producirá ciento o sesenta o treinta por uno.

He aquí una preciosa meditación para todos los cristianos, propuesta por el mismo Hijo de Dios. ¡Cuántos se verán retratados en esta parábola! Y ¡ojalá se vean entre los que dan algún fruto! Siquiera el de treinta y aun el de diez...

La semilla escondida.—No se llenan de grano las espigas rápidamente. No se convierten en un día los que oyen el Mensaje feliz del Reino de Dios. Hay que dar tiempo, hay que dejar que pasen los días y noches, hay que llorar y reír.

Jesús les decía:

—En el Reino de Dios pasa lo mismo que cuando un hombre esparce la simiente por la tierra; duerme y se levanta de día y de noche, y la semilla va brotando y creciendo sin que él lo advierta. Porque la tierra produce primero hierba, luego espiga, luego grano lleno en la espiga.

Y cuando ha madurado ya el grano, el hombre mete la hoz, porque es tiempo de la siega.

Lo mismo que en el campo, ocurre en el Reino de Dios: Jescucristo siembra la palabra de su doctrina, sin que se vea fruto alguno. Pero dormid, y trabajad, y descansad de noche y levantaos de día, que la preciosa semilla del Evangelio germina y brota y florece. Y cuando Jesús salga de la tierra y venga el Espíritu Santo, habrá llegado la hora de una siega abundante y venturosa.

El grano de mostaza.—Pocos son todavía los hijos del Reino; pocos los que creen en Jesús.

¿Qué significan esos cinco mil o siete mil hombres, que oyen atentísimos, comparados con todos los millones del mundo que ni siquiera saben su nombre?

Y Jesús trae su Mensaje para todos. Y Jesús sabe que ese pueblo es nada respecto de todos los demás. Y dice:

—El Reino de los Cielos se parece a un grano de mostaza que uno siembra en su huerta; aunque es la más pequeña de las semillas, cuando crece es más

alta que las hortalizas; se hace un arbusto y vienen los pájaros a anidar en sus ramas.

También la Iglesia, el Reino de Dios en este mundo, hoy pequeño como una semilla, crecerá maravillosamente y se hará árbol grande, que ofrecerá defensa y habitación a todas las aves del cielo.

La levadura.—Parece que el Reino de Dios no tiene fuerza interna de expansión.

Pero Jesús les dijo otra parábola:

—*El Reino de los Cielos se parece a la levadura; una mujer la amasa con tres medidas de harina y basta para que todo fermente.*

La fuerza de la levadura es tal, que una cantidad como el puño de un niño, metida en una masa grande, la recalienta, la esponja, la fermenta; convierte aquella mezcla de agua y harina en una sustancia porosa, consistente, digestible. Convierte el engrudo en pan.

Esto hará la palabra del Evangelio. Se meterá en la masa de los pueblos paganos, corrompidos, inútiles. Los enardecerá, los transformará. Producirá sabios y santos y mártires. Producirá el pan de Cristo entre los dientes de los leones romanos...

La cizaña.—El enemigo de Dios y del hombre se esforzará locamente por destruir el Reino. No hay que maravillarse. Ya lo sabía Jesús. Por eso, les propuso la parábola de la cizaña.

La cizaña es una planta parecida al trigo y extendida en Oriente. Su grano es venenoso, y causa vómitos, convulsiones, embriaguez.

Al principio, cuando es tierna, apenas se puede distinguir del trigo; cuando crece, es fácil separarla de él.

Era un modo de venganza entre los orientales ir de noche a la heredad del enemigo y sembrarle una hierba mala que dañase a la siembra buena reciente. Esta fue la parábola:

—*El Reino de los Cielos se parece a un hombre que sembró buena semilla en su campo; pero, mientras la gente dormía, un enemigo fue y sembró cizaña en medio del trigo y se marchó. Cuando empezaba a verdear y se formaba la espiga, apareció también la cizaña. Entonces fueron los criados a decir al amo:*

—Señor, ¿no sembraste buena semilla en tu campo? ¿De dónde sale la cizaña?

El les dijo:

—Un enemigo lo ha hecho.

Los criados le preguntaron:

—¿Quieres que vayamos a arrancarla?

Pero él les respondió:

—No, que podríais arrancar también el trigo. Dejadlos crecer juntos hasta la siega, y cuando llegue la siega diré a los segadores: «Arrancad primero la cizaña y atadla en gavillas para quemarla, y el trigo almacenadlo en mi granero.»

Jesús dejó a la gente y se fue a casa. Los discípulos se le acercaron a decirle:

—Aclaranos la parábola de la cizaña en el campo.

El les contestó:

—El que siembra la buena semilla es el Hijo del Hombre; el campo es el mundo; la buena semilla son los ciudadanos del Reino; la cizaña son los partidarios del Maligno; el enemigo que la siembra es el diablo; la cosecha es el fin del tiempo, y los segadores los ángeles.

Lo mismo que se arranca la cizaña y se quema, así será al fin del tiempo: el Hijo del Hombre enviará a sus ángeles, y arrancarán de su Reino a todos los corruptores y malvados y los arrojarán al horno encendido; allí será el llanto y el rechinar de dientes. Entonces los justos brillarán como el sol en el Reino de su Padre. El que tenga oídos, que oiga.

En el campo de trigo hay cizaña. En la Iglesia de Dios hay malos hijos. Por sus altísimos designios, ha permitido el Señor que hasta el fin de los siglos el demonio ponga semillas de maldad y que tenga sus seguidores en la misma tierra donde Jesucristo puso la semilla buena de su palabra y donde tiene sus amigos fieles.

Si el dueño de los campos no destruye la cizaña, es por amor al trigo. Si Dios no envía mayores castigos sobre los malos, es por amor a los buenos. Si Dios permite que los malos vivan y triunfen, es para que los buenos aumenten su tesoro de paciencia y de méritos eternos. Si Dios concede beneficios a los malos —¡cuántos les concede cada día!—, es porque quiere que se conviertan y aumenten el número de los buenos.

Pero el día de la siega se hará la separación irremediable.

¡Dichoso el trigo que, en medio de la opresión, haya conservado para el Señor sus espigas de oro!

¡Ay de la cizaña que martirizó al trigo y llenó de pena el corazón del padre de familia!

Al fuego será lanzada sin remisión.

«El que tenga oídos para oír, que oiga.»

Con esta llamada de atención termina el Maestro. Oíd bien, fijaos, recoged lo que os digo, que algún día os será necesario.

El tesoro escondido.—Desgracia grande ser arrojado al fuego con la cizaña. Desgracia infinita perder el Reino de los cielos.

Todo se debe dar, todo se debe vender con tal de poseerlo.

—Porque semejante es el Reino de los cielos a un tesoro escondido en un campo.

El hombre que lo encuentra, lo oculta; y lleno de alegría se va a vender todo lo que tiene y compra aquel campo.

La margarita preciosa.—No todos encuentran con facilidad y sin haberlo buscado un tesoro escondido.

Pero todos trabajan con sus clavos y martillos, o con su arado y azadón, o con sus libros y papeles. Cada cual en su negocio. El negocio que exige toda entrega y todo sacrificio es el negocio del Reino. Por eso, añade:

—También se parece el Reino de los Cielos a un comerciante en perlas finas, que al encontrar una perla de gran valor se va a vender todo lo que tiene, y la compra.

¿Puede haber perla más preciosa que la posesión de la eterna felicidad?

Quien sabe que esto es el Reino prometido, con gusto lo da todo por él.

La parábola terrible.—No basta pertenecer al Reino visible, al Reino empezado en este mundo, que es la Iglesia.

A ella pertenecen muchos que no hacen obras dignas de su nombre, muchos que sólo con el cuerpo están en el Reino, muchos que serán arrojados fuera.

—También se parece el Reino de los Cielos a una red que se echa en el mar, y recoge toda clase de peces: y cuando está llena, la arrastran a la orilla y, sentándose, reúnen los buenos en cestos y tiran afuera los malos.

Así será el final de los tiempos: saldrán los ángeles y separarán a los malos de entre los buenos, y los echarán al horno del fuego.

Allí será el llanto y el rechinar de dientes.

Con estas parábolas había instruido el Maestro a las gentes durante varias tardes, a la orilla del mar de Galilea, entre el silencio de la playa y el murmullo de las olas.

Al terminar las parábolas y las explicaciones que daba luego a sus discípulos, les preguntó:

—¿Habéis entendido todo esto?
Ellos le contestaron:
—Sí.
El les dijo:
—Por eso, todo letrado que ha estudiado el Reino de los Cielos se parece a un padre de familia que de su arca va sacando lo nuevo y lo viejo.

Como ellos han de ser los maestros del Reino, les advierte que han de repartir la doctrina a las almas, lo mismo que un buen padre de familia reparte el pan a sus hijos.

Cuando el Maestro terminaba cada tarde sus pláticas al pueblo, descendía de la barca y entraba en su casa de Cafarnaún, seguido de la muchedumbre agradecida.

Todos querían verle de cerca, oírle alguna palabra personalmente dirigida, y recibir alguna bendición y caricia para los niños que llevaban.

Pero hoy no desciende a tierra el Señor.
Dice a los discípulos que estaban con él en la lancha:
—Vamos a la ribera de enfrente.

Ellos al punto, así como estaba Jesús, sin alimento ni descanso, empuñaron los remos, y serpenteando entre otras navecillas que a su alrededor estaban, hiciéronse mar adentro, alejándose de aquella muchedumbre que los seguía con los ojos, y que hubiera querido irse con ellos, porque con ellos iba Jesús.

40.—SALVANOS, SEÑOR

Es traidor el mar de Tiberíades. De una agradable serenidad pasa en pocas horas a convulsiones peligrosísimas, cuando de las cumbres del monte Hermón desciende un viento huracanado y frío.

Remaban confiados los discípulos; y Jesús, en la popa, apoyaba la cabeza sobre un rollo de cuerdas que le pusieron, durmióse profundamente, abrumado por el trabajo del día.

De repente el huracán azota las aguas, ruge la galerna, revuélvese el mar, las olas cubren la nave, luchan contra la tempestad los valientes pescadores, comprenden que pronto serán vencidos.

Y Jesús dormía.

Y se acercaron a él sus discípulos, y le despertaron, gritando:

—¡Sálvanos, Señor, que nos hundimos!

Despertó del sueño Jesús. Ni el rugido del viento ni los golpes del mar le habían despertado. Le despierta la súplica de sus amigos. Tranquilo en medio de los espantados, les dice:

—Hombres de poca fe, ¿por qué teméis?

Entonces, poniéndose en pie, increpó al viento y a la tempestad, y dijo al mar:

—¡Calla! ¡Refrénate!

Y cesó el viento y se extendió una gran serenidad. Y les dijo Jesús:

—¿Todavía no tenéis fe?

Y todos los que allí estaban quedaron admirados y llenos de profundo respeto, diciéndose unos a otros:

—¿Quién es éste, que manda a los vientos y al mar, y le obedecen?

¿Quién es éste? Enorme impresión la que revelan estas palabras.

¿Quién es éste, que se atreve a dar gritos —como suele hacerlo un loco—contra el viento y contra el mar?

El viento y el mar le obedecen al instante. Luego no es un loco. Es Dios.

41.—VETE A LOS TUYOS

Llegaron a la otra orilla del mar, al territorio de los gerasenos.

Y al salir Jesús de la barca, libró de una legión de demonios a un hombre poseído por ellos desde hacía mucho tiempo.

Y saliendo los espíritus inmundos del hombre, entraron en los puercos de una piara que pastaba por allí. Al punto estos animales, que eran unos dos mil, se lanzaron con gran ímpetu al mar, y se ahogaron en él.

Al ver esto, los gerasenos rogaban a Jesús que saliese de su tierra. El se dispuso a marchar.

Mientras se embarcaba, el librado de los demonios pidió a Jesús que lo admitiese en su compañía.

Pero no se lo permitió, sino que le dijo:

—Vete a casa con los tuyos y anúnciales lo que el Señor ha hecho contigo por su misericordia.

El hombre se marchó y empezó a proclamar por la Decápolis lo que Jesús había hecho con él; todos se admiraban.

Es curioso este milagro. Es el único que trae por consecuencia algún daño material a otra persona.

Pero Jesús no mandó a los demonios meterse en la piara de puercos y precipitarse en el mar. Solamente se lo permitió.

Una legión romana constaba ordinariamente de seis mil soldados. Por librar a un hombre de seis mil demonios, bien se podía permitir la pérdida de dos mil puercos.

Así aparecía la grandeza del milagro obrado por Jesús y cómo un alma vale más que todas las riquezas y todas las piaras.

Pero aquellos gerasenos parecían amar a los animales más que al hombre; y aunque la grandeza del milagro debiera haberlos movido a pedir a Jesús que se quedara con ellos algunos días, le rogaron que se marchara... ¡Temían, acaso, que se repitiese la catástrofe de los puercos, el daño material, sin atender al beneficio espiritual!

Jesús se marchó... Pero quiso dejar en aquel país ingrato y materialista un predicador y un testigo de su bondad: el hombre librado de una legión de demonios:

—Vete a los tuyos, y anúnciales lo que te ha hecho el Señor, y cómo se ha compadecido de ti.

42.—NUEVOS MILAGROS

En el espacio de veinticuatro horas dejó el Señor otras cuatro señales de su paso, cuatro destellos de la bondad con que su Corazón se vuelca sobre todos los que sufren.

Leamos el Evangelio, meditando, admirando y agradeciendo:

Jesús atravesó de nuevo a la otra orilla, se reunió mucha gente a su alrededor, y él quedó junto al lago.

Llegó un jefe de la sinagoga, llamado Jairo, y al verlo se echó a sus pies, rogándole con insistencia:

—Mi niña está en las últimas; ven pon las manos sobre ella, para que se cure y viva.

Jesús se fue con él, acompañado de mucha gente que lo apretujaba.

Había una mujer que padecía flujos de sangre desde hacía doce años. Muchos médicos la habían sometido a toda clase de tratamientos y se había gastado en eso toda su fortuna; pero en vez de mejorar, se había puesto peor.

Oyó hablar de Jesús y, acercándose por detrás, entre la gente, le tocó el manto, pensando que, con sólo tocarle el vestido, curaría. Inmediatamente se secó la fuente de sus hemorragias y notó que su cuerpo estaba curado.

Jesús, notando que había salido fuerza de él, se volvió en seguida, en medio de la gente, preguntando:

—*¿Quién me ha tocado el manto?*

Los discípulos le contestaron:

—*Ves cómo te apretuja la gente y preguntas: «¿quién me ha tocado?»*

El seguía mirando alrededor, para ver quién había sido. La mujer se acercó asustada y temblorosa, al comprender lo que había pasado; se le echó a los pies y le confesó todo. El le dijo:

—*Hija, tu fe te ha curado. Vete en paz y con salud.*

Todavía estaba hablando, cuando llegaron de casa del jefe de la sinagoga para decirle:

—*Tu hija ha muerto. ¿Para qué molestar más al maestro?*

Jesús alcanzó a oír lo que hablaban y dijo al jefe de la sinagoga:

—*No temas; basta que tengas fe.*

No dejó ir consigo a ninguno, sino a Pedro y Santiago y a Juan, hermano de Santiago.

Y llegan a casa del jefe de la sinagoga, y ve a los tañedores de flauta, y el tumulto y a los que lloraban y plañían.

Y habiendo entrado, les dijo:

—*¿Por qué os conturbáis y lloráis? Retiraos, no lloréis; no está muerta la niña, sino que duerme.*

Y se reían de él, sabiendo que estaba muerta.

Pero él toma consigo al padre y a la madre de la niña, y a los que con él estaban, Pedro, Santiago y Juan, y entra a donde la niña yacía. Y, tomando la mano de la niña, clamó y le dijo: «Talitha cumi», que quiere decir: Niña, a ti te digo: levántate.

Y volvió el espíritu a ella, y se levantó en seguida, y echó a andar, pues tenía doce años. Y sus padres quedaron llenos de asombro. Y les mandó vehemente que a nadie lo dijeran.

Al marchar de allí Jesús, le siguieron dos ciegos gritando:

—*Ten compasión de nosotros, Hijo de David.*

Al llegar a la casa se le acercaron los ciegos y Jesús les dijo:

—¿Creéis que puedo hacerlo?
Contestaron:
—Sí, Señor.
Entonces les tocó los ojos diciendo:
—Que os suceda conforme a vuestra fe.
Y se les abrieron los ojos. Jesús les ordenó severamente:
—¡A nadie lo digáis!
Pero ellos, al salir, hablaron de él por toda la comarca.

Y luego que salieron, le presentaron un hombre mudo poseído del demonio. Y cuando hubo lanzado el demonio, habló el mudo, y maravilladas las gentes, decían:
—Nunca se vio tal cosa en Israel.
Mas los fariseos decían:
—En virtud del príncipe de los demonios, lanza los demonios.

43.—HA LLEGADO EL REINO

Han repetido los fariseos la antigua blasfemia:
—Ese lanza los demonios porque tiene pacto con el príncipe de los demonios.
Jesús no se detiene a responderles. Jesús vuelve sus ojos al pueblo, a su pueblo muy querido, que era víctima de la ambición y de la incredulidad, de aquellos mismos fariseos, pastores malos.
Ellos quedan murmurando contra Jesús.
El envía sus discípulos a consolar al pueblo, predicando el Mensaje del Reino.
Dice el evangelista:

Recorría Jesús todas las ciudades y aldeas, enseñando en las sinagogas, predicando el Evangelio del Reino y sanando toda enfermedad. Y viendo a las gentes, se compadeció de ellas; porque estaban fatigadas y decaídas, como ovejas que no tienen pastor.
Entonces dice a sus discípulos:
—La mies es abundante, y los obreros pocos: rogad, pues, al dueño de la mies que mande obreros a su mies.
Reunió Jesús a los Doce, y les dio poder y autoridad

sobre todos los demonios y para curar enfermedades. Y los envió a proclamar el Reino de Dios, y a curar enfermos.

De las instrucciones dadas por Jesús a sus primeros enviados, San Lucas presenta sólo un resumen que comienza así:

—No toméis nada para el camino: ni bastón ni alforja, ni pan ni dinero, ni tengáis túnica de repuesto. En la casa donde entréis quedaos allí hasta que os pongáis de nuevo en camino.

San Mateo es más extenso, y recoge los consejos dados por Jesús no sólo para esta primera misión en Galilea, sino para la futura predicación en todo el mundo y aun para todos los que, siglo tras siglo, predicarán el Evangelio.
He aquí algunos de aquellos consejos:

—Id y proclamad diciendo que el Reino de los Cielos está cerca. Curad enfermos, resucitad muertos, limpiad leprosos, arrojad demonios.
Gratis habéis recibido: dad gratis.
Mirad: os envío como ovejas entre lobos: sed, pues, prudentes como serpientes y sencillos como palomas.
Pero cuidado con la gente: porque os entregarán a los tribunales: os azotarán en las sinagogas. Y os harán comparecer ante los gobernadores y reyes por mi causa: así daréis testimonio ante ellos y ante los gentiles.
Cuando os arresten, no os preocupéis de lo que vais a decir o de cómo lo diréis: en su momento se os sugerirá lo que tenéis que decir; no seréis vosotros los que habláis; el Espíritu de vuestro Padre hablará por vosotros.
Los hermanos entregarán a sus hermanos para que los maten; se rebelarán los hijos contra sus padres, y los matarán.
Todos os odiarán por mi nombre: el que persevere hasta el fin se salvará.
No tengáis miedo a los que matan el cuerpo, pero no pueden matar el alma. Temed al que puede condenar al fuego alma y cuerpo.
¿No se venden dos gorriones por unos céntimos? Y

ni uno solo cae al suelo sin que lo disponga vuestro Padre.

Pues de vosotros hasta los cabellos de la cabeza están contados. Por tanto, no tengáis miedo: no hay comparación entre vosotros y los gorriones.

Al que me reconozca ante los hombres yo lo reconoceré ante mi Padre que está en el cielo.

Y al que me niegue ante los hombres, yo lo negaré ante mi Padre que está en el cielo.

No penséis que he venido a traer paz a la tierra: no he venido a traer paz, sino espada.

Porque he venido a dividir al hombre de su padre, y a la hija de su madre; y a la nuera de su suegra; y enemigos de uno serán los de su casa.

Ningún conductor de hombres ha propuesto porvenir menos halagüeño a sus colaboradores inmediatos.

No le basta haberlos elegido pobres e ignorantes: los deja desarmados. No tienen dinero; todavía tienen demasiado: «No llevéis oro ni plata para el camino.» Carecen de saber, de talento; aún tienen de sobra: «No premeditéis lo que habéis de decir ante los tribunales.» No tienen esperanza en su Maestro, que es pobre como ellos; todavía les sobra: «No solamente no os esperan bienes, ni gloria humana, sino que todos os odiarán por mi nombre.»

He aquí la perspectiva que les muestra. ¿Dónde hallarán su fuerza dentro de esa tremenda desnudez de todos los poderes del mundo? ¿Quién los sostendrá? El solo, a condición de que le amen sobre todas las cosas, «más que al padre, más que a la madre»; que se abandonen al Espíritu del Padre, que será su inspirador, y se presenten ante los hombres con esta recomendación única: «Soy discípulo de Jesús.»

Por eso, termina así estos consejos de perenne actualidad:

—El que quiere a su padre o a su madre más que a mí, no es digno de mí; y el que quiere a su hijo o a su hija más que a mí, no es digno de mí; y el que no toma su cruz y me sigue, no es digno de mí.

El que encuentre su vida, la perderá; y el que pierda su vida por mí, la encontrará.

El que os recibe, a mí me recibe; y el que me recibe, recibe al que me ha enviado.

*El que recibe a un profeta, porque es profeta, reci-
birá premio de profeta; y el que recibe a un justo,
porque es justo, recibirá premio de justo.*
*El que dé a beber, aunque sea un vaso de agua
fresca, a uno de estos pobrecillos, sólo porque es discípulo, os aseguro que no perderá su premio.*

En las palabras de Jesús palpita un tono de seguridad
tan absoluta, que sus discípulos se sienten contagiados:
la sabiduría del Espíritu de Dios les inspirará cuando
prediquen, y la providencia del Padre celestial les propor-
cionará el pan de cada día.

Y el mismo Jesús quiere que conste cómo no quedó
defraudada la confianza que sus amigos depositaron en
él.

Por eso, al entrar en el Huerto de los Olivos, poco antes
de que lo vean maniatado por enemigos que parecen
vencedores, les preguntará: «Os envié sin dinero ni alfor-
jas. ¿Acaso os faltó algo?» Y ellos contestarán: «No nos
faltó nada».

*«Cuando Jesús acabó de dar estas instrucciones a
sus doce discípulos, salieron ellos y recorrían las aldeas anunciando el Alegre Mensaje y predicando que
hiciesen penitencia.*

*Y en todas partes lanzaban muchos demonios; un-
gían con óleo a muchos enfermos, y los dejaban curados.*

44.—PRECURSOR EN LA PREDICACION, PRECURSOR EN EL MARTIRIO

Juan Bautista, el predicador de fuego, valiente ante
los poderosos, humilde ante Jesús, había dicho al impuro rey Herodes:

—¡No te es lícito tener la mujer de tu hermano!

Herodes lo hizo encarcelar: no se atrevió a matarle
por temor al pueblo, pues todos tenían a Juan como un
gran Profeta. Más aún: viendo Herodes que Juan era
varón justo y santo, le respetaba y por su consejo hacía
muchas cosas.

Entretanto, la mala mujer, Herodías, la que vivía con
Herodes, dejado su legítimo marido, «ponía asechanzas
a Juan y quería hacerle morir, pero no podía». Llegó al
fin un día favorable a sus deseos de venganza.

Herodes, por su cumpleaños, dio un banquete a sus magnates, a sus oficiales y a la gente principal de Galilea.

La hija de Herodías entró y danzó, gustando mucho a Herodes y a los convidados.

El rey dijo a la joven:

—Pídeme lo que quieras, y te lo daré.

Y le juró:

—Te daré lo que me pidas, aunque sea la mitad de mi reino.

Ella salió a preguntar a su madre:

—¿Qué le pido?

La madre le contestó:

—La cabeza de Juan el Bautista.

Entró ella en seguida, a toda prisa, se acercó al rey y le pidió:

—Quiero que ahora mismo me des en una bandeja la cabeza de Juan el Bautista.

El rey se puso muy triste; pero, por el juramento y los convidados, no quiso desairarla. Y en seguida mandó a uno de su guardia con orden de traer la

cabeza de Juan. Fue; lo decapitó en la cárcel; trajo la cabeza en una bandeja; la entregó a la joven, y la joven la entregó a su madre.

Al enterarse los discípulos de Juan, fueron a recoger el cadáver y le dieron sepultura.

Crimen horrendo cometido entre los placeres de un banquete y los escándalos de un baile.

El fidelísimo Juan Bautista había dicho que su única misión era preparar la llegada de Jesús: «Es necesario que él crezca y yo disminuya.» Y hasta en la muerte se conforma a esta necesidad: la muerte en una cruz a la vista de todos, la muerte en alto, será el martirio de Jesús. La muerte en las sombras de un calabozo, la muerte bajo la sala de un festín, es el martirio de Juan.

La escena fue rapidísima: bajó el verdugo, halló al Penitente en la actitud tranquila de quien nada teme, le mandó extender el cuello, lanzó el golpe de su espada y subió en seguida, trayendo sobre un disco de plata, sangrante y caliente, la santa cabeza.

Herodías ha satisfecho su venganza, parece que ha triunfado; pero cuando tuvo delante la cara de San Juan, ¿se atrevería a mirar los ojos apagados la mujer adúltera y criminal?

45.—DADLES VOSOTROS DE COMER

Tras el crimen, el remordimiento. Cuando Herodes, pasada la loca alegría de aquella cena sangrienta, reflexionó en lo que había hecho, debió de sentir esa angustia interior que en todos los rincones presenta al criminal la silueta de su víctima.

Cuando oyó hablar de Jesús, y de los milagros que hacía y de la santidad de su vida, dijo:

—Este es aquel Juan a quien yo degollé, que ha resucitado de entre los muertos.

Y quería verle. Quería ver a Jesús; para cerciorarse de que no era el muerto, para tranquilizarse. O tal vez para encarcelarlo y matarlo otra vez, si era en verdad el mismo muerto resucitado.

Pero Jesús no quería ser encarcelado por aquel hombre ni morir a sus manos. Y cuando sus apóstoles volvieron de predicar y le contaron todo lo que habían hecho, les dijo:

—Venid aparte, a un lugar solitario, y descansad un poquito.

Y en barca pasó con ellos al territorio de Betsaida, desierto y apartado.

Pero muchos los vieron ir, y concurrieron allá a pie de todas las ciudades. Le seguía una gran muchedumbre porque veían los milagros que hacía con los enfermos, y llegaron antes que él.

Desembarcó Jesús, y estaba sentado entre sus discípulos, descansando un rato con ellos.

Luego levantó los ojos y viendo tantísima gente que había venido a él, se compadeció de ellos, y los recibió y comenzó a enseñarles muchas cosas, hablándoles del Reino de Dios y sanando a los que tenían necesidad de salud.

Venida la tarde, y avanzando las horas, se le acercaron los discípulos, y le dijeron:

—Estamos en un desierto, y pasan las horas. Despide a las turbas, para que yendo a los cortijos y aldeas del contorno puedan comprarse algo que comer.

Respondió Jesús:

—No es necesario que vayan; dadles vosotros de comer.

El que hace poco les había dado facultades de hacer tantos milagros, parecía brindarles ahora la ocasión y el poder de hacer uno extraordinario. Pero ellos no lo entendieron así:

Estaba cerca la Pascua, la fiesta de los judíos. Jesús dice a Felipe:

—¿Con qué compraremos panes para que coman éstos? (lo decía para tantearlo, pues bien sabía él lo que iba a hacer).

Felipe le contestó:

—Doscientos denarios de pan no bastan para que a cada uno le toque un pedazo.

Uno de sus discípulos, Andrés, el hermano de Simón Pedro, le dice:

—Aquí hay un muchacho que tiene cinco panes de cebada y un par de peces; pero ¿qué es eso para tantos?

Jesús dijo:

—Decid a la gente que se siente en el suelo.

Había mucha hierba en aquel sitio. Se sentaron: sólo los hombres eran unos cinco mil.

Jesús tomó los panes, dijo la acción de gracias y los repartió a los que estaban sentados; lo mismo del pescado, todo lo que quisieron.

Cuando se saciaron, dice a sus discípulos:

—Recoged los pedazos que han sobrado; que nada se desperdicie.

Los recogieron y llenaron doce canastas con los pedazos de los cinco panes de cebada que sobraron a los que habían comido.

¡Magnífico milagro! Jesús da panes y peces a sus discípulos, y sus manos siempre están llenas. Los discípulos dan a la gente, y nunca terminan de dar.

Ese es el poder de Nuestro Señor. Esa es la bondad de Nuestro Señor.

46.—¡VIVA NUESTRO REY!

Indescriptible admiración causó en los galileos aquella repentina multiplicación de panes y peces.

Era, ciertamente, un milagro nunca visto. Milagro para las masas como tales, no sólo para individuos en particular como lo fueron los anteriores. Milagro capaz de fascinar a un pueblo entero. Todos vieron y palparon el prodigio. Todos comieron y quedaron satisfechos. No pueden contenerse, no pueden callar:

La gente entonces, al ver el signo que había hecho, decía:
—Éste sí que es el profeta que tenía que venir al mundo.

Y comentan entre sí el portentoso milagro y crece su entusiasmo y su gozo, y empiezan a decir que deben proclamarle Rey allí mismo, pues él es el Cristo, el Ungido de Dios, que ha de restaurar el trono de David, sacudiendo la dominación romana.

Pero Jesús, sabiendo que iban a llevárselo para proclamarle rey, mandó a sus discípulos subir a la barca e ir a la otra orilla del mar, a Betsaida, a donde él iría a reunirse con ellos. Luego despidió a la gente, y se retiró a la montaña, él solo, para orar.

Fue una desilusión para los Doce. Ellos pensarían: «Si a nuestro Señor hacen Rey, a nosotros por lo menos, generales, gobernadores, ministros...»

El Reino de Jesús no es como los de este mundo ni, como juzgaban los judíos carnales, un reino temporal y humano.

Es un Reino divino y eterno. Por eso disuelve rápidamente aquella manifestación de los enardecidos galileos, no les permite aclamarle como Rey.

Quiere, además, que no puedan mañana sus enemigos acusarle con verdad de haber alborotado al pueblo.

El sabe que los príncipes de Israel gritarán ante Pilato **para condenarle a muerte:** —Ese hombre revuelve a las masas, diciendo que él es Cristo Rey.

¿Qué dirían, si aceptara Jesús las aclamaciones de un pueblo, tan sediento de su independencia y de su grandeza pasada, que fácilmente podía ser amotinado contra Roma?

Pero no necesita Jesús que los galileos le pongan en un trono. Dejad que pasen los días. El mismo subirá al trono de la cruz con una corona en la cabeza. Y será un

Rey tan ardientemente amado, que desde el primer grito de los mártires antiguos: ¡Cristo vence, Cristo reina, Cristo impera!, hasta el último grito de los mártires de hoy: ¡Viva Cristo Rey!, habrán derramado sus vasallos —sólo por amor a él solo para que él reine— tanta sangre y tantas lágrimas, que podrían formar un río impetuoso y abundante como el Jordán.

47.—NO TENGAIS MIEDO: SOY YO

Los discípulos bajaron la cabeza, saltaron a la barca, dispusieron remos y velas, y soltaron las amarras.

Tal vez Simón Pedro se fijó en algunas nubecillas amenazadoras que se levantaban por el norte, pero el Maestro lo ha mandado, y ellos no saben más que obedecer: ¡a bogar, muchachos!

Y avanzan mar adentro.

Jesús, entretanto, había ido a orar. «Y cuando se hizo de noche, estaba allí solo.»

La barca tiembla en medio del mar. Otra tempestad desciende rápida sobre las aguas; levanta grandes olas que chocan contra la nave; amenaza volcarla.

Los pobres discípulos «reman con gran fatiga, pues el viento les era contrario».

Pero Jesús no se olvida de sus amigos; en medio de la oscuridad los ve desde el monte y los sigue con el corazón.

Pasada la medianoche, sólo habían recorrido veinticinco estadios, cosa de legua y media.

Entonces Jesús baja a la playa, llega al mar, pone el pie sobre las aguas y avanza tranquilo, majestuoso, lo mismo que un rey cuando pasea por sus jardines en una tarde de mayo.

Venía hacia sus afanados discípulos.

Cuando ellos, al resplandor de algún rayo, o a la claridad de la luna entre las nubes, divisaron aquella silueta de un hombre que venía sobre el mar, se llenaron de terror y lanzaron un grito: «¡Es un fantasma!» Jesús les dijo en seguida: «No tengáis miedo: soy yo.»

Respiraron al oír la dulce voz del Rey de los mares, y fueron a recibirle en la lancha. Entonces Simón Pedro, siempre ardiente, clamó:

—Señor, si eres tú, mándame ir hacia ti andando sobre el agua.

El le dijo:

—Ven.

Pedro bajó de la barca y echó a andar sobre el agua acercándose a Jesús.

Mas quiso probarle el Maestro. Vino una fuerte racha de viento; y el valiente que no había temido a los abismos del mar, temió al golpe del aire: en el momento mismo de perder la confianza, empezó a hundirse, y lleno de pavor, dio un grito:

—Señor, sálvame.

En seguida Jesús extendió la mano, lo agarró y le dijo:

—¡Qué poca fe! ¿Por qué has dudado?

En cuanto subieron a la barca, amainó el viento.

Los de la barca se postraron ante él diciendo:
—Realmente eres Hijo de Dios.
Apenas entró Jesús en la nave, llegó ésta a la tierra a que iban. Y estaban cada vez más admirados. Porque no habían entendido lo de los panes; eran torpes para entender.

No habían entendido lo de los panes... Les había parecido que era un título para hacerle Rey de la tierra; y Jesús tiene que hacer un nuevo milagro para demostrarles que quien pisa el mar y domina las tempestades es algo más. ¡Verdaderamente, tú eres el Hijo de Dios!
No olvidemos que este Pedro, salvado por Jesús, es aquél a quien el mismo Señor miró profundamente la primera vez que le vio, y al cual dijo: «Tú te llamarás Piedra»; aquel a quien Jesús hará Jefe de su Iglesia.

Acaba de hacerle sentir la propia debilidad, y la potencia de la mano que para siempre habrá de sostenerle sobre las olas.

Veinte siglos van transcurriendo desde esa escena imponente, y ni uno solo ha dejado de verla renovada varias veces.

Alborotadas olas en torno a la barca de Pedro; esfuerzos sangrientos por sumergirla; Pedro teniendo ya hasta cerca de las rodillas al mundo inquieto; el impío saltando de gozo. De pronto Jesús, sin aparecer visiblemente, toma de la mano a su Vicario; lo levanta por encima de las olas; y el mundo se aquieta y el impío tiene que bajar la cabeza, tiene que decir: —¡Verdaderamente, tú eres el Hijo de Dios!

Terminada la travesía, tocaron tierra en Genesaret, y atracaron.

Apenas desembarcó, algunos lo reconocieron, y se pusieron a recorrer toda aquella región; y la gente, cuando se enteraba donde estaba Jesús, le llevaba allí en camillas a los enfermos.

Y en cada aldea o pueblo o caserío adonde llegaba colocaban a los enfermos en la plaza, y le rogaban que les dejase tocar al menos el borde de su manto; y cuantos lo tocaban quedaban sanos.

48.—LA GRAN PROMESA

Amanece el día siguiente a la multiplicación de los panes. Jesús está en Cafarnaún: entra en la sinagoga para enseñar, y allá van a buscarle los que fueron alimentados por él.

El Maestro conoce sus almas, y tiene que decirles:

—Me buscáis no porque habéis visto signos, sino porque comisteis pan hasta saciaros.

Y les da un consejo; que vale para todos los hombres de todos los tiempos:

—Trabajad no por el alimento que perece, sino por el que dura hasta la vida eterna, alimento que os dará el Hijo del hombre, a quien Dios, el Padre, acreditó con milagros.

Así, recién iniciada esta conversación, les pone delante promesas de eternidad: ellos se sienten atraídos por ellas; le preguntan; él responde, y se entabla aquel diálogo sublime que nos ha conservado San Juan.

Este evangelista designa con el nombre de **judíos** a los enemigos de Jesús, principalmente escribas y fariseos, que en esta conversación llevaban la voz cantante, mientras el pueblo oía y participaba de las impresiones de sus jefes.

Los judíos, pues, como Jesús les ha dicho que trabajen por el pan que permanece hasta la vida eterna, le preguntan:

—¿*Cómo podremos ocuparnos en los trabajos que Dios quiere?*

Respondió Jesús:

—*Este es el trabajo que Dios quiere: que creáis en quien él ha enviado.*

Los judíos no quieren creer en Jesús como enviado de Dios, pues ven que dos veces ha renunciado al mesianismo político, que es el que ellos esperaban. Y como si nada valieran los milagros que ha hecho para probar su divina misión, le dicen despectivos:

—¿*Y qué signo vemos que haces tú para que creamos en ti? ¿En qué te ocupas? Nuestros padres comieron maná en el desierto, como está escrito: «Les dio a comer pan del cielo.»*

Ha sido un reto; ha sido como decirle: «Aquello sí que fue milagro y signo de la presencia de Dios en el pueblo, y no eso que haces tú.»

Jesús acepta el desafío y lo convierte en elogio propio, proclamándose Hijo de aquel mismo Dios que realizó el milagro antiguo, y presentándose como realidad viva de lo que aquel milagro era figura y promesa:

—*Os aseguro que no fue Moisés quien os dio pan del cielo, sino que es mi Padre el que os da verdadero pan del cielo. Porque el pan de Dios es el que baja del cielo y da vida al mundo.*

Ellos toman la afirmación en el sentido material de un pan que quitará el hambre para siempre, y le piden:

—Señor, danos de ese pan.

Jesús no rechaza la petición; pero explica quién es el pan prometido por el Padre, y así empieza a descubrir el sublime misterio de su cuerpo y su sangre entregados como alimento y bebida:

—Yo soy el pan de la vida. El que viene a mí, no pasará hambre, y el que cree en mí, no pasará nunca sed; pero como os he dicho, habéis visto y no creéis.

Todo lo que me da el Padre vendrá a mí, y al que venga a mí, no lo echaré afuera; porque he bajado del cielo, no para hacer mi voluntad, sino la voluntad de mi Padre que me ha enviado... Y ésta es la voluntad de mi Padre: que todo el que ve al Hijo y cree en él tenga vida eterna, y yo lo resucitaré en el último día.

Nadie puede venir a mí, si no lo trae el Padre que me ha enviado.

En estas palabras insinúa la verdad terrible y profunda de la predestinación: no basta tu esfuerzo, lector mío y amigo mío, para ir a Cristo y creer en él y salvarte. Es necesario que te lleve el Padre. Dirás entonces: pues si el Padre no me lleva, no será culpa mía que yo no vaya a Jesucristo.

Te respondo: culpa tuya será porque el Padre quiere llevar a todos los hombres; quiere que todos se salven, y te tiende la mano para traerte. Los que vienen a Jesucristo y se salvan, es que han querido a Dios que los atraía. Los que no vienen, es que no han querido.

Por eso, añade Jesús:

—Está escrito en los profetas: «Serán todos discípulos de Dios.» Todo el que escucha lo que dice el Padre y aprende, viene a mí. No es que nadie haya visto al Padre, a no ser el que viene de Dios: ése ha visto al Padre. Os lo aseguro: el que cree, tiene vida eterna.

Una vez afirmada esta necesidad de creer en su persona y en su mensaje, promete abiertamente la sagrada eucaristía:

—Yo soy el pan de la vida. Vuestros padres comieron en el desierto el maná y murieron: éste es el pan que baja del cielo, para que el hombre coma de él y no muera. Yo soy el pan vivo que ha bajado del cielo:

*el que coma de este pan, vivirá para siempre. Y el pan
que yo daré es mi carne, para la vida del mundo.
Disputaban entonces los judíos entre sí:
—¿Cómo puede éste darnos a comer su carne?*

Han entendido bien que Jesús les habla de darles a
comer su carne de una manera real, no de una manera
simbólica por medio de la fe. «El pan que yo daré es mi
carne», ha dicho el Señor... A ellos les parece imposible,
y entonces Jesús, en lugar de retractarse, repite con
nueva energía:

*—Os aseguro que si no coméis la carne del Hijo del
Hombre y no bebéis su sangre, no tenéis vida en vosotros. El que come mi carne y bebe mi sangre tiene
vida eterna, y yo lo resucitaré en el último día.
Mi carne es verdadera comida y mi sangre es verdadera bebida.
El que come mi carne y bebe mi sangre, habita en
mí y yo en él.
El Padre que vive me ha enviado y yo vivo por el
Padre; del mismo modo, el que me come, vivirá por
mí.*

Claramente afirma que así como el Padre le comunica
vida eterna, así el que comulga recibirá tal vida que
pueda decir que vive con la vida de Jesucristo. Concluyó
la gran promesa con estas palabras:

*—Este es el pan que ha bajado del cielo: no como el
de vuestros padres, que lo comieron y murieron: el
que come este pan vivirá para siempre.*

49.—SEÑOR, ¿A QUIEN IREMOS?

Esto dijo Jesús en la sinagoga de Cafarnaún. La doctrina era tan nueva, la promesa tan inverosímil, la oferta
tan extraña, que se escandalizaron muchos, aun de los
discípulos de Jesús. ¡Banquete singular, pan nunca
visto! ¡La carne y la sangre de Jesús, como comida y
bebida! ¡Y eso prometido a los judíos, en cuyas leyes
existía la prohibición de comer sangre!

Muchos discípulos de Jesús al oírlo dijeron:

—Este modo de hablar es duro, ¿quién puede hacerle caso?

Adivinando Jesús que sus discípulos murmuraban sobre esto, les dijo:

—¿Esto os hace vacilar?, ¿y si vierais al Hijo del Hombre subir a donde estaba antes?

También estos discípulos habían entendido la promesa como si Jesús hubiese de darles su carne en pedazos a la manera del cordero pascual. Por eso les añadió: «El espíritu es quien da la vida; la carne no aprovecha nada.»

Es decir: ese sentido material que dais a mis palabras, como si yo os hubiese de dar mi carne en pedazos, no aprovecha nada.

—Las Palabras que os he dicho son espíritu y vida. Y con todo, algunos de vosotros no creen.

(Pues Jesús sabía desde el principio quiénes no creían y quién lo iba a entregar.) Y dijo:

—Por eso os he dicho que nadie puede venir a mí si el Padre no se lo concede.

Desde entonces, muchos discípulos suyos se echaron atrás y no volvieron a ir con él.

Parece que en aquel mismo momento salieron de la sinagoga y fueron desfilando, de modo que fuese notable la deserción y que los mismos Apóstoles, los Doce, mostrasen alguna duda de si también deberían marcharse. Porque Jesús se volvió a ellos y les dijo:

—¿También vosotros os queréis marchar?

Como si dijera: Tengo tanto deseo de dar a los hombres mi Cuerpo como pan y mi Sangre como bebida, que aunque vosotros, mis escogidos, mis amados, me abandonéis por no querer admitir esta palabra, yo no me volveré atrás.

Entonces Simón Pedro, corazón vehemente, amigo fidelísimo, responde en nombre de todos:

—Señor, ¿a quién iríamos? Tú tienes palabras de vida eterna; nosotros creemos y sabemos que tú eres el Santo consagrado por Dios.

Respondió Jesús:

—¿No sois doce los que yo he elegido? Y, sin embargo, uno de vosotros es diablo.

Y decíalo por Judas Iscariote, que le había de entregar, a pesar de ser uno de los Doce.

Esta fue la primera vez que Jesucristo trató del soberano beneficio de la Eucaristía.

Como no sólo los cuerpos, sino también las almas, sienten hambre y sed, nos promete un alimento espiritual, un pan bajado del cielo, que contiene la vida, el consuelo, el amor, la paz, la fuerza, en la medida que el alma la desea, es decir, en grado infinito.

Y este pan no es un pan vulgar y material, semejante al que se pide a los reyes y que no siempre les es dado otorgar: es un pan celestial. «Yo soy el Pan vivo que baja del cielo.» Este pan que aquí promete Jesucristo nos lo dará todos los días en la Sagrada Comunión. Pero la promesa de este exceso de su amor a los hombres ha sido acogida por ellos con burla, incredulidad y apostasía...

Y la apostasía más dolorosa para el Corazón de Jesucristo fue la de Judas. No se apartó todavía del Maestro; pero ya en su alma no había fe. Avaro e interesado, vio desvanecerse las brillantes perspectivas del Reino, en que cifró sus esperanzas de prosperar. Renegó de Jesús; cayó. Jesús veía lo más íntimo del alma, y sufría por él. ¡Era un escogido, y era diablo!

A lo largo de los siglos se repite la apostasía y la incredulidad. Pero también, a lo largo de los siglos, millares de discípulos fieles, con ojos iluminados por la fe, contemplan el Sagrario donde está convertida en realidad la Gran Promesa de Cafarnaun, y dicen al Maestro allí presente en el Santísimo Sacramento:

—Señor, ¿a quién iremos fuera de Ti? Sólo Tú tienes palabra de vida eterna y de felicidad eterna.

50.—¡HIPOCRITAS!

Obstinados en su voluntaria ceguera, los fariseos y los letrados habían dicho al Señor que tenía pacto con el demonio: no quisieron creer en la Gran Promesa de su Cuerpo y Sangre, y «después de esto —dice San Juan— andaba Jesús por Galilea; es que no quería ir a Judea, porque los judíos intentaban matarle».

El odio de sus enemigos es cada vez mayor, y aparece con más descaro.

Ni en Galilea dejan tranquilo a Jesús.

Se acercaron a Jesús unos fariseos y letrados de Jerusalén y le preguntaron:

—¿Por qué tus discípulos violan la tradición de los antiguos, y no se lavan las manos antes de comer?

El les replicó:

—¿Y por qué vosotros violáis el mandamiento de Dios, en nombre de vuestra tradición?

Y les echó en cara brevemente, enérgicamente, cómo Dios ha dicho: «Honra a tu padre y a tu madre», y cómo ellos permiten a los hijos, más aún, les enseñan a no honrar a sus padres.

—¡Hipócritas! Bien profetizó de vosotros Isaías diciendo: «Este pueblo me honra con los labios, pero su corazón está lejos de mí. En vano me dan culto, ense-

ñando doctrinas, que son preceptos de hombres.»
Vosotros dejáis a un lado el mandamiento de Dios, y
os aferráis a tradiciones humanas.

Con rigor los ha reprendido ante el pueblo, para que
no sigan haciendo daño, ya que propalaban calumnias
contra Jesús, deseosos de arrebatarle las gentes sencillas. Pero él no les tiene miedo:

Llamó de nuevo a la gente, y les dijo:
—Escuchadme todos y entended: Nada hay fuera
del hombre que, por entrar en él, pueda mancharlo.
Lo que sale del hombre eso es lo que le mancha...
Porque del corazón vienen los malos pensamientos,
homicidios, adulterios, fornicaciones, robos, falsos
testimonios, blasfemias. Eso es lo que mancha al
hombre, que comer sin lavarse las manos no mancha
a nadie.
Los discípulos se acercaron entonces a decirle:
—¿Sabes que los fariseos se han escandalizado, al
oírte?
Respondió él:
—La planta que no haya plantado mi Padre del cielo
será arrancada de raíz. Dejadlos: son ciegos, guías de
ciegos. Y si un ciego guía a otro ciego, los dos caerán
en el hoyo.
Y saliendo de allí (Cafarnaún), se retiró al país de
Tiro y Sidón.

51.—«HAGASE COMO TU QUIERES»

Las ciudades de Tiro y Sidón están en la costa del mar
Mediterráneo, en la Fenicia, país gentil. No venía el Señor a predicar, según parece, sino a desviar las asechanzas de sus enemigos por entonces, y a descansar
un poco con sus discípulos en tierra desconocida.
Pero allí no era desconocido el nombre de Jesús. Muchísima gente de Tiro y Sidón le había oído en el Sermón del Monte; conocía su bondad y sus milagros.

Entonces una mujer cananea, saliendo de uno de
aquellos lugares, se puso a gritarle diciendo:
—Ten compasión de mí, Señor, Hijo de David. Mi
hija está cruelmente atormentada del demonio.
Pero él no le respondió palabra.

No se desanimó por este desdén la mujer. Humilde y confiada, iba siguiendo al Maestro de Galilea por detrás de los discípulos y clamaba que tuviese piedad de ella. ¡Amaba tanto a su hija, que tener piedad de la madre era lo mismo que curar a la hija!

Compadecidos o cansados, los discípulos dijeron al Señor:

—Despáchala, que nos sigue gritando.
El les contestó:
—No he sido enviado más que a las ovejas perdidas de la casa de Israel.

Aunque la redención de Jesús abraza a todos los hombres, era designio de Dios que su apostolado personal se redujera a los judíos solamente. Por eso muestra que no quiere atender a la mujer no judía.

Mas ella seguía rogando, seguía esperando. ¿Qué vería en Jesús?

Habiendo entrado en una casa, quiso que nadie lo supiese, más no pudo permanecer oculto. Entró detrás la mujer, se postró a sus pies, le adoró, y le pedía que lanzara el demonio de su hija, diciendo:
—¡Ayúdame, Señor!

Jesús la mira y le habla por primera vez. Pero es para humillarla.

—Deja que primero se sacien los hijos, pues no está bien tomar el pan de los hijos y echarlo a los perros.

Los hijos son los israelitas; los perros, los gentiles; el pan, los beneficios y la gracia de Dios.

Esta frase de Jesús parecía un gran desprecio para la mujer. Otra cualquiera se hubiese desalentado. Pero el dolor y el amor y la esperanza de aquella madre le inspiran una respuesta apoyada en las mismas palabras de Jesús:

—Sí, Señor; ¡también los perrillos comen de las migajas que caen de la mesa de sus señores!

Jesús ya no puede contenerse más. Ha probado a la mujer; a la vez le ha dado gracia interior para resistir a la prueba, y al verla triunfar tan plenamente, le dice:

—¡*Grande es tu fe, mujer! Que se haga lo que tú quieres. Vete; el demonio salió ya de tu hija.*

El milagro a distancia fue instantáneo.

Y cuando la mujer llegó a su casa, encontró a la niña reposando en la cama y que el demonio había salido de ella. Desde aquella hora, quedó curada.

Este es Nuestro Señor Jesucristo, ésta es la omnipotencia de la oración.

«Que se haga lo que tú quieras», dice el Señor al que ruega. Esta voz es aquella misma del principio: «Hágase la luz», y la luz fue hecha.

52.—TODO LO HIZO BIEN

Dejando Jesús el territorio de Tiro, pasó con sus discípulos por Sidón, camino del mar de Galilea, atravesando la Decápolis.

Apenas corrió por los pueblos la noticia de su vuelta, a pesar de la enemiga de los fariseos y de la deserción de algunos discípulos en Cafarnaum, vinieron a él grandes muchedumbres, atraídas por su bondad inagotable:

Le presentaron un sordo, que además apenas podía hablar; y le piden que le imponga las manos.

El, apartándolo de la gente a un lado, le metió los dedos en los oídos y con la saliva le tocó la lengua. Y mirando al cielo, suspiró y le dijo:

—*Effetá (esto es, «ábrete»).*

Y al momento se le abrieron los oídos, se le soltó la traba de la lengua y hablaba sin dificultad.

El les mandó que no lo dijeran a nadie; pero, cuanto más se lo mandaba, con más insistencia lo proclamaban ellos. Y en el colmo del asombro decían:

—*Todo lo ha hecho bien: hace oír a los sordos y hablar a los mudos.*

Y subiendo a un monte, se sentó allí. Y se llegaron a él muchas gentes que traían consigo mudos, ciegos, cojos, mancos y otros muchos. Y los echaron a sus pies, y los sanó. De manera que se maravillaban las gentes viendo a los mudos que hablaban, a los cojos que andaban, a los ciegos que veían, y glorificaban al Dios de Israel.

Más de tres mil hombres, sin contar mujeres ni niños, se habían congregado alrededor del Maestro bueno en los tres días que allí estuvo Jesús.

Ellos le miraban y le atendían, pero más los miraba y los atendía Jesús, porque advirtiendo que no tenían qué comer, llamó a sus discípulos y les dijo:

—Me da lástima esta gente, porque llevan ya tres días conmigo y no tienen qué comer; y si los despido a sus casas en ayunas, se van a desmayar por el camino. Y algunos han venido desde lejos.

Le replicaron sus discípulos:

—¿Y de dónde se podrá sacar pan, para que se sacien, aquí, en despoblado?

El les preguntó:

—¿Cuántos panes tenéis?

Ellos contestaron:

—Siete.

Mandó que la gente se sentara en el suelo: tomó los siete panes, dijo la Acción de Gracias, los partió y los fue dando a sus discípulos para que los sirvieran. Ellos los sirvieron a la gente. Tenían también unos cuantos pescados: Jesús los bendijo, y mandó que los sirvieran también.

185

La gente comió hasta saciarse, y de los trozos que sobraron llenaron siete canastas; y eran unos cuatro mil.

Y Jesús los despidió.

Es la segunda multiplicación de panes y peces. Después, entró Jesús en la barca de sus discípulos, y llegó a Magedan, pueblo de Galilea cuya posición exacta se ignora.

También aquí le salieron fariseos y saduceos para tentarle, y con insufrible arrogancia empezaron a pedirle «un signo del cielo», esto es, un milagro portentoso que lo acredite como enviado de Dios. Jesús siente pena por ellos —«exhaló un profundo suspiro», comenta San Marcos—; les reprocha la perversa intención con que proceden, ya que en varias ocasiones le han visto realizar milagros innegables, y nunca han querido aceptarle como enviado de Dios.

Después anuncia que se les dará —como argumento supremo— el milagro del profeta Jonás, es decir, su propia resurrección, ya que él saldrá vivo del sepulcro, al tercer día de muerto y sepultado, como Jonás salió vivo al tercer día de tragado por la ballena.

Como tampoco entonces se convertirán al Mesías resucitado, les profetiza la sentencia que merecerán:

—Los habitantes de Nínive se levantarán en el juicio contra esta generación, y la condenarán, porque ellos se convirtieron con la predicación de Jonás, y aquí hay uno mayor que Jonás. La reina del Sur se levantará contra esta generación y la condenará, porque ella vino desde los confines de la tierra para escuchar la sabiduría de Salomón, y aquí hay uno mayor que Salomón.

Así Jesús, ante los que se atrevieron a exigirle un signo del cielo, se presenta él mismo, más elocuente que Jonás, más sabio que Salomón, como el verdadero signo de que Dios ha venido a los hombres. No busquen lluvia de estrellas rojas, relámpagos bajo un cielo azul u otros portentos cósmicos, que a nadie alimentan, a nadie curan. Tienen —si quieren abrir los ojos del alma— la bondad y la palabra de Jesús; la paciencia con que los aguanta a ellos; la generosidad con que cura a los dolientes; el Alegre Mensaje de la salvación que anuncia a pobres y ricos...

Pero ellos no quieren ver. Y así, Jesús —es el final tajante con que San Marcos cierra este encuentro, ocurrido en la comarca de Magedan, orilla occidental del Tiberiades— «los dejó; se embarcó de nuevo, y se fue a la otra ribera».

Por el mar galileo navega el Maestro con los doce, dejados atrás los jefes del pueblo que no quieren creer. En la otra orilla (dirección hacia la que ahora marcha) había dejado antes al pueblo, después de haberle anunciado el Mensaje feliz del Reino, después de haberlo alimentado prodigiosamente, después de haber curado cojos, ciegos, mancos y leprosos.

Jesús sabe que la hipocresía y los engaños de los jefes le arrancarán el amor de su pueblo. Y en la placidez de aquella travesía por el mar avisa a sus doce amigos:

—Tened cuidado con la levadura de los fariseos y con la de Herodes.

Ellos comentaban:

—Lo dice porque no tenemos pan.

Dándose cuenta, les dijo Jesús:

—¿Por qué comentáis que no tenéis pan? ¿No acabáis de entender? ¿Tan torpes sois? ¿Para qué os sirven los ojos si no veis, y los oídos si no oís? A ver, ¿cuántos cestos de sobras recogisteis cuando repartí cinco panes entre cinco mil? ¿Os acordáis?

Ellos contestaron:

—Doce.

—¿Y cuántas canastas de sobras recogisteis cuando repartí siete entre cuatro mil?

Le respondieron:

—Siete.

El les dijo:

—¿Y no acabáis de entender?

Entonces comprendieron que no les decía que se guardasen de la levadura del pan, sino de la doctrina de los fariseos y saduceos.

Cuando Jesús y los discípulos llegaron a Betsaida, le trajeron un ciego pidiéndole que lo tocase.

El lo sacó de la aldea, llevándolo de la mano, le untó saliva en los ojos, le impuso las manos y le preguntó:

—¿Ves algo?

Empezó a distinguir y dijo:

—Veo hombres, me parecen árboles, pero andan.

*Le puso otra vez las manos en los ojos; el hombre
miró: estaba curado, y veía todo con claridad.*
   Jesús lo mandó a casa diciéndole:
   —No lo digas a nadie en el pueblo.

A nadie lo digas... Quiere el Señor que sus enemigos
le dejen en paz por ahora. Sabe que ansían matarle,
sabe que un día escogido por él, ¡el día de su triunfo!, le
matarán; pero quiere entretanto fundar una sociedad
eterna, una sociedad que perpetúe su triunfo hasta el fin
de los tiempos.

ACTO CUARTO

HACIA UN TRIUNFO ETERNO

Quiere perpetuar su obra: funda una Sociedad que jamás morirá.—Aprovecha la hora para anunciar su triunfo eterno: ¡Me matarán!—Quiere que también los suyos triunfen perpetuamente: El gran negocio, parábolas sobre el uso de las riquezas, el infierno, el escándalo, el juicio...—Hasta los que un día cayeron vencidos podrán, por él, recobrar la vida: el sacramento de la reconciliación.—Era bueno: las parábolas de la misericordia.—Todavía tenéis luz.—Yo soy la Luz.

53.—ROCA INCONMOVIBLE

Y se alejan del mar galileo y caminan hacia Cesarea de Felipe, ciudad casi del todo pagana, albergue de mercaderes y ricos y libertinos.

El Señor, después de haber hecho oración, pregunta amigablemente a sus discípulos:

—¿Quién dice la gente que soy yo? Ya que vosotros tratáis con algunos del pueblo, ¿qué opiniones habéis recogido acerca de mí?

Bien las conocía Jesús, escudriñador de los corazones. Pero quiere que ellos digan lo que han oído, como preludio para que luego declaren lo que ellos mismos sienten de Jesús.

Le respondieron:

—Unos dicen que eres Juan Bautista; otros, que Elías; otros, que Jeremías, y otros, que un Profeta de los primeros que ha resucitado.

Le comparan con los grandes héroes de la historia patria; tienen un concepto elevado de Jesús, pero mucho menor del que debían tener después de tantas señales.

Jesús espera más. Espera la confesión de su divinidad, que nadie hasta ahora se ha atrevido a pronunciar. La espera, por lo menos, de los que todos los días comen, trabajan y descansan con él. Por eso les pregunta:

—*Pero vosotros, ¿quién decís que soy yo?*
Simón Pedro tomó la palabra y dijo:
—*Tú eres el Mesías, el Hijo de Dios vivo.*

Tú, hombre como nosotros, eres el Hijo de Dios.

Realidad incomparable. El Consolador prometido en el Paraíso a nuestros padres en la tarde tristísima de su pecado: el Príncipe de la Paz anunciado por los Profetas en los días del dolor y de la penitencia; el Salvador de Israel, esperado siglo tras siglo por los pobres, los heridos, los arrepentidos, como la hierba espera la lluvia y el huérfano espera el beso de la madre y el preso espera la libertad; el Santo, el Justo, el Hijo de Dios en un cuerpo mortal, el Dios que se deja besar y tocar, eres tú; tú que estás delante de nosotros, tú que te miras tranquilo en nuestras pupilas asombradas de gratitud y de amor.

Realidad incomparable. ¿Por qué no lo han conocido antes los Apóstoles? ¿Quién pronunció por vez primera en el secreto de su alma el nombre de aquel Maestro que tantas veces caminó a su lado y les puso la mano sobre el hombro y les habló al oído? No fue su propio entendimiento, ni las señales exteriores, ni las palabras de los libros santos. Sólo pudo ser el Padre. Así lo dice Jesús a Simón:

—¡Dichoso tú, Simón hijo de Jonás!, porque eso no te lo ha revelado nadie de carne y hueso, sino mi Padre que está en el cielo. Y yo te digo: Tú eres Pedro, y sobre esta piedra edificaré mi Iglesia, y el poder del infierno no la derrotará.

Te daré las llaves del Reino de los Cielos; lo que ates en la tierra, quedará atado en el cielo, y lo que desates en la tierra, quedará desatado en el cielo.

Momento sublime en la historia de la Humanidad. Jesucristo tiene detrás a Jerusalén, cuyos príncipes quieren matarle y cuyo pueblo quiere proclamarle Rey a su manera; tiene delante Cesarea y el paganismo, que ni siquiera sabe su nombre; está rodeado de sus doce elegidos, que le miran pendientes de sus labios; va a dejar fundada en el mundo su Asociación, su Reino —el mayor Reino que jamás ha visto el mundo, el único Reino que nunca morirá—, y para base de su fundación escoge un hombre mortal, un pescador de corazón bueno, hijo del pueblo, leal y sencillo.

Hablando con el estilo figurado de los orientales, describe su Iglesia como un edificio espléndido, que para no caer debe estar cimentado sobre roca; y esa roca será el pescador que tiene delante.

—Tú eres Roca (esto significa la palabra original **Cefas**: Roca, Piedra grande, Pedro) y sobre esta Roca edificaré la sociedad cristiana, mi Reino en este mundo. Yo te comunico la autoridad suprema; tú serás el principio de unidad y consistencia, tú marcarás la dirección siempre creciente del edificio.

Contra esta Iglesia, que ahora sólo tiene doce ciudadanos, pero que iluminará a todo el mundo, se desencadenarán las furias del infierno, pero **no prevalecerán:** jamás podrán vencerla; porque yo estaré contigo y con tus sucesores para siempre.

A ti te daré las llaves del Reino, símbolo de tu poder y de tu derecho a ser obedecido por todos los que quieran entrar en él. Te concedo el derecho de atar y desatar, de mandar y de prohibir. Tus órdenes en la tierra serán confirmadas en el cielo. Todo lo que tú mandes será justo, pues no harás más que repetir lo que yo te he dicho y lo que te iré diciendo en una asistencia invisible y perpetua.

Serás en tu persona y en la de tus legítimos herederos, juntamente con tus compañeros los demás Apóstoles unidos contigo y obedientes a ti, el conductor de mi pueblo por el camino de esta vida hacie el Reino glorioso de Dios y del amor.

Promesas magníficas. Promesas que hizo Dios cuando pasó por el mundo. Promesas convertidas en realidades.

Aquella Roca que primero se había llamado Simón y después Pedro, y después Lino y Clemente y Dámaso y Julio y Gregorio, y Juan y Pablo, persevera tan fuerte como el día primero y sobre ella se levanta el edificio espléndido y eterno de la Iglesia Católica, que hoy tiene más de 500 millones de fieles en este mundo, y Doctores y Confesores y Mártires y Vírgenes y Santos de todas clases y condiciones, que brillan en el cielo con infinita variedad de claridades, y cantan el eterno Aleluya de su felicidad, y gratitud al Rey inmortal de los siglos, Cristo Jesús, que con su Sangre los redimió y los rescató de toda tribu y nación y lengua... ¡Creo en la Iglesia Una, Santa, Católica, Apostólica!

54.—ANUNCIA SU TRIUNFO ETERNO: ¡ME MATARAN!

Pedro confiesa la divinidad de su Maestro: —Tú eres el Ungido, el Hijo de Dios.

Jesús acepta la fe del Apóstol y le promete allí mismo:

—Tú eres Roca, y sobre esta Roca edificaré mi Iglesia, y las puertas del Infierno no prevalecerán contra ella.

—¡Tú eres el Hijo de Dios vivo! —¡Tú eres Roca!

¿Cómo no sentir la maravillosa armonía de ambas frases, y, en ese giro vivo, familiar, atrevido, la respuesta de la Omnipotencia, segura de sí misma y de todos los tiempos y de todos los hombres?

Las grandes instituciones de la Religión de Jesús van naciendo al conjuro de su voz. Ayer, el misterio de la Sagrada Eucaristía; hoy, el misterio del Pontificado. Aquél forma la unidad invisible e íntima de la Iglesia; éste su unidad externa y pública.

Allí, el Cuerpo, la Sangre, el alma y la divinidad del Salvador, perpetuamente presentes bajo apariencias de pan, objeto de un amor sin fin. Aquí su palabra, su autoridad, su divino poder, perpetuamente presentes bajo apariencias de un hombre, objeto de un respeto y de una obediencia sin límites.

Y, bajo uno y otro velo, Jesucristo viviendo en su Iglesia, no abandonándola jamás, sino en apariencia; no ocultándose a los ojos, sino para mostrarse mejor a los corazones; permaneciendo hasta el fin como lazo, fuerza, base y arquitecto de la eterna sociedad de las almas.

He ahí lo que Jesús se apresura a obrar antes de la crisis que se prepara. Mejor dicho, no se apresura; todavía no se trata nada más que de promesas.

Allí mismo manda terminantemente a sus discípulos que a nadie digan que él es Jesús, el Ungido de Dios.

¿Por qué esta prohibición? Porque dada la expectación de un Mesías político y triunfador, si los Apóstoles anuncian al pueblo de un modo inconsiderado que este Mesías es Jesús Nazareno, se suscitarán entusiasmos y arrebatos que pudieran trastornar los planes de Jesucristo en el gradual anuncio de su Mensaje.

Y para que los mismos Apóstoles empiecen a conocer cómo es el Cristo que tienen delante, les descubre en secreto el drama de su vida.

Aquel drama es un dolor y un amor infinito que él está viviendo en su alma desde el primer instante de su encarnación; y que no ha querido descubrírselo antes por no apenarlos y porque no estaban preparados. Ya es hora de que lo conozcan.

Desde entonces empezó Jesús a explicar a sus discípulos que tenía que ir a Jerusalén y padecer allí mucho por parte de los senadores, sumos sacerdotes y letrados, y que tenía que ser ejecutado y resucitar al tercer día.

Pedro se lo llevó aparte y se puso a increparle:

—¡No lo permita Dios, Señor! Eso no puede pasarte.

Le parecía absurdo que su Maestro, el Hijo de Dios, hablase de ser condenado a muerte por los hipócritas que hormigueaban en Jerusalén: ¡Señor, lejos de Ti tal cosa!

Amaba a su Maestro, y no quería verle sufrir; pero hablaba como hombre, sin saber que el dolor es camino para el triunfo.

Los compañeros sienten lo mismo que Simón. Jesús lo conoce, y quiere corregirlos.

Volviéndose y mirando a sus discípulos, conminó a Pedro, diciéndole:

—Quítate de mi vista, Satanás, que me eres tropiezo, tú piensas como los hombres, no como Dios.

¡Qué contraste! Antes le llamó piedra fundamental. Ahora Satanás. Antes le dijo: «Sobre ti edificaré mi Iglesia.» Ahora le dice: «¡Apártate de mí!» Antes le llamó bienaventurado. Ahora, escandaloso. Es que antes inspiró a Simón el Padre celestial. Ahora le inspira el sentimiento humano, tal vez el egoísmo.

Pero su falta no ha sido grave: ha sido una debilidad y una ignorancia. Jesús quiere mostrar el verdadero camino, no sólo a los Doce, sino también a la gente que, enterada de su presencia en aquel lugar, empezaba a reunirse; y convocando al pueblo con sus discípulos, les dijo:

—El que quiera seguirme, que se niegue a sí mismo, cargue con su cruz y se venga conmigo.

Pues el que quiera salvar su vida, la perderá: pero el que pierda su vida por mi causa, la encontrará.

¿De qué sirve a uno ganar el mundo entero si pierde su alma?

Inesperada lección para aquellos oyentes: o tomar la cruz o no ser dignos de Jesucristo. O perder la vida por el cumplimiento del deber y salvarla después para siempre, o salvarla aquí por los placeres y perderla después para siempre.

No hay término medio. Se puede salvar aquí la vida, se puede gozar, se puede comer y beber, se puede amontonar dinero, se puede **vivir**; pero, «¿qué aprovecha al hombre ganar todo el mundo, si pierde su alma?»

¿Qué me aprovechará todo, ¡todo el mundo!, si pierdo mi alma, ¡mi alma única!?

Este pensamiento hizo santo a San Francisco Javier, porque le hizo dejar el mundo para salvar su alma.

Y siguió diciendo el Señor: «¿Qué precio podrá dar el hombre por su alma?»

Si ha perdido su alma, ¿qué podrá dar para recuperarla? ¡Todo lo ha perdido con ella! ¡Todo lo ha perdido para siempre y sin remedio! ¿Qué podrá dar el que lo ha perdido todo?

Gravísimas son las palabras de Jesús. Callan los oyentes impresionados, y conociendo él que algunos se horrorizarían de su cruz y se avergonzarían de seguirle, añade:

—Si alguno se avergüenza de mi y de mis palabras, en este mundo descreído y pecador, el Hijo del hombre se avergonzará de él cuando venga lleno de majestad en la gloria de su Padre.

El Maestro anunció su triunfo por el sufrimiento:

—Seré entregado, seré condenado a muerte.

Señala el mismo camino a los que quieran triunfar con él:

—Si alguno quiere..., tome su cruz cada día y sígame.

¡Ay de los que se avergüenzan de seguirle! Porque añadió:

—El Hijo del Hombre ha de venir con la gloria de su Padre, entre sus ángeles, y entonces pagará a cada uno según su conducta.

55.—RESPLANDECIENTE COMO EL SOL

Pero la cruz no es el término. El dolor no es el destino último del hombre. Es un camino nada más, un medio para llegar al gozo del Señor.

Y Jesús quiere mostrar un resquicio de este gozo a los tres discípulos que presenciarán más de cerca los tormentos de su Pasión.

De Cesarea regresó a Cafarnaun, y luego llegó con los Doce en una tarde de agosto a los pies del Tabor, graciosa montaña, símbolo de la felicidad sobrenatural, del amor beatífico, del abrazo de Dios.

Dejó nueve discípulos a la falda del monte, y tomando consigo a Pedro, Juan y Santiago, subió a lo más alto para orar.

Dicen que Pedro representa a los constantes en la fe, Santiago a los firmes en la esperanza, Juan a los encendidos en el amor. Pedro, el Vicario de Jesucristo; Juan, el discípulo virgen; Santiago, el primer Apóstol mártir.

Mientras Jesús oraba, se transfiguró ante ellos: su rostro resplandecía como el sol y sus vestidos se volvieron blancos como la luz. De pronto, Moisés y Elías aparecieron con gloria y hablaban con Jesús de la muerte que él iba a consumar en Jerusalén. Pedro y sus compañeros se caían de sueño. Pero ahora, espabilándose, vieron su gloria y a los dos hombres que estaban con él.

¡Qué impresión para los tres apóstoles predilectos! Admiran a su amado Maestro lleno de gracia, hermosura y majestad, que conversa con aquellos dos santísimos varones: Moisés, el Libertador del pueblo judío, y Elías, el gran Profeta mártir, que durante su vida habían anhelado la llegada del Ungido del Señor y ahora son llamados del otro mundo para verle, oírle, hablarle...

La transfiguración es la victoria de la luz: Elías fue conducido al cielo en carro luminoso de fuego; Moisés bajó del monte con haces de luz sobre la frente. Jesús es la luz eterna, es Luz de Luz que ilumina a todo hombre que viene a este mundo.

Desde su nacimiento, la belleza divina de su alma no ha cesado de crecer a los ojos de los hombres. Ahora brilla esplendorosamente. Se abre paso a través de la carne y del vestido. Levanta su cuerpo sobre el suelo, y si Jesús no hubiese atendido más que a las exigencias de su naturaleza deificada, se habría verificado al punto la ascensión. Pero renuncia a ella y conversa con los dos Aparecidos, declarándoles cómo saldrá de la vida mortal.

Elías había salido sin morir. Moisés había salido muriendo, pero con muerte tan dulce, que la Escritura dice que expiró en el ósculo de Dios.

Ambos aprenden sobre este monte una ciencia más alta. La ciencia de preferir la muerte: la ciencia de morir ignominiosamente en una cruz, desnudo, despreciado, escarnecido por la multitud, abandonado por el mismo Dios, para hacer así la Redención de los hombres.

He ahí lo que se habla sobre el Tabor. Moisés y Elías contemplan arrobados, mudos de asombro y de admiración, aquella salida de la vida, única, maravillosa, digna de Jesús.

Ni Pedro ni Santiago ni Juan comprenden aquello. Sólo ven la gloria, y como amaban tiernamente a su Maestro, asisten gozosos a su glorificación.

A Pedro, que, como los grandes corazones, tenía el don de las frases hermosas, se le ocurre una magnífica.

—Señor, qué bien se está aquí; si quieres, haré tres chozas: una para ti, otra para Moisés y otra para Elías.

Para sí nada pide, porque está seguro de participar de la de su buen Maestro. Mas el evangelista advierte que al hablar así, «Pedro no sabía lo que decía».

Todavía estaba hablando, cuando una nube luminosa los cubrió, y una voz desde la nube decía:
—Este es mi Hijo, el Amado, en él me he complacido. Escuchadle.
Al oír aquella voz los discípulos cayeron de bruces, llenos de espanto.
Jesús se acercó y tocándolos les dijo:
—Levantaos, no temáis.
Al alzar los ojos, no vieron nadie más que a Jesús, solo.

Todo recobra su estado normal. El rostro de Jesús pierde su fulgor; su túnica es la de todos los días; él vuelve a ser el amigo amoroso de cada hora.

Pero esta noche tres hombres de tierra han visto la gloria del Nazareno y han oído la voz de Dios: «Este es mi Hijo muy amado: oídle.»

Y uno de ellos, Pedro, podrá escribir en sus cartas: «**Nosotros** oímos esta voz bajada del cielo, estando con él en el monte santo». Y por defender la verdad de su testimonio, morirá mártir.

Antiguamente Dios habló a los Patriarcas por medio de los Profetas. Ahora nos habla por su Hijo. Con él nos lo da todo, por él nos lo dice todo: oídle.

Cuando bajaban del monte, Jesús interrumpió el silencio en que venían, pensando lo que habían visto, y les dijo:

—A nadie contéis esta visión, hasta que el Hijo del hombre resucite de entre los muertos.

Ellos callaron en aquellos días y a nadie dijeron lo que habían visto, cavilando qué significaría **cuando resucite de entre los muertos.**

Les parecía imposible que su Maestro pudiera morir y estar entre los muertos, y por eso sospechaban que esta frase tendría algún otro sentido misterioso.

Apagadas las luces del Tabor, tienen que bajar a las pequeñeces de la vida diaria, a las rivalidades de los fariseos, a las acometidas del Tentador. Ya no ven las claridades del monte ni oyen la voz del Padre. No es posible permanecer siempre en el gozo de las alturas. Hay que bajar.

Pero ellos y nosotros seguimos oyendo la voz del Hijo en las palabras de su Evangelio, «al cual hacéis muy bien en atender como a lucerna que luce en el paso tenebroso, hasta que brille el día y nazca el lucero en vuestros corazones».

Así nos dice el mismo San Pedro en su carta, recomendándonos oír la palabra escrita de Dios, aquel mismo apóstol feliz que oyó su palabra hablada.

Hacéis muy bien en atenderle, que su palabra es luz y esta vida es un paso tenebroso. Esperad un poquito: también para vosotros brillará el día de una transfiguración maravillosa y nacerá en vuestros corazones un torrente de luz, y quedaréis convertidos en claridad y seréis semejantes a Dios, porque le veréis tal como es: no brillante como el sol, ni blanco como la nieve, sino tal como es... Y cantaréis eternamente el himno de la gratitud y del amor: ¡Señor, qué bien estamos aquí!

56.—SI PUEDES ALGO, ¡AYUDAME!

Bajó el Maestro del monte y encontró a sus nueve discípulos angustiados en extremo, pues los letrados, habiéndolos cogido separados del Señor, los estaban acosando y echando en cara que no podían curar a un endemoniado. Una gran muchedumbre del pueblo presenciaba la vergüenza de los Apóstoles.

En esto aparece Jesús. Dice el Evangelio que la gente quedó sobrecogida y tuvo miedo de verle. ¿Acaso vio en su rostro alguna divina claridad, vestigio de la Transfiguración?

Pero pronto recobran la confianza y todos corren a saludarle.

El les preguntó:
—¿De qué discutís?
Uno le contestó:
—Maestro, te he traído a mi hijo; tiene un espíritu que no le deja hablar; y cuando lo agarra, lo tira al suelo, echa espumarajos, rechina los dientes y se queda tieso. He pedido a tus discípulos que lo echen, y no han sido capaces.

Entonces Jesús paseó su mirada por los que se estaban gozando por lo bajo de que los discípulos nada hubieran podido y exclamó:

—¡Gente sin fe! ¿Hasta cuándo estaré con vosotros? ¿Hasta cuándo os tendré que soportar? Traédmelo.
Se lo llevaron. El espíritu, en cuanto vio a Jesús, retorció al niño; cayó por tierra y se revolcaba echando espumarajos.

Estaba Jesús con suma serenidad ante aquel espectáculo y daba tiempo para que se enterasen todos del caso y se viese mejor el milagro y su poder.

Jesús preguntó al padre:
—¿Cuánto tiempo hace que le pasa esto?
Contestó él:
—Desde pequeño. Y muchas veces hasta lo ha echado al fuego y al agua para acabar con él. Si algo puedes, ten lástima de nosotros y ayúdanos.

Dudaba del poder de Jesús; por eso decía: si puedes algo. ¡Como sus discípulos no habían podido nada...!

Jesús replicó:

—¿Si puedo? Todo es posible al que tiene fe.

Entonces el padre del muchacho gritó:

—Tengo fe; pero dudo: ¡ayúdame!

Jesús, al ver que acudía gente, increpó al espíritu inmundo, diciendo:

—Espíritu mudo y sordo, yo te lo mando: Vete y no vuelvas a entrar en él.

El demonio, dando gritos y desgarrándolo atrozmente salió de él, dejándolo como muerto, tanto que muchos decían:

—Ha muerto.

—Mas Jesús le tomó de la mano y lo levantó.

Púsose el niño en pie y quedó sano.

Debió de ser espectáculo tremendo. Todos admiraban la grandeza de Dios. Los letrados se sentían confundidos, la plebe reanimada, la gloria de Cristo restablecida.

Los discípulos, alegres por una parte de haber salido de sus apuros, cavilaban por otra cómo ellos, que en otras ocasiones habían arrojado demonios, en aquella ocasión no pudieron arrojarle.

Y cuando volvieron a casa se le acercaron y le preguntaron en secreto:
—¿Por qué no hemos podido nosotros arrojar este demonio?
Y respondió el Señor:
—Por vuestra poca fe. En verdad os digo, que si tenéis fe como un grano de mostaza, diréis a este monte: Tráspasate de aquí allá y se trasladará; y nada os será imposible. Además, este género de demonios no se arroja sino con oración y ayuno.

Y tú, mi querido lector, ¿estás convencido de que, si tienes fe, nada te será imposible? Es el mismo Jesucristo quien lo dice.

57.—¡NO LE ENTENDIAN!

Jesús y sus discípulos se marcharon del monte y atravesaron Galilea; no quería que nadie se enterase, porque iba instruyendo a sus discípulos. Les decía:
—El Hijo del hombre va a ser entregado en manos de los hombres, y lo matarán; y después de muerto, a los tres días resucitará.
Pero no entendían aquello, y les daba miedo preguntarle.

Les costaba entender —¡nos cuesta entender!— que el camino de la resurrección es el Calvario.

Ven que su Maestro insiste en anunciarles que ha de sufrir, y temen preguntarle lo que jamás quisieran que ocurriese.

Pero Jesús les profetiza su Pasión, para que cuando llegue la hora, entiendan que ya él la estaba esperando.

Así llegó a Cafarnaum, la ciudad que tantos milagros le había visto obrar, y que ahora le vería por última vez.

A la entrada, los que cobraban el tributo de dos dracmas para el culto del Templo, preguntaron a Pedro:

—¿Vuestro Maestro no paga las dos dracmas?
Contestó:
—Sí.

Cuando llegó a casa, Jesús se adelantó a preguntarle:

—¿Qué te parece, Simón? Los reyes del mundo, a quienes cobran impuestos y tasas, ¿a sus hijos o a los extraños?

Contestó:

—A los extraños.

Jesús le dijo:

—Entonces, los hijos están exentos.

Pedro se equivocó al responder que su Maestro debía pagar. Con una bella comparación Jesús le corrige: El, como Hijo de Dios, no está obligado a pagar el tributo para la Casa de su Padre. Pero luego añadió:

—Sin embargo, para no darles mal ejemplo, ve al lago, echa el anzuelo, coge el primer pez que pique, ábrele la boca y encontrarás una moneda de plata. Cógela y págales por mí y por ti.

Aquella moneda de plata (estater) equivalía a cuatro dracmas, y servía para pagar por dos. El Señor quiso pagar por sí y por su vicario, dando a entender que eran una misma cosa los dos en cierta manera, y que si pagaba por evitar cuestiones, no estaba obligado a dar nada. Para conciliar esta cesión de derechos con su dignidad, quiso mostrar que era el dueño de toda la creación, de todos los estáteres y didracmas, pues los tenía a su disposición hasta en la boca de los peces.

Reunidos luego en casa, Jesús, que conocía el interior de los corazones, les pregunta:

—¿De qué discutíais por el camino?

Ellos no contestaron, pues por el camino habían discutido quién era el más importante.

¡En el mismo camino por donde Jesús les había venido diciendo cuánto tenía que sufrir! No le entendían...

Jesús se sentó, llamó a los Doce y les dijo:

—Quien quiera ser el primero, que sea el último de todos y el servidor de todos.

Y acercando a un niño, lo puso en medio de ellos, lo abrazó y les dijo:

—Os digo que, si no volvéis a ser como niños, no

entraréis en el Reino de los Cielos. Por tanto, el que se haga pequeño como este niño, ése es el más grande en el Reino de los Cielos. El que acoge a un niño como éste en mi nombre, me acoge a mí.

Bellísima enseñanza: quiere que sus discípulos sean como niños por la inocencia y sencillez; y para mostrar cuánto ama a tales niños, dice que quien recibe, es decir, quien hace algún beneficio a alguno de ellos, a él recibe, a él lo hace. Y quien a él recibe, recibe al mismo Padre que le envió.

Grande gloria y gran premio recibir, instruir, alimentar, vestir, consolar a un niño, a un desvalido, a un anciano, a un pobre: ¡la gloria y el premio de recibir, instruir y alimentar a Jesús!

Luego el divino Maestro, contestando a la frase intercalada por uno de sus discípulos, recomienda a los doce la tolerancia, y les repite la promesa de premiar toda obra de caridad, por mínima que sea:

—El que os dé a beber un vaso de agua, porque seguís al Mesías, os aseguro que no quedará sin recompensa.

Tenía el amable Maestro al niño en sus brazos, y en medio de la conversación tornó a él su cariñosa mirada. Y penetrando por aquellas pupilas limpias en lo interior del espíritu infantil, inocente, cándido y exento de toda malicia, sus ojos previsores de lo futuro vieron los peligros a que aquella criatura iba a exponerse, por culpa principalmente de los adultos, que sin guardar el debido respeto a la infancia, la empujan por el camino del mal. Y lleno de indignación contra los que así destruyen la inocencia de sus amados, prosiguió:

—¡Ay del mundo por los escándalos! Es inevitable que haya escándalos, pero ¡ay del hombre por quien viene el escándalo!

Si tu mano o tu pie te escandaliza, córtalo y tíralo lejos: más te conviene entrar manco o cojo en la vida, que ser echado al fuego eterno con las dos manos o los dos pies.

Y si tu ojo te escandaliza, sácatelo y tíralo lejos: más te conviene entrar tuerto en la vida, que ser echado con los dos ojos al abismo del fuego.

Así repite el Señor que si alguna cosa o persona es para ti tan amada y te está tan unida como la mano, el pie o los ojos, pero te escandaliza, te sirve de ocasión para caer en pecado, ¡córtala, arráncala, lánzala lejos de ti! Más te vale entrar sin ella en la vida eterna, que con ella ser arrojado al infierno, donde el fuego nunca se apaga y el gusano nunca muere. ¡El gusano insaciable de este remordimiento amarguísimo y tardío: estoy aquí por mi culpa, por mi culpa!

Seguía diciendo Jesús:

—*Cuidado con despreciar a uno de estos pequeñuelos, porque os digo que en el cielo sus ángeles están viendo siempre el rostro de mi Padre celestial. El Hijo del hombre ha venido a salvar lo que se había perdido.*

¿Qué os parece? Suponed que un hombre tiene cien ovejas: si una se le pierde, ¿no deja las noventa y nueve y va en busca de la perdida? Y si la encuentra, os aseguro que se alegra más por ella que por las noventa y nueve que no se habían extraviado.

Lo mismo vuestro Padre del cielo: no quiere que se pierda ni uno de estos pequeños.

¡Bendito sea Dios, el Padre de Nuestro Señor Jesucristo, que tanto nos ama por él!

A cada hombre que nace, aun al más pobre y despreciado, destina un ángel que le guarde y tome venganza contra los escandalosos. Para salvar a los que se habían perdido —todos nos habíamos perdido— envió su Hijo único. Celebra fiesta en el cielo por cada pecador que se arrepiente, y su voluntad es que todos se salven. ¡Bendito sea!

58.—A LA CIUDAD DEL TRIUNFO

Estaba próxima la fiesta de los Campamentos, en griego Escenopegia (plantatiendas), llamada así porque los judíos hacían tiendas de campaña con hojas y ramaje, bajo las cuales vivían los siete días que duraban las fiestas.

Era un recuerdo de cómo habían acampado en el desierto, cuando venían a la tierra prometida, y era la acción de gracias por la cosecha, pues se celebraba en octubre, cuando la hermosura del paisaje otoñal y la temperatura agradable convidan a pernoctar bajo el cielo estrellado.

Jesús está en Galilea con los Apóstoles.

Algunos parientes suyos —a los que San Juan llama *hermanos*— están intrigados por lo que ven y oyen de él. Tal vez han convivido con Jesús durante los treinta años de aquella vida oculta en Nazaret.

Le conocieron niño, adolescente, joven y adulto, como todos los demás vecinos del pueblo, sin que nunca se le hubiera visto realizar prodigio alguno. Aunque, eso sí, todos habían comentado más de una vez que en el hijo del carpintero resaltaba algo especial imposible de definir... Aquella mirada radiante, aquel rostro bello, aquella voz bien timbrada, aquel carácter encantador, aquella sumisión y aquel amor a sus padres, aquella bondad para todos... ¡Feliz la madre de tal hijo!, habían exclamado muchas veces los hombres y las mujeres de Nazaret, como luego clamará una mujer judía.

Pero enseñanzas de profeta y maravillas de milagros, ni una han visto los parientes en Jesús Nazareno. Y ahora ven que éste, no apareciendo de pronto, tras muchos años de vida eremítica, para tronar contra los pecadores —así lo había hecho Juan Bautista—, sino pasando suavemente de la vida en familia a la responsabilidad de maestro en Israel, se presenta como enviado de Dios y hace signos portentosos para acreditar esta legación.

Tales portentos son los que interesan a estos parientes. Piensan que por ese camino Jesús ganará honra y dineros que redundarán en beneficio de la familia. Por eso, le incitan a que no se contente con esta pequeña provincia de Galilea; que vaya a Judea donde está la ciudad santa, Jerusalén; que aproveche la ocasión de la muchísima gente que allí se reunirá en la próxima fiesta de los Campamentos; que ellos y otros galileos le acompañarán, le harán ambiente, le ayudarán a triunfar... Le dicen: pues:

—Sal de aquí, y vete a Judea, para que allí vean las obras que haces... Manifiéstate al mundo.

Es la voz de la sangre que, a la sombra del pariente famoso, pretende el medro personal, incluso cuando aconseja y promete ayuda.

Pero Jesús no pide ni acepta ayuda de parientes. Sólo depende del Padre celestial, que le tiene marcados todos los momentos hasta el momento del sacrificio supremo.

Por eso añade tristemente San Juan que estos parientes no creían en él.

Veían que hacía milagros, veían cuánto le amaban las gentes; pero no concebían que el Reino anunciado por Jesús había de ser un Reino espiritual, cuyo Rey moriría en una cruz...

Jesús les contesta:

—Mi momento no ha llegado, mientras que para vosotros cualquier momento es oportuno. El mundo no puede aborreceros a vosotros; a mí sí me aborrece, porque yo doy testimonio de que sus obras son malas. Subid vosotros a la fiesta; yo no subo a esta fiesta, porque mi momento no ha llegado aún.

Su intención era ir un poco más tarde y presentarse sin el ruido que sus parientes pretendían.

Marcharon éstos; y llegaron para Jesús *los días de su asunción,* los días en que había de morir y resucitar. Tiene que ir a Jerusalén, porque la Ciudad Santa ha de ser el escenario de la gran tragedia.

Estamos en otoño: la próxima primavera todo estará consumado. Durante los seis meses que faltan, ya no volverá Jesús a las ciudades de su amada Galilea, cuyos niños le vieron pasar por las calles y cuyos enfermos experimentaron su bondad y su poder.

Y cuando se iban a cumplir los días de su asunción —dice San Juan con enérgico hebraísmo— Jesús *afirmó su rostro* para ir a Jerusalén.

San Lucas nos describe algunas escenas vividas durante aquella caminata:

Jesús envió mensajeros por delante, que entraron en una aldea de Samaria, para prepararle alojamiento. Pero no le recibieron, porque se dirigía a Jerusalén.

Al ver esto, sus discípulos Santiago y Juan le preguntaron:

—Señor, ¿quieres que mandemos bajar fuego del cielo, que acabe con ellos?

El Señor se volvió y les regañó; luego dijo:

—No sabéis de qué espíritu sois. Porque el Hijo del

hombre no ha venido a perder a los hombres, sino a salvarlos.

Y se marcharon a otra aldea. Mientras iban de camino, se le acercó un letrado y le dijo:

—Maestro, te seguiré adonde vayas.

Jesús le respondió:

—Las zorras tienen madrigueras y los pájaros nidos, pero el Hijo del hombre no tiene dónde reclinar la cabeza.

Los llamados al apostolado deben renunciar a las riquezas y a las comodidades que ellas traen, como renunció Jesús, que, siendo rico, se hizo pobre por nosotros.

A otro dijo:

—Sígueme.

Y él respondió:

—Señor, déjame primero ir a enterrar a mi padre.

Y Jesús le dijo:
—Deja que los muertos entierren a sus muertos; tú vete y anuncia el Reino de Dios.

Los llamados deben seguirle con prontitud: Que los muertos, los que no están unidos con Jesucristo por la gracia de la vocación, entierren a sus muertos, hagan sus negocios temporales. Tú preocúpate sólo de anunciar el Reino de Dios.

Otro le dijo
—Te seguiré, Señor; mas primero déjame ir a disponer lo que tengo en mi casa.
Jesús le dijo:
—Ninguno que pone su mano en el arado y mira atrás es apto para el Reino de Dios.

Los llamados deben perseverar. El que en medio del trabajo se vuelve atrás no es capaz de hacer obra grande.
Así caminaba el Señor, difundiendo siempre su luz al pasar. Designó también otros setenta y dos discípulos.

Y los envió de dos en dos a todos los pueblos y ciudades a donde él pensaba ir. Y les decía:
—La mies es abundante y los obreros pocos: rogad, pues, al dueño de la mies que mande obreros a su mies.
¡Poneos en camino! Mirad que os mando como corderos en medio de lobos.

Luego les da consejos parecidos a los que había dado para la primera misión, y termina con palabras que valen para siempre:

—Quien a vosotros escucha, a mí me escucha; quien a vosotros rechaza, a mí me rechaza; y quien me rechaza a mí, rechaza al que me ha enviado.

59.—EL ADIOS A GALILEA

Dolor digno de eterno llanto el dolor de haber despreciado a Jesús.
Y él ve que las ciudades del lago, las más favorecidas con sus gracias, enseñanzas y milagros, no han corres-

pondido con la fidelidad que de ellas tenía derecho a esperar. Ya cuando en Cafarnaum prometió que había de dar su Cuerpo como pan y su Sangre como bebida, gran número de los oyentes se apartaron de él, escandalizados y diciendo que aquello era duro de creer. Según los presentes apóstrofes, la deserción se extendió a otras dos ciudades de Galilea: Corozaín y Betsaida. Se volvió, pues, Jesús, y les dirigió un adiós terrible; «porque no habían hecho penitencia».

—¡Ay de ti, Corozaín! ¡Ay de ti, Betsaida!, porque si en Tiro y en Sidón se hubiesen hecho los prodigios que en vosotras, hace tiempo que se habrían convertido, cubiertas de sayal y ceniza.

Os digo que el día del juicio será más llevadero a Tiro y a Sidón que a vosotras.

Y tú, Cafarnaún, ¿piensas escalar el cielo? Bajarás al Abismo. Porque si en Sodoma se hubieran hecho los milagros que en ti, habría durado hasta hoy.

Os digo que el día del juicio será más llevadero a Sodoma que a ti.

La infidelidad de estas tres ciudades hace presentir el supremo desenlace que estallará en Jerusalén dentro de algunos meses. Jesús se aleja de Galilea con el Corazón dolorido.

Pero no todo su trabajo está frustrado. Sólo de cuatro ciudades dice el Evangelio que rechazaron la Buena Nueva: Nazaret, Corozaín, Cafarnaum y Betsaida.

Entre las personas incrédulas sólo se cuentan algunos parientes de Jesús, los nazaretanos, los cafarnaítas y los enemigos de siempre, fariseos y escribas. No todo está perdido.

Una siembra abundante deja el Señor en Galilea, y más tarde germinará en espigas doradas. El mismo reunirá a sus discípulos en Galilea, después de la Resurrección, como en lugar seguro; y los **Hechos de los Apóstoles** nos dirán que la Iglesia gozaba de paz por toda Galilea y procedía adelante en el temor de Dios y recibía los consuelos del Espíritu Santo.

60.—VENID TODOS A MI

Partieron los setenta y dos discípulos y anunciaron el Evangelio y la llegada de Jesús por los pueblos de Judea. Iniciaron un intenso movimiento religioso en los poblados que rodeaban Jerusalén, como si se tratara de conquistar la Ciudad Santa.

Al verse investidos con divinos poderes, al ver fluir de sus manos el poder de Dios, convertido en milagros, han sentido una alegría demasiado humana quizás. Cuando regresan a su Maestro, le dicen gozosos:

—Señor, hasta los demonios se someten a nosotros en tu nombre!

Jesús, bondadoso siempre, toma parte en el júbilo de sus discípulos, y se lo devuelve purificado:

—Yo mismo veía a Satanás que caía del cielo como un relámpago.

Parece decirles: «Mientras vosotros expulsábais a los inferiores, veía yo caer a su jefe.» Y en seguida les descubre cuál debe ser la verdadera razón de su gozo:

—Mirad: os he dado potestad para pisotear serpientes y escorpiones y todo el poder enemigo. Y nada os dañará. Sin embargo, no estéis alegres porque se os someten los espíritus. Estad alegres porque vuestros nombres están inscritos en el cielo.

Al decir esto, se sintió inundado de alegría. Es el único momento en que el Evangelio nos habla de la alegría en Jesús; pero señala cuidadosamente la sublime causa de tanto gozo: estas primeras expulsiones de demonios, hechas por los humildes discípulos, preludian la gran transformación ya cercana: los ídolos derrumbados, el paganismo disuelto, el príncipe de este mundo arrojado afuera, el Reino de Dios establecido por todas partes. Es el gozo grande del Redentor, su gozo en el Espíritu Santo.

¿Quién ejecutará esa gran obra? Gente pobre, desconocida, oscura, del pueblo, lo último de la Humanidad. Jesús se estremece de alegría, adora a su Padre. Las cosas están bien: Dios ocupará su lugar y el hombre el suyo.

El estilo del evagelista se eleva para pintar esas admirables expansiones del Corazón de Jesucristo:

En aquella misma hora, lleno de la alegría del Espíritu Santo, Jesús exclamó:

—Te doy gracias, Padre, Señor del cielo y de la tierra, porque has escondido estas cosas a los sabios y a

los entendidos, y las has revelado a la gente sencilla.
Sí, Padre, porque así te ha parecido bien.

Después de este fervor de adoración y de acción de gracias, el pensamiento de Jesús se detiene en la contemplación de la causa de tal triunfo. No es más que una: el poder de su Padre y la misión que de él ha recibido:

—Todo me lo ha entregado mi Padre, y nadie conoce al Hijo sino el Padre; y nadie conoce al Padre sino el Hijo, y aquel a quien el Hijo se lo quiere revelar.

Volviendo de las alturas de su generación eterna al pensamiento de aquellos pequeños que han tenido su revelación y van a tomar parte activa en la obra inefable que él viene a cumplir, se vuelve a ellos y les dice:

—¡Dichosos los ojos que ven lo que vosotros veis! Porque os digo que muchos profetas y reyes desearon ver lo que vosotros veis y no lo vieron; y oír lo que oís, y no lo oyeron.

Pero la mirada de Jesús, iluminadora de los tiempos pasados y futuros, no se detiene en este grupo de amigos fieles que se sienten felices por verle, por oírle...
Penetra en las lejanías de los siglos, y conoce a otros muchos que también le verán y le oirán en las que solemos llamar revelaciones **privadas.** El mismo anuncia que existirán estas revelaciones, puesto que promete revelar los secretos de Dios a las personas que quiera y cuando quiera.
Estas revelaciones merecen nuestro respeto y nuestra aceptación cuando contienen mensajes concordes con las enseñanzas de la Iglesia, y más todavía cuando estas enseñanzas aparecen enriquecidas, aclaradas por aquellos mensajes.
Así ocurre —cito un ejemplo destacado entre otros que se pudieran aducir— en las revelaciones de Jesucristo a Santa Margarita María, para explicarle cuánto ama su Corazón a los hombres, cómo pide nuestro amor en compensación de las ofensas, cómo desea ser acompañado en la oración, recibido en la Eucaristía...
Después Jesús, sabiendo que su revelación a los que tiene delante y a los que habíamos de llegar, contendrá

exigencias de desprendimiento, de castidad, de perdón mutuo, de paciencia en los padecimientos, de esfuerzo en el quehacer diario, de perseverancia en la consagración personal, de fidelidad en la oración..., se sintió lleno de infinita amabilidad y ternura hacia todos sus discípulos de todos los tiempos. Y quiso animarnos a todos.

Y abriendo los brazos, como para estrecharnos sobre el Corazón, nos invita con esa generosidad que es exclusiva de Dios:

—Venid a mí todos los que estáis cansados y agobiados, y yo os aliviaré. Cargad con mi yugo y aprended de mí, que soy manso y humilde de corazón, y encontraréis vuestro descanso. Porque mi yugo es llevadero y mi carga ligera.

Venid a mí todos... Yo os aliviaré... He aquí el amigo poderoso, el amigo perfecto, el gran amigo. Hace dos siglos pasó por el mundo un hombre que amaba y que terminó por escribir melancólicamente en sus libros: «La mayor pobreza del hombre consiste en poder tan poco en favor de los que ama».

Jesús no trae esa triste pobreza. Se presenta en el mundo con un Corazón lleno de amor, y con la plena seguridad de curar, consolar, salvar y hacer felices a todos los que ama. Venid a mí todos los que estáis cansados, que yo os aliviaré y encontraréis descanso para vuestras almas.

¡Dichoso el corazón que puede proferir tales palabras! No se atreve uno a decirlas a su padre, a su amigo, a sus hijos, y Jesús las dice a todos los hombres... ¡Cuán suave es tu espíritu, Señor! ¡Y qué bien te ha conocido la Iglesia, cuando nos presenta tu Corazón como **descanso** para los amigos y **refugio de salvación** para los arrepentidos!

61.—HAZ TU LO MISMO

Proseguía Jesús su camino hacia Jerusalén, y un día se paró a exponer al pueblo su doctrina.

En esto se presentó un letrado y le preguntó para ponerlo a prueba:

—Maestro, ¿qué tengo que hacer para heredar la vida eterna?

El le dijo:

—¿Qué está escrito en la Ley? ¿Qué lees en ella?

El letrado contestó:

—«Amarás al Señor tu Dios con todo tu corazón y con toda tu alma y con todas tus fuerzas y con todo tu ser. Y al prójimo como a ti mismo.»

El le dijo:

—Bien dicho. Haz esto y tendrás la vida.

Un poco desairado quedaba el doctor: por la respuesta se veía que la pregunta no era singular ni escondida. Para justificarse a sí mismo, es decir, para dar a entender que no preguntaba sin motivo, añadió otra pregunta más sutil y difícil:

—Y ¿quién es mi prójimo?

Entonces el Señor, aprovechando la ocasión para exponer su doctrina sobre uno de los puntos más estimados por él, refirió esta bellísima parábola:

213

—Un hombre bajaba de Jerusalén a Jericó; cayó en manos de unos bandidos, que lo desnudaron, lo molieron a palos y se marcharon, dejándolo medio muerto. Por casualidad, un sacerdote bajaba por aquel camino y, al verlo, dio un rodeo y pasó de largo. Y lo mismo hizo un levita que llegó a aquel sitio: al verlo dio un rodeo y pasó de largo.

Pero un samaritano que iba de viaje, llegó adonde estaba él y, al verlo, sintió lástima, se le acercó, le vendó las heridas, echándoles aceite y vino y, montándolo en su propia cabalgadura, lo llevó a una posada y lo cuidó. Al día siguiente sacó dos denarios y, dándolos al posadero, le dijo: «Cuida de él, y lo que gastes de más yo te lo pagaré a la vuelta».

En atentísimo silencio escucharon todos la parábola, ya que para ellos, judíos fervorosos, los samaritanos eran individuos de distinta patria, de distinta raza, de distinta religión. No eran hombres **próximos,** sino separados.

Pero Jesús se vuelve al letrado que le había planteado el problema, y le pregunta:

—¿Cuál de estos tres te parece que se portó como prójimo del que cayó en manos de los bandidos?
El letrado contestó:
—El que practicó la misericordia con él.

No quiso el judío pronunciar el nombre de **samaritano;** sino que contestó con una fórmula general: el que practicó la misericordia.

Pero ahí queda la divina enseñanza de Jesús, apta para todas las razas de todos los siglos: prójimo es el que necesita algo de ti.

No es sólo el pariente, o el paisano, o el amigo, o aquellos a quienes algo debemos. No es sólo el judío para el judío, como creían muchos judíos. **Prójimo** es el **próximo,** el que está a tu lado, todo hombre, aunque sea enemigo; y si le encuentras al lado tuyo y ves que tiene necesidad, le debes socorrer y siempre mirarlo con amor.

Amarás a tu prójimo como a ti mismo.

Así lo hizo el samaritano con el judío que encontró a su paso.

62.—SOLO UNA COSA ES NECESARIA

Llegaron a Betania, que dista tres kilómetros de Jerusalén. Allí estaba la casa de Lázaro, Marta y María, tres hermanos, amigos queridísimos de Jesús, que en varias ocasiones le habían hospedado.

También le reciben hoy con familiar afecto. La hermana mayor, Marta, la hacendosa ama de casa, anda de un lado a otro ordenándolo todo, para obsequiar como era debido al santo huésped y a sus compañeros.

Da órdenes a los criados, dirige la preparación de la comida, dispone los puestos en la mesa, todo tiene que verlo, todo tiene que probarlo.

María, en cambio, espíritu contemplativo y amante, se sienta a los pies del Señor, y oye en silencio sus palabras.

Marta no lleva bien que mientras ella trabaja tanto, su hermana se esté tranquilamente sentada. Deja por un momento sus quehaceres, se presenta y dice a Jesús:

—Señor, ¿no te importa que mi hermana me haya dejado sola con el servicio? Dile que me eche una mano.
Pero el Señor le contesta:
—Marta, Marta: andas inquieta y nerviosa con tantas cosas: sólo una es necesaria. María ha escogido la parte mejor, y no se la quitarán.

Bien está preparar el alimento y el vestido, pero tú te acongojas demasiado por esas cosas que algún día desaparecerán; sólo una cosa es necesaria: servir a Dios y salvar el alma. ¿Qué aprovecha todo lo demás, si el alma se pierde? María se ha sentado para oír las palabras de la salvación. María ha escogido la parte mejor, que nadie le podrá quitar.

Estas palabras de Jesús han poblado los claustros de almas contemplativas, que mueren al mundo y al amor propio y viven para Dios.

«Salen rara vez, viven retirados y comen pobremente. Sus vestidos son ásperos y su trabajo mucho. Hablan poco, velan de noche y madrugan por la mañana. Sus oraciones son largas, sus lecturas frecuentes y su disciplina rigurosa».

Son los que han escogido la parte mejor, que nadie les quitará, porque «a quien se aparta de conocidos y amigos, se le aproxima Dios y sus ángeles santos. Bienaventurados los oídos que no escuchan la voz de fuera, sino la verdad que habla dentro. Bienaventurados los que se alegran de entregarse a Dios y se desenredan de todo impedimento del mundo».

Así dice la **Imitación de Cristo;** y puedo añadir que estos entregados a Dios y desenredados del mundo son los que más ayudan a los que han quedado en el mundo, pues con sus oraciones y sacrificios se hacen amigos de Dios, y Dios nada les niega cuando le ruegan por sus hermanos los pecadores. ¿Qué sería del mundo sin esas casas de oración y de penitencia y del amor puro de Dios, que son los monasterios?

Aquellas dos hermanas, Marta y María, personifican los dos movimientos divinos del corazón. Marta dice: «Te amo, Dios mío; tan grande es mi amor, que sólo pienso en ti, en tu fatiga, en tus pies cubiertos de polvo, en el sudor que fluye de tu frente, en tu hambre y en tu sed, en tus apóstoles, en tus niños, en tus pobres, en todo lo tuyo. Por ti y por ellos quiero trabajar y consumirme y morir. Después llegará el día de verte y oírte y gozarte...»

María dice: «Te amo, Dios mío; y es tan grande mi amor, que desde que me hallo ante ti, de todo me olvido, hasta de que estás cansado, hasta de que tienes hambre y sed. Mi corazón se siente tan atraído por ti, por verte y oírte, que es incapaz de toda otra cosa... Te miro, y olvido todo lo demás.»

De estas dos formas divinas de amor, Jesús nos enseña a preferir una; pero no critica la otra. Ambas son sagradas. Y ambas perviven hoy en los religiosos y religiosas de vida activa, en los de vida contemplativa, en los de vida mixta.

63.—EL QUE TENGA SED, VENGA A MI

Jerusalén rebosa de júbilo, llenas sus calles de tiendas y enramadas, donde miles de judíos festejan sus gloriosas tradiciones.

Los enemigos de Jesús, enterados de las recientes campañas llevadas a cabo por el Maestro y sus discípulos, casi a las mismas puertas de la ciudad, deseaban prenderle; y apenas podían disimular su enojo de que no hubiese venido a las fiestas de **los campamentos.** Y le buscaban y decían:

—¿Dónde está ese?

También la gente del pueblo hacía sus comentarios acerca de Jesús.

Unos decían:
—*Es bueno.*
Otros decían:
—*No, sino que engaña a la gente.*

Pero nadie se atrevía a hablar de él con libertad, por miedo a las autoridades judías, que tenían intimidado al pueblo. En esto llegó Jesús a la ciudad, y mediada la fiesta, subió al Templo, y comenzó a enseñar.

Rápidamente se corrió la noticia de su llegada. Acudió la gente, acudieron los adversarios, y empezó en seguida un gran movimiento de obras y palabras, de las que San Juan —testigo de vista— nos da algunos rasgos sueltos, algunos apuntes rápidos.

En ellos aparece la ira de los príncipes judíos, la incertidumbre de la plebe, la conversión de muchas personas, la gratitud de los favorecidos por Jesús, y la augusta serenidad del Maestro, que domina aquellas tempestades humanas, más difíciles de dominar que las del mar de Galilea.

—Pero éste —decían los príncipes despectivamente, al ver que enseñaba y el pueblo le atendía—, ¿cómo sabe de letras sagradas, si no las estudió?

Jesús les responde que su doctrina viene de Dios; les prueba que su conducta es intachable; descubriéndoles el pensamiento les pregunta valiente:

—¿Por qué me queréis matar?

Y les demuestra que no tienen derecho a condenarle.

Entonces algunos que eran de Jerusalén dijeron:
—*¿No es éste el que intentan matar? Pues mirad cómo habla abiertamente, y no le dicen nada. ¿Será que los jefes se han convencido de que éste es el Mesías? Pero éste sàbemos de dónde viene, mientras que el Mesías, cuando llegue, nadie sabrá de dónde viene.*

Entonces Jesús, mientras enseñaba en el templo, gritó:
—*A mí me conocéis, y conocéis de dónde vengo.*

Sin embargo, yo no vengo por mi cuenta, sino enviado por el que es veraz: a ése vosotros no le conocéis; yo lo conozco porque procedo de él y él me ha enviado.

Así, con claridad y valentía, Jesús se proclama enviado de Dios, procedente de Dios, conocedor único de Dios. Tan perfectamente lo han comprendido los dirigentes judíos, que allí mismo quisieran apresarle y condenarle a muerte por blasfemo. Pero anota San Juan, el inspirado cronista de estos encuentros entre Jesús y los judíos:

Nadie le pudo echar mano, porque aún no había llegado su hora. De los del pueblo, muchos creyeron en él, y decían:
—Cuando venga el Mesías, ¿hará más signos de los que éste ha hecho?

Esta adhesión de muchos jerosolimitanos en el foco más formidable de hostilidad contra Cristo, revela el po-

der persuasivo de su palabra y la atracción de su persona.

Los fariseos se alborotaron con los dichos del pueblo en favor de Jesús, y enviaron siervos armados del Sanedrín para que le prendiesen en la primera ocasión, deseosos de cortar pronto el entusiasmo de la gente, no sea que luego ya no hubiese remedio.

El Señor no se inmutaba por eso. Les decía:

—*Poco tiempo estaré ya con vosotros: me voy al que me envió. Me buscaréis y no me encontraréis. Y adonde voy a estar yo, no podréis ir vosotros.*

Era como decirles: «Todavía no me podéis prender, porque no ha llegado mi hora. Cuando llegue, yo iré libremente a morir para ir a mi Padre. Pero ¡ay de vosotros que me desecháis! Buscaréis después al Mesías, y no me hallaréis; querréis ir al Cielo donde estaré yo, y no podréis ir por vuestro pecado.»

Llegó el último día de la fiesta, el más solemne de todos. Una de sus ceremonias recordaba el agua milagrosa que Dios había dado al pueblo, en su camino por el desierto. Rodeado de inmensa muchedumbre y entre cánticos sagrados, traía el sacerdote un vaso de oro lleno de agua, de la fuente de Siloé, subía al templo y la derramaba en el altar.

Todo se había hecho. La gente estaba llena de veneración religiosa. Jesús aprovecha este instante para aparecer a la vista de todos, y decir puesto en pie:

—*El que tenga sed, que venga a mí; el que cree en mí, que beba. (Como dice la Escritura: de su interior manarán torrentes de agua viva).*

Al decir esto, Jesús se refería al Espíritu que habían de recibir los que creyesen en él.

En la Escritura aquí aludida por Jesús (1), Dios promete darnos el agua viva que mana de lo interior, o sea, del Corazón de su Mesías. Y San Juan interpreta que el agua viva representa al Espíritu, es decir, al Amor de Dios, a la gracia santificante, a la vida sobrenatural... Una vez más aparece aquí el Corazón de nuestro Hermano primogénito

_____

(1)   Isaías, 12,3; 44,3; 55,1. Ezequiel, 47,1; Zacarías, 13,1.

ofreciéndose a infundir su divinidad en nuestros corazones, como quien infunde agua fresca en labios sedientos.

Promesa de suma consolación para los que en este destierro experimentamos la sed de lo infinito.

Jesús la pronunció con tono de voz tan elevado y majestuoso; explicó el tema con elocuencia y autoridad tan divinas, que muchos de sus oyentes se sintieron entusiasmados; superaron el temor a las amenazas proferidas por los dirigentes judíos contra los partidarios del Nazareno, y unos decían:

—Verdaderamente, éste es el Profeta.
Otros decían:
—Este es el Mesías.
Pero otros preguntaban:
—¿Es que de Galilea vendrá el Mesías? ¿No dice la Escritura que vendrá del linaje de David, y de Belén, el pueblo de David?

¡Cómo resalta cumplida en esta escena la profecía del anciano Simeón ante el Niño Jesús: «Este será una bandera discutida»!

Ahí mismo, en el Templo, donde Jesús promete la vida nueva que nos infundirá el Espíritu Santo, están los que le responden sí y se le ofrecen como discípulos sin miedo a las persecucuiones; están los que le contestan no y quieren echarle mano; están los que prescinden de él y siguen comprando o vendiciendo corderos y palomas; están los que dudan...

La escena se repetirá por los siglos de los siglos, y Jesús será amado, aborrecido, dejado aparte, puesto en interrogación.

Pero hoy, esos mismos que dudan y preguntan han traído un nuevo argumento en favor de la Mesianidad de Jesús, pues él no es galileo, como ellos creían, sino nacido en Belén, de donde, según el profeta Miqueas, que vivió hacía 700 años, había de salir el Ungido del Señor.

Entretanto, los guardias del Sanedrín, enviados a prenderle, no se atrevieron a echarle mano. «Aún no había llegado su hora».

Los sumos sacerdotes y los fariseos les dijeron:
—¿Por qué no le habéis traído?

Respondieron los guardias:
—Jamás un hombre habló como este Hombre.

Están sobrecogidos por el ascendiente de aquella voz incomparable. Esta sencilla confesión pronunciada en medio de los enemigos de Jesús, es uno de los mayores elogios que de él se han dicho jamás.

La elocuenria, la mansedumbre, la santidad del Maestro, han cautivado en poco tiempo a hombres toscos y armados, que iban a prenderle.

Así era él. Por eso acudían con tanta confianza a verle y oírle los enfermos, los niños, los pescadores, los labriegos, toda la gente del pueblo sano que tiene un misterioso instinto para conocer quién le ama, quién es bueno.

Jesús ha dicho: «El que tenga sed, que venga a mí».

Muchos de Jerusalén que le han oído y muchos galileos vienen a él, afirmando que es el Mesías, el Profeta, el que habla como ningún hombre habló jamás.

A los fariseos exaspera este triunfo de Jesús, y hablan indignados a los guardias que regresaron con las manos vacías:

—¿También vosotros os habéis dejado embaucar? ¿Hay algún jefe o fariseo que haya creído en él? Esa gente que no entiende de la ley son unos malditos.

En estas palabras vibra el orgullo y la rabia del fariseísmo. ¡Sus mismos soldados han vuelto desarmados por la sublime hermosura de la palabra de Jesús.

¡Sublime hermosura! ¿Quién dijo nunca a la Humanidad: Si alguno tiene sed, venga a mí y beba? ¡Qué promesa, cuando se conoce el fondo abrasador de nuestra sed! ¿Quién no está sediento de luz, o de consuelo, o de fuerza, o de arrepentimiento, o de santidad, o de amor?

¿Cómo las gentes del pueblo sencillo no habían de aclamar al que les decía: Venid a mi todos los que tenéis sed, y seréis refrigerados?

Nadie antes que él se había atrevido a decirlo, y nadie después de él lo repetirá.

¡Jamás habló un hombre como este Hombre!, vuelven diciendo los que han oído a Jesús; los fariseos llaman malditos a los que hablan así, y al fin lograrán que se aparten de Jesús y queden malditos. ¡Pavorosa responsabilidad!

Nicodemo, aquel docto judío que había visitado a Jesús por la noche, y conservaba profunda impresión de sus palabras, se halla en la reunión del Sanedrín cuando vuelven los guardias, asombrados de lo que han oído. Recuerda la conversación que tuvo con el Maestro, y se anima a decirles:

—*¿Acaso nuestra Ley condena a un hombre sin haberle oído antes?*

Es el clamor de la más elemental justicia. Sólo obtiene agria respuesta.

Ellos le replicaron:
—*¿También tú eres galileo? Mira las Escrituras, y verás que de Galilea no sale ningún Profeta.*
Y cada cual se marchó a su casa.

64.—TAMPOCO YO TE CONDENO. ¡NO PEQUES MAS!

Las fiestas han concluído. De nuevo Jesús, ante el pueblo y ante los grandes de Jerusalén, se ha mostrado como el enviado de Dios. Nadie se atreve a prenderle, y él se retira al monte de los Olivos, donde tal vez acostumbraba a pasar las noches en oración.

Al amanecer se presentó de nuevo en el templo; todo el pueblo acudía a él, y, sentándose, les enseñaba.
Los letrados y los fariseos le traen una mujer sorprendida en adulterio, y, colocándola en medio, le dijeron:
—*Maestro, esta mujer ha sido sorprendida en flagrante adulterio. La ley de Moisés nos manda apedrear a las adúlteras: tú ¿qué dices?*
Le preguntaban esto para comprometerlo y poder acusarlo.

Astuta era la tentación. Si Jesús decía: Yo la perdono; le acusarían ante el pueblo de quebrantar la Ley. Si decía: Yo también mando apedrearla; le acusarían de cruel ante el pueblo y le acusarían ante el tribunal romano de que se atrevía a pronunciar sentencias de muerte.

Jesús les oye, conoce su perfidia, y sin responderles palabra,

inclinándose, escribía con el dedo en el suelo.

Como insistían en preguntarle, se incorporó y les dijo:

—El que esté sin pecado, que le tire la primera piedra.

E inclinándose otra vez, siguió escribiendo.

Quedan atónitos al oír la inesperada respuesta de la sabiduría y de la bondad de Jesús. Sus propias conciencias los acusan, los avergüerzan. En seguida se marchan «uno tras otro, empezando por los más ancianos. Quedó Jesús solo, y la mujer de pie, en medio».

Están los dos frente a frente, Jesús se incorpora y la mira. Ella apenas se atreve a levantar los ojos ante el Maestro santo y purísimo. Es la mujer sorprendida en pecado abominable. Es la pecadora arrastrada por fuerza ante el Señor. Es la miseria. Pero Jesús es la misericordia.

Jesús comenzó su ministerio bendiciendo el amor virginal de dos jóvenes desposados. Sentóse a su mesa y sonrió a su dicha. Más tarde encontró el divorcio en su camino; el vergonzoso divorcio; la tentación, cuando son dos, de separarse, en vez de llevar amorosamente la mutua carga.

Lo combatió inflexible, sosteniendo la unidad indisoluble del matrimonio, y revelando al mundo la fuerza divina que había de levantar, consagrar y santificar a la familia.

Hoy, en el ocaso de su vida, encuentra el adulterio, la doble flojedad del corazón y de los sentidos; la mujer, que tal vez abandonada por su marido, en lugar de sufrir noblemente su soledad y su dolor, busca lejos de Dios y del deber, una dicha imposible y un falso consuelo. ¿Qué hace Jesús? ¿Desespera del amor, aun profanado? No. Compadece, perdona, rehabilita:

—Mujer, ¿dónde están los que te acusaban? ¿Ninguno te ha condenado?

Dijo ella:

—Ninguno, Señor.

Y dijo Jesús:

—Tampoco yo te condenaré. Vete, y ya no peques más.

Con parecidas frases el amor misericordioso y el amor justísimo, remansados en el Corazón de Jesús, han resonado y resonarán constantemente —como invitación de inefable esperanza— en el fondo de numerosas almas culpables, y tal vez condenadas y lastimadas por el mundo, que cuanto más pecaron y lloraron, tanto más amarán el amado refugio en el cual se ven recibidas, perdonadas y queridas.

65.—YO SOY LA LUZ DEL MUNDO

Ocurría todo esto en el gazofilacio del Templo, lugar donde se recogían las limosnas. Allí se colocaban los colosales candelabros de más de veinticinco metros de altura, en cada uno de cuyos cuatro mecheros cabían más de treinta litros de aceite.

Se encendían al empezar las fiestas de los Campamentos, y a su claridad danzaba y se alegraba el pueblo, mientras los levitas tocaban instrumentos músicos. Esta y las demás iluminaciones que aquellos días brillaban en la Ciudad Santa eran símbolo y anhelo de la gran Luz que esperaban: el Mesías, el iluminador de las almas, que según la profecía de Isaías, había de aparecer entre los judíos: «El pueblo que yacía en tinieblas vio una luz grande...»

La ocasión era magnífica. Jesús la aprovecha, y mirando aquellos candelabros que pronto serán ya inútiles, les dice:

—Yo soy la Luz del mundo; el que me sigue, no anda en tinieblas, sino que tendrá la luz de la vida.

Jesucristo Dios es luz, porque ilumina las almas con su gracia y con su gloria.

Jesucristo Hombre es luz, porque con su predicación y su muerte nos revela y nos merece la luz de Dios. El que le sigue, uniéndose a él con el pensamiento y con la voluntad, tendrá la luz que da la vida eterna. El que no le sigue...

Los fariseos, al oír que Jesús se llama Luz del mundo, le replican:

—*Tú das testimonio de ti mismo, tu testimonio no es válido.*

Jesús les contestó:

—*Aunque yo doy testimonio de mí mismo, mi testi-*

monio es válido, porque sé de dónde he venido y adónde voy; en cambio vosotros no sabéis de dónde vengo ni a donde voy.

Así les afirma que tiene conciencia plena de su origen divino —vengo del Padre y voy al Padre—; les añade que su unión con el Padre es permanente, y ellos no pueden apresarle.

—Yo no estoy solo, sino que estoy con el que me ha enviado, el Padre; y en vuestra ley está escrito que el testimonio de dos es válido. Yo doy testimonio de mí mismo, y además da testimonio de mí el que me envió, el Padre.
Ellos le preguntaban:
—¿Dónde está tu padre?
Jesús contestó:
—Ni me conocéis a mí ni a mi Padre: si me conocierais a mí, conoceríais también a mi Padre.
Jesús tuvo esta conversación junto al arca de las ofrendas, cuando enseñaba en el templo. Y nadie le echó mano, porque todavía no había llegado su hora.

El evangelista San Juan ha intercalado la observación precedente para explicarnos que en la vida de Jesús los acontecimientos no dependen del arbitrio de los hombres, sino de los designios divinos.
Luego, para reanudar las conversaciones entre los dirigentes judíos y Jesús, transcribe el más terrible de los castigos con que él los amenazó:

—Yo me voy, y me buscaréis y moriréis por vuestro pecado. Adonde yo voy no podéis venir vosotros.

La discusión prosigue acalorada. Jesús les habla tajante:

—Vosotros sois de aquí abajo; yo soy de allá arriba. Vosotros sois de de este mundo; yo no soy de este mundo.

Ante esta contraposición —vosotros, yo— uno de ellos pregunta retador:

—¿Quién eres tú?

Jesús, que penetra los pensamientos, y sabe quién pregunta para aprender y quién pregunta para tender lazos, responde:

—Después de todo, ¿para qué seguir hablandoos? Podría decir y condenar muchas cosas en vosotros; pero el que me ha enviado es veraz, y yo comunico al mundo lo que he aprendido de él.

Ellos no comprendieron que les hablaba del Padre.

Y entonces dijo Jesús:

—Cuando levantéis al Hijo del hombre, sabréis que soy yo y que no hago nada por mi cuenta, sino que hablo como el Padre me ha enseñado. El que me envió está conmigo. No me ha dejado solo, porque yo hago siempre lo que le agrada.

Cuando les exponía esto, muchos creyeron en él.

A estos nuevos discípulos Jesús invita a perseverar, diciéndoles:

—Si os mantenéis en mi palabra seréis de verdad discípulos míos; conoceréis la verdad y la verdad os hará libres.

Le replicaron:

—Somos linaje de Abrahán y nunca hemos sido esclavos de nadie. ¿Cómo dices tú: seréis libres?

Jesús les contestó:

—Os aseguro que quien comete pecado es esclavo. El esclavo no se queda en la casa para siempre, el hijo se queda para siempre. Y si el Hijo os hace libres, seréis realmente libres.

No cesaban de contradecirle sus enemigos, escandalizando al pueblo y a los que habían creído. Jesús llega a decirles:

—Vosotros sois hijos del diablo, y queréis cumplir los deseos de vuestro padre: él fue homicida desde el principio, y no se sostuvo en la verdad, porque no hay verdad en él. Cuando dice mentira, dice lo suyo, porque es mentiroso y padre de la mentira. En cambio, a mí, porque os digo la verdad, no me creéis.

Y para confirmar sus palabras con su propia santidad personal, les lanza este reto que ningún hombre se atreve a lanzar jamás:

—¿Quién de vosotros puede probar que he pecado? Nadie contesta. Nadie puede acusar a Jesús ni de una falta leve, él añade:

—*Pues si os digo la verdad, ¿por qué no me creéis?*

En seguida él mismo explica el por qué:

—*El que es de Dios, oye las palabras de Dios; por eso vosotros no las oís, porque no sois de Dios.*

Al verse apretados y vencidos, recurren al insulto, y le llaman samaritano y endemoniado.

Jesús responde serenamente:

—*Yo no estoy endemoniado, sino que honro a mi Padre y vosotros me deshonráis. Pero yo no busco mi gloria; hay uno que la busca, y él es juez. Os aseguro: quien guarda mi palabra no sabrá lo que es morir para siempre.*

Los judíos le dijeron:

—*Ahora vemos claro que estás endemoniado; Abrahán murió, los profetas también, ¿y tú dices «quien guarde mi palabra no conocerá lo que es morir para siempre»? ¿Eres tú más que nuestro padre Abrahán, que murió? También los profetas murieron, ¿por quién te tienes?*

Jesús contestó:

—*Si yo me glorificara a mí mismo, mi gloria no valdría nada. El que me glorifica es mi Padre, de quien vosotros decís: «Es nuestro Dios», aunque no lo conocéis. Yo sí le conozco, y si dijera «no le conozco», sería, como vosotros, un embustero; pero yo le conozco y guardo su palabra.*

Y para curarles un espanto con otro, ya que ellos tanto apelaban a su padre Abrahán, añadió:

—*Abrahán, vuestro padre, saltaba de gozo pensando ver mi día: lo vio y se llenó de alegría.*

Es como decirles que Abrahán, el admirado patriarca, a quien ellos consideran su padre en la fe, estaba en expectativa por la aparición de Jesús entre los hombres. Ya la ha visto, desde el misterioso lugar donde los justos del Antiguo Testamento aguardaban la entrada en el cielo, y ha sentido consolación intensa.

Ante tal afirmación, muestran escandalizarse:

—*Aún no tienes cincuenta años, ¿y has visto a Abrahán?*

Al llegar aquí, con plena posesión de la verdad y conciencia segura de su ser, despacio, solemne, pronunció Jesús una de las sentencias más santas y terminantes de su divinidad eterna:

—*Os aseguro que yo existo antes de que Abrahán fuese creado.*

Lo mismo fue oír estas palabras que lanzarse ellos a coger piedras para arrojarlas sobre él: ¡había blasfemado! Se había hecho Hijo de Dios, Dios Eterno, mayor que Abrahán y anterior a él. Era preciso acabar con él de una vez.

Pero Jesús se ocultó, y salió del Templo.

Fuese milagro, que es lo más probable, fuese ocultación natural en algún sitio del Templo, Jesús evadió la furia de sus enemigos, que se quedaron con las piedras en las manos. ¡Una vez más había venido a ellos la luz, y ellos no la quisieron recibir!

66.—¡CREO, SEÑOR!

Al pasar Jesús vio a un hombre ciego de nacimiento.

Y sus discípulos le preguntaron:

—*Maestro, ¿quién pecó: éste o sus padres, para que naciera ciego?*

Jesús contestó:

—*Ni éste pecó ni sus padres, sino para que se manifiesten en él las obras de Dios. Mientras es de día tengo que hacer las obras del que me ha enviado: viene la noche y nadie podrá hacerlas. Mientras estoy en el mundo, soy la luz del mundo.*

El Maestro se dispone a hacer un milagro como confirmación de su palabra: Yo soy la Luz.

Un milagro discutidísimo, pero clarísimo, probado invenciblemente por innumerables testigos. Uno de éstos, Juan el Evangelista, nos cuenta con gracia encantadora aquellas escenas:

Jesús escupió en la tierra, hizo barro con la saliva, lo untó en los ojos al ciego, y le dijo:

—Ve a lavarte a la piscina de Siloé (que significa Enviado).

El fue, se lavó, y volvió con vista. Y los vecinos y los que antes solían verlo pedir limosna preguntaban:

—¿No es ése el que se sentaba a pedir?

Unos decían:

—El mismo.

Otros decían:

—No es él; pero se le parece.

El respondía:

—Soy yo.

Y le preguntaban:

—¿Y cómo se te han abierto los ojos?

El contestó:

—Ese hombre que se llama Jesús hizo barro, me lo untó en los ojos y me dijo que fuese a Siloé y que me lavase. Entonces fuí, me lavé, y empecé a ver.

Le preguntaron:

—¿Dónde está él?

Contesta:

—No sé.

Entre la turba que se había arremolinado, estaban algunos fariseos, los cuales creyeron que era aquel un caso digno de ser inmediatamente delatado al Sanedrín.

Es de notar que el día en que Jesús curó al ciego era sábado, y entre las minucias que los supersticiosos observadores del sábado habían señalado como prohibidas en tal día, era una precisamente la de poner saliva sobre los párpados de un enfermo. Cualquiera hubiera dicho que Jesús se había propuesto contravenir a semejante superstición.

Llevan ante los fariseos al que había sido ciego. (Era sábado el día que Jesús hizo barro y le abrió los ojos.) También los fariseos le preguntaban cómo había adquirido la vista. El les contestó:

—*Me puso barro en los ojos, me lavé y veo.*

Algunos de los fariseos comentaban:

—*Este hombre no viene de Dios, porque no guarda el sábado.*

Otros replicaban:

—*¿Cómo puede un pecador hacer semejantes signos?*

Y estaban divididos. Y vuelven a preguntar al ciego:

—*Y tú ¿qué dices de él, de que te haya abierto los ojos?*

El contestó:

—*Que es un profeta.*

Pero los judíos no creyeron que aquél había sido ciego y había recibido la vista, hasta que llamaron a sus padres y les preguntaron:

—*¿Es éste vuesto hijo, de quien decís vosotros que nació ciego? ¿Cómo es que ahora ve?*

Los padres tenían miedo a los judíos: porque los judíos ya habían acordado excluir de la sinagoga a quien reconociera a Jesús por Mesías.

Y temían que a ellos los castigasen excomulgándolos, si decían que Jesús había dado la vista a su hijo. Por eso respondieron con astucia a la astucia de los fariseos:

—*Sabemos que éste es nuestro hijo y que nació ciego, pero cómo ve ahora, no lo sabemos nosotros, y quién le ha abierto los ojos, nosotros tampoco lo sabemos. Preguntádselo a él, que ya es mayor y puede explicarse.*
Al no conseguir nada con los padres, buscan de nuevo al hombre curado y le hablan con imperio:
—*Confiésalo ante Dios: nosotros sabemos que ese hombre es un pecador.*

¡Fariseos ciegos! No pueden negar el hecho milagroso, y pretenden destruir su efecto de autorizar a Jesús, infundiendo en el ciego la idea de que le ha curado Dios, y no ese pecador, profanador del sábado, que es Jesús Nazareno.
Pero el ciego, que tiene mucho sentido común y mucho agradecimiento, les contesta sin alterarse:

—*Si es un pecador, no lo sé. Sólo sé que yo era ciego, y ahora veo.*

Aquellos importantes judíos venidos para resolver el asunto, se sienten cada vez más enredados. Fingiendo una calma que oculta el volcán de su odio al Nazareno, le preguntan:

—*¿Qué te hizo, cómo te abrió los ojos?*

El ciego, harto de tantas preguntas en las que descubre el deseo de rebajar la grandeza del milagro, les responde con una pregunta despectiva que en ellos resuena como sarcasmo terrible y suscita la réplica de los que se ven acorralados por los argumentos del adversario: maldecir.

—*Os lo he dicho ya, y no me habéis hecho caso: ¿para qué queréis oírlo otra vez?, ¿también vosotros queréis haceros discípulos de él?*
Ellos lo llenaron de improperios y le dijeron:
—*Discípulo de ése lo serás tú; nosotros somos discípulos de Moisés. Nosotros sabemos que a Moisés habló Dios, pero ése no sabemos de dónde viene.*

Replicó él:

—Pues eso es lo raro: que vosotros no sabéis de dónde viene, y sin embargo me ha abierto los ojos. Sabemos que Dios no escucha a los pecadores, sino al que es religioso y hace su voluntad. Jamás se oyó decir que nadie abriera los ojos a un ciego de nacimiento. Si éste no viniera de Dios, no tendría ningún poder.

Aunque las palabras del ciego expresan afirmaciones inexactas, ya se entiende su sentido. Quería decir que Dios no escucha a los pecadores cuando quieren hacer milagros para probar una misión divina, como ha escuchado a Jesús, que ha hecho un milagro para probar que es el Cristo, Legado de Dios.

La rabia de los fariseos llega al paroxismo, y sin dignarse refutar ni atender el invicto razonamiento, le replicaron:

—Empecatado naciste tú de pies a cabeza, ¿y nos vas a dar lecciones a nosotros?
Y lo expulsaron.

Salió el hombre expulsado inicuamente por los obstinados fariseos; y fue tan ruidoso el caso, que todos estaban hablando de él.

También llegó a oídos de Jesús la noticia, y se conmovió su Corazón al saber que aquel pobrecito padecía por su causa. Deseoso de consolarle y de completar el beneficio, dándole, así como le había dado la luz exterior, la interior de la fe perfecta de su Divinidad, se le hizo encontradizo, le llamó y le dijo:

—¿Crees tú en el Hijo del hombre?
El contestó:
—¿Y quién es, Señor, para que crea en él?
Jesús le dijo:
—Lo estás viendo: el que te está hablando, ése es.
El dijo:
—Creo, Señor.
Y se postró ante él.

Perfecta profesión de fe. Al punto el Maestro, viendo la muchedumbre agolpada y entre ella algunos fariseos, alzó la voz y dijo:

—Para un juicio he venido yo a este mundo: para que los que no ven, vean, y los que ven, queden ciegos.

Los fariseos que estaban con él oyeron esto, y le preguntaron:

—¿También nosotros estamos ciegos?

Jesús les contestó:

—Si estuvierais ciegos, no tendríais pecado; pero como decís que veis, vuestro pecado persiste.

67.—YO SOY EL PASTOR BUENO

El ruidoso prodigio del ciego curado produjo emoción entre los amigos y más entre los enemigos del Señor. El odio de éstos se encendió brutalmente.

Un mendigo les había dicho en público que Jesús era un Profeta; que si Jesús no fuese de Dios, no podría hacer tales maravillas; que a ver si ellos también querían hacerse discípulos de él, ya que tanto preguntaban...

Toda Jerusalén se enteró del famoso suceso. Las circunstancias son cada día más graves. Ya no persiguen solamente al Señor.

Decretan los príncipes pena de excomunión contra todo el que reconozca a Jesús como el Cristo. En adelante, se necesitará más valor para confesarlo públicamente. Sin embargo, los amigos de Jesús responderán con más brío a las acusaciones de los adversarios, al paso que éstos se irritarán hasta lo sumo.

Nos acercamos al desenlace sangriento de la gran tragedia.

Jesús sabe cuándo ha de morir y por quiénes ha de dar su Sangre. Dice mansamente ante amigos y enemigos:

—Os aseguro el que no entra por la puerta en el aprisco de las ovejas, sino que salta por otra parte, es ladrón y bandido; pero el que entra por la puerta es pastor de las ovejas. A éste abre el guarda, y las ovejas atienden a su voz, y él va llamando por el nombre a sus ovejas, y las saca fuera. Cuando ha sacado todas las suyas, camina delante de ellas, y las ovejas le siguen, porque conocen su voz: a un extraño no le seguirán, sino que huirán de él, porque no conocen la voz de los extraños...

El ladrón no entra sino para robar, y matar, y hacer

estrago: yo he venido para que tengan vida, y la tengan abundante.

Yo soy el buen Pastor. El buen pastor da la vida por las ovejas: el asalariado, que no es pastor ni dueño de las ovejas, ve venir al lobo, abandona las ovejas y huye; y el lobo hace estrago y las dispersa; y es que al asalariado no le importan las ovejas.

Yo soy el buen Pastor, que conozco a las mías y las mías me conocen, igual que el Padre me conoce y yo conozco al Padre; yo doy mi vida por las ovejas.

Tengo además otras ovejas que no son de este redil: también a ésas las tengo que traer; y escucharán mi voz y habrá un solo rebaño, un solo Pastor.

Palabra bendita del Señor. El es el único Pastor, el Pastor bueno y excelente, tan excelente y tan bueno, que da la vida por salvar sus ovejas.

Para Pastor tan bueno, es pequeño el redil de Israel. Hay fuera de él muchas ovejas —todos los hombres— que él llamará y hará venir, y con ellos formará un redil bajo un solo Pastor Supremo, que es Cristo. Mas para eso ¡cuánto hay que hacer todavía! Para redimir a esas ovejas del lobo, será preciso que el Buen Pastor dé su vida por ellas.

Jesús ha prometido darla, y no se vuelve atrás. Ahora, previendo cómo la dará en la cruz y cómo luego resucitará, añade:

—Por eso me ama el Padre: porque entrego mi vida, para recuperarla de nuevo. Nadie me la quita, sino que yo la entrego libremente. Tengo poder para entregarla y tengo poder para recuperarla. Este mandato he recibido de mi Padre.

¿Qué hicieron los judíos al escuchar este divino discurso? ¿No cayeron a los pies del amable Maestro que tanto amor mostraba? ¿No siguieron al que los quería salvar y conducir a los campos de la vida?

Unos sí, otros no. ¡Poder temible el poder de la libertad humana! Al oír las palabras de Jesús, se suscitó disensión entre los judíos.

Y decían muchos de ellos:
—Está endemoniado y desvaría. ¿Por qué le atendéis?

Otros decían:
—Estas palabras no son de endemoniados: ¿acaso puede el demonio abrir los ojos de los ciegos?

Y éstos siguen al Buen Pastor. Aquéllos le odian más. Poder temible el poder de la libertad: puede decir sí, y decir no. Puede merecer la eterna felicidad; puede precipitarse en la eterna ruina.

68.—OS LO DIGO Y NO LO CREEIS

No podían excusarse con decir que las palabras de Jesús eran oscuras. Con nueva claridad les hablará pocos meses más tarde, en otro encuentro, del que San Juan nos refiere lo que él mismo presenció:

Se celebraba en Jerusalén la fiesta de la Dedicación del Templo. Era invierno, y Jesús se paseaba en el templo por el pórtico de Salomón. Los judíos, rodeándolo, le preguntaban:
—¿Hasta cuándo nos vas a tener en suspenso? Si tú eres el Mesías, dínoslo francamente.
Jesús les respondió:
—Os lo he dicho y no creéis: las obras que yo hago en nombre de mi Padre, ésas dan testimonio de mí. Pero vosotros no creéis, porque no sois ovejas mías. Mis ovejas escuchan mi voz, y yo las conozco y ellas me siguen, y yo les doy la vida eterna; no perecerán para siempre, y nadie las arrebatará de mi mano. Mi Padre, que me las ha dado, supera a todos, y nadie puede arrebatarlas de la mano de mi Padre. Yo y el Padre somos uno.
Los judíos cogieron piedras para apedrearlo.

¡Una vez más los ha vencido! Aquellos fariseos hipócritas querían urgirle a renegar de sí: o a comprometerse fatalmente ante el Poder romano. Contaban ellos con las aspiraciones políticas que encerraba el título de Mesías, según su modo de concebirlo. Si Jesús las aceptaba diciendo: Yo soy el Cristo, lo denunciarían ante Pilato como un rebelde al Imperio. Si se echaba atrás, lo desprestigiarían ante el pueblo.
Pero Jesús penetra en sus pensamientos, y en seguida transporta la conversación a su campo propio: a las

obras milagrosas que hace en nombre de su Padre, a la fe, a la vida eterna:

—Vosotros no creéis, porque (por vuestra culpable soberbia) no sois de mis ovejas. Mis ovejas oyen mi voz, me siguen, tendrán vida eterna, y nadie me las podrá arrebatar.

Allí mismo les explica por qué nadie se las puede arrebatar, empleando este argumento: nadie puede arrebatarlas de manos de mi Padre que es Todopoderoso. «Mi Padre y yo somos uno»; un mismo Dios; luego nadie puede arrebatarlas de mis manos.

Afirmación categórica y solemne. Les responde más de lo que habían preguntado. No solamente es el Cristo, el Ungido, sino que es el Hijo de Dios, una misma naturaleza con su Padre, Dios como el Padre.

Ellos le han entendido perfectamente, por eso, se han lanzado a coger piedras para matarle por blasfemo.

Jesús no se acobarda, ni huye, ni se inquieta. El sabe los minutos que faltan hasta que llegue su hora. Sigue de pie en su puesto, y les dice:

—Os he hecho ver muchas obras buenas por encargo de mi Padre: ¿por cuál de ellas me apedreáis?

Los judíos le contestaron:

—No te apedreamos por una obra buena, sino por una blasfemia: porque tú, siendo un hombre, te haces Dios.

Con la Sagrada Escritura les demuestra Jesús su derecho a llamarse Dios, y los acosa después con el argumento invencible de los milagros diciéndoles:

—Si no hago las obras de mi Padre, no me creáis; pero si las hago, aunque no me creáis a mí, creed a las obras, para que comprendáis y sepáis que el Padre está en mí y yo en el Padre.

¿Qué hombre pudo jamás hablar así? Pregunto a todo el que tenga buena fe: ¿necesitamos revelaciones más claras de la divinidad de Jesús? Recoged las palabras que aquí y allí brotan de sus labios: «Yo soy la Luz del mundo». «El que me sigue, no anda en tinieblas». «Yo soy la Verdad». «Yo, la Luz, he venido al mundo». «Si alguno tiene sed, venga a mí y beba». «¿Quién de vosotros me convencerá de pecado?» «Antes que Abraham existiese, existo yo». «Vosotros sois de abajo, yo soy de arriba». «Dios amó tanto al mundo, que envió a su Hijo Unigénito para salvarlo». «Yo y mi Padre somos uno»... Palabras diversas, sublimes, extrañas, que son frecuentes en sus discusiones, que serían ridículas si no fuesen divinas, y de las cuales nadie se podía burlar, porque las confirmaba con «las obras de su Padre», los milagros, las obras que sólo Dios puede hacer.

Sabios y príncipes que le oyen, comprenden que es necesario adorarle o matarle. Comprenden que el dilema se les hace más apremiante cada día. Y quieren matarle. Jesús nuevamente «se les escapa de entre las manos».

Y abandonando Jerusalén, se fue a las riberas del Jordán, donde muchos del pueblo vinieron a él «y muchos creyeron en él», mientras la ciudad ingrata y soberbia no volverá a verle hasta que venga en los días de la Semana Santa para ofrecer su Sacrificio de Redención universal.

Según vamos siguiendo toda esta lucha de los fariseos contra Jesús de Nazaret, nos sorprende en aquéllos la sequedad del corazón, la pequeñez del espíritu, la ceguedad voluntaria, el odio; mientras en Jesús brillan con nuevas claridades la piedad, la razón, el buen sentido, la omnipotencia en la dulzura y en el amor.

69.—TODO LO QUE PIDAIS

Hacia un triunfo eterno caminaba Jesús y quiere que sus amigos triunfen también.

En los meses que le quedan de vida, aprovecha la paz de que puede disfrutar lejos de Jerusalén, para dejar encendidas a su paso las enseñanzas sencillas e inmutables del tiempo y de la eternidad: la muerte, el juicio, el infierno, la salvación del alma, la misericordia del Padre, la omnipotencia de la oración. Enseñanzas sencillas, que todos pueden entender, enseñanzas inmutables de las que todos darán cuenta.

Quiero leer ahora en el Evangelio escrito estas enseñanzas, como si fuera caminando junto al Maestro, por los pueblos de Galilea, cuando él las pronunciaba con sus labios divinos.

Y la primera debe ser una enseñanza muchas veces oída y pocas veces creída: el poder de la oración:

El Señor la proponía con persuasivas comparaciones.

—Uno de vosotros tiene un amigo que viene durante la medianoche para decirle: «Amigo, préstame tres panes, pues uno de mis amigos ha venido de viaje, y no tengo nada que ofrecerle.»

Desde dentro, el otro le responde: «No me molestes; la puerta está ya cerrada; mis niños y yo estamos acostados: no puedo levantarme para dártelos.»

Si aquél insiste llamando, os aseguro que, si no se levanta y se los da por ser amigo suyo, a lo menos por la importunidad se levantará y le dará cuanto necesite.

Pues así os digo a vosotros: Pedid y se os dará; buscad y hallaréis; llamad y se os abrirá. Porque quien pide, recibe; quien busca, halla, y al que llama, se le abre.

¿Qué padre de vosotros, cuando el hijo le pide pan, le dará una piedra? ¿O si le pide un pez, le dará una serpiente? ¿O si le pide un huevo, le dará un escorpión?

Si vosotros, pues, que sois malos, sabéis dar cosas buenas a vuestros hijos, ¿cuánto más vuestro Padre celestial dará el Espíritu Santo a los que se lo piden?

He aquí uno de los mayores consuelos que el Evangelio nos trae: ¡Todo lo que pidamos en nombre del Salvador, se nos concederá!

Cuando pedimos la salvación del alma, pedimos la cosa que más agrada al Salvador, pedimos en nombre del Salvador; por eso, es infalible que quien pide salvarse, se salvará. ¡Está empeñada la palabra de Dios!

Cuando pedimos algún bien temporal —salud, dinero, negocios, amistades...— si nos impide la salvación, no se nos dará; pues habiendo muerto el Hijo de Dios para la salvación de nuestras almas, ¿cómo nos va a dar lo que servirá para perdernos?

Si no nos impide la salvación ni otros bienes mayores, todo lo que pidamos, con las condiciones debidas nos lo concederá. Todo: no pone límites. Y nos lo dice de tres maneras: «Pedid, y recibiréis; buscad, y encontraréis; llamad, y se os abrirá.» Y lo repite de otras tres: «Todo el que pide, recibe; el que busca, encuentra; al que llama se le abre.»

Quiere así persuadirnos el Maestro de que la primera condición de nuestra oración para ser oída es que sea **perseverante.** Por eso nos ha contado la parábola del amigo que pide tres panes a su amigo dormido, sin cesar de pedir hasta recibirlos.

Con la misma intención de inculcarnos la constancia en la súplica, aunque parezca que Dios no nos oye, contó Jesús a sus discípulos la parábola del juez y de la viuda. Esta le pide justicia contra un adversario usurpador. El juez la desprecia, pues no teme a Dios ni a los hombres. Pero ella insiste tanto, que al fin el juez la atiende. Y Jesús saca la conclusión de que también Dios atenderá a los que claman a él día y noche, es decir, a los que perseveran en la oración, aunque les parezca que no son atendidos por Dios.

Otra virtud es indispensable para que nuestra oración sea aceptada por Dios: **la humildad.**

Dijo Jesús esta parábola por algunos que, teniéndose por justos, se sentían seguros de sí mismos, y despreciaban a los demás:

—Dos hombres subieron al templo a orar. Uno era fariseo; el otro, publicano. El fariseo, erguido, oraba así en su interior: «¡Oh Dios!, te doy gracias, porque no soy como los demás: ladrones, injustos, adúlteros; ni como ese publicano. Ayuno dos veces por semana y pago el diezmo de todo lo que tengo.»

El publicano, en cambio, se quedó atrás y no se atrevía ni a levantar los ojos al cielo; sólo se golpeaba el pecho, diciendo: «¡Oh Dios!, ten compasión de este pecador.»

Os digo que éste bajó a su casa justificado y aquél no. Porque todo el que se enaltece será humillado y el que se humilla será enaltecido.

Clavados quedarían los fariseos que escucharon esta parábola: venía en ella su propio retrato. Del rabino Simeón Ben Jochai se cuenta que dijo una vez: —Si hay dos justos en el mundo, somos mi hijo y yo; y si sólo hay un justo, soy yo.

Dios resiste a los soberbios; al humilde da su gracia.

La oración del humilde llega a las alturas. Nada resiste ni en el cielo ni en la tierra a la humildad.

El tercer requisito de la oración es que sea **confiada.**

Admirados estaban un día los Apóstoles al ver que sólo por una palabra de Jesús se había secado de repente una higuera (como referiremos en el capítulo 97). El les dijo:

—Tened fe en Dios. Os aseguro que si uno dice a este monte: «Quítate de ahí y tírate al mar», sin vacilar en su corazón, sino con fe en que sucederá lo que dice, lo obtendrá. Por eso os digo: Todo lo que rogáis y pedís, creed que lo habéis recibido, y lo obtendréis.

Son promesas terminantes, clarísimas: **Tened confianza** de que vais a conseguir todo lo que pedís, y se os concederá.

«El que pide sin **andar vacilando** en su corazón, sino convencido de que conseguirá todo lo que pide, os digo que lo conseguirá.»

No conseguimos muchas veces lo que pedimos porque andamos vacilando; porque pedimos sin absoluta confianza; porque no estamos convencidos de esta verdad: «yo lo puedo todo con la oración».

Los santos tienen esta fe, están persuadidos de que todo lo pueden, y por eso lo pueden todo y hacen milagros.

La oración es una palanca. En una palanca tres son las cosas que se deben considerar: el punto de apoyo, el peso que queremos levantar y el brazo de la palanca, es decir, la distancia desde el punto de apoyo a la mano que la mueve. Cuanto mayor es el brazo de la palanca, tanto más peso puede levantar: con una palanca larga se levantan pesos inmensos. Toda la tierra se atrevía a mover aquel sabio con tal de tener una palanca suficientemente larga y un punto de apoyo.

En la oración, el punto de apoyo es la promesa de Jesucristo. El peso es lo que queremos conseguir. El brazo de la palanca es la confianza. Pues si el punto de apoyo es el mismo para todos, ¿por qué unos levantan grandes pesos, por qué consiguen todo lo que piden con la oración? Porque tienen una palanca muy larga, tienen mucha confianza, piden **sin andar vacilando**.

Otros piden, pero con miedo de que no les van a oír, piden sin confianza, tienen pequeña palanca: conseguirán poco, levantarán pesos pequeños.

Hay una oración breve, que a los que tienen palanca grande les ayuda para levantar pesos grandes, y a los que la tienen pequeña, les ayuda para aumentarla: **¡Jesús, yo confío en tu Corazón!**

Finalmente, la oración adquiere su eficacia máxima cuando procede de distintos corazones que se unen en la misma fe y la misma caridad:

—*Os aseguro, además, que si dos de vosotros unen sus voces en la tierra para pedir algo, se lo dará mi Padre que está en el cielo. Porque donde hay dos o tres reunidos en mi nombre, allí estoy yo en medio de ellos.*

Cuando los cristianos se reúnen para orar, no están solos: el Hijo de Dios está en medio de ellos y presenta al Padre la oración de sus fieles, uniéndola a su propia oración y a los méritos de su Sangre. ¡Es imposible que no sean oídos los que rezan así, en nombre de Jesús, unidos en caridad fraternal!

Esta promesa de Jesús —estar unido a los que en nombre suyo se han juntado para orar al Padre— aumenta la excelencia y la eficacia del Apostolado de la Oración, cuya espiritualidad quedó explicada en la nota del capítulo 32.

Apoyados en esta promesa, los miembros del Apostolado de la Oración, congregados por un mismo ideal —el ideal de salvar al mundo— podemos considerar a Jesús, no sólo como el Señor de nuestra alianza, sino como un asociado más, ya que también él —como enseña San Pablo— vive siempre para interpelar por nosotros.

De ahí que nuestra oración y nuestro trabajo de cada día, nuestras alegrías y sufrimientos, tan insignificantes en sí mismos, al ser ofrecidos al Padre por el Corazón de este Asociado y en unión con su sacrificio de la Cruz renovado en la Eucaristía, adquieran valor para expiar nuestros pecados y para impetrar que venga a nosotros el Reino de Dios. He ahí la grandeza y la potencia del Apostolado de la Oración. Y he ahí también por qué Pío XII afirmó que este Apostolado es una manera concreta y perfecta de practicar la devoción al Corazón de Jesús.

70.—EL PADRE NUESTRO

Descubre Jesús a sus discípulos el tesoro de la oración, les da ejemplo retirándose por las noches a orar; ellos quieren imitarle, y cuando una mañana volvía de su oración —¿qué verían en aquel rostro iluminado por la conversación con el Padre? —, uno de ellos le suplica:

—*Señor, enséñanos a orar, como Juan enseñó a sus discípulos.*
El les dijo:
—*Cuando oréis, decid: Padre nuestro que estás en el cielo, santificado sea tu nombre, venga a nosotros tu Reino, hágase tu voluntad, en la tierra como en el cielo. Danos hoy nuestro pan de cada día. Perdona nuestras*

ofensas, como también nosotros perdonamos a los que nos ofenden. No nos dejes caer en la tentación, y líbranos del mal. Amén.

Con esta sencillez enseñó Jesús al mundo la oración más perfecta y sublime que pronunciaron ni pronunciarán jamás labios de hombre.

La repetición milenaria, la repetición mecánica, desatenta, precipitada, indiferente, ha hecho del **Padrenuestro** una serie de palabras que en muchos labios pierden su tono de conversación con el Padre.

Quiero leerla como si fuese algo nuevo y desconocido para mí. Quiero detenerme en cada frase para gustarla internamente. Quiero persuadirme de que nadie me enseñará una oración más completa ni más fundada en el amor de Dios.

Así perderá el **Padrenuestro** la vulgaridad rutinaria, recobrará dentro de mi alma el encanto que los discípulos sintieron al oírlo por primera vez, y me servirá para **hablar** con mi Padre sin jactancia de fariseo ni servilismo de esclavo: como hijo de Dios y hermano de Jesucristo:

Padre: Tú quieres que te llame así. Cuando yo era pecador, tú me buscaste, y me hiciste hijo tuyo por la Sangre de Jesús. Creo en ti, confío en ti, ¡Padre!

Padre **nuestro:** Luego eres Padre de todos, luego todos somos hermanos; por todos ruego yo, y todos ruegan por mí.

Que estás en el cielo: Allí te dejas contemplar de tus escogidos, allí les comunicas tu felicidad infinita; allí espero ir yo. Estás en todas partes, pero sólo allí te dejas ver. Y estás en el cielo de mi alma, que es un cielo tuyo cuando no es esclava del pecado.

Santificado sea tu nombre: Que todos te conozcan, te adoren, te alaben, te amen. Que nadie blasfeme de ti. Ya son bastantes los demonios para blasfemar. Ellos son demonios, nosotros somos hijos: ¡Que los hijos no blasfemen contra su Padre, que sean hijos buenos! Santificado sea tu nombre.

Venga a nosotros tu Reino: El Reino de los Cielos, cuyo feliz anuncio nos trajo Jesús. El Reino cuya entrada está en el mundo y se llama Iglesia Católica; el Reino cuya realidad se llamará Gloria de Dios, donde veremos y amaremos y descansaremos. Que venga tu Reino. Que todos quieran entrar en él voluntariamente. Tú puedes hacer que entren todos por la fuerza. Pero tú quieres voluntarios: ¡qué todos quieran recibirte como Rey y que tú reines en todos! ¡Venga a nosotros tu Reino!

Hágase tu voluntad en la tierra, como en el cielo: Que nosotros, hijos tuyos, dotados de libertad y a veces hijos malos, cumplamos lo que tú mandas, como lo cumplen en el cielo tus ángeles y tus hijos buenos. Tu voluntad es santa, justísima, providentísima, lo mismo cuando regala que cuando crucifica. cumplir tu voluntad es felicidad, es perfección, es santidad. Es lo único bueno que podemos hacer a lo largo de la vida. Es lo único que hacemos cuando hacemos algo bueno. El que vive bien, cumple tu voluntad. El que cumple tu voluntad, vive bien. Esto es todo el hombre. Cúmplase tu voluntad, Padre. Cúmplase en mí y en mis hermanos, como la cumplió Jesús en Getsemaní y en el Calvario. Cúmplase como la cumplen en el cielo tus santos, tus ángeles y mi Madre la Virgen Santísima.

Hasta aquí la primera parte del **Padrenuestro.** Nada más desinteresado temporalmente que estas peticiones que nos ponen a la altura de Dios, que nos hacen conocer y sentir como algo propio lo mismo que él siente y conoce: la glorificación de su Nombre, la realización de su Reino, el cumplimiento de su Voluntad.

No son peticiones de tesoros que los ladrones roban o la muerte arrebata. Son peticiones de bienes eternos, fundadas en toda fe y esperanza y amor.

Pero... nuestro espíritu, con todos sus anhelos inmortales, tiene por habitación un cuerpo material, y este cuerpo necesita cada día un poquito de materia para vivir. Por eso vienen las restantes peticiones.

Danos hoy nuestro pan de cada día: Es lo primero y más urgente que necesitamos, el pan de cada día, el pan de ahora. Nosotros trabajaremos, que así lo has mandado tú; pero sin tu favor todo sería inútil: Un accidente, un incendio, una granizada, una enfermedad, un robo, podrán dejarnos sin nada. ¡Y qué horrible la situación del pobre que para comer no tiene nada! Pasan días de hambre, y no tiene nada... Su mujer le pide, y no tiene nada. Sus hijos le piden, y no tiene nada. ¡Qué agonía! Padre, danos nuestro pan. No te pedimos montones de oro, ni siquiera te pedimos riqueza. Te pedimos el pan suficiente, y salud para ganarlo. También nos acordamos del otro pan. El que fue pan y ahora es el Cuerpo y Sangre de tu Hijo Jesucristo, que recibimos en la Sagrada Comunión. ¡Padre, danos tu Pan!

Perdona nuestras ofensas, como también nosotros perdonamos a los que nos ofenden: Tú eres nuestro eterno e infinito Acreedor. Nunca podremos pagarte. Reconocemos la deuda que con nuestras iniquidades tenemos contraída. Perdónanos por tu misericordia. Nos da mucha pena haber ofendido al Padre, y estamos dispuestos a hacer lo que mandes para recobrar tu gracia y tu amistad. Perdónanos.

Y para mejor moverte a la clemencia, también nosotros seremos clementes con los que nos han ofendido. Y no vacilamos en pronunciar nuestra propia sentencia: Perdónanos así como nosotros perdonamos. Por tanto, si no perdonamos, no nos perdones.

No nos dejes caer en la tentación: Sómos débiles. El mundo nos fascina con sus bellezas, el enemigo nos invita a gozar, la carne se desgarra con los tirones vehementes del placer prohibido. Somos débiles, vacilamos. ¡No nos dejes caer, para que no quedemos arrastrados por tierra sin poder entrar en el Reino!

Y líbranos del mal: Vivimos en estado de guerra constante. El mal nos tiene cercados, nos hostiga y acecha en los viajes, en el sueño, en la comida, en los amigos, en los recreos, en los trabajos. Estado de guerra, cuyo triunfo final será nuestro gozo y nuestra corona. Para este triunfo necesitamos de tí, absolutamente, imprescindiblemente. ¡Líbranos del mal!

Amen: Así sea. Así te glorificamos, Padre. Así te pedimos, Padre. Así creemos y esperamos en ti. Así te amamos. Amén. Amén.

Ha terminado la oración enseñada por Jesús. Quien sabe rezarla bien, desde la primera palabra —¡Padre!—

entra en una íntima y plácida confidencia con Dios. Está seguro de ser amado y ser oído. Está viendo cuánto le falta para ocupar dignamente su puesto de hijo adoptivo de Dios.

Millones y millones de corazones han pronunciado esta plegaria en las ocasiones más variadas de la vida, y han recibido alivio, luz, lágrimas, consuelo, salud, contrición, buena muerte, vida. Es que esta plegaria es la más reconocida y la más amada del Padre, porque en ella reconoce el acento de su Hijo, y a su Hijo nada puede negar, ni a los que piden en nombre de su Hijo.

71.—NO TEMAIS

A confiar en el Padre nos ha enseñado Jesús. Nos enseña también a no tener miedo de los hombres.

Le había invitado a comer un fariseo. Acudió Jesús, siempre atento y cortés; mas no se cuidó de las ceremonias y lavatorios exagerados que los judíos habían metido en sus tradiciones, teniéndolas en más estima que la misma ley de Dios. No se atrevía el fariseo a protestar en voz alta, pero en su interior se indignaba de que Jesús no se lavase las manos hasta el codo.

Penetra el Señor en aquellos pensamientos, se vuelve a él y le dice:

—*Vosotros, los fariseos, limpiáis por fuera la copa y el plato, mientras por dentro rebosáis de robos y maldades. ¡Necios! El que hizo lo de fuera, ¿no hizo también lo de dentro?*

Terrible exordio, que muestra cuánto ofendía al Maestro la falsía de los fariseos, entre los cuales no tenía poca culpa el que le había convidado, ya que a todos dirige las mismas invectivas. Las interrumpe para dedicar, también a todos, un consejo de salvación:

—*Dad limosna de lo vuestro, y lo tendréis limpio todo.*

Gran virtud la de la limosna, que aplaca la justicia de Dios y le mueve a darnos gracia abundante con la que nos convirtamos y obtengamos perdón.

Mas conociendo Jesús que su consejo resbalaba sobre corazones fríos y duros, se enfrenta con ellos, y con calma vehemente les dice palabras terribles, parecidas a las que les dirá en el Templo dos días antes de morir:

—¡Ay de vosotros, fariseos, que os encantan los asientos de honor en las sinagogas y las reverencias por la calle! ¡Ay de vosotros también, juristas, que abrumáis a la gente con cargas insoportables, mientras vosotros no las tocáis ni con un dedo!

Todos oyeron sobrecogidos las acusaciones del valiente Profeta. Después salió Jesús de la casa, mientras ellos, los fariseos y doctores, comenzaron a importunarle con muchas preguntas, armándole lazos e intentado sorprenderle en mentira para poder acusarlo.

Luego se alejó de ellos el Señor, y «a su alrededor se juntaron muchas gentes de modo que unos a otros se atropellaban». Era el pueblo fiel que le seguía, eran sus Doce discípulos.

Acaso los ve temerosos por lo que ahora estarán tramando los potentes fariseos. Jesús sabe muy bien que pretenden matarle. Pero no tiene miedo, y quiere que sus amigos tampoco lo tengan. Por eso, les dice:

—Os digo a vosotros, amigos míos: no temáis a los que matan el cuerpo, pero ya no pueden hacer más. Temed al que puede arrojar al fuego alma y cuerpo.

Así anima al martirio por el cumplimiento del deber: ¡No temáis a los que quitan la vida del cuerpo!

Jesús sabe que a él mismo le quitarán la vida del cuerpo, no ahora, sino dentro de pocos meses, poco antes de cumplirse los tres años desde que salió a predicar y a los treinta y tres de su vida. Pero mientras llega **su hora**, hace las obras que su Padre le confió, sin temor ninguno a los hombres que le quisieran matar.

Y para persuadir a sus amigos que tampoco a ellos les quitarán la vida si Dios no lo permite, les repite la lección de los pajaritos cuidados por Dios:

—¿No se venden cinco gorriones por dos cuartos? Y ni de uno solo se olvida Dios. Y hasta los cabellos de vuestra cabeza están todos contados. Por tanto, no tengáis miedo: no hay comparación entre vosotros y los gorriones.

No temáis a los que sólo pueden matar el cuerpo. Jesús no los teme. También en esto cumple lo que ha predicado. Un día le dirán:

—Marcha de aquí, porque Herodes quiere matarte.

El responderá con serenidad valiente:

—Id y decid a ese zorro: aquí estoy echando demonios y haciendo curaciones hoy y mañana; pasado mañana terminaré.

Está haciendo bien al pueblo «hoy y mañana», el tiempo que quiere, para ir a la muerte el día que él mismo tiene señalado.

72. —¡DICHOSA TU MADRE!

Una mujer, una mujer sin nombre, una mujer cualquiera que estaba entre la gente, entusiasmada ante las discusiones y triunfos de Jesús sobre los fariseos, levantó su voz y le dijo llena de ternura:

—¡Dichoso el seno que te llevó y los pechos que te alimentaron!

Alabanza propia de mujer, alabanza gratísima para el Corazón del Maestro, si, como a veces ocurría, se hallaba entre la gente su santa madre.

Mas Jesús completó el elogio a la Virgen María y lo extendió a otros muchos, cuando respondió a la mujer:

—Mejor: ¡Dichosos los que escuchan la Palabra de Dios y la cumplen!

Era como decir: Sí, feliz mi madre por ser madre de tal Hijo; pero más feliz todavía por su fidelidad en oír y cumplir la palabra de Dios. Felices los que, como ella, reciben y cumplen lo que les digo, y no son como esos fariseos que no quieren creer, ni me quieren recibir, ni se quieren salvar.

73. —VIVID EN GUARDIA: FUEGO VENGO A TRAER

Luego dijo a sus discípulos:

—Tened ceñida la cintura y encendidas las lámparas: vosotros estad como los que aguardan a que su

señor vuelva de la boda, para abrirle, apenas venga y llame.

Dichosos los criados a quienes el señor, al llegar, los encuentre en vela: os aseguro que se ceñirá, los hará sentar a la mesa y les irá sirviendo.

Y si llega entrada la noche o de madrugada, y los encuentra así, dichosos ellos.

Pero si el empleado piensa: «Mi amo tarda en llegar», y empieza a pegar a los mozos y a las muchachas, a comer y beber y emborracharse; llegará el amo de ese criado el día y a la hora que menos lo espera, y lo despedirá, condenándolo a la pena de los que no son fieles.

El criado que sabe lo que su amo quiere y no está dispuesto a ponerlo por obra, recibirá muchos azotes; el que no lo sabe, pero hace algo digno de castigo, recibirá pocos.

Al que mucho se le dio, mucho se le exigirá; al que mucho se le confió, más se le exigirá.

Alegría y confianza promete a los que busquen ante todo el Reino de Dios, pero no les promete vida holgada, vagancia y placeres. No: ¡vivid en guardia! ¡Vigilad!; que yo vendré como ladrón a pediros cuenta, y el ladrón no avisa cuándo piensa venir a robar.

Vivid en guardia; que no vengo a consentir con los egoísmos, sino a quemarlos en el amor de Dios y del hermano:

—He venido a prender fuego en el mundo: ¡y ojalá estuviera ya ardiendo! Tengo que pasar por un bautismo, ¡y qué angustia hasta que se cumpla!

¿Pensáis que he venido a traer al mundo paz? No, sino división.

En adelante, una familia de cinco estará dividida: tres contra dos y dos contra tres; estarán divididos: el padre contra el hijo y el hijo contra el padre, la madre contra la hija y la hija contra la madre, la suegra contra la nuera y la nuera contra la suegra.

Unos creerán en mí, y otros no querrán creer, y éstos perseguirán a aquéllos. Por eso traigo separación. Mucho tendrán que sufrir mis fieles amigos; pero yo sufriré delante de todos ellos, más que todos ellos, y por todos ellos. «Con bautismo de sangre tengo que ser bautizado; ¡y con qué ardores deseo que se cumpla!»

74.—TODOS MORIREIS LO MISMO. LA HIGUERA INFRUCTUOSA LA MUJER ENCORVADA

Seguía Jesús hablando al pueblo, cuando se le presentaron anunciándole que Pilato acababa de matar en el Templo a unos galileos cuya sangre cayó mezclada con la de los sacrificios que ofrecían. Jesús les contestó:

—*¿Pensáis que esos galileos eran más pecadores que los demás galileos, porque acabaron así? Os digo que no; y si no os convertís, todos pereceréis lo mismo. Y aquellos dieciocho que murieron aplastados por la torre de Siloé, ¿pensáis que eran más culpables que los demás habitantes de Jerusalén? Os digo que no. Y si no os convertís, todos pereceréis de la misma manera.*

Y mientras así los amenazaba Jesús, su mirada, que penetra el porvenir, está viendo que todo el pueblo judío, seducido por sus jefes y maestros, al fin no hará penitencia y dentro de cuarenta años será castigado por el fuego y la espada de los romanos. Y para descubrirles mejor su pensamiento y su terrible amenaza, les dice la parábola siguiente:

—*Uno tenía una higuera plantada en su viña, y fue a buscar fruto en ella, y no lo encontró. Dijo entonces al viñador:*
«Ya ves: tres años llevo viniendo a buscar fruto en esta higuera, y no lo encuentro. Córtala. ¿Para qué va a ocupar terreno en balde?»
Pero el viñador contestó:
«Señor, déjala todavía este año; yo cavaré alrededor y le echaré estiércol, a ver si da fruto. Si no, el año que viene la cortarás.»

¡Con qué atención escuchaba el pueblo la parábola de la higuera infructuosa! Higueras y viñas abundaban en sus campos calentados por el sol oriental. Ellos sabían que el profeta Isaías compara con una viña a la nación de Israel. Ellos sabían que la viña cantada por el Profeta dio agraces en vez de dar uvas dulces...

Lo mismo les recuerda hoy Jesús. El dueño del campo es el Padre celestial; la higuera plantada en el campo son ellos, el pueblo judío. Año tras año busca el Padre algún fruto bueno en la higuera. La higuera está ya seca, sus ramas no se levantan hacia Dios.

¿Para qué conservarla más tiempo? Otros árboles en su lugar, otros pueblos cuidados por Dios como lo fue el pueblo judío, darán mejores frutos de santidad. ¡Arrancad y quemad la higuera estéril!

Mas al punto se levanta la súplica del Hijo de Dios, del dulce jardinero, Jesús de Nazaret.

—Aguarda un poco más. Yo cuidaré la higuera de Israel. Yo la abonaré. Yo la regaré con mi Sangre. Acaso entonces dará fruto. Y si no, ya llegará después el día de arrancarla...

Y el cuidado de Jesús fue inútil, y su Sangre cayó en vano sobre muchos de aquel pueblo. Por eso perecieron como aquellos de Siloé, y Jerusalén quedó arrasada.

Desgracia grande la desgracia de los que oyeron la invitación del Padre de familias y no quisieron acudir. Desgracia grande la de aquel amado pueblo que, en tiempo de Jesús, se veía conducido por jefes que ni curaban sus enfermedades espirituales, ni consentían que las curase Jesús.

Como para insinuar esta desgracia, el evangelista San Lucas, después de presentarnos al Divino Maestro refiriendo la parábola de la higuera infructuosa, nos dice que entró en una de las sinagogas e instruía al pueblo.

Era un día de sábado. Mucha gente se apretaba en el recinto y escuchaba con atención.

El archisinagogo (presidente de la asamblea) se fijaba en todo lo que hacía y decía Jesús.

Y había una mujer que desde hacía dieciocho años estaba enferma por causa de un espíritu, y andaba encorvada, sin poderse enderezar de ningún modo.

Al verla, Jesús la llamó y le dijo:

—Mujer, quedas libre de tu enfermedad.

Le impuso las manos, y en seguida se puso derecha. Y daba gloria a Dios.

Este milagro inquietó al jefe de la sinogoga. Acaso los contrarios de Jesús que estaban allí le punzaban para que mantuviese en la sinagoga el respeto debido al sábado, según ellos lo entendían. Lo cierto es que el jefe de la sinagoga, deseoso de satisfacer a los fariseos, pero sin atreverse a reprender directamente a Jesús, indignado de que se hiciese aquella curación en sábado, dirigióse a la multitud, y con severidad que directamente hería al Señor, dijo:

—*Seis días hay para trabajar: venid esos días a que os curen, y no los sábados.*

Recogió Jesús la alusión de aquel hombre que, sin darle cara, le reprendía delante de los otros, como si el curar fuese obra prohibida en el día de descanso. Y respondiendo a la alusión, dijo a aquel jefe y a los que detrás de él escondían la cara:

—*Hipócritas: cualquiera de vosotros ¿no desata del pesebre al buey o al asno, y lo lleva a abrevar, aunque sea sábado? Y a ésta, que es hija de Abrahán, y que Satanás ha tenido atada dieciocho años, ¿no se la debe soltar de esta atadura en sábado?*

A estas palabras, todos sus enemigos quedaron avergonzados, y toda la gente se alegraba de los milagros que hacía.

75.—ACUDID VOSOTROS

Uno de los principales fariseos le convida a comer en su casa. Acepta Jesús; cura a un hidrópico que se presentó lleno de confianza ante el Maestro bueno; corrige a los que pretendían ocupar los primeros puestos en la mesa, proponiéndoles este ejemplo:

—*Cuando te conviden a una boda, no te sientes en el puesto principal, no sea que hayan convidado a otro de más categoría que tú; y vendrá el que os convidó a ti y al otro, y te dirá: «Cede el puesto a éste.» Entonces, avergonzado, irás a ocupar el último puesto.*

Al revés, cuando te conviden, vete derecho a sentarte en el último puesto, para que, cuando venga el que convidó, te diga: «Amigo, sube más arriba.» Entonces quedarás muy bien ante todos los comensales.

Porque todo el que se enaltece será humillado; y el que se humilla será enaltecido.

Después Jesús, en soberana acción de gracias al que

le ha convidado, ofrécele unos consejos jamás oídos hasta ahora:

—Cuando des una comida o una cena, no invites a tus amigos ni a tus hermanos ni a tus parientes ni a los vecinos ricos: porque corresponderán invitándote y quedarás pagado.

Cuando des un banquete, invita a pobres, lisiados, cojos y ciegos; dichoso tú, porque no pueden pagarte; te pagarán cuando resuciten los justos.

No prohíbe convidar a los ricos, parientes y amigos: mas aconseja invitar a los pobres. Es desgracia que los ricos conviden y regalen a los que menos necesidad tienen de convite, y no regalen a los pobres, a quienes con mucho menos podrían hacer felices.

En este mundo no recibirán de los pobres nada más que la gratitud; tal vez ni eso siquiera; mas toda su recompensa queda reservada para el día que no tardará.

Cuando oyó esto uno de los que estaban a la mesa con Jesús, exclamó:

—¡Dichoso el que llegue a comer en el Reino de Dios...!

El Maestro se vuelve hacia él, y a propósito de los deseos que mostraba de entrar en el Reino, le dice:

—Un hombre daba un gran banquete y convidó a mucha gente; a la hora del banquete mandó un criado a avisar a los convidados:

—Venid, que ya está preparado.

Pero ellos se excusaron uno tras otro.

El primero le dijo:

—He comprado un campo y tengo que ir a verlo. Dispénsame, por favor.

Otro dijo:

—Me acabo de casar y, naturalmente, no puedo ir.

El criado volvió a contárselo al amo. Entonces el dueño de casa, indignado, dijo al criado:

—Sal por los caminos y senderos, y fuérzales para que entren; tráete a los pobres, a los lisiados, a los ciegos y a los cojos.

El criado dijo:

—Señor, se ha hecho lo que mandaste y todavía queda sitio.

Entonces el amo dijo:

—Sal por los caminos y senderos, e insísteles hasta que entren y se me llene la casa. Y os digo que ninguno de aquellos convidados probará mi banquete.

A los anhelos que había manifestado aquel fariseo de disfrutar y poseer el Reino anunciado por Jesús, responde el Señor con esta hermosa parábola, donde la cena ya preparada representa la abundancia de los bienes del Reino: bienes de gracia en esta vida, bienes de gloria después.

El señor rico que prepara una cena y convida a muchos representa al mismo Dios.

El invita a su pueblo escogido. Pero los sabios, los fariseos, los poderosos de Israel, con vanos pretextos, desprecian el convite.

Entonces llama a los pobres, a los de fuera, a los gentiles, a los despreciados. Y dice a sus enviados:

—Buscadlos por todas partes. Persuadidles que entren.

Y desde aquel momento, mientras unos desprecian la invitación por las tierras, por los bueyes, por la mujer, otros acuden de los cuatro puntos cardinales... ¡Dichoso el que llegue a comer en el Reino de Dios!

Y como al salir de la casa ve Jesús que muchos se le ofrecían para ser sus discípulos, les explica claramente lo que este título exige:

—Si alguno viene a mí, y no me ama más que a su padre, y a su madre, y a su mujer, y a sus hijos, y a sus hermanos, y a sus hermanas, y aún más que a su propia vida, no puede ser mi discípulo.

¿Quién puede exigirnos que le amemos más que a nuestro padre, y a nuestra madre, y a nuestros hermanos, y a nuestros hijos? Sólo Jesucristo puede exigirnos tanto amor, y sólo él lo merece.

76.—EL GRAN NEGOCIO

Iba enseñando por las ciudades y aldeas, de camino para Jerusalén, y uno le preguntó:

—Señor, ¿son pocos los que se salvan?

Jesús desvía la respuesta; mejor dicho, la endereza. No nos dice si son muchos o pocos, que eso no nos importa. Nos dice que nosotros nos esforcemos por ser del número de los que se salvan, que esto sí nos importa:

—Esforzaos en entrar por la puerta estrecha. Os digo que muchos intentarán entrar y no podrán. Cuando el amo de la casa se levante y cierre la puerta, os quedaréis fuera y llamaréis a la puerta diciendo. «Señor, ábrenos» y él os replicará: «No sé quiénes sois.» Entonces comenzaréis a decir: «Hemos comido y bebido contigo y tú has enseñado en nuestras plazas.» Pero él os replicará: «No sé quiénes sois. Alejaos de mí, malvados.»

Entonces será el llanto y el rechinar de dientes, cuando veáis a Abrahán, Isaac y Jacob y a todos los profetas en el Reino de Dios y vosotros os veáis echados fuera. Y vendrán de Oriente y Occidente, del Norte y del Sur y se sentarán a la mesa en el Reino de Dios.

Mirad: hay últimos que serán primeros y primeros que serán últimos.

Así anuncia la suerte futura de los que no quieren vivir conforme a su doctrina. Hoy gozan y triunfan, hoy son los primeros. Pero algún día serán los últimos, que llamarán a la puerta del Reino; mas estará cerrada y no podrán entrar.

En cambio, los que hoy cumplen su doctrina, y trabajan y sufren y se conforman, los que hoy son los últimos, serán los primeros. Para éstos, las sillas del Reino, es decir, el gozo de Dios, figurado por un convite nupcial. Para los otros, el llanto y el rechinar de dientes.

Y el mismo Señor les daba a entender hasta dónde llegará la amargura de aquel llanto irremediable con esta parábola:

—*Había un hombre rico que se vestía de púrpura y de lino, y banqueteaba espléndidamente cada día.*

Y un mendigo llamado Lázaro estaba echado en su portal, cubierto de llagas, y con ganas de saciarse de lo que tiraban de la mesa del rico; pero nadie se lo daba.

Y hasta los perros se le acercaban a lamerle las llagas.

¡Qué cuadro de miseria! Los perros venían a lamer al pobre, como si fuese un cadáver abandonado ya, mientras el opulento banqueteaba: es la injusticia de la vida presente.

—*Sucedió que murió el mendigo, y los ángeles lo llevaron al seno de Abrahán. Murió también el rico, y lo enterraron. Y estando en el infierno, en medio de los tormentos, levantando los ojos, vio de lejos a Abrahán y a Lázaro en su seno.*

¡Qué transformación! El pobre que tuvo paciencia va entre ángeles a la felicidad. El rico que no tuvo misericordia va a las llamas: es la justicia que no tardará.

—*El rico gritó: «Padre Abrahán, ten piedad de mí, y manda a Lázaro que moje en agua la punta del dedo y me refresque la lengua, porque me torturan estas llamas.»*

Sólo pide una gota de agua el que abundó en bebidas y manjares exquisitos. No porque baste una gota para el tormento de su sed, sino porque piensa: «Si pido más, me dirán que no. La gotita de agua que tiembla en la punta del dedo, no me la negarán.»
¡Pero se la niegan!

—*Abrahán le contestó: «Hijo, recuerda que recibiste tus bienes en vida y Lázaro a su vez, males: por eso encuentra aquí consuelo, mientras que tú padeces. Y además entre nosotros y vosotros se abre un abismo inmenso, para que no puedan cruzar, aunque quieran, desde aquí hacia vosotros, ni puedan pasar de ahí hasta nosotros.»*
El rico insistió: «Te ruego, entonces, padre, que mandes a Lázaro a casa de mi padre, porque tengo cinco hermanos; para que, con su testimonio, evites que vengan también ellos a este lugar de tormento.»
Abrahán le dice: «Tienen a Moisés y a los profetas: que los escuchen.»
El rico contestó: «No, padre Abrahán. Pero si un muerto va a verlos, se arrepentirán.»
Abrahán le dijo: «Si no escuchan a Moisés y a los profetas, no harán caso ni aunque resucite un muerto.»

Bien sabía Jesús que quienes no creen a los Profetas y predicadores tampoco creerán a un muerto resucitado. El mismo había de volver al mundo tres días después de su muerte, y ellos seguirán en la incredulidad.

Con imágenes vivas y al alcance del pueblo, les ha descrito en esta parábola la realidad y el dolor irremediable del infierno.

Lo llama lugar de tormentos; allí hay llamas; allí no se concede ni el alivio menor; de allí es imposible salir...

¡Terrible advertencia para los que se sumergen en placeres, gastándose locamente sus riquezas y su tiempo!

¡Dulce esperanza para los que no pueden saciar su hambre ni de las sobras de los demás!

¡Firme fundamento de nuestra fe para los que creemos en la existencia del infierno; y afirmación irrefutable para los que se atreven a decir que no existe el infierno!

En un momento rápido vendrá la mutación: el que negaba al pobre una miga de pan, lo verá acariciado y regalado en el seno de la felicidad, mientras él, atormentado por las llamas, pedirá una gota de agua, la pedirá rabiosamente, inútilmente.

77.—¿PARA QUIEN SERA TODO ESO?

Con el fin de que no caigamos en el lugar de tormentos, nos describe los caminos que conducen allá.

El primero es la ambición de riquezas.
Les dijo en una ocasión:

—*Mirad: guardaos de toda clase de codicia. Pues aunque uno ande sobrado, su vida no depende de sus bienes.*
Y les propuso una parábola:
—*Un hombre rico tuvo gran cosecha. Y empezó a echar cálculos: «¿Qué haré? No tengo donde almacenar la cosecha.»*
Y se dijo: «Haré lo siguiente: derribaré los graneros y construiré otros más grandes, y almacenaré allí todo el grano y el resto de mi cosecha. Y entonces me diré a mí mismo: «Hombre, tienes bienes acumulados para muchos años: túmbate, come, bebe y date buena vida.»
Pero Dios le dijo: «Necio, esta noche te exigirán el alma. Lo que has acumulado, ¿de quién será?».
Así será el que amasa riquezas para sí y no es rico ante Dios.

Pregunta que impresiona; pregunta que siempre es de actualidad. Esta misma noche pueden arrancarme el alma. Riquezas que amontono, ¿para quién seréis?

78.—NO VIVAIS ANGUSTIADOS

Con el fin de pertrechar a sus discípulos contra esa afición desmedida a las riquezas, les da ahora unos consejos parecidos a los que dio a todos en el Sermón de la Montaña. Nos los ha conservado San Lucas:

—*No os acongojéis por la vida, sobre qué habéis de comer; ni por el cuerpo, sobre qué habéis de vestir. Más es la vida que el sustento, y más el cuerpo que el vestido.*

El que os dio la vida y el cuerpo, ya os dará el sustento y el vestido:

—*Mirad cómo los cuervos no siembran ni siegan, ni tienen despensa ni granero, y Dios los sustenta. ¡Cuánto más que ellos valéis vosotros!*
Mirad cómo crecen los lirios; no trabajan ni hilan;

sin embargo, os aseguro que ni Salomón en toda su magnificencia se vestía como uno de ellos. Pues si a la hierba que hoy está en el campo y mañana se echa al horno, así la engalana Dios, ¿cuánto más a vosotros, hombres de poca fe?

No andéis, pues, acongojados cuando buscáis de comer o de beber... Vuestro Padre ya sabe que necesitáis todo eso. Buscad primero el Reino de Dios, y lo demás se os dará por añadidura.

No prohíbe Jesucristo el debido cuidado de las cosas ni la moderada previsión. Prohíbe ese afán con que algunos se azoran y ojean todos los vientos para acaparar bienes para toda la vida. Dichoso el que dando a las cosas terrenas el cuidado necesario pone su principal atención en que Dios reine en su alma y en la tierra. Cuidad de las cosas de Dios, y Dios cuidará de vuestras cosas.

—No temas, pequeño rebaño; porque vuestro Padre ha tenido a bien daros el reino. Vended vuestros bienes, y dad limosna; haceos talegas que no se echen a perder, y un tesoro inagotable en el cielo, adonde no se acercan los ladrones ni roe la polilla. Porque donde está vuestro tesoro, allí también estará vuestro corazón.

Y hubo un día en que el Corazón del Maestro sintió la pena honda de que un joven, a quien él hubiera querido tener por amigo, prefiriese servir a las riquezas más que a Dios...

79.—VEN, SIGUEME

Iba caminando Jesús, después de haber bendecido a los niños, cuando corrió hacia él un adolescente, se arrodilló a sus pies y le preguntó:

—Maestro bueno, ¿qué debo hacer para conseguir la vida eterna?

Aquel joven era un príncipe de familia rica, de distinguidos modales y noble presencia. Ha oído a Jesús anunciar el Reino de los Cielos, siente deseos de conquistarlo, y sabe que algún sacrificio le tiene que costar. Por eso ha corrido, para preguntarlo al Señor antes de que se vaya.

Jesús le responde:

—*Si quieres entrar en la vida, guarda los manda-mientos.*
El le dijo: «¿Cuáles?»
Jesús le respondió: «No matarás, no fornicarás, no robarás, no dirás falso testimonio; honra a tu padre y a tu madre, y ama a tu prójimo como a ti mismo.
El joven le dijo: «Maestro, todo eso lo cumplo desde pequeño. ¿Qué más me falta?»

Ya sabía Jesús que aquel joven cumple los manda-mientos; pero él solía proceder como si no lo supiera todo por ciencia infusa. Recibe, pues, la respuesta como una noticia nueva y muy agradable para él.

Y el evangelista San Marcos, que lo oyó a San Pedro allí presente, dice que habiendo escuchado la contesta-ción del joven, «Jesús le miró profundamente y le amó». La pureza de aquella alma ha enamorado a Jesús. ¡Qué dulce es ver al Hijo de Dios hecho Hombre, sentir amor y cariño, lo mismo que nosotros, hacia lo que es bueno y amable!

—¿Qué más me falta? —le pregunta el joven, como ofreciéndose a cualquier heroísmo.

Jesús le quiere valiente, y le descubre todo su programa:

—Si quieres ser perfecto, anda, vende cuanto tienes y dalo a los pobres; que así tendrás un tesoro en el cielo. Y después, ven y sígueme.
Al oír esto, el joven se entristeció y se marchó apenado, porque era muy rico.

En este cuadro bello y doloroso aparece la terrible seriedad de la vida cristiana. Jesús ama al joven; y por eso mismo le exige el sacrificio absoluto de todo lo que tiene, para darle en pago la ganancia de ser Dios su único amado. El joven se acobarda, baja la cabeza, se va.

El Señor, entonces, al verle marchar tan triste, vuelve los ojos a sus discípulos, y les dice como quien se desahoga en un amigo fiel:

—¡Qué difícil será a los ricos entrar en el Reino de Dios!
Los discípulos se extrañaron de estas palabras. Jesús añadió:
—Hijos ¡qué difícilmente entrarán en el Reino de Dios los que ponen su confianza en el dinero! Más fácil será a un camello pasar por el ojo de una aguja que a un rico entrar en el Reino de Dios.
Ellos se espantaron y comentaban:
—Entonces, ¿quién puede salvarse?
Jesús se les quedó mirando y les dijo:
—Es imposible para los hombres; no para Dios. Dios lo puede todo.

Decir que era más fácil pasar un camello por el agujero de una aguja que cumplirse alguna otra cosa era una manera viva de decir que se trataba de algo dificilísimo. Es, pues, dificilísima la salvación de los que confían en el dinero. Y si el Señor los dejara solos con sus riquezas, ninguno se salvaría. «Eso es imposible para vosotros»; pero él está siempre dispuesto a ayudarles con su gracia para que se conviertan, empleen bien las riquezas, y también ellos se salven: «Para Dios todo es posible.»

El Oro, la Soberbia, el Placer son las tres cadenas que esclavizan a los ricos. La gracia de Dios puede hacerlos libres, pero ellos no se acuerdan de pedir esta gracia. ¡Qué difícil es que entren en el Reino de Dios los que confían en el dinero...!

Los discípulos oían en silencio a su Señor. Entretanto el joven rico se alejaba. Ya había cautivado nuestra simpatía por su discreción y pureza de costumbres. Pudo haber sido otro San Juan, un Apóstol, un Mártir... Y hoy ni siquiera sabemos su nombre. ¡Qué pena!

80.—¿QUE NOS DARAS A NOSOTROS?

El joven bueno y cobarde se pierde de vista: era muy rico...

Entonces, Pedro recuerda que él no es rico. El y sus compañeros lo han dejado todo por seguir a Jesús.

Era poco, pero era todo lo que tenían, todo lo que amaban. La casa **suya**, la familia **suya**. Todo. Y sólo Dios sabe lo que cuesta dejar todo a un corazón que ama. Sería imposible dejarlo si no viniera otro amor más grande a llenar el vacío. Pero viene el amor de Jesús. Por él ha dejado todo, y ahora puede mirarle a los ojos y preguntarle:

—*Ya ves que nosotros lo hemos dejado todo y te hemos seguido. ¿Qué habrá, pues, para nosotros?*

Jesús les dijo:

—*Os aseguro que vosotros, los que me habéis seguido, cuando llegue la renovación, y el Hijo del Hombre se siente en el trono de su gloria, os sentaréis también vosotros en doce tronos, para regir a las doce tribus de Israel.*

Con promesa magnífica les anuncia que serán participantes de su mismo triunfo el día de la regeneración, es decir, el día en que toda la Humanidad abandone la presente mortalidad y corrupción, para nacer a la vida nueva. Y como sabe Jesús que detrás de los Apóstoles vendrán otros muchísimos, siguiendo el mismo camino de pobreza voluntaria, añade:

—*Os aseguro que quien deja casa o hermanos o hermanas, o madre o padre, o hijos o tierras, por mí y por el*

Evangelio, recibirá ahora, en este tiempo, cien veces más —casas y hermanos y hermanas y padres e hijos y tierras, con persecuciones—, y en la edad futura, vida eterna.

Por Jesús y por llevar el Reino de Dios a los hombres de todo el mundo, incontables discípulos del Maestro de Nazaret, todos los días de todos los siglos, dejarán las cosas y las personas amadas.

El les dará el ciento por uno en esta vida, es decir, todo lo que necesiten y además una alegría íntima fundada en el testimonio de la buena conciencia y en la amistad con Dios, que será cien veces mayor que la alegría que pudiera proporcionarles todo eso que abandonaron por él.

Este premio vendrá —lo dice expresamente el Señor y la Historia muestra que así se cumple— con persecuciones. Es decir, que los que todo lo dejaron por Jesucristo, tendrán a la vez todos los amores y todos los goces; mas también todos los odios y todas las persecuciones, para que se parezcan enteramente al Maestro.

Tres veces dichosos, por tanto dar, por tanto recibir, por tanto sufrir, y por contribuir de todas maneras a la propagación del Reino de Dios sobre la tierra.

En el siglo venidero recibirán, como herencia, vivir para siempre en Dios, vivir en el gozo que nadie les podrá quitar, vivir.

Decían los antiguos rabinos de Israel: La pobreza es la peor de todas las calamidades, es la mayor aflición que el hombre puede padecer, es más temible que todas las plagas de Egipto.

Pero Jesús dice: Si quieres ser perfecto, anda: vende todo lo que tienes, dalo a los pobres y tendrás un tesoro en el cielo...

81. —QUIEN PUEDA ENTENDER, QUE ENTIENDA

Otro de los caminos que conducen al lugar de tormentos es la impureza, que casi siempre se presenta emparejada con el escándalo.

Escandalizar es inducir a pecar con el mal ejemplo o la mala conversación.

Por eso, un día, dijo Jesús:

—Al que escandalice a uno de estos pequeñuelos que creen en mí, más le valdría que le colgasen al cuello una rueda de molino y lo sepultaran en lo profundo del mar.

Sentencia espantosa. Eran tan pesadas aquellas piedras, que para moverlas se necesitaba la fuerza de un asno... No podemos ni siquiera imàginar la angustia, el ahogo, la desesperación del hombre que se ve arrojado al mar con una de esas piedras atada al cuello. ¡Y dice Jesús que todo esto le sería mucho mejor que escandalizar a un pequeño de los que creen en él!

Otro día se acercaron a Jesús unos fariseos y le preguntaron para ponerlo a prueba:
—¿Es lícito a uno despedir a su mujer con cualquier motivo?
El les contestó:
—¿No habéis leído que el Creador en el principio los creó hombre y mujer, y dijo: «Por eso abandonará el hombre a su padre y a su madre, y se unirá a su mujer y serán los dos una sola carne»? De modo que ya no son dos, sino una sola carne. Pues lo que Dios ha unido, que no lo separe el hombre.

He aquí el tipo divino de la familia, tal como Dios la quiso y el corazón la concibe. Dos en uno, en todos los sentidos, desde todos los puntos de vista. Unidad de dos vidas que se dan mutuamente para siempre, con sus breves contentos y sus prolongados dolores.

Y para llevar esa doble carga, unidad de dos corazones, que se aman tierna y eternamente. Y para sostener a esos dos corazones e impedirles vacilar en sus afectos, unidad más alta, enteramente divina, de dos almas que saben son inmortales.

Y para servir de lazo a esas dos almas, Dios, viviendo en cada una de ellas y proyectando de la una a la otra un rayo de eterna belleza: he ahí el matrimonio tal como salió del Corazón de Dios.

Así entendido y, con la gracia de Dios, realizado, ese matrimonio es necesariamente indisoluble, no tan sólo de derecho, sino de hecho, pues no tiene brecha por donde pueda introducirse la división. Mas ¿dónde se halla un matrimonio tan elevado y tan puro? Y sobre todo, ¿dónde se encontraba entonces?

Por eso, los fariseos insisten:

—Si eso es así, ¿por qué Moisés permite repudiar a la propia mujer, dándole acta de divorcio.

—Es —repuso Jesús— a causa de la dureza de vuestros corazones. Mas al principio no fue así.

¡La dureza de los corazones! He ahí lo que rompía el matrimonio, lo que lo hacía imposible, lo que había arrancado al mismo Moisés la humillante concesión del acta de repudio. Y he aquí lo que Jesús venía a terminar. Venía a enternecer los corazones y hacerlos capaces de amar.

Después de tantas tristes cosas que habían rebajado, corrompido y casi destruido la familia, iba a reaparacer el matrimonio en toda su belleza; esa encantadora unión de la castidad y del amor, ese respeto en la ternura, esa fidelidad en el afecto, esa delicadeza y esa pureza del lazo conyugal, esa paz del hogar doméstico, ese amor de esposo y de padres y de hijos, todas esas delicadas cosas que iban a ser el honor de los pueblos cristianos, y la primera revelación del fuego nuevo bajado a la tierra.

Otra vez le tocaron después sus discípulos el mismo tema. Y él les recalca lo que ya había predicado en el Sermón de la Montaña:

—El que repudia a su mujer —no hablo de la fornicación— y se casa con otra, comete adulterio. Y el que se casa con la repudiada, comete adulterio.

Así. Sin excepciones ni disimulos. El casado que toma otra mujer es adúltero; la casada que se va con otro hombre es adúltera.

Ante tanta firmeza y tanta santidad exigida por Jesús en el matrimonio, los discípulos le dicen:

—Si tal es la situación del hombre con la mujer, preferible es no casarse.

Pero él les dijo:

—Eso que decís no es para todos, sino para los que han recibido ese don. Pues hay hombres que nacieron sin virilidad; hay quienes la perdieron por intervención humana, y hay quienes la sacrifican por el Reino de los Cielos. El que pueda con esto, que lo haga.

Las palabras anteriores crearon el matrimonio cristiano; éstas han creado la virginidad.

Unas han formado la generación de las almas puras que, en la unidad, en la indisolubilidad y la ternura de su misión, se cuidan de multiplicar el género humano y de dar hijos a Dios; las otras han formado la generación de vírgenes, que en lugar de multiplicar los hijos de Dios, se consagran por el sacerdocio o la vida religiosa, a educarlos y santificarlos.

Y seguía predicando Jesús por aquellos contornos. Algunas madres traían sus niños pequeños en brazos, pues no habían querido perder las palabras del Maestro, quedándose en casa para cuidarlos. Animadas por la bondad de Jesús, le presentaban sus hijitos para que les impusiese las manos y los bendijese.

Otros niños ya mayorcitos venían también, curiosos y juguetones, y a través de la gente mayor, se deslizaban hasta ponerse en primera filan para oír mejor a Jesús.

Esta multitud de niños que se apiñan en torno del Maestro acaba de revelarnos su fisonomía verdadera, la real belleza de su Corazón. No hay mirada que mejor conozca el corazón del hombre que la mirada de un niño. En una reunión de veinte personas, descubre en seguida la más amante, y no tarda en verse a su lado. Es lo que pasa en torno de Jesús. Los pequeños acuden en grupos. Le rodean, le miran, le admiran.

Tal vez cometen algunas indiscreciones propias de su edad.

Entonces los discípulos quieren separar a los niños y a las madres, pensando que aquellos molestarán a Jesús.

Pero Jesús, al ver esto, lo llevó a mal y les dijo:

—Dejad que los niños se acerquen a mí; no se lo impidáis. De los que son como ellos es el Reino de Dios. Os aseguro que el que no acepta el Reino de Dios como un niño, no entrará en él.

Y los abrazaba y los bendecía, imponiéndoles las manos.

Luego Jesús se alejaba de allí, camino de la ciudad en que ha de morir; mas entre las risas y las palabras cantarinas de los pequeños, seguía vibrando en los oídos de los grandes la sentencia irrevocable del Señor: «El que no se acerque al Reino de los Cielos inocente y puro como los niños, no entrará...»

82.—LO MISMO HARAN CON VOSOTROS

Otros se pierden por el camino del odio. Dicen que no pueden perdonar, pero la palabra de Jesús es terminante: «Si vosotros no perdonáis, vuestro Padre no os perdonará.»

Para que sus discípulos recordemos siempre esta enseñanza, nos propuso la parábola siguiente:

—Se parece el Reino de los Cielos a un rey que quiso ajustar las cuentas con sus empleados. Al empezar a ajustarlas, le presentaron uno que debía diez mil talentos. Como no tenía con qué pagar, el señor mandó que lo vendieran a él con su mujer y sus hijos y todas sus posesiones, y que pagara así.

El empleado, arrojándose a sus pies, le suplicaba diciendo: «Ten paciencia conmigo y te lo pagaré todo.»

El señor tuvo lástima de aquel empleado, y lo dejó marchar, perdonándole la deuda. Pero al salir, el empleado aquel encontró a uno de sus compañeros, que le debía cien denarios; y agarrándolo, lo estrangulaba diciendo: «Págame lo que me debes.»

El compañero, arrojándose a sus pies, le rogaba diciendo: «Ten paciencia conmigo y te lo pagaré.»

Pero él se negó y fue y lo metió en la cárcel hasta que pagara lo que debía. Sus compañeros, al ver lo ocurrido, quedaron consternados, y fueron a contar a su señor todo lo sucedido.

Entonces el señor lo llamó y le dijo: «¡Siervo malvado! Toda aquella deuda te la perdoné, porque me lo pediste. ¿No debías tú también tener compasión de tu compañero, como yo tuve compasión de ti?»

Y el señor, indignado, lo entregó a los verdugos, hasta que pagara toda la deuda. Lo mismo hará con vosotros mi Padre del cielo, si cada cual no perdona de corazón a su hermano.

Así quiere Jesús que perdonemos: de corazón. Y es justo que perdonemos a los que nos han hecho ofensas, que aunque nos parezcan grandes, son pequeñísimas, comparadas con las que nosotros hemos hecho a nuestro Padre celestial.

¿Qué tiene que ver la deuda de cien denarios, unas cuantas pesetas, con la deuda de ciento veinte millones?

Si no perdono lo pequeño, Dios no me perdonará lo grande, y me entregará a los atormentadores.

83.—ERA BUENO. SETENTA VECES SIETE

Al acercarse el momento de su triunfo, Jesús Nazareno ha mostrado a sus amigos el camino por donde también ellos pueden triunfar. Pero él sabe que algunos sucumbirán en el combate, caerán vencidos por la avaricia o por la impureza o por la soberbia.

Y quiere que mientras les dure la vida de este mundo, también ellos, los vencidos, puedan levantarse de nuevo y conseguir la victoria.

Decía a todo el pueblo que le estaba escuchando:

—Si tu hermano te ofende, corrígele; si se arrepiente, perdónale. Si te ofende siete veces en un día y siete veces vuelve a decirte: «lo siento», le perdonarás.

Jesús prevé también el caso de que alguno ofenda y no se adelante a pedir perdón:

—Si tu hermano te ofende, repréndelo a solas entre los dos. Si te hace caso, has salvado a tu hermano. Si no te hace caso, toma contigo uno o dos más, para que todo el asunto quede confirmado por la boca de dos o tres testigos.

Si no quiere hacerles caso, dilo a la Iglesia; y si no quiere hacer caso ni siquiera a la Iglesia, que sea para ti como el pagano o el publicano.

Así establece sabiamente los pasos de la corrección fraterna. Primero, que los ofendidos se arreglen entre sí, sin dar escándalo. Después, que tomen algunos árbitros, para que con su autoridad arguyan al que haya faltado. Si, con todo, éste no se arrepiente, sea denunciado a la autoridad pública de la Iglesia. Si ni siquiera a ésta le somete, quede excomulgado. Así concede el Señor a la Iglesia el poder de arrojar de sí a los miembros indignos.

Y esta sentencia, que pronunciarán en la tierra los Apóstoles y sus sucesores, será ratificada en el cielo. Jesucristo se lo promete con solemnidad:

—Todo lo que atéis en la tierra, quedará atado en el cielo, y todo lo que desatéis en la tierra, quedará desatado en el cielo.

Les promete hacerlos jueces en las cosas espirituales. Y cumplió esta promesa pocos días después de resucitado, cuando se les apareció y les dijo:

—La paz sea con vosotros. Como mi Padre me envió a mí, así os envió a vosotros.

Y habiendo dicho esto, sopló sobre ellos y les dijo:

—Recibid el Espíritu Santo: A quien perdonéis los pecados, le serán perdonados; y a quien se los retengáis, le serán retenidos.

Poder maravilloso el que concede a unos hombres el Hijo de Dios. Poder de pronunciar en la tierra una sentencia que precede a la misma sentencia pronunciada en el cielo, poder de perdonar los pecados, poder propio de Dios.

De los Apóstoles pasó este poder a los primeros Obispos; de éstos a sus sucesores en los obispados y a los sacerdotes. Los sacerdotes son verdaderos jueces que se sientan en el tribunal de la misericordia para dictar sentencia en nombre de Jesucristo.

Tienen, pues, obligación de conocer la causa antes de fallar. Tienen que conocer los pecados y la disposición del pecador, para decidir si deben perdonárselos o retenérselos.

Por tanto, es necesario que el mismo pecador se los descubra tal como están en su conciencia, que sólo él lo sabe. Es necesario que se confiese. El mismo pecador será reo, testigo y acusador en este tribunal.

Si cumple su deber, tiene derecho a ser absuelto.

En otros tribunales, el que viene criminal es declarado criminal, y queda criminal.

Aquí, el que viene criminal es declarado bueno, y queda hecho bueno, porque la absolución le borra todos los pecados.

Potestad sublime y consoladora, concedida por Jesucristo a sus ministros sobre todos los pecadores de todos los hombres y para todos los tiempos.

Pedro, acercándose a él, le preguntó:

—Si mi hermano me ofende, ¿cuántas veces le tengo que perdonar?, ¿hasta siete veces?

Jesús le contesta:

—No te digo hasta siete veces, sino hasta setenta veces siete.

Setenta veces siete, es decir, siempre. Siempre que el hombre se arrepienta debe perdonarle su hermano. Siempre que el hombre se arrepiente, le perdona Dios.

84.—ERA BUENO. LAS PARABOLAS DE LA MISERICORDIA

Quiere Jesús que perdonemos siempre y quiere convencernos de que él nos perdona siempre.

Dice el Evangelio:

Los publicanos y pecadores solían acercarse a Jesús para oírle. Y los fariseos y escribas murmuraban de eso diciendo:

—Mirad cómo éste se familiariza con los pecadores y come con ellos.

¡Tratar con los pecadores, comer con ellos, mostrar compasión e indulgencia a quienes los grandes y los sabios despreciaban como malditos sin remisión! Con esta murmuración han tocado uno de los puntos más importantes en la misión de Jesucristo.

El, entonces, abre los labios y les cuenta una parábola dulcísima, un retrato amable de la bondad de Dios, hecho por él mismo, ¡un cuento inventado por Jesús para convencernos de la miseria del pecador y de la misericordia del Redentor!

Quiero leer esta página tal como está en el Evangelio, sin cambiar ni una palabra; que ahí veo cómo traté yo a Dios cuando pecaba, y cómo quiere tratarme él. Decía Jesús así, mientras las gentes le oían encantadas:

—*Un hombre tenía dos hijos: el menor de ellos dijo a su padre: «Padre, dame la parte que me toca de la fortuna.»*

El padre les repartió los bienes.

No muchos días después, el hijo menor, juntando todo lo suyo, emigró a un país lejano, y allí derrochó su fortuna viviendo perdidamente. Cuando lo había gastado todo, vino por aquella tierra un hambre terrible, y empezó él a pasar necesidad.

Fue entonces y tanto insistió a un habitante de aquel país, que lo mandó a sus campos a guardar cerdos. Le entraban ganas de llenarse el estómago de las algarrobas que comían los cerdos; y nadie le daba de comer.

Recapacitando entonces se dijo: «Cuántos jornaleros de mi padre tienen abundancia de pan, mientras yo aquí me muero de hambre. Me pondré en camino adonde está mi padre, y le diré: «Padre, he pecado contra el cielo y contra ti; ya no merezco llamarme hijo tuyo: trátame como a uno de tus jornaleros.»

Se puso en camino adonde estaba su padre: cuando todavía estaba lejos, su padre lo vio y se conmovió; y echando a correr, se le echó al cuello, y se puso a besarlo.

Su hijo le dijo: «Padre, he pecado contra el cielo y contra ti; ya no merezco llamarme hijo tuyo.»

Pero el padre dijo a sus criados: «Sacad en seguida el mejor traje, y vestidlo; ponedle un anillo en la mano y sandalias en los pies; traed el ternero cebado y matadlo; celebremos un banquete, porque este hijo mío estaba muerto, y ha revivido; estaba perdido, y lo hemos encontrado.»

Y empezaron el banquete.

La admirable bondad de este padre aún resalta más en la segunda parte de esta prodigiosa parábola.

Porque este padre tenía otro hijo. Era mayor y estaba en el campo.

Cuando al volver se acercaba a la casa, oyó la música y el baile, y llamando a uno de los mozos, le preguntó qué pasaba.

Este le contestó: «Ha vuelto tu hermano; y tu padre ha matado el ternero cebado, porque lo ha recobrado con salud.»

El se indignó y se negaba a entrar; pero su padre salió e intentaba persuadirlo.

Y él replicó a su padre: «Mira: en tantos años como te sirvo, sin desobedecer nunca una orden tuya, a mí nunca me has dado un cabrito para tener un banquete con mis amigos; y cuando ha venido ese hijo tuyo que se ha comido tus bienes con malas mujeres, le matas el ternero cebado.»

El padre le dijo: «Hijo, tú estás siempre conmigo, y todo lo mío es tuyo: deberías alegrate, porque este hermano tuyo estaba muerto y ha revivido; estaba perdido, y lo hemos encontrado.»

Y Jesús calló. No necesitaba explicar más la parábola. Se había apoderado del corazón de los que oían sus palabras, como se apodera del nuestro cuando las leemos.

Jamás poeta alguno del mundo ha compuesto una historia tan breve y tan impresionante como ésta.

Y no es la invención de un hombre que se imagina cómo ha de ser la bondad divina, no es la visión de un alma blanda y cariñosa que quiere inspirarnos su misma confianza.

Es la invención del mismo Jesucristo, es la promesa del mismo Dios ofendido por el pecador, es la escritura del perdón firmada con la sangre del Corazón más generoso. ¿Por qué leemos siempre con tanto consuelo la historia del arrepentido, sino porque nos estamos viendo retratados en él?

Yo creo que cuando Jesús empezó: «Había una vez un padre que tenía dos hijos...», todos los presentes alargarían el cuello, harían un silencio grande, y cada uno pensaría curioso: —Nos va a contar un cuento; a ver, a ver...

Y cuando Jesús describía al hijo pecador, al hijo que huye de su padre para entregarse al vicio, al hijo que va descendiendo, descendiendo en la degradación, hasta vivir entre animales inmundos, yo creo que algunos de sus oyentes dirían emocionados: —Ese soy yo... Yo abandoné a Dios, huí de su presencia, pequé...

Y cuando Jesús presentaba la amargura del joven que quisiera comer bellotas y se muere de hambre; y sus remordimientos y su tristeza, y su deseo de volver a casa, aquel oyente pensaría: —Ese soy yo... ¡Qué hastío después del placer prohibido, qué vergüenza, qué ganas de dejar la mala vida...!

Y cuando Jesús añadía que el hijo se levantó entre los animales sucios y se dirigió a la casa de su padre, dispuesto a echarse a sus pies; y que se acercaba de prisa, venciendo la vergüenza que sentiría al acordarse de su hermano mayor, aquel oyente pensaría: —A ver cómo le recibe su padre, a ver si le castiga mucho...

Y cuando se conmovía Jesús, diciéndoles cómo el padre vio al hijo desde lejos, y sin poderse contener corrió a su encuentro y le echó los brazos al cuello y le besó y le abrazó...; ¡oh!, aquel pecador que oía a Jesús sentiría el empujón de las lágrimas en los ojos, y el nudo en la garganta, y el anhelo de encontrarse a solas con Jesús para decirle: —Padre mío, he pecado contra el cielo y contra ti, no soy digno de ser hijo tuyo: recíbeme como uno de tus servidores.

Y Jesús le recibiría temblando de amor y de gozo, y le estrecharía sobre su Corazón de Padre y de amigo, y le defendería contra las murmuraciones de los que se creen justos y desprecian al que ha sido pecador, lo mismo que el padre de la parábola defendió al hijo menor de la frialdad y del enfado del mayor; y finalmente haría celebrar fiestas en el cielo por la salvación de un alma.

Sí; fiestas en el cielo por un convertido.

El mismo Jesús lo contaba:

—Si uno de vosotros tiene cien ovejas y se le pierde una, ¿no deja las noventa y nueve en el campo y va tras la descarriada, hasta que la encuentra? Y cuando la encuentra, se la carga sobre los hombros, muy contento; y al llegar a su casa, reúne a los amigos y a los vecinos para decirles:

—¡Felicitadme!, he encontrado la oveja que se me había perdido.

Os digo que así también habrá más alegría en el cielo por un solo pecador que se convierta que por noventa y nueve justos que no necesitan convertirse.

Y tú, mi querido lector, has oído hablar del Corazón de Jesús.

Y acaso no sabes qué es el Corazón de Jesús... Mira: un padre bueno y cariñoso cuyo hijo se le escapó; un padre que siempre le aguarda mirando a ese camino triste del pecado: «Por allí se me fue; ya volverá, ya volverá...»; un padre que, cuando le ve venir, se apresura a besarle y abrazarle y perdonarle; eso es el Corazón de Jesús.

Más todavía: un pastor —el Pastor bueno— que da su Sangre por sus ovejas; un pastor que tiene una oveja muy querida, y una noche dolorosa se encuentra sin ella, porque se quedó perdida por esos montes, entre esas zarzas. Un pastor que deja su casa y su cena y su descanso, por buscar la ovejita desgraciada; un pastor que cuando la encuentra enredada en espinas que ella tomó por rosas, en vez de arrojarle su cayado para hacerla salir en seguida, se arrodilla junto a ella y la desenreda piadosamente, dulcemente, sin cuidarse de las llagas que se le abren en las manos; un pastor que la toma con sus brazos, se la echa sobre los hombros y vuelve al aprisco, contento de haberla recobrado; un pastor que a costa del propio sacrificio pone a la oveja perdida entre todas las demás: ese es el Corazón de Jesús.

Si ya le conoces un poco y quieres agradarle, confía en él; si quieres agradarle mucho, confía mucho en él; si quieres agradarle muchísimo, confía muchísimo en él. Nunca confiarás demasiado en quien siempre te espera y te busca, diciendo: «Venid a mí todos los que trabajáis, y estáis cargados, que yo os aliviaré.» Nunca confiarás demasiado en el Sagrado Corazón de Nuestro Señor Jesucristo.

Para que conserves y aumentes esta confianza, la piedad cristiana de nuestros atormentados tiempos te ofrece una jaculatoria que vive en miles de corazones, que tiembla en miles de labios: ¡Corazón de Jesús, en ti confío!

Ante una enfermedad, ante la pérdida de alguna cosa útil, ante cualquier asunto difícil... ¡Corazón de Jesús, en Vos confío!

Es tan eficaz para impetrar soluciones y para recibir consuelo en el alma, que ha sido llamada jaculatoria milagrosa. Nos pone en contacto con un Corazón, cuyo poder está al servicio de la bondad. Y su poder es infinito.

85.—HICIMOS LO QUE DEBIAMOS HACER

El Maestro no ha respondido a la pregunta de si eran muchos o pocos los que se salvan. Ha señalado las tres fuerzas que arrastran a la perdición: la concupiscencia de la Carne, la concupiscencia del Honor, la concupiscencia del Oro.

Ha mandado a sus amigos vivir en estado de alerta y de lucha, para no dejarse arrastrar por ninguna de las tres; les ha dicho que sólo los **decididos** ganan el Reino de Dios: «Esforzaos a entrar por la puerta estrecha.»

Y para mejor inculcarles la obligación de emplear el dinero, la influencia, la posición social, todos los bienes de este mundo, como medios para conseguir el bien supremo, que es el Reino de Dios, les propuso esta parábola:

—Un hombre rico tenía un administrador y recibió la denuncia de que éste derrochaba sus bienes.

Entonces lo llamó y le dijo: «¿Qué es eso que me cuentan de ti? Entrégame el balance de tu gestión, porque quedas despedido.»

El administrador se puso a echar sus cálculos: «¿Qué voy a hacer ahora que mi amo me quita el empleo? Para cavar no tengo fuerzas; mendigar, me da vergüenza. Ya sé qué haré para que cuando me echen de la administración encuentre quien me reciba en su casa.»

Fue llamando uno a uno a los deudores de su amo, y dijo al primero: «¿Cuánto debes a mi amo?»

Este respondió: «Cien barriles de aceite.»

El le dijo: «Aquí está tu recibo: Aprisa, siéntate y escribe **cincuenta.**»

Luego dijo a otro: «Y tú, ¿cuánto debes?»

El contestó: «Cien fanegas de trigo.»

Le dijo: «Aquí está tu recibo: escribe **ochenta.**»

Y el amo felicitó al administrador injusto, por la astucia con que había procedido. Ciertamente, los hijos de este mundo son más astutos con su gente que los hijos de la luz.

Y yo os digo: Ganaos amigos con el dinero injusto, para que cuando os falte, os reciban en las moradas eternas.

Finalmente, deseoso Jesús de impedir que sus discípulos caigan en la vanagloria de creerse justos, les repite que después de haber hecho cuanto les está mandado para entrar en el Reino, no crean que han hecho más de lo que debían, pues tienen la obligación de hacer todo lo que Dios quiere por el mero título de haber sido creados por él de la nada, aunque no hubiera premio ninguno.

Por eso les ponía una comparación: Un señor tiene un criado guardando el ganado. Cuando el criado vuelve a casa, ¿por ventura le dice el señor: «entra en seguida y come?» No; sino que le dice: «—Sírveme mientras yo como y bebo, que tú comerás y beberás después.» Porque el criado cumpla sus obligaciones, el señor no contrae con él ninguna deuda especial.

Y Jesucristo aplicaba la parábola a sus discípulos, diciéndoles:

Vosotros también, cuando hayáis hecho todo lo que os estaba mandado, decid: «—Somos siervos inútiles; lo que debíamos hacer, eso hemos hecho.»

POR UN PRECIO
DE INFINITO VALOR

Señor, para sacarme de la nada
y ponerme en la luz de tu presencia,
te bastó una palabra.

Para infundirme vida, asemejada
a tu divina vida,
en el gozo, el amor, la inteligencia,
te bastó una palabra.

Y para conservarme en la existencia,
como padre que al hijo quiere y cuida,
te basta una palabra.

Mas yo soy pecador, y yo permito
que el Maldito me atraiga, me domine
y me haga esclavo suyo.

Tú quieres rescatarme del Maldito;
te basta una palabra
para librarme a mí y al mundo entero;
mas me tasas tan alto, que prefieres
pagar por mí un rescate
de valor infinito:
tu sangre de Dios y Hombre verdadero.
Y la das en la cruz... ¡cuánto me quieres!

ACTO QUINTO

AMO, Y SE ENTREGO

El milagro mayor y la sentencia de muerte. Para gloria del Hijo de Dios.—Marcha triunfal: «¡Todo el mundo le sigue!» ¡Hosanna, Hosanna: Viva el Rey!—Amó hasta lo último. Catástrofe infinita: ¡Crucifícale, crucifícale!—No queremos que reine sobre nosotros: ¿por qué?—Fue crucificado, muerto, sepultado: ¡Era el Hijo de Dios!

86.—PARA GLORIA DEL HIJO DE DIOS

Un día cayó enfermo Lázaro, que vivía en su casa de Betania, a unos tres kilómetros de Jerusalén, con dos hermanas, Marta y María.

María era la que ungió al Señor con perfume y le enjugó los pies con su cabellera: el enfermo era su hermano Lázaro.

Y lo que ocurrió en aquella enfermedad nos lo cuenta el evangelista San Juan, poniendo en su narración unos pormenores bellísimos que denotan en seguida al testigo de vista. Me bastará copiar sus palabras, añadiendo cuando haga falta alguna explicación:

Al ver enfermo al hermano que era el sostén de la casa, Marta y María se acordaron de Jesús, y le enviaron un recado, diciéndole:

—Señor, el que tú amas está enfermo.

Mensaje discreto y cariñoso; súplica llena de confianza y de abandono familiar.

Jesús, al oírlo, dijo:
—Esta enfermedad no acabará en la muerte, sino que servirá para la gloria de Dios, para que el Hijo de Dios sea glorificado por ella.
Jesús amaba a Marta, a su hermana María y a Lázaro. Cuando se enteró de que estaba enfermo, se quedó todavía dos días en donde estaba.
Sólo entonces dice a sus discípulos:
—Vamos de nuevo a Judea.
Los discípulos le replican:
—Maestro, hace poco intentaban apedrearte los judíos, ¿y quieres volver allá?
Jesús contestó:
—¿No tiene el día doce horas? Si uno camina de día no tropieza, porque ve la luz de este mundo; pero si camina de noche, tropieza, porque le falta la luz.

Llama Jesús horas del día a las de su vida, y asegura que aún no ha llegado la noche de su muerte. Pueden estar seguros sus discípulos de que nada malo le sucederá todavía.

Dicho esto añadió:
—Lázaro, nuestro amigo, está dormido: voy a despertarlo.
Entonces le dijeron sus discípulos:
—Señor, si duerme, se salvará.
(Jesús se refería a su muerte; en cambio, ellos creyeron que hablaba del sueño natural.)
Entonces Jesús les dijo claramente:
—Lázaro ha muerto, y me alegro por vosotros de que no hayamos estado allí, para que creáis. Y ahora vamos a su casa.

Hablaba el Maestro con resolución. Los discípulos vacilaban por miedo. De pronto uno de ellos, Tomás, dijo resueltamente a sus condiscípulos:
—Vamos también nosotros y muramos con él.
Pusiéronse en camino. Iba el Señor a realizar uno de sus mayores milagros, acaso el más insigne de cuantos realizó en su vida mortal.

Cuando llegó Jesús, Lázaro llevaba ya cuatro días en el sepulcro. Habían venido muchos judíos a Marta y María, para consolarlas de su hermano.

Como era familia principal y Lázaro era muy conocido, acudían muchos a consolar a las hermanas y darles el pésame. Debieron de avisar a Marta, la hermana mayor, que Jesús venía.

Cuando Marta se enteró de que llegaba Jesús, salió a su encuentro, mientras María se quedaba en casa. Y dijo Marta a Jesús:
—Señor, si hubieras estado aquí, no habría muerto mi hermano. Pero aún ahora sé que todo lo que pidas a Dios, Dios te lo concederá.
Jesús le dijo:
—Tu hermano resucitará.
Marta respondió:
—Sé que resucitará en la resurrección del último día.
Jesús le dice:
—Yo soy la resurrección y la vida: el que cree en mí, aunque haya muerto, vivirá; y el que está vivo y cree en mí, no morirá para siempre. ¿Crees esto?
Ella le contestó:
—Sí, Señor: yo creo que tú eres el Mesías, el Hijo de Dios, el que tenía que venir al mundo.
Y dicho esto, fue a llamar a su hermana María, diciéndole en voz baja:
—El Maestro está ahí, y te llama.
Apenas lo oyó, se levantó y salió adonde estaba él: porque Jesús no había entrado todavía en la aldea, sino que estaba aún donde Marta lo había encontrado.
Los judíos que estaba con ella en casa consolándola, al ver que María se levantaba y salía de prisa, la siguieron, pensando que iba al sepulcro a llorar allí. Cuando llegó María adonde estaba Jesús, al verlo se echó a sus pies diciéndole:
—Señor, si hubieras estado aquí, no habría muerto mi hermano.
Jesús, viéndola llorar a ella y viendo llorar a los judíos que la acompañaban, sollozó y muy conmovido preguntó:
—¿Dónde lo habéis sepultado?

Le contestaron:

—Ven, y lo verás, Señor.

Jesús se echó a llorar. Los judíos comentaban:

—¡Cuánto le quería!

Pero algunos dijeron:

—Y uno que abrió los ojos a un ciego, ¿no podía haber impedido que muriera éste?

Jesús, sollozando de nuevo, llega a la tumba. (Era una cavidad cubierta con una losa.) Dice Jesús:

—Quitad la losa.

Marta, la hermana del muerto, le dice:

—Señor, ya huele mal, porque lleva cuatro días.

Jesús le dice:

—¿No te he dicho que, si crees, verás la gloria de Dios?

Entonces quitaron la losa. Jesús, levantando los ojos a lo alto, dijo:

—Padre, te doy gracias porque me has escuchado; yo sé que tú me escuchas siempre; pero lo digo por la gente que me rodea, para que crean que tú me has enviado.

Y dicho esto, gritó con voz potente:

—Lázaro, ven fuera.

El muerto salió, los pies y las manos atados con vendas, y la cara envuelta en un sudario. Jesús les dijo:

—Desatadle y dejadle andar.

Así, con este imperio sobre la vida y la muerte: «¡Lázaro, ven fuera!»

Y con esta ternura compasiva ante el dolor de sus amigos: «lloró Jesús».

En pocas páginas del Evangelio se transparenta la amabilidad de aquel Corazón con atractivos tan encantadores como en ésta. Aquí aparece Jesús Nazareno como el amigo de confianza, el huésped agradecido, el consolador deseado, el bienhechor sencillo, el dominador de la muerte...

Cuanto más contempla uno esta escena, leyéndola despacio como si la estuviera viendo, descubre mayores tesoros de amor en Aquel que dijo: Venid a mí... Yo soy manso y humilde de Corazón...

Lo humano y lo divino se funden aquí armónicamente, y nos hace ver, en un solo acto, toda la hermosura del Ungido. Es Hombre ciertamente, verdadero Hombre, el

Hombre más hombre de cuantos han pisado nuestro globo. Tiene Corazón: todos los gozos, todas las inquietudes, todas las emociones, todas las ternuras del amor, hacen latir ese noble Corazón.

Mas también es Dios, y todas las fuerzas del amor arman su brazo. En él no es el sentimiento, como en nosotros, mayor que el poder; el poder iguala al pensamiento y lo ejecuta. Es el amor perfecto, de donde resulta la perfecta belleza. Esto no se había visto nunca, y no se volverá a ver sobre esta sombría tierra, en la cual, cuando sufren aquellos a quienes amamos, cuando nos llaman en su ayuda, ¡desea uno hacer tanto, y puede hacer tan poco!

¡Y qué admirables figuras, trazadas con mano maestra, se agrupan en torno del Señor en aquel momento supremo!

Marta, cuidadosa y activa, como siempre, corriendo al encuentro de Jesús, con una sola frase en la que el reproche se pierde en el amor:

—Señor, si hubieras estado aquí, mi hermano no habría muerto.

Marta es, entre las mujeres del Evangelio, una especie de San Pedro. Es valiente y varonil. Pero todavía su fe es imperfecta. Cree que Jesús puede obtener un milagro; no cree que él mismo lo pueda hacer. Y para hacerla dar el último paso, para obligarla a comprender sobre la tumba de su hermano que es Dios, ocurre este sublime diálogo:

—Tu hermano resucitará —Sé que resucitará en la resurrección del último día. —Marta, yo soy la Resurrección y la Vida. ¿CREES ESTO? —Sí, Señor; creo que tú eres el Cristo, el HIJO DE DIOS.

Ya está ahora dispuesta a comprender y a ver la gloria de Dios.

María no necesita tanta preparación. Hace mucho tiempo que lo sabe todo, que lo ha comprendido todo. Recogida, silenciosa, sumida en su dolor, espera. Es Jesús quien la llama. Su Corazón, tan tierno, tan noble, no quiere que ella esté ausente en el grandioso momento. Advertida, pues, acude y cae a sus plantas.

Marta se había quedado de pie; María se precipita a los pies de Aquél a quien ama. Su frase es la misma que la de su hermana: «Señor, si hubieras estado aquí, mi hermano no habría muerto.» ¡Cuántas veces esta misma idea había ocupado el alma de las dos hermanas, durante los últimos días de la enfermedad! Marta, dejándola escapar, habíale añadido un grito de fe y esperanza. María nada añade; llora. Mas estas lágrimas son las que todo lo terminan. Jesús con Marta habla; con María llora.

Preciosas lágrimas, que no fueron impotentes como las nuestras, y que permitieron pagar la hospitalidad que había él recibido, y todas las ternuras que se le habían prodigado en su amada casa de Betania.

87.—«ES NECESARIO QUE MUERA»

La resurrección de Lázaro es el milagro de la amistad; no solamente porque el afecto que Jesús profesaba a Lázaro, a Marta y a María fue su principio; no solamente porque, alejado de Judea, volvió allá con peligro de su vida, oyendo únicamente a su Corazón; sino porque, en el acto mismo del milagro, tuvo, estremeciéndose de horror, clara inteligencia del partido que sus enemigos sacarían de aquel hecho.

Sabía que resucitar a su amigo, en tales circunstancias, bajo la cuchilla de los fariseos, era firmar su sentencia propia. No nos dolamos por ello. El vaso estaba colmado hacía mucho tiempo. Cuadraba bien que la última gota, la que iba a hacer que rebosase, fuese un acto de amistad elevada hasta el heroísmo.

Este milagro será decisivo en el drama de Jesús. Ha sido el más estupendo de los realizados hasta ahora. Ha tenido lugar a dos pasos de Jerusalén; en las proximidades de la Pascua, ante muchos judíos...

Nada nos dice San Juan de la emoción y gratitud de las hermanas al cenar otra vez con el hermano que había estado cuatro días en el sepulcro, y al oír la voz conocida, y al verle sano, sonriente y vigoroso. Nada nos dice del estupor de la gente cuando le vio salir amortajado, ni de las primeras palabras que pronunció el resucitado...

Pero nos presenta en dos frases el terrible misterio de la libertad del hombre ante la luz de Dios.

Muchos judíos que habían venido a casa de Marta y María, al ver lo que había hecho Jesús, creyeron en él.

Otros se fueron a los fariseos y les dijeron lo que había hecho Jesús.

Unos creen en él. Otros corren a denunciarle. ¡La verdad ilumina a los que quieren ver; la verdad ciega a los que no quieren ver!

Pronto comprendieron los envidiosos de la popularidad de Jesús, los emboscados en Jerusalén, los vividores del Templo y del Tribunal —fariseos, saduceos, escribas, doctores—, pronto comprendieron que se rompían como hilos de araña en un terremoto sus planes de deshacer la obra del Nazareno y excomulgar a quien se hiciera su discípulo...

Veían que al enorme ascendiente adquirido por Jesús en sus anteriores predicaciones por Galilea, Judea y Perea, y a sus triunfos de Jerusalén, se unía ahora esta noticia grandiosa de haber sacado un cadáver del sepulcro, noticia comentada con entusiasmo por muchos y confirmada por la incesante romería de gente que iba a Betania para ver a Lázaro y oírle y tocarle.

Aterrados por este asombroso suceso que levanta como ninguno la fama de Jesús, congregan al Sanedrín o Gran Consejo, para tomar una resolución.

Tres clases estaban principalmente representadas allí: los Sacerdotes, los Escribas y los Ancianos. Los primeros pertenecían a la secta de los saduceos. Los otros dos a la de los fariseos. Entre sí se odiaban ambos partidos; pero ahora se dan la mano, unidos en un mismo odio contra Jesús.

Entonces, los sumos sacerdotes y los fariseos convocaron el Sanedrín, y dijeron:

—¿Qué estamos haciendo? Ese hombre hace muchos milagros. Si le dejamos seguir, todos creerán en él, y vendrán los romanos y nos destruirán el lugar santo y la nación.

En sus primeras palabras quedan condenados estos hombres del Mal Consejo: Jesús hace muchos milagros; todos creen en él... ¿Qué hacemos? Pues, ¿qué habéis de hacer, sino creer también vosotros en él?

El miedo de perder sobre el pueblo un prestigio y una autoridad que ven se pasa de sus manos a las manos de Jesús, les quita la razón y les impide discurrir. «¡No hay que dejarlo así!»

Esto es lo que les importa, matar en el pueblo el amor a Jesús; pero disimulan su intento con una excusa bien dada: «Si todos creen en él, los romanos pensarán que tratamos de alzar un Rey judío frente a ellos, y vendrán a destruirnos y ahogarnos en sangre.»

Y había distintos pareceres. Entre los 71 sanedritas no faltarían amigos de Jesús que quisieran defenderle. Sabemos que allí estaban, en la clase de los Ancianos, José de Arimatea y Nicodemo, que no consintieron en la iniquidad de los enemigos del Señor.

Aun entre los mismos que querían perderle, no faltarían quienes propusieran obrar con discreción y prudencia, ya que Jesús era hombre valiente, muy querido por el pueblo y obrador de maravillas.

Al fin, el Presidente Caifás atajó todas las discusiones, diciéndoles bruscamente:

—*Vosotros no entendéis ni palabra: no comprendéis que os conviene que uno muera por el pueblo y que no perezca la nación entera.*

¡Designios de Dios! Injusta era la sentencia de aquel hombre y perversa su intención. Sin embargo, el mismo Espíritu Santo le sugirió aquellas palabras, con tal arte, que sin violentar la libertad y mal proceder del indigno sacerdote, tuvieron un sentido muy distinto del que Caifás quería darles y sirvieron para anunciar la gran verdad de la Redención del mundo.

Caifás quiso decir: es necesario que muera un hombre, Jesús Nazareno, para que toda la nación judía no sea destruida por los romanos, bajo el pretexto de que quiere sublevarse contra ellos y proclamar un Rey independiente.

El Espíritu Santo con estas mismas palabras dijo: Es necesario que muera un hombren el Hombre Cristo Jesús, el Hombre Dios, para que todos los hombres diseminados por todo el mundo sean perdonados por Dios y reunidos en una sola Familia, la gran Familia de los hijos de Dios, que es la Iglesia adquirida con la Sangre de este Hombre que tiene que morir.

Así lo hace constar San Juan, añadiendo este comentario a la sentencia de Caifás:

No la pronunció por propio impulso, sino que, por ser sumo sacerdote aquel año, habló proféticamente, anunciando que Jesús iba a morir por la nación; y no sólo por la nación, sino también para reunir a los hijos de Dios dispersos.

Con la tajante intervención del Presidente, quedó terminada la reunión del Sanedrín, cuyas conclusiones resume así San Juan: «Aquel día decidieron dar muerte a Jesús.»

Ya en otras ocasiones habían querido matarle; pero esta era una decisión más solemne, tomada por el Supremo Tribunal de la nación judía. Jesús sabe que esta sentencia se ha de cumplir: «Es necesario que un Hombre muera para que todo el mundo se salve.» Pero él se dejará matar cuando llegue **su hora,** antes no.

Por eso, procediendo como cualquier hombre que se sabe amenazado en una ciudad, Jesús salió de Jerusalén.

Y ya no andaba públicamente con los judíos, sino que se retiró a la región vecina al desierto, a una ciudad llamada Efraín, y pasaba allí el tiempo con los discípulos.

88.—LA GRATITUD DEL EXTRANJERO

Se acercaba la Pascua, la gran festividad de los judíos. Muchos de los que vivían cerca de Jerusalén subían con anticipación a la Ciudad Santa para purificarse de las irregularidades legales.

Lo mismo que en otras fiestas parecidas, Jesús era el tema de las conversaciones. En los grandes pórticos y atrios del Templo, donde se agolpaban las multitudes, todos preguntaban por Jesús: ¡tanta era la fama que le había merecido su predicación y sus milagros!

Se preguntaban unos a otros: —¿Qué os parece de que no haya venido a la fiesta?

Esta curiosidad expectante era mayor que nunca, porque ya se sabía la última decisión del Sanedrín; y además, los príncipes de los sacerdotes y los fariseos habían dado orden de que si alguno supiese dónde estaba Jesús, le denunciase para prenderlo.

No tardará el Señor en aparecer en la ciudad y triunfar definitivamente de sus enemigos, muriendo y resucitando en ella.

Pero desde que llegó a Efraín y antes de volver definitivamente a Jerusalén, empleó algunas semanas en hacer un recorrido entre Samaria y Galilea, dejando por última vez en aquellas regiones el recuerdo feliz de su palabra y de sus milagros.

Cuando iba a entrar en un pueblo, vinieron a su encuentro diez leprosos, que se pararon a lo lejos y a gritos le decían:

—Jesús, maestro, ten compasión de nosotros.

Al verlos, les dijo:

—Id a presentaros a los sacerdotes.

Y mientras iban de camino, quedaron limpios. Uno de ellos, viendo que estaba curado, se volvió alabando a Dios a grandes gritos, y se echó por tierra a los pies de Jesús, dándole gracias.

Éste era un samaritano. Jesús tomó la palabra y dijo:

—¿No han quedado limpios los diez? Los otros nueve, ¿dónde están? ¿No ha vuelto más que este extranjero para dar gloria a Dios?

Y le dijo:

—Levántate, vete: tu fe te ha salvado.

¡Cuánto duele la ingratitud a los bienhechores generosos! Jesús, de Corazón tan bueno y agradecido, siente pena ante la frialdad y egoísmo de sus compatriotas, los nueve judíos, curados con un samaritano, el extranjero, el único que da las gracias.

Y a éste, como recompensa por haber agradecido el beneficio temporal de la salud, le concede el espiritual infinitamente más valioso: la fe que salva. Es la norma del Señor: al que más agradece, más le da.

89.—EL REINO DE DIOS HA VENIDO YA

En los tiempos de Jesús, el advenimiento de un Reino glorioso era la esperanza general del pueblo judío. Por eso, unos fariseos que salieron a su encuentro en este camino le preguntaron cuándo llegaba aquel Reino, el Reino de Dios.

Jesús les respondió:

—El Reino de Dios no viene con aparato. Ni podrán decir: «Míralo aquí o míralo allá.» Porque el Reino de Dios está en vosotros.

¿Entendieron aquellos hombres las palabras de Jesús?

El Reino está en vosotros, porque entre vosotros estoy

yo, que soy el Rey, y ya he comenzado a fundar mi Iglesia que es el Reino de Dios en el mundo, y a reinar en las almas por medio de mi gracia.

Ya está entre vosotros el Rey pacífico, que a todos os invita a entrar en su Reino por medio de la fe y a cumplir su voluntad.

Si ahora lo rechazáis, vendrá como Rey justo y vengador... Vendrá el Hijo del Hombre a juzgar a todos los hombres y establecer su Reino definitivo, cuando ellos menos lo esperen, sorprendiéndolos en su vida y atajándoles sus placeres.

—Como sucedió en los días de Noé, así será también en los días del Hijo del Hombre: comían, bebían y se casaban, hasta el día que Noé entró en el arca; entonces llegó el diluvio y acabó con todos.

Lo mismo sucedió en tiempos de Lot: comían, compraban, vendían, sembraban, construían; pero el día que Lot salió de Sodoma, llovió fuego y azufre del cielo y acabó con todos.

Así sucederá el día en que se manifieste el Hijo del Hombre.

De nada servirán las riquezas ni el ansia loca por conservar la vida en aquellos momentos: «El que pretenda guardar su vida, la perderá.» ¡Feliz, en cambio, quien desprecie todo lo temporal por el amor a Jesucristo! «El que perdiere su vida, la recobrará», ganando vida eterna por la muerte temporal que ha perdido.

90.—Y AL TERCER DIA RESUCITARA

Los discípulos iban subiendo, camino de Jerusalén, y Jesús se les adelantaba; los discípulos se extrañaban y le seguían asustados.

Se asustan al verle caminar hacia la ciudad enemiga. Se extrañan de que él no tema acercarse a los que sabe que desean matarle.

Es que él desea morir. Lo desea más que sus adversarios, porque a ellos mueve el odio; a él mueve el amor. Por eso toma a los Doce, y comienza a descubrirles su secreto, mientras a todo lo largo del camino florecen las voces y los cantos de los peregrinos que suben a la gran Pascua:

—Mirad: estamos subiendo a Jerusalén y se va a cumplir todo lo que han escrito los profetas sobre el Hijo del hombre: lo entregarán a los gentiles, se burlarán de él, le insultarán, le escupirán: después de azotarlo, lo matarán, y al tercer día resucitará.

Ellos no entendieron nada de esto; aquel lenguaje les resultaba enigmático, y no comprendían lo que quería decir.

El sentido literal bien lo entienden. Es clarísimo. «Me matarán..., resucitaré»; pero como a ellos les parece imposible que su amado Maestro, el Hijo de Dios, pueda ser condenado a muerte por los hombres, se imaginan que las palabras de Jesús tendrán otro sentido misterioso. Por eso dice el Evangelio que no le entendían...

Por otra parte, tampoco se atreven a preguntarle, no sea que él les repita lo que nunca quisieran que fuese verdad, y así caminan en silencio triste.

Un incidente viene a interrumpir ese silencio.

91.— ¡PODEMOS!

Iba el Señor algo separado de los Doce. Se le acercó respetuosamente una mujer. Era Salomé, la madre de dos Apóstoles, Santiago y Juan.

Le hizo una reverencia y le pidió un favor. Jesús le preguntó bondadoso:

—¿Qué deseas?

Ella contestó:

—Ordena que estos dos hijos míos se sienten en tu reino, uno a tu derecha y el otro a tu izquierda.

Demasiado sabía Jesús que aquella petición no era sólo de la madre. Tras ella estaban los dos hijos, deseosos de los primeros puestos en un Reino que se figuraban había de ser humanamente espléndido y opulento.

Jesús, pues, dirigióse a ellos y les dijo:

—No sabéis lo que pedís. ¿Sois capaces de beber el cáliz que yo he de beber?

Contestaron:

—Lo somos.

Fácil era decir que podrían beber el cáliz de Jesús, es decir, participar de su suerte; pero si hubieran probado aquella infinita amargura que en ese cáliz había de concentrarse y que hizo agonizar aun al animoso Corazón de Jesús, hubieran temblado, antes de afirmar· lo que afirmaban.

—Mi cáliz lo beberéis; pero el puesto a mi derecha o a mi izquierda, no me toca a mí concederlo; es para aquellos para quienes lo tiene reservado mi Padre.

Les anuncia que beberán su cáliz, muriendo mártires como él; pero que los primeros puestos del Reino no los ha de dar a ellos por razones humanas de parentesco o de recomendación, sino a los que por razones de providencia y de gracia y de mérito personal han sido predestinados para ellos por el Padre que está en los cielos.

Al enterarse los diez discípulos de las ambiciones de Santiago y Juan, se indignaron contra ellos. Así eran los amigos que día tras día tenía que educar Jesús.

Volvió a reunirlos a su alrededor, y los invitó a la humildad con su propio ejemplo:

—*Sabéis que los jefes de los pueblos los tiranizan, y que los grandes los oprimen. No será así entre vosotros: el que quiera ser grande entre vosotros, que sea vuestro servidor, y el que quiera ser primero entre vosotros, que sea vuestro esclavo.*

Igual que el Hijo del Hombre no ha venido para que le sirvan, sino para dar su vida en rescate por muchos.

Palabras que hicieron bajar la cabeza a los Apóstoles entonces ambiciosos; y a los cristianos ambiciosos de hoy.

Y palabras que expresan el supremo ideal de Jesús redentor: *poner la vida,* en sacrificio ofrecido al Padre, para rescatar a *todos* los hombres caídos en la esclavitud del pecado. A todos, que aquí la palabra *muchos* equivale a *todos,* puesto que todos son muchos.

Pero *ponerla voluntariamente,* como *consecuencia de su amor a nosotros,* no como *mera resignación* ante un violento ataque de asesinos. «Nos amó, y se entregó por nosotros.» Se entregó porque nos amó. Es uno de los muchísimos pasajes del Nuevo Testamento que dejan avergonzados a los que se han atrevido a escribir en revistas católicas: «Jesucristo no se sacrificó; a Jesucristo lo mataron.»

Los atrevidos que tales palabras escribieron, deberían haber empezado por demostrar que todo eso del Santo *Sacrificio* de la Misa es mentira; que toda la teología de San Pablo es mentira; que las alusiones proféticas al Mesías doliente son mentira; que la historia presentada por el Evangelio es mentira; que nuestro deber de amar al prójimo hasta poner la vida por él, como Jesús puso la vida por nosotros, es mentira... ¡Qué dignos de compasión los que siembran errores, sin conocer el alcance de sus errores!

Después de haber prometido que dará su vida como rescate, Jesús añade que ha venido a servir no a ser servido. Desde entonces, el que quiere ser mejor cristiano, el más parecido a Cristo, procura servir y ayudar a todos, pero no a la fuerza, sino por amor.

92.—¡SEÑOR, QUE YO VEA!

Jericó era una ciudad de mercaderes y agricultores. Eran famosísimas las rosas de Jericó y las altas palmeras que de ella hacían un oasis delicioso en medio de las tierras duras que la rodeaban.

Como estaba cerca de Jerusalén, allá confluían los caminos y allí se juntaban las caravanas de peregrinos que iban a la ciudad de David.

Cuando se acercaban a Jericó, había un ciego sentado al borde del camino, pidiendo limosna. Al oír que pasaba gente, preguntaba qué era aquello, y le explicaron:

—Pasa Jesús el Nazareno.

Entonces gritó:

—¡Jesús, hijo de David, ten compasión de mí!

Los que iban delante le regañaban para que se callara, pero él gritaba todavía más:

—¡Hijo de David, ten compasión de mí!

Jesús se paró y mandó que se lo trajeran. Los que iban con Jesús dijeron al ciego:

—¡Ánimo, que te llama!

Cuando estuvo cerca, Jesús le preguntó:

—¿Qué quieres que te haga?

Él dijo:

—Señor, que vea otra vez.

Jesús le dijo:

—Recobra la vista, tu fe te ha salvado.

Y en seguida recobró la vista y le iba siguiendo, dando gloria a Dios. Y todo el pueblo, al ver esto, alababa a Dios.

Un ciego mendigando al borde del camino es el hombre de la indigencia absoluta. Pero este hombre tiene un momento estelar en su vida: pasa ante él la absoluta generosidad, y se le ofrece sin condiciones: «¿qué quieres?»

El ciego no le pide alguna de esas cosas que —según piensan los hombres— traen alegría: dinero, salud, placeres, victoria sobre enemigos. Le pide lo primero que él necesita para tener alegría: ¡luz!

Ha sido el instante definitivo en su vida miserable, y ha sabido aprovecharlo. ¡Bienaventurados los que conocen y aprovechan el momento en que pasa Jesús!

93.—«DOY LA MITAD A LOS POBRES»

Entró Jesús en Jericó, y atravesaba la ciudad.

Allí vivía Zaqueo, judío rico, afortunado en sus negocios, jefe de los recaudadores del tributo, y de fama poco buena entre los vecinos.

Este hombre siente la curiosidad de ver a Jesús, de quien tantas cosas ha oído contar; pero le es imposible entre tantísima gente que rodea al Maestro, por ser bajo de estatura. Impulsado por su buen deseo, desprecia todo respeto humano, echa a correr hacia un sitio por donde Jesús va a pasar, y se sube a un árbol como si fuese un chico.

El Señor, cuando llegó allá, levantó los ojos y le dijo:

—Zaqueo, baja en seguida, porque hoy tengo que hospedarme en tu casa.

La sorpresa y el júbilo de Zaqueo no se pueden imaginar.

El sólo había pretendido ver al Nazareno: y he aquí que éste le mira, le llama por su nombre ante todo el pueblo y le dice que quiere ser su huésped.

Zaqueo bajó al momento; le recibió en su casa muy contento; pero los envidiosos no se hicieron esperar.

Al ver esto, murmuraban diciendo:
—Ha entrado a hospedarse en cada de un pecador.
Pero Zaqueo se puso en pie, y dijo al Señor:
—Mira, Señor, doy a los pobres la mitad de mis bienes; y si de alguno me he aprovechado, le restituiré cuatro veces más.

He aquí el efecto maravilloso de las visitas de Jesús. No dice **mañana,** no dice **daré.** Dice **ahora,** dice **doy.** Ya está dado. Y aunque no le remuerde la conciencia de ningún fraude, por si acaso ha cometido alguno en su oficio, promete restituir en seguida no el doble, como mandaba la ley a los fraudulentos, sino el cuádruplo. Desde este instante, su mayor riqueza es haber conocido a Cristo y creer en él.

Ante esta generosidad y estos propósitos, exclama Jesús:

—Hoy ha entrado la salvación en esta casa, porque también éste es hijo de Abrahán. Pues el Hijo del Hombre ha venido a buscar y salvar lo que estaba perdido.

94.—UNGIDO PARA EL SEPULCRO

El pueblo de Jerusalén buscaba a Jesús, y unos a otros se decían:

—¿Qué os parece, que no ha venido a la fiesta?
Los príncipes de los sacerdotes y los fariseos habían echado bando de que si alguno supiese dónde estaba, lo declarase, a fin de apoderarse de él.

Entretanto el Maestro se acerca tranquilo a Jerusalén,

y en medio de ellos se presentará triunfador cuando menos lo esperen.

Seis días antes de la Pascua fue Jesús a Betania, donde vivía Lázaro, a quien había resucitado de entre los muertos. Allí le ofrecieron una cena en casa de Simón el leproso: Marta servía· y Lázaro era uno de los que estaban con él a la mesa.

María tomó una libra de perfume de nardo, auténtico y costoso, ungió a Jesús los pies y se los enjugó con su cabellera. Luego, quebrando el alabastro, derramó el perfume sobre la cabeza de Jesús, y toda la casa se llenó de la fragancia del ungüento.

Dijo entonces uno de los discípulos, Judas Iscariote, el que iba a entregarlo:

—¿A qué ese derroche del ungüento? ¿Por qué no se ha vendido en trescientos denarios y se ha dado a los pobres?

Dijo esto no porque le importasen los pobres, sino porque era ladrón y como tenía la bolsa, defraudaba de lo que le echaban.

Su mal ejemplo indujo a otros a murmurar como él, aunque sin su perversa intención.

Viendo esto Jesús, les dijo:

—¿Por qué la molestáis? Buena obra ha hecho conmigo. Porque pobres siempre tendréis con vosotros, y cuando quisiereis, podréis hacerles bien; más a mí no siempre me tendréis. Esta hizo lo que pudo, pues derramando este ungüento sobre mí, se adelantó a ungir mi cuerpo para la sepultura. Os digo que donde se predique este Evangelio por todo el mundo se referirá también lo que ésta ha hecho, para recuerdo de ella.

La misteriosa tristeza de este anuncio profético no fue comprendida por los que oían a Jesús. A sus discípulos nadie convencerá de que para vencer, el Señor tiene que ser derrotado. Para triunfar eternamente, tiene que morir. Pero él lleva siempre ante los ojos del alma su día y su hora, que se acercan rápidamente.

La hora de su muerte: «No me tendréis a mí siempre... Esta ungió anticipadamente mi cuerpo para el sepulcro.» Y el día de su victoria: «Este Evangelio se predicará por todo el mundo...»

Ellos no le entienden.

Y Jesús, reclinado en la mesa del rico Simón, sigue comiendo su pan y bebiendo su vino como si estuviese entre amigos que fuesen iguales a él, y fuesen capaces de comprenderle y admirarle. Lleva en el alma una soledad infinita de hombres, llenada por su infinito amor a Dios.

Y una muchedumbre de judíos se enteró de que estaba allí. Y vinieron no sólo por Jesús, sino también para ver a Lázaro, al que había resucitado de entre los muertos. Y los príncipes de los sacerdotes resolvieron matar también a Lázaro; porque muchos judíos, por causa de él, se les iban y creían en Jesús.

¡Qué irritante es la luz para quien tiene los ojos irritados! Los mismos milagros y argumentos que debieran servir para creer en Jesús y reconocerle como enviado de Dios, sólo consiguen endurecerlos en su ceguera:

—Muchos creen en el Nazareno al ver ese testimonio viviente de su poder, que es Lázaro resucitado: ¿qué haremos? ¡Matar a Lázaro!

¡Como si el que resucitó al muerto no pudiera con la misma facilidad resucitar al asesinado...!

Pero están ciegos y no quieren ver. Jesús nunca les ha temido, ni ahora les teme. Mañana mismo —al día siguiente del convite en casa de Simón— hará una entrada triunfal en Jerusalén, y aparecerá como Rey en medio de los mismos que han mandado que lo denuncie inmediatamente quien sepa dónde está escondido.

NUNCA TE CANSAS DE MI

Pedro te quiere, es tu amigo;
pero, en una noche oscura;
te deja, Señor, y jura
que él nada tiene contigo.

Luego, a su vista pasaste;
le miraste, y él lloró.

Cuando te negaba yo,
también, Jesús, me miraste.
Yo lloré; me arrepentí,
y, si te vuelvo a negar,
tú me vuelves a mirar.
¡Nunca te cansas de mí!

ESCUCHAIS A LOS FAMOSOS;
ESCUCHAD AL SEÑOR.

Algunos días claman por la radio:
"¡Atentos, hoy! os hablará un famoso,
y dirá algo importante..."

Lo hace así el locutor de cierto estadio,
cuando presenta al boxeador triunfante.
Este dice: "Pegué a mi contrincante;
le acerté al corazón; cayó redondo..."
Resuenan, como música de fondo
silbidos y ovaciones;
no habla más el famoso; se ha marchado,
y vuelvo, a mi silencio bienhadado.

Pienso en ti, Campeón de campeones,
y creo estar oyendo las palabras
que pronunciaste tú para nosotros;

"Venid a mí, los tristes, los cansados,
y yo os aliviaré..." El amor más grande
es dar la vida en bien de los amados,
y mis amados sois todos vosotros...

SEMANA SANTA

95.—¡BENDITO EL REY QUE VIENE!

Nos acercamos a la catástrofe de la tragedia divina. Preparemos la mente y el corazón para los acontecimientos que se avecinan. La Humanidad sólo una vez los ha contemplado.

Por un día siquiera, Jesús se va a presentar como el gran Rey, esperado por los israelitas piadosos que acuden al Templo todas las tardes a la hora del sacrificio.

El mismo toma la iniciativa en la preparación del homenaje.

Sale de Betania al amanecer, llega al monte de los Olivos y envía por delante dos de sus discípulos, mandándoles traer un asno en el cual ningún hombre ha cabalgado todavía.

No eran aquellos asnos de Palestina como estos sus descendientes de hoy, venidos a menos, los pacientes burros de carga, huesos cansados en una piel rugosa. En la juventud de los tiempos y de la fuerza, el asno era animal guerrero, cabalgadura de Reyes y Profetas, gallardo y fuerte como el caballo.

El Nazareno ha pedido expresamente un asno sin domar, imagen del mundo pagano, sin yugo, sin ley, sin Dios, atado con las cuerdas de la idolatría. Cristo lo desatará por medio de sus enviados y lo introducirá en la ciudad de Dios y de las promesas, mientras los hijos de la ciudad se harán dignos de ser arrojados fuera.

Los discípulos traen el animal. Y cuando ven que Jesús hace ademán de cabalgar, se entusiasman; y quitándose sus mantos de fiesta, los ponen sobre la grupa del asno, y le ayudan a sentarse encima.

Avanzan jubilosos hacia Jerusalén. Muchísima gente hace el mismo camino en aquella espléndida mañana primaveral, de luz y alegría en el cielo intenso, de flores y de aromas en el campo, de amor ardiente en las miradas de los amigos.

Y cuando conocieron que el que venía a caballo era el gran Maestro Jesús de Nazaret, el que por todas partes había pasado haciendo bien, muchísima gente tendía por el camino sus vestidos de colores vivos, para que sirvieran de alfombra al Rey que venía, en señal de vasallaje y gratitud.

Otros cortaban ramos de los árboles y los esparcían por el camino. Y cuando se acercaban a la bajada del monte de los Olivos (punto desde el que se domina plenamente la ciudad en un grandioso golpe de vista), *toda la muchedumbre de discípulos, llenos de gozo, comenzaron a alabar a Dios en alta voz, por todas las maravillas que habían visto. Y la muchedumbre que iba delante y la que iba detrás gritaba diciendo:*

—¡Hosanna al Hijo de David! ¡Bendito el Rey que viene en nombre del Señor! ¡Paz en los cielos! ¡Hosanna y gloria en las alturas!

Era un espectáculo regio, un camino triunfal, donde el vencedor homenajeado no ciñe espada ensangrentada ni arrastra prisioneros de guerra, sino que anuncia la paz del Reino mesiánico, distinto de los reinos de este mundo, como anunció el Profeta y evocan los evangelistas al referir esta historia del Domingo de Ramos:

—No temas, ciudad de Sión: Mira a tu rey que viene montado en un asno.

Cuando la procesión se acerca a Jerusalén, muchísimos judíos que habían venido a la fiesta de Pascua, oyendo que llegaba Jesús, tomaron ramos de palmas y saliéronle al encuentro, clamando:

—¡Bendito el que viene como Rey, en nombre del Señor! Paz en la tierra y gloria en lo alto.

Y la multitud que había estado con él cuando llamó a Lázaro del sepulcro y le resucitó de entre los muertos, daba testimonio de ello. Y por eso vino a su en-

cuentro la muchedumbre, porque había oído que había hecho este milagro.

A la ciudad enemiga llegaban los clamores triunfales: ¡Bendito el Rey que viene en nombre del Señor! ¡Hosanna en los cielos! ¡Dios salve al Rey! ¡Viva nuestro Rey!

Y los fariseos y los escribas y los ancianos se abrasan de rabia, de envidia y de rencor ante esta victoria de Jesús Nazareno, que se les mete por los ojos.

¡Y ellos habían decretado que quien supiera dónde estuviese escondido, le delatase en seguida! ¡Y habían excomulgado a quien se hiciese su discípulo...!

Devoran su derrota comentando unos con otros:

—¿No veis que nada conseguimos? ¡Todo el mundo se va tras él!

Algunos de ellos, más audaces o más impacientes, serios y fríos entre un pueblo entusiasmado, se acercan a Jesús y le dicen:

—¡Maestro, reprende a tus discípulos! ¿No ves cómo se atreven a tributarte los honores que son exclusivos del Mesías que ha de venir?

Jesús, sin deternerse, responde:

—Yo os digo que si éstos callan, las piedras darán voces.

Es el día destinado por Dios al triunfo de su Hijo, y nadie lo podrá impedir. Pero la ceguedad y obstinación de aquellos hombres atraviesa como una espada de hielo el Corazón amante de Jesús. Y cuando tiene delante la ciudad, donde viene a dejarse matar por ellos, permite que se descubra por fuera el dolor irremediable que le tortura.

Y rompe a llorar por Jerusalén. «Lloró con altos gemidos», dice el evangelista. Y habló a la ciudad:

—¡Si tú comprendieras, a lo menos en este día, lo que puede traerte la paz! Pero no: está escondido a tus ojos. Llegará un día en que tus enemigos te rodearán de trincheras, te sitiarán, apretarán el cerco, te arrasarán con tus hijos dentro, y no dejarán piedra sobre piedra. Porque no reconociste el momento de mi venida.

Estas palabras de amargura infinita, pronunciadas en

medio del triunfo, compendian la gran tragedia de Jesús.

Jerusalén no se ha querido aprovechar del tiempo de su visitación.

Toda la vida de Jesús, especialmente los tres años de su ministerio público y especialísimamente este día en que se presenta como el Mesías prometido, han sido la visitación de Dios a la capital de Israel.

¿No lo está proclamando el pueblo sencillo y creyente? ¿No lo están anunciando todas sus voces? ¡Ya viene el Hijo de David, el Salvador de Israel! ¡Ya viene el Rey que nos prometió el Señor! ¡Bendito sea! ¡Paz al hombre, gloria a Dios!

Pero a los jefes del pueblo estas voces suenan a blasfemias...

Jesús ha cumplido su deber de mostrarse públicamente como el Mesías, el Ungido de Dios, ya que las circunstancias de su entrada han sido mesiánicas, cumpliendo en ellas una de las profecías que más claramente se refieren al Mesías: «Decid a Jerusalén: No temas, Jerusalén; mira a tu Rey que viene a ti, manso y montado en un jumento...»

Los fariseos, los sabios, los príncipes del judaísmo, no podrán decir que Jesús nunca se ha presentado como el Cristo del Señor. Ya lo ha hecho; pero ellos no le quieren conocer; Jesús llora por ellos.

Ellos arrastrarán pronto a ese pueblo hoy entusiasmado, y le impondrán su misma incredulidad y odio contra Jesús dentro de cinco días, el Viernes Santo: Jesús llora por el pueblo.

El pecado de los habitantes será castigado en ellos y en Jerusalén dentro de algunos años por la espada y el fuego de los romanos: Jesús llora por Jerusalén... Llora con gemidos vehementes. Pobre Jerusalén, la Ciudad de Dios. ¡Oh, si hubieras conocido tu día!...

96.—¿QUIEN ES ESTE?

En medio de triunfales ovaciones entró en Jerusalén.

Dice el Evangelio que a su llegada «toda la ciudad se estremeció» como si la sacudiera un temblor poderoso.

Y preguntaban:
—¿Quién es éste?».

La gente que venía con él decía:
—Este es Jesús, el Profeta de Nazaret de Galilea.
Y entró Jesús en el Templo de Dios.

Aquel era el término natural de su manifestación: el Templo de Dios, la Casa de su Padre. Entró como Príncipe que el día de su Coronación derrocha los favores sobre el pueblo; pues a los cojos y ciegos que mendigaban en el Templo, y que al verle llegar se esforzaron por acercarse a él, a todos los curó. Con esto creció el entusiasmo y la alegría y los cantos de la gente.

Sobresalían los niños, los amigos invariables de Jesús, que llenaban los grandes atrios y pórticos con sus voces argentinas, entonando incesantes vivas y hosannas al Hijo de David.

Ante aquel cúmulo de maravillas y ante los cánticos de los niños, braman de coraje los enemigos invariables de Jesús, y le preguntan:

—¿No oyes lo que éstos dicen?
Jesús les responde:
—Sí; y vosotros, ¿no habéis oído nunca aquellas palabras: de la boca de los niños de pecho sacaste perfecta alabanza...?
Y dejándolos, se fue.

Recorre el Templo y lo examina todo. Ve que el atrio de los gentiles, aquella gran explanada de losas cuadradas y brillantes, está lleno de compradores y vendedores de toda clase, que lo han convertido en un mercado vulgar.

Todo lo observa, pero como ya es tarde, reúne a los Doce y se vuelve con ellos a Betania, donde pasa la noche.

97.—LAS PARABOLAS DE LA REPROBACION

Muy temprano regresó el lunes a Jerusalén con los Doce. Todos los días de esta gran semana se presentará en medio de sus enemigos, que sólo le podrán prender cuando él lo permita.

Por el camino sintió hambre. Vio a lo lejos una higuera frondosa, y allá se dirigió; pero solamente encuentra hojas en ella, pues no era tiempo de higos todavía. El Maestro, que lleva dolorosamente clavados en el alma la ingratitud y el castigo de su pueblo, ha buscado esta ocasión para explicar simbólicamente su pensamiento a los discípulos que le oyen:

—Desde hoy —dice a la higuera— nunca jamás produzcas fruto.

Tiene hambre el cuerpo de Jesús. Tiene hambre su Corazón, hambre de ser recibido y amado por su pueblo. ¡Y su pueblo no le da frutos verdaderos de penitencia ni de amor! ¡Quede maldito: que ya nunca produzca cosa buena!

La maldición a la higuera ha sido un cuadro vivo, una parábola en acción, pues en aquel mismo momento perdió su empuje vital la savia del árbol maldecido.

Al día siguiente, cuando Jesús y sus discípulos pasan por el mismo lugar, advierten que las hojas de la higuera aparecen doblegadas hacia abajo, lacias, muertas. Y al punto comenta Pedro:

—*Maestro, mira: la higuera que maldijiste se ha secado.*

Jesús aprovecha el suceso para recordarles que Dios nos dará cuanto necesitamos, si se lo pedimos con absoluta confianza de que nos los dará, según quedó explicado en el capítulo 69. Les recuerda también cuánto exige la caridad fraterna al que quiera ser atendido por Dios:

—*Y cuando os pongáis a orar, perdonad lo que tengáis contra otros, para que también vuestro Padre del cielo os perdone vuestros pecados, que si vosotros no perdonáis, tampoco os perdonará vuestro Padre del cielo.*

A la parábola en acción, seguirán las parábolas habladas, ya que Jesús entra en el Templo todos los días de esta semana para instruir al pueblo.

Lo primero que hace cuando llega, en la mañana del lunes, es arrojar del Templo a vendedores y compradores, cuyo afán de ganar dinero y gritos estridentes constituían una profanación para el lugar santo.

Y les dice lo mismo que les dijera en un acto semejante cuando comenzó su vida pública:

—Escrito está: Mi casa será casa de oración; pero vosotros la habéis convertido en cueva de bandidos.

Pronto se junta a su alrededor mucha gente deseosa de oírle. Acude también una comisión del Sanedrín a pedirle cuentas de con qué derecho se ha presentado en el Templo como en casa propia y ha expulsado a los vendedores.

Jesús los reduce al silencio apelando al origen divino del bautismo de Juan; el pueblo celebra su triunfo, le oye con embeleso, y él dice entonces, despertando cada vez más la atención de los oyentes:

—¿Qué os parece? Un padre tenía dos hijos.

Así empieza la serie de parábolas que contienen el trágico misterio de la reprobación del pueblo de Dios y el llamamiento de otros pueblos que habíamos de venir a ocupar su puesto.

Un padre tiene dos hijos, y los envía a trabajar en su viña. Uno responde: «Voy en seguida», y luego no va. Otro contesta: «No quiero»; mas se arrepiente y va. Este es el que hace la voluntad del padre y será premiado, no aquél. Este representa al pueblo gentil; aquél, al judío.

Un señor tiene una viña muy amada; la confía a unos colonos. Les envía criados para cobrar las rentas; mas unos son despedidos con las manos vacías, otros son apedreados, otros muertos. Les envía su hijo amadísimo, mas también los perversos colonos se alzan contra él: «Este es el heredero: venid, matémosle, y será nuestra su heredad.» Y lo matan. ¿Qué hará el amo? Vendrá, destruirá a esos malos servidores, y dará a otros la viña.

—¡No sea así! —interrumpen los jefes judíos, en cuanto oyen esa terminación de la parábola en los labios de Jesús.

¡Han entendido que son ellos los colonos perversos! Dios escogió a Israel como predilecto pueblo suyo, como viña amorosamente plantada, y le envió profetas que le predicaran la verdad religiosa y le pidieran el fruto de las obras buenas.

Pero estos profetas —como dice la carta a los Hebreos— «muchos fueron apaleados, otros pasaron escarnios y azotes, prisiones y cárceles, fueron apedreados, aserrados, probados, atravesados de espada...».

El último, Juan Bautista, cayó decapitado.

Al fin Dios envía a su Hijo amadísimo, Jesús de Nazaret, y ¡ahí están los príncipes de Israel, los colonos de la viña, que ya han decretado su muerte!

—Venid —dicen—: Este es el heredero. Acabemos con él antes de que nos arrebate nuestro dominio absoluto sobre la viña y el pueblo.

¿Qué hará con éstos el Señor? Acabará con ellos miserablemente. Y la viña, las gracias y predilecciones del pueblo israelita pasarán a otras naciones más dignas.

Jesús se lo dice expresamente, clavándoles una mirada de justicia:

—Se os quitará a vosotros el Reino de Dios, y se dará a gentes que rindan su fruto.

Allí mismo quisieron echarle mano los sumos sacerdotes y los letrados; pero advierten el interés y amor con que la gente oye a Jesús; tienen miedo; se retiran vencidos; pero no cejan en su empeño de buscar manera oportuna para acabar con el Nazareno.

Entonces Jesús, al ver que el pueblo continúa deseoso de oírle más, le cuenta la tercera parábola.

Es la del gran Rey que hace las bodas de su hijo y convida a muchos.

—Pero los convidados, sin hacer caso, se fueron: uno a su tierra, otro a sus negocios, y los demás, echando mano de los criados, los maltrataron y los mataron.

El rey montó en cólera y, enviando sus tropas, acabó con aquellos asesinos y puso fuego a su ciudad. Luego dijo a sus criados: «La boda está preparada, pero los convidados no se la merecían. Id, pues, a los cruces de los caminos, y a todos los que encontréis, convidadlos a la boda.»

Salieron los criados a los caminos y reunieron a todos los que encontraron, malos y buenos. Y la sala del banquete se llenó de comensales.

Cuando entró el rey a saludar a los comensales, reparó en uno que no llevaba traje de ceremonia, y le dijo: «Amigo, ¿cómo has entrado aquí sin traje de ceremonia?»

Él enmudeció.

Entonces el rey dijo a los camareros: «Atado de pies y manos arrojadlo fuera a las tinieblas. Allí será el llanto y el rechinar de dientes.»

Es una parábola llena de alusiones, rica en doctrina. El Rey es Dios Padre; el Esposo es su hijo Jesucristo; la Esposa es la Iglesia; los convidados son todos los hombres; los siervos que van a llamarlos son los apóstoles, los predicadores.

Los convidados primeros que no quieren venir son los judíos: el Rey destruirá su ciudad por el hierro y el fuego.

Los convidados segundos son los pueblos de la gentilidad, llamados a la fe. Unos son buenos, otros son malos: todos entran, pero cuando el Rey pasa revista, encuentra que algunos no tienen el vestido imprescindible para estas bodas, que es la gracia de Dios. Dictará entonces la sentencia irrevocable:

—Atadlos de pies y manos, y arrojadlos a las tinieblas de fuera (contraste doloroso con la luz y el festín: es la pena de daño); allí será el llanto y el rechinar de dientes: es la pena de sentido.

Y termina el Señor con las misteriosas palabras de otras veces: «Muchos son los llamados, menos los escogidos.»

Pero a estos escogidos nunca es lícito presentarse

ante Dios con exigencias ni envidiar a otros escogidos, por considerar que Dios los prefiere y los enriquece más. No: Dios es infinitamente perfecto en justicia, y a cada uno pagará según merezca. Pero también es infinitamente perfecto en generosidad: da cuanto quiere, a quienes quiere, porque quiere. Es *el Señor*.

Así nos lo explica Jesús en la parábola de los jornaleros a quienes un amo contrata para que vayan a trabajar en su viña. Unos van al principio de la jornada; otros, a media mañana; otros, mediado el día; otros, a media tarde.

Los últimos, que sólo han laborado durante una hora, reciben paga igual a la de los primeros. Estos protestan, no pidiendo aumento del jornal propio, sino envidiando el jornal ajeno. Pero el amo dice a uno de estos envidiosos:

—Amigo, no te hago injusticia. ¿No nos ajustamos en un denario? Pues toma lo tuyo, y vete. Quiero dar a este último igual que a ti. ¿Es que no tengo libertad para hacer lo que quiero en mis asuntos? ¿O tendrás tú envidia porque yo soy bueno?

98.—LOS ULTIMOS ENCUENTROS

Los fariseos, reunidos aparte, más rencorosos por la derrota sufrida, «consultan entre sí cómo le cogerán en alguna palabra para entregarlo a la autoridad del Presidente».

¡Qué mezquinos aparecen en su envidia, mientras el pueblo escucha dócil y contento a Jesús!

Se juntan en seguida con los herodianos —sus enemigos de antes, ahora sus aliados en la unión del odio contra Jesús— y envían unos cuantos discípulos, verdaderos espías, que se fingiesen justos y le preguntasen:

—Maestro: sabemos que eres sincero y que enseñas el camino de Dios conforme a la verdad; sin que te importe nadie, porque no te fijas en las apariencias. Dinos, pues, qué opinas: ¿es lícito pagar impuesto al César o no?

Estos hombres reconocen la veracidad y nobleza de Jesús, transparente como la luz; y le hacen una pregunta comprometida, mientras los perversos que los han enviado están acechando desde lejos.

Piensan en su interior: si dice que no es lícito, le acusamos ante el Presidente romano, de que predica contra su derecho; si dice que sí, le desprestigiamos ante el pueblo, el cual odia vivamente la opresión de los romanos.

¡Y les parece imposible que Jesús pueda librarse de esta tela de araña en que le quieren enredar!

Pero Jesús, comprendiendo su mala intención, dijo:
—¡Hipócritas!, ¿por qué me tentáis? Enseñadme la moneda del impuesto.
Ellos le presentaron un denario.

Era ésta una moneda distinta de las demás, pues tenía la imagen de un hombre —cosa prohibida y aborrecida por los israelitas, que en estas representaciones veían siempre algo de idolatría—. Aquel hombre era el César o Emperador romano. Una inscripción rodeaba su busto: **Tiberio César Augusto, hijo del Divino Augusto.**

Jesús ni siquiera tocó la moneda con sus manos.

Les pregunta:
—¿De quién es esta cara y esta inscripción?
Le responden:
—Del César.
Entonces replica:
—Pues dad al César lo que es del César y a Dios lo que es de Dios.

Respuesta sapientísima, que se ha convertido en proverbio para todos los pueblos, pues expresa maravillosamente las relaciones del hombre con las autoridades de la tierra y con la autoridad de Dios.

Les ha dicho más de lo que ellos venían a buscar... Al oírle, se maravillaron de su respuesta. Enmudecieron. No pudieron reprender sus palabras delante del pueblo. Se retiraron.

El pueblo asiste y celebra con alborozo estas discusiones y estas victorias brillantes del Nazareno sobre sus adversarios.

El mismo día se le acercan los saduceos, los hombres de la materia y del placer y de la vida presente, que niegan la inmortalidad, y le proponen una cuestión ridícula sobre la resurrección de la carne.

El discretísimo Maestro tiene que reprocharles con alguna dureza su ignorancia y grosería: «No conocéis la Escritura ni el poder de Dios... Estáis muy equivocados.»

Y con palabras dichas por Dios a Moisés, les prueba que los muertos resucitarán; y les afirma que los que sean dignos de la resurrección feliz serán como ángeles de Dios en el cielo, serán hijos de Dios.

Terminó con una solemne afirmación que dejó admirada a la gente y que agradó a los fariseos por ver refutados a los materialistas saduceos:

—Dios no es Dios de muertos, sino de vivos. Estáis muy equivocados.
Uno de los letrados presentes a esta discusión, viendo lo bien que había respondido, se acercó a Jesús y le preguntó:
—¿Qué mandamiento es el primero de todos?

Pregunta interesantísima para quienes habían ido

amontonando preceptos hasta admitir 613 (tantos cuantas letras tiene el Decálogo), de los cuales unos eran negativos, 365 (los días del año); otros positivos, 248 (los huesos del cuerpo humano, según decían).

Este doctor parece un hombre recto, que en esta selva de mandatos quiere conocer el principal de todos.

Jesús le responde la verdad antigua y siempre nueva:

—El primero es: «Escucha, Israel, el Señor nuestro Dios es el único Señor: amarás al Señor tu Dios con todo tu corazón, con toda tu alma, con toda tu mente, con todo tu ser.» El segundo es éste: «Amarás a tu prójimo como a ti mismo.» No hay mandamiento mayor que éstos.

Esta respuesta tan sencilla y tan profunda es el compendio de la revelación de Dios. De su cumplimiento depende toda la felicidad del hombre.

El doctor que preguntaba quedó encantado de la contestación:

—Muy bien, Maestro; tienes razón cuando dices que el Señor es uno solo y no hay otro fuera de él; y que amarlo con todo el corazón, con todo el entendimiento y con todo el ser, y amar al prójimo como a sí mismo, vale más que todos los holocaustos y sacrificios.

Jesús, viendo que había respondido sensatamente, le dijo:

—No estás lejos del Reino de Dios.

Y nadie se atrevió a hacerle más preguntas.

Terminado el día, vuelve a Betania y pasa la noche en casa de sus fieles amigos, Lázaro, Marta y María. Así lo hizo el lunes y el martes de la semana que desde entonces llamamos Santa.

99.—¡AY DE VOSOTROS, HIPOCRITAS!

El miércoles, Jesús toma la ofensiva.

Estaba en el Templo enseñando a muchísima gente, que se había reunido para oírle, cuando ve que vienen también los fariseos. Les pregunta el Señor con el deseo de iluminarlos:

—¿Qué pensáis del Mesías? ¿De quién es hijo?
Ellos contestaron:

—De David.

El replicó:

—Pues, ¿cómo David, inspirado, le da el título de Señor, cuando dice: «Dijo el Señor a mi Señor: siéntate a mi derecha, y haré de tus enemigos un escabel para tus pies»? Pues entonces, si David lo llama Señor, ¿cómo puede ser hijo suyo?

Ninguno pudo responderle una palabra. Y desde aquel día nadie se atrevió a hacerle más preguntas.

No supieron responderle... Si a lo largo de la vida de Jesús hubieran sabido oír y preguntar, ahora sabrían que el Cristo es el Hijo de David, porque el Cristo es un Hombre que desciende de la familia de David.

Y sabrían que es Señor de David porque es Hijo de Dios, y Dios como su Padre. Y sabrían también que ese Cristo, Dios y Hombre, es este mismo Jesús Nazareno que tienen delante.

Así se entiende bien la palabra del Profeta Rey: **El Señor** (Dios Padre) **dijo a mi Señor** (Dios Hijo). Y ¿qué le dijo?

Jesús se lo recuerda delicadamente, pues es una amenaza que parece escrita para ellos: «Siéntate a mi derecha, **hasta que ponga a tus enemigos debajo de tus pies.**»

Ellos callan y no preguntan más. «En cambio una turba numerosa le oía con gusto.»

Jesús aprovecha estos momentos para humillar más a sus enemigos, no por venganza, sino por justicia y por amor al pueblo: quiere defenderlo contra la influencia peligrosa de aquellos hipócritas.

El mismo dijo un día: «Al que escandaliza a uno de los que creen en mí, más le valiera que le arrojaran a lo profundo del mar con una piedra de molino atada al cuello.» Pues ¿qué merecerán los que van a escandalizar y hacer pecar a todo el pueblo de Dios y van a matar al Ungido de Dios?

Jesús los tiene delante: durante tres años se han obstinado en arrebatarle el amor del pueblo a quien él viene a salvar. Si exponía las leyes de justicia y caridad, le acusaban de despreciar la Ley de Moisés. Si curaba los enfermos, le acusaban de violar el sábado o tener pacto con el demonio. Si recibía a los pobres y a los pecadores, le acusaban de tener trato con los enemigos de Dios. Si les probaba claramente ser el Hijo de Dios, le acusaban de blasfemo y pretendían apedrearle.

Jesús los tiene delante: los ve encubrir los vicios más repugnantes bajo una máscara de piedad y austeridad, para ganarse el favor del pueblo y arrastrarlo a donde quieran, como dueños y señores absolutos.

Jesús los tiene delante: y con su vista iluminada por

claridades eternas penetra en las negruras de las almas. Y penetra en el porvenir, y ve que en el rodar de los siglos una legión de fariseos hipócritas, y saduceos carnales, y herodianos aduladores, y sacerdotes apóstatas, y doctores falsos, y redentores ambiciosos, y hermanos traidores, se alzarán contra su Iglesia y oprimirán a las almas... ¡Esas almas por las cuales él mismo dará pasado mañana su Sangre y su vida, ahogado por una amargura amarguísima...!

¡Y ve que la legión de los perversos conseguirá arrastar muchos redimidos a la perdición! ¡Oh, el Corazón de Jesús no se puede contener, y el dolor y la santa indignación salen a sus labios en un formidable discurso, que los deja marcados como con hierro candente, hasta el fin de los siglos!

El tono penetrante de la voz, la mirada encendida, el gesto, la actitud, todas las cualidades más eximias están aquí al servicio del gran Orador de la verdad eterna:

—En la cátedra de Moisés se han sentado los letrados y los fariseos: haced y cumplid lo que os digan; pero no hagáis lo que ellos hacen, porque ellos no hacen lo que dicen.

Ellos lían fardos pesados e insoportables, y los cargan a la gente en los hombros; pero ellos no están dispuestos a mover un dedo para empujar.

Todo lo que hacen es para que los vea la gente: alargan las filacterias, y ensanchan las franjas del manto; les gustan los primeros puestos en los banquetes y los asientos de honor en las sinagogas; que les hagan reverencias por la calle, y que la gente los llame **maestro.**

Vosotros, en cambio, no os dejéis llamar **maestro,** *porque uno solo es vuestro maestro, y todos vosotros sois hermanos.*

El primero entre vosotros será vuestro servidor.

El que se enaltece será humillado, y el que se humilla será enaltecido.

Puesto este exordio enérgico y cuando tal vez la plebe creía que ya no tenía más que decir a los fariseos, y éstos reconocían en sus corazones llenos de encono las palabras de su más implacable censor, el Maestro lanzó cara a cara contra ellos la más terrible imprecación que se ha dicho jamás sobre la tierra:

—¡Ay de vosotros, letrados y fariseos hipócritas, que cerráis a los hombres el Reino de los Cielos! Ni entráis vosotros, ni dejáis entrar a los que quieren.

¡Ay de vosotros, letrados y fariseos hipócritas, que devoráis los bienes de las viudas con pretexto de largas oraciones! Vuestra sentencia será por eso más severa.

¡Ay de vosotros, letrados y fariseos hipócritas, que viajáis por tierra y mar para ganar un prosélito; y cuando lo conseguís, lo hacéis digno del fuego el doble que vosotros!

¡Ay de vosotros, guías ciegos, que decís: «Jurar por el templo no obliga, jurar por el oro del templo sí obliga»! ¡Necios y ciegos! ¿Qué es más, el oro o el templo que consagra al oro?

O también: «Jurar por el altar no obliga, jurar por la ofrenda que está en el altar sí obliga.» ¡Ciegos! ¿Qué es más, la ofrenda o el altar que consagra a la ofrenda? Quien jura por el templo, jura también por el que habita en él; y quien jura por el cielo, jura por el trono de Dios y también por el que está sentado en él.

¡Ay de vosotros, letrados y fariseos hipócritas, que pagáis el décimo de la menta, del anís y del comino, y descuidáis lo más grave de la ley: el derecho, la compasión y la sinceridad!

Esto es lo que habría que practicar, aunque sin descuidar aquello.

¡Guías ciegos, que filtráis el mosquito y os tragáis el camello!

¡Ay de vosotros, letrados y fariseos hipócritas, que limpiáis por fuera la copa y el plato, mientras por dentro estáis rebosando de robo y desenfreno! ¡Fariseo ciego!, limpia primero la copa por dentro y así quedará limpia también por fuera.

¡Ay de vosotros, letrados y fariseos hipócritas, que os parecéis a los sepulcros encalados! Por fuera tienen buena apariencia, pero por dentro están llenos de huesos y podredumbre; lo mismo vosotros; por fuera parecéis justos, pero por dentro esáis repletos de hipocresía y crímenes.

¡Ay de vosotros, letrados y fariseos hipócritas, que edificáis sepulcros a los profetas y ornamentáis los mausoleos de los justos, diciendo: «Si hubiéramos vivido en tiempo de nuestos padres, no habríamos sido cómplices suyos en el asesinato de los profetas»! Con

*esto atestiguáis en contra vuestra, que sois hijos de
los que asesinaron a los profetas. ¡Colmad también
vosotros la medida de vuestros padres!*

Ni en medio de esta represión ardiente quiere contener el Maestro las efusiones de misericordia que brotan de su Corazón hacia los mismos cuya ingratitud le martiriza. Es una queja, es una pregunta, es un aviso de ternura inefable:

*—¡Jerusalén, Jerusalén, que matas a los profetas y
apedreas a los enviados que vienen a ti! ¡Cuántas veces he querido recoger a tus hijos, como recoge la
gallina sus polluelos bajo sus alas, y no has querido!
Ahora quedará desierta vuestra casa, porque os digo
que ya no me veréis más, hasta que digáis: ¡Bendito el
que viene en nombre del Señor!*

Enorme fue la impresión producida por estas palabras.

Los fariseos comprendieron que ya no era tiempo de hablar, sino de obrar rápidamente, si no querían que Jesús les llevase todo el pueblo.

100.—ESTA LO HA DADO TODO

A ocultar su vergüenza se retiraron, mientras Jesús, como descansando en la dulce amistad de sus discípulos, se sienta con ellos en el atrio, frente al Tesoro del Templo, lugar donde estaban los trece grandes orificios en forma de trompetas, por donde se echaban las limosnas para el culto y los sacrificios.

Miraba el Señor cómo salían y entraban, y echaban limosna.

*Y venían muchos ricos y echaban mucho. Llegó
también una viuda pobre y echó dos reales.*

Jesús la miró complacido y dijo a sus discípulos:

*—Os aseguro que esa viuda pobre ha echado más
que nadie en el tesoro. Porque los demás han dado de
lo que les sobra; pero ésta, que pasa necesidad, ha
dado lo que tenía para vivir.*

La limosnita de esta mujer se ha hecho célebre. Dios

Goike

no mira si das mucho o poco. Dios mira el amor con que das, y cuánto te cuesta lo que das. ¡Qué bello el gesto de la mano que se abre y se vuelca ante Dios para dar todo lo que tiene! ¿Es mucho, es poco? Eso no se cuenta. Es todo: esto basta.

101. —«¡QUEREMOS VER A JESUS!»

«Os aseguro que se os quitará el Reino de Dios, y se dará a gentes dignas de él», había dicho Jesús a los jefes del pueblo judío, incrédulos y duros.

Y mientras esos jefes se congregan para maquinar contra Jesús,

Un grupo de gentiles, que habían venido de lejos para adorar a Dios en la Fiesta, se acercaron a Felipe, natural de Betsaida, y le hicieron esta súplica:

—Señor, queremos ver a Jesús.

Felipe fue y lo dijo a Andrés: Y Andrés y Felipe juntos lo dijeron a Jesús.

¡Qué contraste! El pueblo de Dios, representado por

sus Príncipes y Sacerdotes, rechaza a Jesús; los gentiles —pueblo maldito hasta ahora— quieren ver a Jesús.

En cuanto oyó el Maestro que los gentiles querían verle, contempló en espíritu cómo llegará el día en que todos los gentiles, todo el mundo, vendrá a verle y adorarle. Y exclamó:

—Ha llegado la hora en que el Hijo del Hombre será glorificado.

Pero sabe que esta glorificación ha de costarle la muerte, y añade:

—Si el grano de trigo cayendo en tierra no muere, queda infecundo; pero si muere, da mucho fruto.

El mismo Jesús es el grano de trigo que tiene que morir y ser enterrado, para producir el espléndido fruto de su Iglesia. Isaías lo había profetizado hace 700 años: «Si diere su vida como víctima por el pecado, alcanzará perpetua posteridad.»

De su propia muerte, pasa Jesús a la mortificación y, si es preciso, a la muerte también de sus discípulos:

—El que se ama a sí mismo, se pierde; y el que se aborrece a sí mismo en este mundo, se guardará para la vida eterna. El que quiera servirme, que me siga, y donde esté yo, allí estará también mi servidor; y a quien me sirva, el Padre le premiará.

Ocurre entonces un momento de agonía, semejante a las horas que le aguardan en el Huerto de los Olivos. Jesús contempla vivísimamente una pasión y una muerte de sumo dolor y de suma vergüenza, por las que tiene que pasar para llegar a su propia glorificación y a la salvación de sus escogidos. Esta contemplación le llena de una amargura tan grande, que nos la quiere descubrir con palabras:

—Ahora mi alma se ha turbado. Y ¿qué diré? Padre, líbrame de esta hora...

Es la misma oración del Huerto; es la súplica del Hijo apenado: Padre, aparta de mí este cáliz. Pero también aquí su Corazón se abraza con el dolor en la voluntad de su Padre, y dice:

—*Precisamente para esto he venido al mundo, para esta hora. ¡Padre, glorifica tu nombre!*

Es la súplica de la víctima, que acepta y se entrega.

Entonces vino una voz del cielo:
—*Lo he glorificado y volveré a glorificarlo.*

Es la voz del Padre celestial que recibirá la suprema glorificación en la muerte de su Hijo, libremente aceptada por amor a los hombres.

A esta muerte alude en seguida Jesús, según nos sigue describiendo San Juan:

La gente que estaba allí y lo oyó, decía que había sido un trueno, otros decían que le había hablado un ángel. Jesús tomó la palabra y dijo:
—*Esta voz no ha venido por mí, sino por vosotros. Ahora será juzgado el mundo; ahora el Príncipe de este mundo será arrojado fuera. Y cuando yo sea elevado sobre la tierra, atraeré a todos hacia mí.*
Esto lo decía dando a entender la muerte de que iba a morir. La gente le replicó:
—*Hemos oído en la Escritura que el Mesías permanece para siempre: ¿Cómo dices tú que el Hijo del hombre tiene que ser elevado? ¿Quién es ese Hijo del hombre?*
Jesús les contestó:
—*Todavía por breve tiempo la luz está entre vosotros: caminad mientras tenéis la luz, para que no os sorprenda la tiniebla. El que camina en la tiniebla no sabe adónde va. Mientras tenéis la luz, creed en la luz; así seréis hijos de la luz.*

Sabe Jesús que algunos de sus oyentes no quieren creer en él. Por eso, les ha dicho que pronto se les marchará: ¡aprovechen la luz mientras la tienen todavía!

La Luz es él. Caminar a la luz es creer en él. Ser hijos de la luz es disfrutar de los beneficios traídos por él.

102.—MAS QUE LA HONRA DE DIOS

Jesús termina su ministerio público. Lo empezó hace tres años con aquellas palabras: «Convertíos y creed al Evangelio, que ya ha llegado el Reino de Dios».

Aquellos principios parecían prometer días felices para su predicación. Se interpone la incredulidad y la soberbia del fariseo que cierra los oídos a su doctrina y atribuye sus milagros al demonio.

El evangelista San Juan tiene que decir tristemente: «A pesar de haber obrado Jesús tantos prodigios en presencia de ellos, no creían en él.»

Y no sólo no creían, sino que ponían todo su empeño porque el pueblo tampoco creyese.

Para disipar el prestigio que el bondadoso Nazareno adquiría sobre la gente, le han acusado de violar el sábado, de blasfemo, de comer y beber con **los pecadores,** y han dado orden de denunciar dondequiera que estuviese.

¿Qué han conseguido con esto? El Domingo de Ramos y en las discusiones de los días siguientes, el pueblo aparece tan decidido en favor de Jesús, que los mismos fariseos no han prendido al Maestro por miedo a la gente.

El pueblo madruga por venir al Templo, oye con gusto al Señor, le felicita por sus admirables respuestas y sus triunfos en las discusiones.

Entonces, ¿cómo es posible que este pueblo cambie bruscamente de sentimientos, y en la mañana del Viernes Santo grite contra Cristo: ¡Crucifícale, crucifícale!? Más adelante explicaremos este punto, uno de los más impresionantes en el drama de Jesús.

Ya siete siglos antes, el profeta Isaías previó la misión salvadora del Mesías, y anunció la incredulidad de aquéllos a los que era enviado, poniendo en los labios de él estas palabras: «Señor, ¿quién ha creído lo que les hemos dicho?»

Añade el evangelista San Juan:

Sin embargo, aun entre los príncipes muchos creyeron en él. Pero por temor a los fariseos, no le confesaban, para no ser excluidos de la sinagoga. Porque amaron la honra de los hombres más que la honra de Dios.

Qué antiguo y qué frecuente es este proceder de muchos cristianos que creen en Dios, mas por no ser arrojados de las sinagogas de los príncipes, no se atreven a portarse como cristianos. Es que «Aman más la propia honra que la honra de Dios».

Y saliendo del Templo y de la ciudad, pronunció Jesús la última y solemne intimación de la verdad divina a los que no querían creer en él. Es recapitulación soberana de lo que durante su vida ha enseñado.

Es esfuerzo supremo por llevar luz a los que están prefiriendo sumirse en las tinieblas.

Es despedida a los que le han rechazado, probándoles que la culpa es de ellos y quedando así preparado para entrar en el último acto de la divina tragedia.

Es presencia del Padre en Jesús; es claridad, es vida, es amenaza.

Es el último discurso a los de fuera, o tal vez frases sueltas de discursos últimos que San Juan escuchó y que nos transcribe así:

—*El que cree en mí, no cree en mí, sino en el que me ha enviado. Y el que me ve a mí, ve al que me ha enviado. Yo he venido al mundo como luz, y así el que cree en mí no quedará en tinieblas.*

Al que oíga mis palabras y no las cumpla, yo no le juzgo, porque no he venido para juzgar al mundo, sino para salvar al mundo. El que me rechaza y no acepta mis palabras, tiene quien lo juzgue: la palabra que yo he pronunciado, ésa lo juzgará en el último día. Porque yo no he hablado por cuenta mía; el Padre que me envió es quien me ha ordenado lo que he de decir y cómo he de hablar. Y sé que su mandato es vida eterna. Por tanto, lo que yo hablo, lo hablo como me ha encargado el Padre.

103.—NI PIEDRA SOBRE PIEDRA

El sol del miércoles se aleja y sus últimos rayos iluminan vivamente las grandes planchas de mármol y de oro que cubrían los muros y las torres del Templo, dándole un aspecto fantástico y deslumbrador.

Aquel Templo era la Casa del Dios verdadero, era la gloria de Israel, era la admiración de los extranjeros, era la esperanza de los buenos judíos.

Según salían aquella tarde Jesús y los Doce de la ciudad, camino de Betania, uno de los discípulos dio salida a sus entusiasmos nacionales, diciendo al Señor:

—*Maestro, ¡mira qué piedras y qué construcciones!*

Más él respondió diciendo:

—¿Ves todos esos grandes edificios? Día vendrá en que no quede piedra sobre piedra que no sea derribada.

El admirador de momentos antes queda mudo ante esta predicción que le parece imposible de creer. Todos callan entonces, impresionados por la tremenda profecía del Maestro. Pero después siéntase Jesús en el monte de los Olivos, teniendo delante el Templo y la ciudad.

Se le acercan sus discípulos y en secreto le preguntan cuándo sucederán estas cosas, y cuándo será su venida como Rey y Dominador, y cuándo será el fin del mundo.

A estas preguntas responde Jesús con el discurso de las cosas últimas, que es como un segundo Sermón de la Montaña, menos leído y más olvidado que el primero.

Hace tres años anunció la llegada de su Reino, invitando a todos a entrar en él. Ahora, a dos pasos de la muerte, anuncia el castigo de los obstinados. Les dice, pues, refiriéndose a la devastación de la ciudad santa por el ejército romano:

—Cuando veáis a Jerusalén sitiada por soldados, sabed que se acerca su destrucción, y cuando veáis puesto en el lugar sagrado el ídolo execrable, que anunció el profeta Daniel (entiéndelo, lector); entonces los que estén en Judea, que huyan a los montes; los que estén en la ciudad, que se alejen; los que estén en el campo, que no entren en la ciudad; porque serán días de venganza en que se cumplirá todo lo que está escrito.

¡Ay de las que estén encinta o criando en aquellos días! Porque habrá angustia tremenda en esta tierra y un castigo para este pueblo.

Caerán a filo de espada; los llevarán cautivos a todas las naciones; Jerusalén será pisoteada por los gentiles, hasta que a los gentiles les llegue su hora.

Espantosa profecía, que se cumplió al pie de la letra.

En el invierno del año 67 penetró en Palestina el formidable ejército de Vespasiano. El año 70, cuando Jerusalén rebosaba de gente que había acudido a la Pascua, quedó la Ciudad Santa sitiada por el ejército romano. El hambre más espantosa consumía a todos. Madre hubo

que llegó a comerse su propio hijo. Divisiones sangrientas asolaban por dentro a los judíos. Los Zelotes invadieron el Templo, y dice Josefo, el historiador judío elegido por la Providencia para contar el cumplimiento de la profecía del Mesías:

«Todo el Templo en su exterior estaba inundado de sangre, y cuando apareció el día, encontráronse ocho mil quinientos varones degollados.»

Mientras estos desórdenes y tumultos sucedían, todavía era tiempo de huir. Los cristianos de Jerusalén recordaron el aviso del Maestro, y huyeron de la ciudad.

Los judíos que perecieron al filo de la espada, ¿quién los puede contar? De un millón cien mil muertos habla Josefo. Los cautivos fueron noventa y siete mil, cogidos durante la guerra. Toda la raza judía fue llevada y dispersada por las naciones, para que en la serie de siglos presencien por toda la tierra el reinado del que ellos no quisieron por Rey.

104.—¡VIVID ALERTA!

Les describe después las señales que precederán a su segunda venida:

—Habrá signos en el sol y la luna y las estrellas; y en la tierra angustia de las gentes, enloquecidas por el estruendo del mar y el oleaje.

Los hombres quedarán sin aliento por el miedo y la ansiedad, ante lo que viene encima al mundo... El sol se hará tinieblas, la luna no dará su resplandor, las estrellas caerán del cielo, los ejércitos celestes temblarán.

Y en aquel momento aparecerá en el cielo la señal del Hijo del Hombre. Y entonces todas las tribus de la tierra se golpearán el pecho y verán al Hijo del Hombre que viene sobre las nubes del cielo, con gran poder y majestad.

El enviará a sus ángeles con una trompeta atronadora, para que reúnan a sus elegidos de los cuatro vientos, de un extremo a otro del cielo.

Tras este principio grandioso pronuncia una palabra de esperanza infalible para sus amigos:

—Cuando empiece a suceder todo esto, levantaos, alzad la cabeza: se acerca vuestra liberación.

Palabra de divino consuelo para aquellos mismos discípulos a quienes ha descubierto poco antes la suerte que les aguarda:

—Os echarán mano, os perseguirán, entregándoos a los tribunales y a la cárcel; y os harán comparecer ante reyes y gobernadores por causa de mi nombre: así tendréis ocasión de dar testimonio.

Haced propósito de no preparar vuestra defensa: porque yo os daré palabras y sabiduría a las que no podrá hacer frente ni contradecir ningún adversario vuestro.

Y hasta vuestros padres, y parientes, y hermanos, y amigos os traicionarán, y matarán a algunos de vosotros, y todos os odiarán por causa de mi nombre.

Pero ni un cabello de vuestra cabeza perecerá: con vuestra perseverancia salvaréis vuestras almas.

Sí; el que perseverare hasta el fin en la fe y en el amor de Cristo Jesús, ése será salvo; y cuando todos los que no han perseverado se estremezcan de espanto, él se alegrará con el recuerdo de las palabras de Jesús: «Levantad la cabeza, que llega vuestra redención.»

Y añade el Señor, para que nadie pueda dudar de la realidad de sus promesas: «El cielo y la tierra pasarán, pero mis palabras no pasarán.»

Y ¿cuándo llegará el día en que todas las tribus de la tierra verán al Hijo del Hombre venir en las nubes del cielo con gran poder y majestad?

Nadie lo sabe. Es un secreto de Dios, cuya revelación no entraba en la misión de Jesús. Por eso dice:

—Estad en vela porque no sabéis qué día vendrá vuestro señor.

Comprended que si supiera el dueño de casa a qué hora de la noche viene el ladrón, estaría en vela y no dejaría abrir un boquete en su casa.

Por eso estad también vosotros preparados, porque a la hora que menos penséis viene el Hijo del Hombre.

Velad... Esta es la enseñanza que repite el Maestro. Esto nos importa saber más que cuándo llegará aquel día. Sabemos que ha de llegar. Sabemos que ha de llegar cuando menos lo esperemos... ¡Velad! «Lo que a vosotros digo, a todos lo digo.»

Para inculcarnos esta vigilancia, aquella misma tarde del miércoles santo afirmó Jesús que nos llegará la hora del juicio como llegó el esposo a las diez muchachas que le esperaban para la cena nupcial. Era entonces costumbre celebrar las bodas con una gran cena en casa del esposo. Venía éste conduciendo festivamente a su esposa entre coros de amigos, acompañado de música y danzas. En cambio, las amigas de la esposa aguardaban a la puerta de la casa con lámparas encendidas para recibir a los esposos con alegría y entrar con ellos al banquete.

Decía, pues, el Salvador, recordando estas costumbres:

—El reino de los Cielos se parecerá a diez doncellas que tomaron sus lámparas y salieron a esperar al esposo. Cinco de ellas eran necias y cinco eran sensatas.

Las necias, al tomar las lámparas, se dejaron el aceite; en cambio, las sensatas se llevaron alcuzas de aceite con las lámparas. El esposo tardaba, les entró sueño a todas y se durmieron.

A medianoche se oyó una voz: «¡Que llega el esposo; salid a recibirlo!»

Entonces se despertaron todas aquellas doncellas y se pusieron a preparar sus lámparas. Y las necias dijeron a las sensatas: «Dadnos un poco de vuestro aceite, que se nos apagan las lámparas.» Pero las sensatas contestaron: «Por si acaso no hay bastante para vosotras y nosotras, mejor es que vayáis a la tienda y os lo compréis.»

Mientras iban a comprarlo, llegó el esposo, y las que estaban preparadas entraron con él al banquete de bodas; y se cerró la puerta.

Más tarde llegan también las otras doncellas, y decían: «Señor, señor, ábrenos.»

Pero él respondió: «Os lo aseguro: no os conozco.»

Por tanto, velad, porque no sabéis el día ni la hora.

Pero no basta estar atentos al día y a la hora: nuestra expectación tiene que ser activa. Es necesario que empleemos bien el tiempo y todas las cualidades que Dios nos ha dado y que así ayudemos con beneficios espirituales y temporales a los que nos rodean, y glorifiquemos al Padre que está en el cielo.

Para inculcar esta actividad fructuosa, Jesús expone a sus discípulos la parábola de las minas, referida por San Lucas, y la de los talentos, conservada por San Mateo. Ambas coinciden en el argumento, aunque varían en los pormenores. He aquí la segunda:

—Un hombre que se iba al extranjero llamó a sus empleados y los dejó encargados de sus bienes: a uno le dejó cinco talentos, a otro dos, a otro uno, a cada cual según su capacidad; y se marchó.

El que recibió cinco talentos fue en seguida a negociar con ellos y ganó otros cinco. Lo mismo el que recibió dos, también ganó otros dos.

Pero el que recibió uno hizo un hoyo en la tierra y escondió el dinero de su señor.

Al cabo de mucho tiempo vuelve el señor de aquellos empleados y se pone a ajustar cuentas con ellos.

Se acercó el que había recibido cinco talentos, y le

presentó otros cinco talentos, diciendo: «Señor, cinco talentos me dejaste; mira, otros cinco talentos he ganado.»

Su señor le dijo: «Bien, empleado bueno y fiel: en lo poco has sido fiel, te daré un cargo importante; pasa al banquete de tu señor.»

Se acercó a su vez el que había recibido dos talentos, y dijo: «Señor, dos talentos me dejaste; mira, otros dos talentos he ganado.»

Su señor le dijo: «Bien, empleado bueno y fiel: en lo poco has sido fiel, te daré un cargo importante; pasa al banquete de tu señor.»

Así premió el señor a los dos servidores laboriosos. Uno le presenta diez talentos, otro le presenta cuatro; no importa, a los dos premia lo mismo, porque los dos han duplicado lo que recibieron.

Esta será la conducta de Dios cuando llegue la hora de la recompensa. A unos ha dado mucho, y los ha hecho en esta vida reyes, emperadores, papas, obispos, fundadores, sabios, poetas, millonarios... A otros ha dado poco, y los ha hecho pastores, obreros, aprendices, enfermos, ignorantes... No premiará más al que haya sido emperador o Papa: premiará más al que mejor haya cumplido su oficio en la comedia de esta vida. Si el obrero ha cumplido bien y el Papa ha cumplido bien, el obrero será tan premiado como el Papa.

En cambio, el que no hace producir para la eterna vida los talentos recibidos, sean muchos o sean pocos, será castigado.

Es lo que ocurrió al empleado tercero de esta parábola.

—Se presentó al señor, diciéndole:

«Señor, sabía que eres exigente, que siegas donde no siembras y recoges donde no esparces; tuve miedo y fui a esconder tu talento bajo tierra. Aquí tienes lo tuyo.»

El señor le respondió: «Eres un empleado negligente y holgazán. ¿Conque sabías que siego donde no siembro y recojo donde no esparzo? Pues debías haber puesto mi dinero en el banco, para que, al volver yo, pudiera recoger lo mío con los intereses. Quitadle el talento y dádselo al que tiene diez. Porque al que tiene se le dará y le sobrará, y al que no tiene, se le quitará hasta lo que tiene. Y a ese empleado inútil echadlo fuera, a las tinieblas: allí será el llanto y el rechinar de dientes.»

Este hombre no malgastó el dinero de su señor; no robó el dinero de su señor; sin embargo, fue castigado porque **no hizo nada.** Lección tremenda para los que no se preocupan de emplear bien los talentos que Dios les ha dado: el talento de la salud, el talento de la posición social, el talento de la limosna, el talento del servicio al prójimo, el talento de la oración en favor de sí mismo y en favor de los demás, el talento del apostolado católico... ¡Lección tremenda para los que se pasan la vida **matando el tiempo**...!

Porque llegará el día en que el tiempo nos habrá matado a todos, y el tiempo mismo habrá terminado.

105.—A LA DERECHA O A LA IZQUIERDA

Al fin, será representado el drama del día tremendo, cuyos actores seremos todos los hombres que hemos nacido desde Adán hasta el último.

El Señor nos lo pone delante con palabras transparentes:

—Cuando venga en su gloria el Hijo del Hombre, y todos los ángeles con él, se sentará en el trono de su gloria, y serán reunidas ante él a todas las naciones.

El separará a unos de otros, como un pastor separa las ovejas de las cabras. Y pondrá las ovejas a su derecha y las cabras a su izquierda.

Entonces dirá el rey a los de su derecha: «Venid vosotros, benditos de mi Padre; heredad el reino preparado para vosotros desde la creación del mundo. Porque tuve hambre y me disteis de comer, tuve sed y se disteis de beber, fui forastero y me hospedasteis, estuve desnudo y me vestisteis, enfermo y me visitasteis, en la cárcel y vinisteis a verme.»

Entonces los justos le contestarán: «Señor, ¿cuándo te vimos con hambre y te alimentamos, o con sed y te dimos de beber?; ¿cuándo te vimos forastero y te hospedamos, o desnudo y te vestimos?; ¿cuándo te vimos enfermo o en la cárcel y fuimos a verte?»

Y el rey les dirá: «Os aseguro que cada vez que lo hicisteis con uno de estos mis humildes hermanos, conmigo lo hicisteis.»

Y entonces dirá a los de su izquierda:«Apartaos de mí, malditos, id al fuego eterno preparado para el diablo y sus ángeles. Porque tuve hambre y no me disteis de comer, tuve sed y no me disteis de beber, fui forastero y no me hospedasteis, estuve desnudo y no me vestisteis, enfermo y en la cárcel y no me visitasteis.»

Entonces también éstos contestarán: «Señor, ¿cuándo te vimos con hambre o con sed, o forastero o desnudo, o enfermo o en la cárcel, y no te asistimos?»

Y él replicará: «Os aseguro que cada vez que no lo hicisteis con uno de éstos, los humildes, tampoco lo hicisteis conmigo.»

Y éstos irán al castigo eterno, y los justos a la vida eterna.

Venid, benditos de mi Padre, ¡Venid al Reino que tengo preparado para vosotros...!

Apartaos de mí, malditos, ¡al fuego eterno, preparado para el diablo y sus ángeles...!

Bendición o maldición, felicidad o desgracia, cielo o infierno. No hay otra sentencia. Y yo que estoy leyendo estas palabras, tengo que oír necesariamente una de las dos en día no muy lejano. Ir al cielo preparado para mí. O ir al infierno preparado para el demonio.

En aquel día, el Juez premiará toda obra buena y castigará toda obra mala. Pero el título que quiere citar en público para salvar o condenar es uno sólo: la caridad. La caridad ejercida con los pobres, los infelices, **los pequeños** que tienden la mano a los grandes, y de los cuales los grandes muchas veces se avergüenzan.

Jesús los amó durante su vida. Los amo tanto, que se hizo uno de ellos. Y tuvo hambre de pan, y hambre de caridad. Tuvo sed de agua, y sed de salvar almas. Padeció desconsuelos de agonía hasta sudar sangre, y no hubo quien le consolara. Estuvo desnudo bajo los latigazos y los salivazos. Fue encarcelado y nadie respondió por él. Fue condenado a muerte y le mataron. Jesús sabe sufrir, ama a los que sufren y recibe como hecho a su misma Persona todo lo que se hace con ellos por amor a él.

Ni siquiera en el día de su victoria se olvidará de ellos, y allí los tendrá a su lado como testigos de lo que los hombres han hecho con él.

Y marcharán unos al suplicio eterno y otros a la vida eterna.

Separación horrorosa y definitiva de hijo y madre, esposo y esposa, hermano y hermana.

Yo ¿para qué nací? Para salvarme.
Que tengo que morir es infalible.
Dejar de ver a Dios y condenarme,
triste cosa será, pero posible.
¡Posible! ¿y río, y duermo y quiero holgarme?
¡Posible! ¿y tengo amor a lo visible?
¿Qué hago? ¿En qué me ocupo? ¿En qué me encanto?
¡Loco debo de ser, pues no soy santo!

106.—EL TRAIDOR

Terminado el sermón de los últimos días, Jesús calla, y deja de enseñar en público. Toma con sus discípulos el camino de Betania, donde descansará la última noche de su vida mortal en que podrá dormir.

De pronto les dice, anunciándoles la inminencia de su sacrificio:

—*Sabéis que dentro de dos días se celebrará la Pascua, y el Hijo del hombre será entregado para ser crucificado.*

Es que ya uno de los Doce ha quedado en Jerusalén. Esto no sorprende a los discípulos, pues aquel apóstol es el encargado de comprar las cosas para la comunidad, es el que lleva la bolsa, Judas de Keriot.

Mas Jesús conoce los pasos del ambicioso. Mientras habla con sus amigos fieles en el monte, le está viendo merodear nervioso por las calles de la ciudad y meterse en el palacio de Caifás, mirando hacia atrás para ver si alguien le ha visto...

Fariseos y escribas, vencidos por la elocuencia y la santidad del Nazareno, irritados al no haberle podido apresar en el Templo por temor al pueblo que le ama, ya sólo anhelan ejecutar cuanto antes lo que tantas veces se han propuesto, sin conseguirlo todavía.

Se reunieron en el palacio del príncipe de los sacerdotes que se llamaba Caifás. Y tomaron la determinación de apresar a Jesús con engaño y hacerlo morir.

Pero surge ante ellos el fantasma siempre temido: el pueblo. El pueblo honrado e impetuoso, donde Jesús tiene muchos partidarios. Por eso decían:

—No tenemos que matarle durante estas fiestas de la Pascua, no sea que el pueblo se amotine contra nosotros. Le mataremos después.

Y en efecto, tal como lo tramaron, les salió todo al revés.

Mientras están reunidos, les anuncian que un hombre pide hablarles para un asunto gravísimo. Le mandan pasar, clavan sus ojos en él, y quedan pasmados y curiosos al conocerle: ¡es un discípulo del odiado Nazareno!

¿Para qué se meterá el amigo del Pastor en la caverna del lobo?

Terrible misterio el de Judas. Jesús le escogió para apóstol suyo. Le confió los dineros del colegio apostólico para que los administrase con cuidado, pues eran pobres. Le confió un tesoro infinitamente más rico: la

gracia de Dios, para que la comunicase sin límites a las almas, pues nunca se agota. Y él estimó los dineros más que la gracia.

Empezó hace varios meses por robar un poco cada día de la bolsa común. «Era ladrón», dice su condiscípulo Juan.

Llegó al endurecimiento completo del corazón, y Satanás se apoderó de él.

Como sabe que los príncipes de Israel quieren apresar a su Maestro, ve que ésta es la ocasión de hacer un buen negocio, viene dispuesto a cualquier cosa, con tal de llevarse algunas monedas:

—¿Qué me queréis dar y yo os lo entregaré?

Os lo entregaré. No se atreve a pronunciar su nombre. El nombre de Jesús le hubiera quemado los labios.

Al oírle se alegraron. Y concertaron darle dinero, y le propusieron treinta monedas de plata. Y él aceptó.

¡Contrato pavoroso! Aquellas treinta monedas —unas cien pesetas— eran el precio que uno debía dar a otro cuando le había matado un esclavo sin culpa propia.

Precio de un esclavo muerto. Si el precio hubiera sido mayor, si hubiera sido en oro, la injuria hecha a Cristo fuera menor. Si le hubiera vendido como se vende un esclavo vivo, para que trabaje por su amo, su culpa hubiese sido menor. Pero vende a su amigo por el precio que quieran darle, lo vende a enemigos, lo vende como víctima destinada al cuchillo.

Y desde entonces todos los que reciben y esconden el dinero del negocio ilícito, o el placer prohibido, o la satisfacción de una venganza, todos esos renuevan el espantoso contrato de Judas: entregan su alma, entregan a Dios, que estaba en su alma, y reciben algo de aquellas treinta monedas malditas.

Y desde este momento, Judas buscaba alguna ocasión para entregarlo sin concurso de gentes.

Ellos habían dicho: No durante las fiestas, para que el pueblo no se alborote. Pero este negocio de Judas precipitará los acontecimientos.

Por eso, mientras ellos se alegran y le prometen dinero, Jesús dice a sus amigos fieles, camino de Betania:

—*Dentro de dos días será la Pascua, y entonces me crucificarán...*

107.—CON DESEO GRANDE

La palabra Pascua viene de la aramea **phase** y significa **paso.**

Todos los años celebraban los judíos esta fiesta con extraordinadia solemnidad, para recordar cómo **pasó** el Angel del Señor por las casas de sus opresores, los egipcios, para ponerlos a ellos en libertad.

Eran muchos siglos antes de Jesucristo. Los hijos de Israel se veían reducidos a la esclavitud por los Faraones de Egipto. El hombre escogido por Dios para salvar al pueblo, Moisés, ha pedido varias veces, y siempre en vano, que Faraón los deje marchar en paz a ocupar la tierra que el Señor ha prometido a los israelitas. El tirano quiere tenerlos a su servicio. Al fin toma Dios mismo la defensa de su pueblo, y como no ha logrado ablandar el corazón del rey egipcio con varias plagas que le ha enviado, anuncia la más terrible de todas: degollar en una noche, por ministerio de un ángel, a todos los primogénitos del reino, desde el príncipe heredero hasta el hijo de la esclava.

Pero quiere el Señor excluir a su pueblo de sentencia tan terrible. Y por eso les da una orden terminante: por medio de Moisés:

«*Este mes será para vosotros el principal de los meses; el primer mes del año... Que cada uno tome un cordero por familia... Lo guardaréis hasta el catorce· de este mes, y entonces toda la gente de Israel lo sacrificará... recogeréis su sangre, y con ella marcaréis las puertas de vuestras casas. Se comerá la carne ese día: la comeréis asada al fuego, con panes sin levadura y con hierbas amargas... la comeréis así: ceñida la cintura, calzados los pies con sandalias, bastón en mano y de prisa. Porque es la Pascua, esto es, el paso del Señor. Yo pasaré de noche por el país de Egipto, y heriré de muerte a todos los primogénitos de Egipto. Yo soy el Señor. La sangre será una señal en vuestro favor en las casas en que estéis. Yo veré la sangre y pasaré por alto de vosotros y no habrá para vosotros plaga de muerte, cuando yo castigue al país de Egipto. Conservaréis el recuerdo de este día y lo celebraréis de generación en generación, y será una fiesta perpetua.*

Este es el origen de la Pascua, la fiesta más sagrada y significativa de Israel, profecía viva de la inmolación del Cordero de Dios, que había de quitar los pecados del mundo, y que inmolado por nuestro amor había de ser la nueva y verdadera Pascua de los cristianos, nuestra Pascua.

La manera de celebrarla era una reproducción familiar de aquella última noche que los hebreos pasaron en Egipto, y un recordatorio dramático de aquella redención de Israel hasta en sus menores detalles.

El cordero pascual había de ser macho, tendría un año cumplido y estaría exento de todo defecto, sobre todo de los defectos rituales. Entre el diez y el trece del mes lo separaban del rebaño y lo tenían en su casa, atado a su propia cama.

En la tarde del 14 de Nisán lo inmolaban durante el sacrificio vespertino, entre el clamor de cien trompetas y el canto de los salmos. Procedíase a esto con mucho orden, en cuanto cabe, y con una presteza singular. Todo era necesario para despachar tal multitud de inmolaciones. Divididos en tres grupos, entraban los israelitas con sus corderos uno tras otro, para proceder por partes. Al lado de los sacrificadores, colocábanse los sacerdotes, que recogían la sangre en vasos que corrían de mano en mano, hasta el altar en que se derramaba. Algún año llegaron a 256.000 los corderos ofrecidos.

Sacrificado el cordero y desollado en el templo, llevábanlo a casa. Allí lo asaban extendiéndolo ordinariamente en dos palos de granado puestos en forma de cruz.

En los primeros tiempos comían el cordero pascual de pie. Luego lo comían sentados, para dar a entender que habían llegado los tiempos de la libertad. Y aun los siervos y los que en otras ocasiones no se sentaban, habían de sentarse al comer el cordero.

Durante la cena, bebían ordinariamente de las copas preparadas y entonaban diversos salmos. Esta cena era el principio de las fiestas pascuales, que duraban siete días completos.

Llegó, pues, la Pascua, los días del culto a Dios y del cariño familiar. Jesús quiere celebrarla con sus amigos muy queridos: quiere beber el vino con ellos, antes de abrasarse de sed en la cruz; quiere reclinarse con ellos a la mesa, antes de ser puesto en la piedra del sepulcro.

Llamó, pues, a dos de sus discípulos. Pedro y Juan, en la mañana del jueves, que era el primer día de los Panes sin levadura, y que iba a ser el primer Jueves Santo, y les dijo.

—Id a la ciudad, y al entrar en ella, encontraréis a un hombre llevando un cántaro de agua. Seguidle hasta la casa en que entre, y allí diréis al dueño de ella: «El Maestro te dice: Mi tiempo está cerca: ¿dónde está el aposento en que he de comer la Pascua con mis discípulos?» Y él os enseñará en lo alto de la casa un comedor espacioso y alfombrado. Preparad allí.

No sabemos quién era este hombre del cántaro. Jesús conocía dese lejos su corazón y sabía que al oír el delicado mensaje del Maestro: «Mi tiempo está próximo: llega el día de mi muerte», abriría su casa y ofrecería su estancia mejor. ¿Quién niega favor semejante a un moribundo, que por última vez quiere reunirse con sus amigos?

Llegan los discípulos a la ciudad, hallan al hombre del cántaro y todo lo preparan en la casa: el cordero asado, los panes sin levadura, las lechugas agrestes, el vino en un jarro, el agua caliente y la salsa roja, **haroset,** hecha con manzanas, higos y limones cocidos en vinagre y condimentados con canela. Su color de ladrillo les recordaba la arcilla con que trabajaban en su esclavitud de Egipto y la libertad que el Señor les concedió.

Sobre la mesa cubierta con lienzo blanco ponen los candelabros, los platos para los trece y una sola copa de la que todos habían de beber. Alrededor de la mesa, los divanes en que habían de reclinarse los convidados, conforme a la costumbre oriental.

De nada se olvidan Pedro y Juan. Desde niños habían asistido a estos preparativos sagrados, siguiendo a sus madres con miradas de curiosidad y de alegría.

Cuando todo lo tienen dispuesto, se asoman a las ventanas para verlos venir...

A la puesta del sol, llegan los otros diez con Jesús.

Entran en silencio a celebrar devotamente la cena sagrada. Si supieran lo que en esta cena van a recibir...

Tal vez recuerdan conmovidos la palabra que les dijera Jesús hace dos días: «Se celebrará la Pascua... Me crucificarán.»

De pronto las grandes trompetas del Templo anuncian que ya es hora, y los trece se reclinan en sus puestos. Dos de ellos llevan en el alma una emoción mayor. Son los que van a morir pronto: Jesús Nazareno y Judas Iscariote. El Maestro y el Traidor. El Hijo de la Virgen y el engendro de Satanás.

Judas ha cerrado ya su contrato. Lleva encima los treinta dineros y procura apretarlos bien para que no suenen. Quiere aparecer tranquilo, pero le tortura el pensamiento de que Jesús tal vez ya lo sabe todo. Y si no lo sabe, ¿por qué le mira con esa mirada penetrante y dolorida?

Jesús aparece sereno. Su pena es interior y resignada. Es una pena inefable de quien es el único en conocer una traición gravísima que procurará evitar sin conseguirlo.

Recorre con sus ojos aquellos rostros que le rodean y lo miran. Son los Doce. Los amigos desde hace tres años. Con ellos ha comido muchas veces, con ellos ha sufrido el sol, con ellos ha descansado. De pronto rompe el silencio y sin dejar de mirarlos, les dice una palabra que es un augusto retrato de la bondad de su Corazón y de la ternura de su amor:

—Con gran deseo he deseado celebrar esta Pascua con vosotros, antes de padecer...

108.—«LOS AMO HASTA LO ULTIMO»

Notó el Señor que los Doce, tal vez al momento de colocarse en sus puestos, discutían sobre quién sería el primero de todos. Tres años llevan en su escuela y todavía no han aprendido la primera lección. Jesús les avisa mansamente:

—*El primero entre vosotros pórtese como el menor, y el que gobierna como el que sirve. Porque ¿quién es más, el que está a la mesa o el que sirve? ¿Verdad que el que está a la mesa? Pues yo estoy en medio de vosotros como el que sirve.*

Pero no quería el Señor que en aquellos últimos momentos se quedasen con la pena de una reprensión. Por eso les dice con cariño:

—*Vosotros sois los que habéis perseverado conmigo en mis pruebas, y yo os transmito el Reino como me lo transmitió mi Padre a mí: comeréis y beberéis a mi mesa en mi Reino, y os sentáreis en tronos para regir a las doce tribus de Israel.*

Y lo que entonces ocurrió, nos lo cuenta San Juan, el discípulo a quien amaba Jesús, en una página que todavía conserva la sublime emoción que él mismo sintió al presenciarlo:

Antes de la fiesta de la Pascua, sabiendo Jesús que había llegado la hora de pasar de este mundo al Padre, habiendo amado a los suyos que estaban en el mundo, los amó hasta el extremo.
Estaban cenando (ya el diablo había metido en la

cabeza a Judas Iscariote, el de Simón, que lo entregara), y Jesús, sabiendo que el Padre había puesto todo en sus manos, que venía de Dios y a Dios volvía, se levanta de la cena, se quita el manto y, tomando una toalla, se la ciñe; luego echa agua en la jofaina y se pone a lavar los pies a los discípulos, secándoselos con la toalla que se había ceñido.

Llega a Simón Pedro y éste le dice:

—Señor, ¿lavarme los pies tú a mí?

Jesús le replicó:

—Lo que yo hago, tú no lo entiendes ahora, pero lo comprenderás más tarde.

Pedro le dice:

—No me lavarás los pies jamás.

Jesús le contestó:

—Si no te lavo, no tienes nada que ver conmigo.

Simón Pedro le dice:

—Señor, no sólo los pies; sino también las manos y la cabeza.

Jesús le dice:

—Uno que se ha bañado no necesita lavarse más que los pies, porque todo él está limpio. También vosotros estáis limpios, aunque no todos. (Porque sabía quién lo iba a entregar, por eso dijo: «No todos estáis limpios».)

Cuando acabó de lavarles los pies, tomó el manto, se lo puso otra vez y les dijo:

—¿Comprendéis lo que he hecho con vosotros? Vosotros me llamáis «El Maestro» y «El Señor», y decías bien, porque lo soy. Pues si yo, el Maestro y el Señor, os he lavado los pies, también vosotros debéis lavaros los pies unos a otros: os he dado ejemplo para que lo que yo he hecho con vosotros, vosotros también lo hagáis. Ya que sabéis estas cosas, felices seréis si las cumplís.

Y viendo que no todos serán felices porque no todos las cumplirán, añade:

—No lo digo por todos. Yo sé a quiénes he elegido. Pero así quedará cumplida la Escritura, que dice: «El que come mi pan conmigo, levantará su pie contra mí».

Como espina en el corazón clavada, siente Jesús la

traición de Judas allí presente. Aprovecha los momentos para darle a entender que lo sabe todo y para invitarle a la conversión:

—Os hablo así ahora, antes de que suceda, para que cuando suceda, conozcáis que soy yo.

Misteriosamente pone ante los ojos del ingrato la enormidad del crimen que maquina, añadiendo:

—Quien recibe al que yo envío, a mí me recibe. Y quien me recibe a mí, recibe al que me ha enviado.

Los Apóstoles sólo entienden el sentido de estas palabras, que para ellos contienen motivo de consolación, pues ellos han recibido a Jesús. Pero Judas puede entender algo más: si recibir a Jesús, es recibir al Padre que le ha enviado, entregar a Jesús, será entregar al Padre, entregar a Dios. Mas tiene el corazón endurecido, y no renuncia a realizar la entrega que prometió en un momento de ambición apasionada.

¡Cómo duele al Corazón generoso del Maestro la presencia del traidor! Le ha lavado los pies como a los demás. Acaso con más cariño que a los demás. Acaso mientras le lavaba, procuró que sus miradas serenas se encontrasen con las del traidor que nerviosamente las dirigía a otra parte. Le invitará de nuevo al arrepentimiento, y al ver que nada logra, tendrá que decirle que se marche: ¡Es demasiado santa la Primera Misa del mundo para que sea profanada por el aliento de un sacrílego!

109.—«LO QUE HACES, HAZLO PRONTO»

Con mirada escrutadora de las almas, ve Jesús el crimen horrendo **de un escogido** para la excelsa dignidad de Apóstol; ve su Pasión amarguísima, acelerada por este crimen; ve el suicidio desesperado de Judas.

Entonces profundamente conmovido, dijo:
—Os aseguro que uno de vosotros me entregará.

Los Once que le abandonarán esta noche en el Huerto, pero que jamás hubiesen pensado en venderlo por dinero, se estremecen ante esta noticia.

Espantados se miran mutuamente, temiendo cada uno encontrar en el rostro del compañero la lividez acusadora del crimen.

Su conciencia de nada los remuerde, pero más se fían de la palabra de Jesús; y al fin pueden hablar, y uno tras uno, «entristeciéndose mucho» porque mucho le aman, le preguntan:

—*Señor, ¿soy acaso yo? ¿Soy yo?*

A modo de respuesta, Jesús repite la terrible profecía, ponderando toda la maldad encerrada en semejante traición:

—*Uno de vosotros, uno que está conmigo...*

Y en su deseo de llegar al corazón de Judas, anuncia el pavoroso castigo que le amenaza:

—*El Hijo del hombre se va, según está decretado. Mas ¡ay de aquel hombre por quien el Hijo del hombre será entregado! ¡Mas le valiera no haber nacido!*

¡Mas le valiera no haber nacido! Jamás pronunciaron los labios de Jesús otra sentencia igual. La ha merecido el primer reo del Cuerpo y la Sangre del Hijo de Dios. ¡El primer sacrílego!

Jesús no quiere descubrirlo ante los demás, quiere llamarle a penitencia, pero el mal discípulo, hipócrita y soberbio, oculta su despecho bajo las apariencias de la sorpresa general, y pregunta también:

—*¿Soy yo acaso, Maestro?*

Yo creo que su respiración estaría en suspenso aguardando la respuesta.

Jesús le dice en voz baja:

—*Tú lo has dicho: tú eres.*

¡Y tampoco se echó entonces Judas al suelo, llorando a los pies de quien hubiera llorado con él!

La fidelidad vehemente de Pedro no puede soportar el pensamiento de que esté sentado en su misma mesa un traidor a Jesús. Quiere saber quién es.

Uno de los discípulos, aquel a quien Jesús amaba
—así nos cuenta sencillamente San Juan, que era ese
discípulo—, *estaba a la mesa, recostado a la derecha de*
Jesús.
Simón Pedro le hizo señas para que averiguase por
quién lo decía. Entonces él, apoyándose en el pecho
de Jesús, le preguntó:
—*Señor, ¿quién es?*

¡Dulce intimidad de amigo que quiere conocer la pena
de su amigo para consolarle! El Corazón de Jesús se
conmovió agradecido ante aquella pregunta llena de
amor, y en prueba de que aceptaba el consuelo ofrecido
por el amado discípulo, le comunica su pena descu-
briéndole quién es el traidor.

Pero, siempre delicado, siempre noble, no quiere decirle el nombre, sino solamente darle una señal, para
que así Juan entienda que a nadie lo debe descubrir.

Le contestó Jesús:
—*Aquél a quien yo daré este trozo de pan untado.*

Y tomó un pedazo de pan, lo mojó en la salsa, y extendió la mano. Con qué emoción contenida miraría
Juan la mano de Jesús para ver a quién de los Doce se
acercaba...

Y se acercó a Judas, hijo de Simón Iscariote, y le dio
el pan. Esto fue para Judas un obsequio, una nueva
delicadeza de Jesús. Para Juan fue el descubrimiento
aterrador. Tenía al criminal frente a frente. Fijó en él sus
ojos doloridos. Y la mirada penetrante del discípulo virgen vio no sé qué en la cara del discípulo perverso.
Algún entrecejo de rabia, alguna agitación de espíritu,
algún relámpago de infierno, porque setenta años más
tarde, cuando ya anciano escribía Juan su Evangelio, se
acordaba de aquella cara, y estampó esta frase:

Tras el bocado, entró en él Satanás.

Juan baja los ojos aterrado, queda en silencio. Pedro
sigue queriendo saber quién es el traidor. Judas se encuentra más intranquilo y más violento a cada instante
que pasa.

Entonces, al ver Jesús que nada ha conseguido,
quiere quedarse solo con los suyos, libre de quien le
atormenta con sólo estar presente. Y le dice:

—Lo que piensas hacer, hazlo pronto.

No era empujarlo al crimen. Era nueva invitación. Era advertirle que lo sabía todo, y que si no quería arrepentirse, debía marchar de allá. Momento trágico en que Jesús despacha de su compañía al hombre que de ella se hizo indigno...

Y el desgraciado Judas estaba deseando ese momento. Se levantó en seguida.

Ninguno de los comensales entendió a qué se refería Jesús. Como Judas guardaba la bolsa, algunos suponían que Jesús le encargaba comprar lo necesario para la fiesta o dar algo a los pobres.

Juan le volvió a mirar. No dejó de mirarle hasta la salida. Y vio cómo Judas abría la puerta, y vio la oscuridad del fondo, y vio cómo se hundía en aquella oscuridad. Le impresionó tanto, que también lo apuntó en su Evangelio:

Judas, después de tomar el pan, salió inmediatamente. Era de noche.

Advertencia misteriosa del discípulo a quien amaba Jesús: Era de noche en el cielo, era de noche dentro de Judas. ¡Toda el alma de Judas era noche, porque voluntariamente se alejaba del sol y de la vida!

110.—«TOMAD Y COMED»

En cuanto Jesús se vio libre de la presencia del traidor, parece que no quiso disimular el descanso que sentía:

—Ahora es glorificado el Hijo del hombre, y Dios es glorificado en él...

Lavóse las manos, manos honradas de carpintero, manos limpias de sacerdote, manos que bendecían... Tomó una copa de vino ligeramente aguado y la bendijo:

—Bendito seas, Señor, Dios nuestro, que has creado el fruto de la vid —recitaba pausadamente, según los ritos de la cena pascual.

Bebió un poco, y ofreció la copa a Pedro para que circulara por todos, diciéndoles:

—Tomad esto, repartidlo entre vosotros; porque os digo que no beberé desde ahora del fruto de la vid hasta que venga el Reino de Dios.

Se colocó el cordero. Venía extendido en dos palos sujetos en forma de cruz. Jesús sabía quién iba a ser mañana el verdadero Cordero sacrificado por los pecados del mundo.

Lo despedazó con delicadeza, lo bendijo y lo distribuyó entre sus discípulos.

Levantó en alto la llamada Copa de bendición que pasó por los labios de todos.

Entonces Jesús, sabiendo que en estos momentos está cerrando la Alianza Antigua pactada entre Dios y los hombres, entona con majestad el **Hallel,** canto de acción de gracias:

¡Aleluya! Alabad al Señor porque es bueno,
porque su misericordia es para siempre.
Mejor es confiar en el Señor
que confiar en los hombres.
El Señor es mi fortaleza y mi gloria;
el Señor me ha salvado.
Una voz de alabanza y de salvación
se oye en la morada de los justos.
Alabad al Señor porque es bueno,
porque su misericordia es para siempre...

Llegó entonces el momento cumbre de los siglos. El momento que jamás se hubieran atrevido a imaginar ni los Santos ni los Angeles. El momento de la infinita generosidad de Dios:

Tomó Jesús un pedazo de pan de los que quedaban sobre la mesa, levantó los ojos a su Padre, le dio gracias, partió el pan, lo bendijo y lo dio a sus discípulos, diciendo:

—Tomad y comed: Esto es mi Cuerpo, entregado por vosotros.

Del mismo modo tomó el cáliz, dio gracias y se lo entregó, diciendo:
—Bebed de él todos. Porque esta es mi Sangre, Sangre de la Nueva Alianza, que por vosotros y por muchos será derramada para remisión de los pecados. Haced esto para acordaros de mí.

Este es mi Cuerpo... Esta es mi Sangre... Palabras sencillas y terminantes que tiene un sentido nada más: aquello que parece pan, es el Cuerpo de Jesús; aquello que parece vino, es la Sangre de Jesús.

El lo puede todo porque es Dios. Dijo al ciego de nacimiento: **Ve;** y el ciego vio. Dijo al leproso: **Queda limpio;** y el leproso quedó limpio. Dijo a la tempestad: **Calla;** y la tempestad se calló. Dijo a Lázaro, muerto de cuatro días: **Levántate;** y el muerto resucitó.

Ahora dice ante el pan: **Esto es mi Cuerpo,** y el pan se convierte en el Cuerpo de Jesús. Queda el gusto de pan, queda el color, queda el peso; pero ya no es pan. Es el Cuerpo de Jesucristo, el mismo Cuerpo que está sentado a la mesa. Y con el Cuerpo están la Sangre, el Alma y la Divinidad.

Dice después ante el vino: **Esta es mi Sangre.** Y el vino se convierte en la Sangre de Jesús. Queda el color y el gusto del vino; pero ya no es vino. Es la Sangre del Hijo de Dios. Y con la Sangre están el Cuerpo, el Alma y la Divinidad.

En esta primera consagración —y en las consagraciones que se sucederán por los siglos de los siglos— Jesús realiza un prodigio, mejor dicho, una serie de prodigios, que sólo Dios puede realizar. Y los Once creen sin dudar ni un momento.

Ellos, hace un año, le habían oído decir: «Os daré a comer mi cuerpo, os daré a beber mi sangre.» Creyeron que Jesús cumpliría esta promesa, pero no sabían **de qué manera.** Y hoy ven que la manera consiste en dar el cuerpo bajo apariencias de pan y dar la sangre bajo apariencias de vino.

Así acaban de anunciárselo unas palabras de Jesús, tan sencillas, tan transparentes, que ellos las admiten en seguida. A lo largo de tres años han experimentado la potencia absoluta de las palabras de Jesús.

No pueden dudar de que también ahora Jesús realiza lo que dice; y agradecidos y amantes, comen y beben, sabiendo que reciben el Cuerpo y la Sangre de su amado Señor... ¡Qué Primera Comunión del Primer Jueves Santo!

111.—SACRIFICIO Y SACERDOCIO

A las palabras: **Esto es mi Cuerpo,** añadió Jesús: **entregado por vosotros.** Y a las palabras: **Esta es mi sangre,** añadió: **derramada por vosotros y por muchos para remisión de los pecados.**

Un cuerpo **entregado** como Víctima. Una Sangre **derramada** en expiación. He aquí palabras estrictamente **sacrificales.** Indican estas expresiones que la acción realizada por Jesús en aquel momento es un verdadero sacrificio; es la inmolación misteriosa, que antecede en algunas horas a su inmolación sangrienta en la Cruz.

Hoy, Jueves Santo, ofrece el Santo Sacrificio en la Cena. Mañana, en la Cruz, ofrecerá **el mismo sacrificio.** Y una y otra vez lo ofrece «por vosotros, y por muchos, en remisión de los pecados». Por los Apóstoles que estaban presentes, y por todos los demás hombres, todos los nacidos de Adán, que son muchos. Por eso dice «por muchos». Así expresa también la eficacia de este Sacrificio, pues es un Sacrificio de valor infinito, ya que la Víctima ofrecida —el Cuerpo y la Sangre de Dios— tiene infinito valor; y el Sacerdote que lo ofrece —Dios hecho Hombre— tiene infinita dignidad.

Dijo también Jesús: Vosotros haced esto para acordaros de mí.

Con estas palabras dio a sus Apóstoles el poder de convertir el pan y el vino en el Cuerpo y la Sangre del Señor, inmolando así la misma Víctima Divina y ofreciendo el mismo Sacrificio que él acaba de ofrecer.

Y los Apóstoles transmitieron esta potestad a los Obispos, y éstos a sus sucesores y a los sacerdotes, que son los colaboradores del Obispo. Desde entonces se repite en nuestros altares el mismo Sacrificio de Jesucristo en la Cruz. Eso es la santa Misa. **El mismo Sacrificio** de la Cruz.

Y es el mismo, porque el **Sacerdote** que lo ofrece **es el mismo**, es Cristo Sacerdote principal, mientras que el sacerdote que ven en el altar nuestros ojos es solamente sacerdote ministerial, que obra y habla allí, llevando la persona de Cristo. **El Dios** a quien se ofrece **es el mismo. Los hombres por quienes se ofrece son los mismos. La Víctima** que se ofrece **es la misma,** es el Cuerpo y la Sangre de Jesucristo, que aparecen en el altar separados, sacrificados, como separados quedaban en las víctimas que se degollaban en los sacrificios antiguos.

La única diferencia está en la manera de ofrecerse. En la Cruz se ofreció cruentemente; en la Misa, incruentemente, sin derramamiento de sangre.

La misma escena que hubiéramos visto en el Calvario, el Viernes Santo a las tres de la tarde, tenemos ante nuestos ojos en la Santa Misa... Si tuviéramos más viva la fe, no consideraríamos la Misa como una obligación que hay que cumplir, sino como el acto más sublime y consolador de todo el día. No iríamos a la Misa con deseo de que termine pronto, sino con sumo cuidado de cumplir en ella —no con una piedad egoísta, sino en unión fraternal con los demás oferentes del Sacrificio— los cuatro fines para los cuales Jesús la instituyó, y que son los siguientes:

La glorificación de Dios, mediante el ofrecimiento de Jesús y el **ofrecimiento mío** —mi persona, mis trabajos, mis penas, todo mi día, ofrecido en mi Misa diaria, unido al ofrecimiento de Jesús—. La acción de gracias por los beneficios que nos ha concedido y nos concede sin cesar. La satisfacción por nuestros pecados. La petición de todo lo que necesitamos.

Sí; todo lo que necesitamos debemos pedir en la Misa. Debemos pedir por nosotros, por nuestra familia, por nuestros amigos y parientes y enemigos, por las almas del purgatorio, por el Papa, por las Misiones, por los pecadores, por toda la Iglesia Católica, por todo el mundo... Debemos pedir cosas grandes, que pedir cosas pequeñas sería hacer una injuria a esta Víctima del altar, por cuyos méritos hacemos nuestra petición en la Misa. ¡El mismo está obligando a su Padre a oírnos! Qué bien dijo el santo Cura de Ars: «Si supiéramos qué es la Misa, moriríamos, pero no de espanto, sino de gratitud y de amor.»

Así instituyó Nuestro Señor Jesucristo el Sacrificio y el Sacerdocio de la Nueva Alianza. Quedan abolidos los sacrificios que se consumaban con fuego y sangre de animales; queda anulado el sacerdocio de Aarón; queda clausurado el Judaísmo. Pero la nueva Religión, el Cristianismo, tendrá un Sacrificio del verdadero Sacerdote. Los demás fueron sombras y figuras nada más. Jamás pudieron satisfacer dignamente ni siquiera por un solo pecado. Eran obras de hombres, limitadas, imperfectas. Ahora la satisfacción es suficiente, superabundante, infinita. Es la obra del Hombre Dios.

Qué sublimidad de misterios, qué maravillas de poder, y, sobre todo, qué derroche de amor concentró el Corazón de nuestro amadísimo Señor Jesucristo en este momento de instituir la Eucaristía.

«Habiendo amado a los suyos que estaban en el mundo, los amó hasta lo último.» Habiéndonos amado a nosotros, a nosotros que somos los suyos, que estamos en este mundo, nos amó hasta lo último, hasta el exceso...

Y porque nos amó hasta el exceso, se quedó con nosotros para siempre, nos alimenta con su Cuerpo y Sangre, se ofrece en Sacrificio por nuestra salvación.

Jesucristo que se queda misteriosamente bajo las apariencias de un poco de pan, Jesucristo que me alimenta con su Cuerpo y Sangre, Jesucristo que se sacrifica por mí: esto es la Sagrada Eucaristía. Misterio, Alimento, Sacrificio. ¡Oh maravilla de las maravillas de Dios, memorial de la Pasión y Muerte de mi Redentor, vida de Jesús perpetuada a través de los siglos, Hijo de Dios, enloquecido de amor por los hombres! **Tantum ergo Sacramentum, veneremur cernui...** A tan alto Sacramento, veneremos de rodillas; y la luz de la Fe supla la oscuridad de los sentidos. La vista, el gusto, el tacto, se engañan al intentar descubrir tu esencia. Pero firmemente creemos al oído; y en el oído no cesan de resonar las palabras de Jesús:

«Esto es mi Cuerpo... Esta es mi sangre»

Creemos, adoramos, amamos...

Y a impulsos de esta fe y de este amor, proclamamos

que la Eucaristía —como enseñó Pablo VI— es **el don más excelso** brotado del Corazón de Jesucristo, y que si queremos encontrar a este Corazón allí donde esta **vivo**, debemos buscarlo en la Eucaristía y en el amor a los hermanos.

112.—EXPANSIONES DEL CORAZON

Tiene Jesús a su alrededor los once amigos fieles, que no cesan de mirarle y de oírle, y sabe que muy pronto todos huirán acobardados. Va a despedirse de ellos; y las palabras con que lo hace —¡la última conversación del Nazareno con **los suyos** durante su vida mortal!— son un encanto de ternura familiar y de doctrina sublime.

El amable discípulo San Juan bebió enamorado aquellas palabras del Señor. Las conservó toda su vida en la memoria, y al fin las copió en su Evangelio, inspirado por el Espíritu Santo. Es dulce para el alma leerlas ahora despacio, y pararse de cuando en cuando en su lectura, y a través del sonido que dan por fuera, escuchar en su interior las palpitaciones de aquel Corazón que nos amó hasta lo último.

—*Hijitos* —les dice al empezar—, *ya poco tiempo estaré con vosotros; me buscaréis; pero, así como dije a los judíos que a donde yo voy no podéis venir vosotros, así también os lo digo a vosotros ahora.*

En seguida de anunciarles la despedida, y como para aprovechar ese poquito de tiempo que todavía estará con sus hijitos, les hace el encargo más deseado de su Corazón:

—*Os doy un mandamiento nuevo: que os améis unos a otros como yo os he amado para que también vosotros os améis mutuamente.*

Aunque ya otras veces había dado el precepto de la caridad fraterna, ahora lo llama mandato nuevo, porque quiere que los cristianos nos amemos unos a otros como él nos ama. Y añade que él nos ama para que nosotros nos amemos unos a otros. Que cada cristiano, al ver al pobre, al pecador, al ofensor, al enemigo, al más despreciable, se anime a la misericordia, al perdón y a la caridad, diciendo: —Mi Señor Jesucristo amó tanto a este desgraciado, que murió por él. El le amó para que yo le ame.

Al oír que su Maestro se iba y que ya no podía estar con él, Pedro no se conforma con la separación, y le pregunta:

—Señor, ¿a dónde vas?
Jesús le respondió:
—Adonde yo voy no me puedes acompañar ahora; me acompañarás más tarde.
Pedro replicó:
—Señor, ¿por qué no puedo acompañarte ahora? Daré mi vida por ti.

Sonrióse tristemente el Salvador, que conocía lo futuro, y con suave ironía le dijo:

—¿Darás tu vida por mí? Te aseguro, Pedro, que tú esta noche, antes de que el gallo cante dos veces, me habrás negado tres... Simón, Simón, mira que Satanás os ha reclamado para cribaros como trigo. Pero yo he pedido por ti, para que tu fe no se apague. Y tú, cuando te conviertas, da firmeza a tus hermanos.

Como el diablo había pedido a Dios permiso para tentar a Job, también lo pidió para atacar a Simón y sus hermanos, y los iba a zarandear terriblemente en la Pasión y hacerlos caer si pudiese. Dios dejó en manos del Tentador a los discípulos, así como había dejado a Job. Mas Jesús había pedido que no faltase la fe de Pedro. Y aunque éste llegaría a jurar que no conocía a Jesús, seguiría creyendo en él.

No sólo en Pedro, sino en los Once advierte Jesús expresiones de preocupación, de tristeza, por haberles dicho que se va. Quiere reanimarlos con la esperanza de aquella felicidad que será capaz de consolar a todos los que sufran: la esperanza del cielo. Y así, les dice:

—No perdáis la calma: creed en Dios y creed también en mí. En la casa de mi Padre hay muchas estancias, y me voy a prepararos sitio. Cuando vaya y os prepare sitio, volveré y os llevaré conmigo, para que *donde estoy yo, estéis también vosotros. Y adonde yo voy, ya sabéis el camino.*

Tomás le dice:

—*Señor, no sabemos adónde vas, ¿cómo podemos saber el camino?*

Jesús le responde:

—*Yo soy el camino, y la verdad, y la vida. Nadie va al Padre sino por mí. Si me conocierais a mí, conoceríais también a mi Padre. Ahora ya lo conocéis y lo habéis visto.*

Felipe le dice:

—*Señor, muéstranos al Padre y nos basta.*

Jesús le replica:

—*Hace tanto que estoy con vosotros, ¿y no me conoces, Felipe? Quien me ha visto a mí, ha visto al Padre. ¿Cómo dices tú: «Muéstranos al Padre»? ¿No crees que yo estoy en el Padre y el Padre en mí?*

Yo estoy en el Padre y el Padre en mí... El que me ve a mí, ve al Padre... Sólo un hombre puede hablar así: el Hombre que con sus obras ha probado que es Hijo de Dios. Por eso añade:

—*Lo que yo os digo no lo hablo por cuenta propia. El Padre, que permanece en mí, él mismo hace las obras. Creedme: yo estoy en el Padre y el Padre en mí. Si no, creed a las obras.*

Es su argumento: obras divinas tienen que proceder de naturaleza divina. Y como todos los cristianos que están unidos con él por la fe y la gracia participan de esa naturaleza divina, añade la magnífica promesa:

—*Os lo aseguro: el que cree en mí, también hará las obras que yo hago, y aun mayores. Porque yo me voy al Padre: y lo que pidáis en mi nombre, yo lo haré, para que el Padre sea glorificado en el Hijo. Si me pedís algo en mi nombre, yo lo haré.*

Promesa grande. Pero nosotros, a veces, pedimos cosas que no son en nombre de Cristo, ni sirven para los fines que él trajo al mundo, de salvarnos y perfeccionarnos: por eso no las conseguimos.

—*Si me amáis, guardad mis mandamientos: y yo*

pediré al Padre, y él os dará otro Paráclito, que esté con vosotros para siempre, el Espíritu de la verdad que el mundo no puede recibir, porque no lo ve ni lo conoce. Vosotros lo conoceréis, porque se quedará en vosotros y estará en vosotros.

No os dejaré huérfanos: volveré a vosotros. Dentro de poco el mundo ya no me verá; pero vosotros me veréis, porque yo vivo y vosotros viviréis. Ese día conoceréis que yo estoy en mi Padre, y vosotros en mí, y yo en vosotros.

El que sabe mis mandamientos y los guarda, ése me ama; y al que me ama, le amará mi Padre, y le amaré yo, y me mostraré a él.

Con claridad expresa lo que exige a quien le ama de verdad: «que cumpla mis mandamientos»; y el premio que le prepara: «Yo mismo me mostraré a él.»

113.—«PARA QUE EL MUNDO CONOZCA QUE AMO A MI PADRE»

Iba pasando la noche. Se acercaba el momento de la partida. Jesús insiste en que cumplir sus mandatos es

prueba de amarle, y les deja su paz, distinta de la paz del mundo:

—El que me ama, guardará mi palabra; y mi Padre le amará, y vendremos a él, y haremos morada en él.
El que no me ama no guarda mis palabras. Y la palabra que estáis oyendo no es mía, sino del Padre que me envió.
Os he hablado de esto ahora que estoy a vuestro lado: pero el Paráclito, el Espíritu Santo, que enviará el Padre en mi nombre, será quien os lo enseñe todo y os vaya recordando todo lo que os he dicho.
La paz os dejo, mi paz os doy: no os la doy yo como la da el mundo.

Ellos entienden que esas palabras, «mi paz os dejo», anuncian un adiós; muestran la pena en sus miradas, y él los tranquiliza:

—Que no tiemble vuestro corazón ni se acobarde. Me habéis oído decir: «Me voy, y vuelvo a vuestro lado.» Si me amarais, os alegraríais de que vaya al Padre, porque el Padre es más que yo. Os lo he dicho ahora, antes de que suceda, para que cuando suceda, creáis.
Ya no hablaré mucho con vosotros, pues se acerca el Príncipe de este mundo; no es que él tenga poder sobre mí; pero es necesario que el mundo comprenda que yo amo al Padre, y que lo que el Padre me manda, yo lo hago. Levantaos, pues, y vamos de aquí.

El Maestro está conmovido con todos los misterios de esta noche. Al decir estas últimas palabras, se levanta de la mesa para salir. Pero no sale todavía. Le cuesta despedirse de los suyos; quiere vaciar en ellos su Corazón.
De pie ya, y ante la separación próxima, evoca la íntima unión que desea mantener siempre con sus cristianos; la compara a la unión de la vid con los sarmientos, y promete su amor a los que permanezcan unidos a él:

—Yo soy la verdadera vid y mi Padre es el labrador.
A todo sarmiento mío que no da fruto lo arranca; y a todo el que da fruto, lo poda para que dé más fruto.
Vosotros ya estáis limpios por las palabras que os he hablado; permaneced en mí y yo en vosotros.

Como el sarmiento no puede dar fruto por sí, si no permanece en la vid, así tampoco vosotros, si no permanecéis en mí.

Yo soy la vid, vosotros los sarmientos: el que permanece en mí y yo en él, ése da fruto abundante; porque sin mí nada podéis hacer.

Al que no permanece en mí, lo tiran fuera como al sarmiento, y se seca: luego los recogen y los echan al fuego, y arden.

Si permanecéis en mí, y mis palabras permanecen en vosotros, pediréis lo que deseáis, y se realizará.

Lo que glorifica a mi Padre es que deis fruto abundante, y seáis discípulos míos.

Como el Padre me ha amado, así os he amado yo: permaneced en mi amor.

Si guardáis mis mandamientos, permaneceréis en mi amor, lo mismo que yo he guardado los mandamientos de mi Padre, y permanezco en su amor. Os he hablado de esto, para que mi alegría esté en vosotros, y vuestra alegría llegue a plenitud.

114.—«VOSOTROS SOIS MIS AMIGOS. EL MUNDO OS ODIARA»

Vuelve a decirles lo que desea en ellos y en todos los suyos:

—Este es mi mandamiento: Que os améis unos a otros como yo os he amado.

Nadie tiene amor más grande que el que da la vida por sus amigos. Vosotros sois mis amigos, si hacéis lo que yo os mando.

Ya no os llamo siervos, porque el siervo no sabe lo que hace su señor: a vosotros os llamo amigos, porque todo lo que he oído a mi Padre os lo he dado a conocer.

No sois vosotros los que me habéis elegido; soy yo quien os he elegido; y os he destinado para que vayáis y deis fruto, y vuestro fruto dure. De modo que lo que pidáis al Padre en mi nombre, os lo dé.

Esto os mando: que os améis unos a otros.

Si el mundo os odia, sabed que me ha odiado a mí antes que a vosotros. Si fuerais del mundo, el mundo os amaría como cosa suya, pero como no sois del mundo, sino que yo os he escogido sacándoos del mundo, por eso el mundo os odia.

Recordad lo que os dije: No es el siervo más que su amo. Si a mí me han perseguido, también a vosotros os perseguirán; si han guardado mi palabra, también guardarán la vuestra.

Y todo eso lo harán con vosotros a causa de mi nombre, porque no conocen al que me envió.

Si yo no hubiera venido y les hubiera hablado, no tendrían pecado; pero ahora no tienen excusa de su pecado.

El que me odia a mí, odia también a mi Padre.

Si no hubiera hecho entre ellos obras que no ha hecho ningún otro, no tendrían pecado. Pero ahora han visto y nos odian a mí y a mi Padre; pero así se cumple la palabra escrita en su ley: «Me odiaron sin razón.»

Cuando venga el Paráclito, que os enviaré desde el Padre, el Espíritu de la Verdad, que procede del Padre, él dará testimonio de mí: y también vosotros daréis testimonio, porque desde el principio estáis conmigo.

Os he hablado de esto, para que no se tambalee vuestra fe. Os excomulgarán de la Sinagoga; más aún, llegará incluso una hora cuando el que os dé muerte pensará que da culto a Dios. Y esto lo harán porque no han conocido ni al Padre ni a mí.

Os he hablado de esto para que cuando llegue la hora os acordéis de que yo os lo había dicho.

No os lo dije desde el principio porque entonces estaba yo con vosotros; ahora voy al que me ha enviado, y ninguno de vosotros me pregunta: ¿adónde vas? Sino que, por haberos dicho esto, la tristeza os ha llenado el corazón. Sin embargo, lo que os digo es verdad: os conviene que yo me vaya; porque si no me voy, no vendrá a vosotros el Paráclito. En cambio, si me voy, os lo enviaré.

Y cuando venga, dejará convicto al mundo con la prueba de un pecado, de una justicia, de una condena. De un pecado, porque no creen en mí; de una justicia, porque me voy al Padre y no me veréis; de una condena, porque el Príncipe de este mundo está condenado.

Muchas cosas me quedan por deciros; pero no podéis cargar con ellas por ahora: cuando venga él, el Espíritu de la verdad, os guiará hasta la verdad plena.

Pues lo que hable no será suyo: hablará de lo que oye y os comunicará lo que está por venir.

El me glorificará, porque recibirá de mí lo que os irá comunicando.

En efecto, el Espíritu Santo, Dios como el Hijo y el Padre, procede de un principio único que es el amor del Padre y del Hijo. Por eso dice Jesús: tomará de lo mío, y eso os anunciará.

Esta promesa se cumplirá plenamente dentro de cincuenta días, en Pentecostés, cuando el Espíritu Santo descenderá sobre los Apóstoles en forma de lenguas de fuego, y les recordará todas las enseñanzas de Jesús y su verdadero valor que ahora no entienden, y completará la obra de Jesucristo en sus almas, y convirtiéndolos de pobres e ignorantes pescadores en apóstoles invencibles, los enviará por todo el mundo a predicar una Religión tan nueva y tan contraria a la locura del mundo, que adorará como verdadero Dios a un Hombre crucificado. ¡Y la locura del mundo quedará iluminada por la locura de la Cruz!

Y el primer día tres mil, y el segundo cinco mil, y sin cesar nuevos miles, y nuevos millones de hombres y de mujeres se harán cristianos, y crecerá siempre el número de los adoradores de la Cruz, y al fin llegará el día en que todo el mundo conozca a su Padre Dios. Es la obra del Hijo completada por el Espíritu Santo. ¡La obra de este Jesús Nazareno, que mañana, Viernes, aparecerá como un fracasado! Por eso les dice:

—*Dentro de un poco, ya no me veréis; dentro de otro poco, me veréis. Porque voy al Padre.*

Algunos discípulos comentaban:

—*¿Qué es eso que dice: «dentro de un poco, ya no me veréis, y dentro de otro poco, me veréis», y «voy al Padre»?*

Y se preguntaban:

—*¿Qué significa ese «poco»? No sabemos de qué habla.*

Comprendió Jesús que querían preguntarle y les dijo:

—*Estáis discutiendo de lo que he dicho: «dentro de un poco, ya no me veréis, y dentro de otro poco, me veréis». Yo os aseguro: lloraréis y os lamentaréis vosotros, mientras el mundo estará alegre.*

Vosotros estaréis tristes, pero vuestra tristeza se convertirá en alegría. La mujer, cuando va a dar a luz, siente tristeza, porque ha llegado su hora; pero en cuanto da a luz al niño, ni se acuerda del apuro, por la alegría de que al mundo le ha nacido un hombre. También vosotros ahora sentís tristeza; pero volveré a veros, y se alegrará vuestro corazón y nadie os quitará vuestra alegría.

115.—«CONFIAD: YO HE VENCIDO AL MUNDO»

No necesitamos mucho esfuerzo mental para comprender el porqué de aquella ignorancia, aquellas dudas, aquel estupor que sorprende Jesús en las miradas de sus once amigos, según les va hablando esta noche.

Ellos le vieron —hace sólo cuatro días— entrar en Jerusalén, entre cánticos y palmas enarboladas, como el Ungido de Dios anunciado por los antiguos profetas y esperado por los israelitas piadosos. Aquel mismo día le vieron hacer varios milagros en el Templo —la Casa de Dios, la Casa de su Padre—; y luego discutir con fariseos, letrados, herodianos, saduceos, reduciéndolos al silencio.

Es indudable que han pensado y comentado entre sí estos entusiastas galileos:

—¿Será que se cumple el tiempo, precisamente ahora, en los días de la gran Pascua... los días que hizo el Señor? ¿Qué ocurrirá..? ¿Qué hará Jesús..? ¿Acaso legiones de ángeles..? ¿Acaso fuego del cielo que acabe con la opresión romana..?

¡Todo lo contrario! Se ha echado por el suelo para lavarles los pies, como si fuese un siervo inculto; les ha repetido el sermón de que sean humildes, serviciales, amantes unos de otros; y les ha dicho que él se va, que ellos no pueden, acompañarle, que se verán hundidos en tristeza mientras allá fuera, en el mundo, los enemigos ríen...

¿Cómo medir la desilusión, la pena, la sorpresa de los Apóstoles?

Jesús no vacila, no teme ante el anuncio de horas trágicas, les inculca —¡una vez más!— la comunicación con el Padre, la oración: ¡he ahí el secreto de todo consuelo, de toda fortaleza!

Díceles pues:

—Yo os aseguro: Si pedís algo al Padre en mi nombre, os la dará.

Hasta ahora no habéis pedido nada en mi nombre: pedid y recibiréis, para que vuestra alegría sea completa. Os he hablado de esto en comparaciones: viene la hora en que ya no hablaré en comparaciones, sino que os hablaré del Padre claramente.

Aquel día pediréis en mi nombre y no os digo que yo rogaré al Padre por vosotros, pues el Padre mismo os quiere, porque vosotros me queréis y creéis que yo salí de Dios. Salí del Padre y he venido al mundo; otra vez dejo el mundo y voy al Padre.

Dicen sus discípulos:

—Ahora sí que hablas claro y no usas comparaciones. Ahora vemos que lo sabes todo y no necesitas que te pregunten; por esto, creemos que saliste de Dios.

Jesús les contestó:

—¿Ahora creéis? Pues mirad: está para llegar la hora, mejor, ya ha llegado, en que os disperséis cada cual por su lado y me dejéis solo. Pero no estoy solo, porque está conmigo el Padre.

Os he dicho todo esto para que encontréis la paz en mí. En el mundo tendréis luchas; pero tened valor: yo he vencido al mundo.

Ha terminado Jesús esta conversación con sus amigos. Los ama tanto que parece no sabe cómo terminar. Y todavía antes de salir de aquella casa —la última que le ha recibido en su vida mortal— y antes de separarse de ellos, quiere hacer en voz alta esa oración sublime y dulcísima con la que cierra su misión en el mundo y empieza su Pasión. Nos la ha conservado en su Evangelio el discípulo que esta noche se reclinó en el pecho del Señor y escuchó los latidos del Corazón más amante y menos comprendido.

116.—LA ORACION DEL SACERDOTE ANTE EL SACRIFICIO

Después de dichas estas cosas, Jesús levantó los ojos al cielo y dijo:

—Padre, ha llegado la hora: glorifica a tu Hijo, para que tu Hijo te glorifique a ti; y, por el poder que tú le has dado sobre toda carne, dé la vida eterna a los que le confiaste.

Esta es la vida eterna: que te conozcan a ti, único Dios verdadero, y a tu enviado, Jesucristo.

Yo te he glorificado sobre la tierra, he coronado la obra que me encomendaste.

Y ahora, Padre, glorifícame cerca de ti, con la gloria que yo tenía cerca de ti, antes que el mundo existiese.

Ante esta íntima y perfecta comunicación de Jesús con el Padre, debe callar toda palabra humana, debe cesar todo ruido exterior, para que mejor la podamos oír. dentro del alma.

Llega la hora, dice Jesús; ¡la hora en que el Padre recibirá la máxima glorificación por el sacrificio del Hijo! ¡La hora más solemne y augusta de la Humanidad! Y en esta hora pide Jesús que también el Padre le glorifique a él, haciendo que todos los hombres le conozcan, para que tengan vida eterna, pues la vida eterna consiste en conocer al Padre y a su enviado, Jesucristo.

Después, el Sumo Sacerdote ruega por sus apóstoles:

—He manifestado tu Nombre a los hombres que me diste del mundo.

Tuyos eran, y tú me los diste, y ellos han guardado tu palabra.

Ahora han conocido que todo lo que me diste procede de ti; porque yo les he comunicado las palabras que tú me diste, y ellos las han recibido; y han conocido que yo salí de ti, y han creído que tú me has enviado.

Te ruego por ellos; no ruego por el mundo, sino por estos que tú me diste y son tuyos.

Qué delicadamente emplea Jesús ante su Padre la mejor recomendación en favor de los discípulos. Son tuyos, tú me los diste, han guardado tu palabra... Y añade todavía:

—Sí; todo lo mío es tuyo y lo tuyo mío; y en ellos he sido glorificado.

Ya no estaré en el mundo; pero ellos están en el mundo, mientras yo voy a ti.

Padre santo; guarda en tu nombre a los que me has dado, para que sean uno, como tú y yo somos uno.

Cuando estaba con ellos, yo guardaba en tu nombre a los que me diste, y los custodiaba, y ninguno de ellos se perdió, sino el hijo de la perdición; de modo que se cumplió la Escritura.

Ahora voy a ti, y digo esto en el mundo para que ellos mismos tengan mi alegría cumplida.

Yo les he dado tu palabra, y el mundo los ha odiado porque no son del mundo, como tampoco yo soy del mundo.

No ruego que los retires del mundo, sino que los guardes del mal.

No son del mundo, como tampoco yo soy del mundo.

Santifícalos en la verdad: tu palabra es la verdad.

Como tú me enviaste al mundo, así yo también los envío al mundo.

Y por ellos me consagro yo para que también ellos sean consagrados en la verdad.

Oración sublime. Oración de hermano, que cuando ruega por sus hermanos se ofrece en sacrificio para que sea oída su oración por ellos.

Después dirige su mirada a todos los siglos venideros. Nos ve a todos, a todos los que habíamos de ser cristianos, me ve a mí; y sobre todos y cada uno de nosotros se extiende su oración sacerdotal.

—No sólo por éstos ruego; sino también por los que crean en mí por la palabra de éstos, para que todos sean uno, como tú, Padre, en mí y yo en ti; que también ellos sean uno en nosotros, para que el mundo crea que tú me has enviado.

Ser uno con el Padre y el Hijo; participar por la gracia de la naturaleza divina, ¡el don de la divinidad!, esto es lo que pide el Hijo al Padre para cada uno de sus cristianos: para mí, para ti.

Y como para urgir al Padre a que le atienda en lo que pide, le presenta la obra que él realiza en las almas de sus redimidos, infundiendo en cada una de ellas la gracia santificante, a la cual —por ser la vida divina comunicada a nosotros— Jesús llama **claridad** de Dios.

—Yo les he dado la claridad que tú me diste, para que sean uno, como nosotros somos uno: yo en ellos y tú en mí, para que sean perfectos en la unidad, y así conozca el mundo que tú me has enviado y los has amado a ellos como me has amado a mí.

La oración del Hijo se hace cada vez más apremiante. «Yo en ellos.» Quiere fundirse con los hombres —con estos hombres que le tratarán tan mal— para obligar al Padre a amarlos más. Y llega un momento en que la oración deja de ser súplica y toma el acento ardiente de deseo:

—Quiero, Padre, que los que tú me has dado estén conmigo donde yo estoy, para que vean la claridad mía que tú me diste, porque me amaste antes que existiera el mundo.

Ya no pide. Quiere. Quiere que estemos con él. Quiere que veamos su claridad, su hermosura, su gloria en cuanto Dios, que es la misma claridad del Padre. Que estemos donde él está. Que estemos con él. Lo pide Nuestro Señor Jesucristo. Lo quiere.

Y, al terminar, exhala esta queja inefable de Hijo amantísimo:

—Padre justo, el mundo no te ha conocido. Pero yo te he conocido y éstos han conocido que tú me enviaste. Yo les he dado a conocer tu nombre para que el amor con que tú me amaste esté en ellos, y yo en ellos.

Oración santísima de Nuestro Señor Jesucristo, que es la revelación del amor infinito con que su Corazón nos ama, y es la Carta magna de nuestra divinización.

Espectáculo incomparable el de nuestro Redentor, que va a inmolarse en una cruz, y tiene tanta seguridad en el triunfo próximo, que horas antes de morir ruega por su Iglesia, que precisamente nacerá después de su muerte, y pide para ella la ciencia del Dios verdadero, la santidad, la victoria sobre el mundo, la unión íntima en la gracia hasta la unión perfecta en la gloria.

Tenía el Señor los ojos levantados. Hablaba con su Padre. La luz rojiza de las lámparas aureolaba su rostro, siempre sereno y esta noche santamente encendido.

Desaparecían los amores de un día. En un silencio de todas las cosas creadas le escuchaban sus amigos.

Y desde esta noche fecunda, el alimento de nuestras almas será el recuerdo de un deseo expresado por el Hijo de Dios hecho hombre: «Padre, quiero que los que tú me has dado estén conmigo... y yo en ellos.»

Es que en esas tres palabras —**yo en ellos**— contemplamos el misterio que nos diviniza: el misterio del Redentor en unión tan íntima con los redimidos, que para explicarla de alguna manera, San Pablo la compara a la unión existente entre la cabeza y los miembros de un mismo cuerpo.

Cristo **en nosotros**, no sólo para presidirnos y guiarnos y salvarnos, sino para **orar al Padre en nosotros,** para amarle y glorificarle en nosotros... con nosotros... para ser un Corazón de hombre que, desde los hombres y en los hombres, ofrece a Dios un amor digno de Dios; y para ser el Corazón de Dios que ama a los hombres cuanto los hombres necesitan ser amados tan íntimamente unido a los hombres, que no sólo hemos sido redimidos **por** Jesucristo, sino que hemos sido redimidos **en** Jesucristo.

Nadie vea aquí el delicioso invento de un místico. Es palabra de Jesús, palabra de Dios: «Yo en ellos.» Y a esta presencia vincula Jesús la suprema felicidad: por estar Jesús en nosotros, el amor del Padre estará en nosotros.

Este divino designio de nuestra incorporación a Jesucristo (antes misterio escondido incluso a los ángeles; ahora verdad revelada por el mismo Jesús) ocupa lugar preferente en el entusiasmo y en la predicación del Apóstol Pablo.

Como eco fidelísimo del Maestro, lo anuncia así a los Colosenses (1,27): «Cristo en vosotros».

Jesús se había comprometido: «Yo en los cristianos.»

Pablo pregona el compromiso: «Cristianos, Cristo en vosotros.»

Jesús anunció el premio que recibiremos por esta presencia: «El Padre os amará.»

Pablo confirma la divina promesa, diciendo que esta presencia de Jesús en nosotros es «esperanza de gloria».

Nosotros —toda la comunidad de los creyentes— sin Jesucristo estaríamos incompletos: nos faltaría la cabeza.

Pero también Jesucristo sin nosotros estaría incompleto: le faltaría la plenitud. El y nosotros formamos el Cristo total, para peregrinar ahora **en esperanza;** para reinar después, **en gloria.**

¡Qué potente este dogma del Cuerpo místico de Cristo, para impulsar nuestra entrega personal a Jesús, para encender nuestra caridad fraterna!

¡Creo en la Iglesia... creo en la comunión de los santos... creo en la presencia viva de Jesús, amando en nosotros, esperanza de gloria!

117.—«¡AUNQUE TODOS, YO NO!»

Dichas estas cosas, salió Jesús con sus discípulos hacia el monte de los Olivos, más allá del torrente de Cedrón... Judas, el que iba a entregarle, conocía también el sitio, porque allí solía reunirse Jesús con sus discípulos.

El traidor conoce aquel lugar, el traidor irá allá, pero Jesús no renuncia a su costumbre de recogerse en el huerto solitario para la oración de la noche.

La luna llena de Nisán ilumina el rostro del Nazareno y el silencio emocionado de los discípulos, que van recordando las misteriosas palabras oídas en el Cenáculo, y sienten ya el cansancio de la jornada.

El Señor rompe el silencio para predecirles el porvenir:

—*Esta noche, todos vosotros caeréis por mi causa. Está escrito: «Heriré al pastor y se dispersarán las ovejas del rebaño.»*

Esta predicción, que les anuncia para muy pronto acontecimientos de dolor y de fuga, aumenta su tristeza. Añade Jesús para reanimarlos:

—*Pero después que haya resucitado, iré delante de vosotros a Galilea.*

Entonces Pedro, que no entendía esto de la resurrección, llevando a mal que se le tenga por cobarde, dice a Jesús:

—Aunque todos caigan por tu causa, yo nunca caeré.

El Maestro mira tristemente al arrogante apóstol y le repite la profecía de su próximo pecado: «Tres veces renegarás de mí». Pedro vuelve a proclamar su absoluta confianza en sí mismo: «Aunque tenga que morir contigo, no te negaré.»

Y los demás discípulos dijeron lo mismo.

Jesús calla. Sabe que todos ellos le abandonarán esta noche. Calla para no contristarlos más y les perdona de antemano.

Llegan al huerto de Getsemaní, uno de los lugares más santos de la tierra, testigo mudo de la pasión espiritual de Jesús.

Cerca de la entrada, dice el Señor a sus discípulos:
—Sentaos aquí, mientras voy allá y hago oración.

Empieza la separación; mas como si tuviera necesidad de tener algunos a su lado, toma consigo a Pedro, Santiago y Juan, los tres más íntimos, los tres en quienes él más confía, y se interna con ellos.

118.—AGONIA

Los tres discípulos caminan a su lado, están cansados, medrosos. Miran al rostro de su querido Maestro pálidamente iluminado en la noche, y advierten en su dulzura unas señales de tristeza infinita, que las consignan en el Evangelio con palabras de creciente ansiedad:

Jesús empezó a entristecerse, a sentir angustia, a llenarse de tedio, a quedar despavorido.

Y les dice entonces, como un amigo que quiere desahogarse con su amigo:

—Mi alma está triste hasta la muerte.

Expresión trágica, reveladora de un misterio asombroso e increíble: la tristeza de Dios, una tristeza tan intensa, que es «hasta la muerte», es capaz de dar la muerte a este Hombre-Dios, y él tiene que hacer un milagro para seguir viviendo y seguir sufriendo...

Misterio tan sublime, que nos es imposible comprenderlo y nos debe bastar contemplarlo y admirarlo.

Este Jesús Nazareno es el Hijo Unigénito de Dios, y a

la vez que se abruma en la tristeza moral, insoportable, contempla a su Padre cara a cara y goza de su eterna felicidad.

Agonía de muerte y contemplación de bienaventuranza. Sólo una verdad puede explicar este enigma. Me amó a mí y quiso sufrir por mí. Tomó Jesús mi tristeza para darme su alegría, y por mis pasos y caminos bajó hasta la tristeza de la muerte, para que yo por sus pasos y caminos fuese llevado al gozo de la vida.

Dijo después a sus discípulos:

—Permaneced aquí y orad conmigo. Orad para que no caigáis en tentación.
Y se arrancó de ellos.

Aquella separación de sus amigos para internarse en las agonías de una oración desolada era muy dolorosa, era un arrancamiento terrible para el Corazón del Maestro.

Y adelantándose como un tiro de piedra, dobló sus rodillas, postró su faz hasta la tierra e hizo oración diciendo:
—Padre mío, si es posible, que pase de mí este cáliz. Pero no se haga mi voluntad, sino la tuya.

Yo quisiera en esta noche del Jueves acercarme a Jesús Nazareno, con respeto infinito, con amor infinito, y sorprenderle tal como está ahí, derribado en el suelo, con la cara pegada en la tierra y clamando a su Padre bajo el peso de su dolor.

Yo quisiera poderle preguntar: —Señor Jesús, Señor bueno, ¿por qué sufres tanto? Y quisiera oír su respuesta, para llorar amargamente la parte que yo he puesto en su aflicción.

Sufre Jesús porque su conocimiento del porvenir le presenta vivísima, como si ya la estuviera padeciendo, toda la Pasión que se le echa encima, con su cortejo de golpes, salivazos, azotes, insultos, espinas, sed, clavos, heridas, desgarramientos, cruz... ¡Horrible derrota a los ojos humanos, que le han de inferir sus encarnizados enemigos!

«Me han rodeado muchos novillos, y toros potentes me han acosado. Han abierto contra mí sus fauces como león rugiente y devorador.» «Me volví a mi derecha y miré, y no hallé quien me reconociese. Desapareció para mí todo escape y no hay quien salve mi vida.» «He estado en la profundidad del mar y la tormenta me ha sumergido.» «Yo estoy preparado para los azotes y mi dolor está siempre clavado en mi alma.» «Han taladrado mis manos y mis pies y han contado todos mis huesos.» Así aludió el Profeta muchos siglos antes al espantoso martirio de Cristo.

Es hombre, es hombre como nosotros, hombre que respira y se mueve, y sabe que muy pronto su carne será traspasada. Su sangre regará la tierra, cesarán los latidos de su Corazón... Pero no es ésta la causa principal de su tristeza en el huerto.

Su espíritu mira más adelante, y por detrás de lo que tiene que sufrir en las diecisiete horas que le quedan de vida mortal, ve a Judas —¡uno de los Doce, uno de sus escogidos!— que comete el sacrilegio de entregarlo a los jefes del pueblo judío y se desespera y se ahorca, y más le valiera no haber nacido...; ve a Pedro que jura y perjura que no conoce a Jesús; ve a todos los discípulos vencidos por el respeto humano...

Ve el crimen horrendo de los jefes de Israel, que arrastrarán al pobre pueblo en su apostasía y le harán gritar contra el que tanto los ama: ¡Crucifícale, crucifícale! ¡Y es su pueblo, el pueblo de Dios!

Ve todos los pecados de todos los hombres, ve cada pecado de cada hombre, ¡y él sabe qué es pecar contra Dios, él sabe qué es irse al infierno...!

Y ve que él, él mismo, Jesús Nazareno, a Judas y a ese blasfemo y a ese deshonesto y a ese ladrón y a ese mal padre y a ese bebedor y a ese rencoroso: a esos redimidos por él con tanto dolor y tanta sangre, a esos que algún día fueron niños inocentes, a esos mismos, tendrá que decir en una hora terrible: **¡Apartaos de mí, malditos, al fuego eterno...!** ¡Qué insufrible el dolor de Jesús! ¡Oh, Padre nuestro que estás en los cielos, si es posible, que no sufra tanto nuestro hermano mayor, que sus labios no tengan que beber este cáliz de tanta amargura amarguísima...!

Pero el mismo Jesús sabe que en la Pasión dolorosa está la salvación de los que se han de salvar; sabe también que Dios hizo libres a los hombres, y respeta su libertad y permite por sus altísimos designios que cometan el pecado. Sabe que se ha de cumplir toda justicia; y baja la cabeza y añade:

—No se haga mi voluntad, sino la tuya.

También ante el alma de Jesús se presentan en esta hora todas las lágrimas de los arrepentidos, los tormentos de los mártires, las victorias de las vírgenes, las penitencias de los Santos, la paciencia de las víctimas, el dolor de las viudas y los huérfanos, la pobreza del que no tiene pan para sus hijos... Y su madre, su madre dolorosísima que le acompañará al Calvario, su madre santa que estará al pie de la Cruz...

Se le presenta todo lo que sufrirán —todo lo que sufriremos— todos y cada uno de los cristianos que creemos en él. Y su Corazón ama como nadie amó, y sabe muy bien que gran parte de este dolor lo sufriremos por él, por causa de él, porque le amamos, y nos persiguen y nos crucifican por ser suyos...

Y si él lloró en Betania ante las lágrimas de dos hermanas por el hermano muerto, ¡qué llanto de infinita compasión en Getsemaní, ante el dolor sin fin de sus hermanos reunidos en este valle de lágrimas...!

—Padre, Padre, Tú lo puedes todo. Si quieres, haz que se aparte de mí este cáliz...

Pero también sabe Jesús que el dolor es muchas veces una señal de la predilección de Dios, sabe que sus amigos deben participar aquí de su Cruz para participar después de su gloria, sabe que esta vida no es la patria de la felicidad, y se conforma con todas las penas de sus amigos, y sufre en espíritu y acepta sobre sí todo lo que sufrirán en todos los tiempos:

—Padre, no se haga mi voluntad, sino la tuya...

Consoladora verdad: Cuando la pobreza, la muerte, la enfermedad, la deshonra visite mi casa, yo puedo llorar, puedo pedir a Dios que, si es posible, aparte de mí este cáliz de dolor —¡también Jesús lo pidió!—; pero después debo recordar que Jesús conoció mi dolor, sufrió mi dolor —un amigo que ama como me ama él, siente como propias las penas de su amigo—, sintió una tristeza mortal por mi dolor, y ¡se conformó con mi dolor! Consuelo jamás imaginado. También yo le diré: —Padre, no se haga mi voluntad, sino la tuya...

Terminada su primera oración, se levanta Jesús, y como buscando un desahogo, viene a los tres discípulos que había dejado cerca. ¡Ellos estaban dormidos! Las emociones de aquella tarde, la oscuridad, la tristeza les han cargado los ojos.

La voz del Maestro — ¡quién oyera dentro de sí el acento de aquella voz! — los llama, dirigiéndose a Pedro, el que prometía nunca abandonarle:

—*Simón, ¿duermes? ¿No has podido velar una hora conmigo? Velad y orad para que no caigáis en la tentación. El espíritu está pronto, pero la carne es débil.*

Y ellos llevaron las manos a los enturbiados ojos, y miraron a Jesús, y vieron que de nuevo se postraba en tierra y hacía oración como antes:

—*Padre mío, si no puede pasar este cáliz sin que yo lo beba, hágase tu voluntad.*

Ya no pide que el Padre aparte el cáliz de sus labios: pide que se cumpla la voluntad del Padre.

Y vino otra vez a sus discípulos, y los halló dormidos porque sus ojos estaban cargados, y no sabían qué responderle. Y dejándolos de nuevo, se marchó y oró por tercera vez, diciendo las mismas palabras.
—*Padre mío, cúmplase tu voluntad...*

Momento soberano en el dolor del mundo. Jesús Nazareno, el Hijo del hombre, tiene recogido en su Corazón todo lo que se ha sufrido y se sufre y se sufrirá. Una palabra emplea el Evangelio para describir el grado de su oración: agonía... Puesto en agonía oraba con vehemencia mayor.

—Cúmplase tu voluntad...

Y es tan intenso y tan heroico el acto con que su Corazón acepta toda la Pasión cercana y todo el dolor de sus hermanos, que impulsa con fuerza a la sangre por las arterias y la obliga a salir por los poros del cuerpo mezclada con el sudor...

Jesús suda sangre con tal abundancia que su rostro queda cubierto, y sus vestidos se empapan, y caen las gotas hasta la tierra...

El sudor de sangre es un fenómeno patológico que ocurre raramente en casos de terribles crisis morales, acompañadas de agotamiento físico. En Jesús fue debido a un esfuerzo infinitamente generoso de sacrificio y de amor: ¡Padre, cúmplase tu voluntad!

Y se le apareció un ángel del cielo que le confortaba.

Le recordaría el número incontable de los que por él se habían de salvar, la gloria que estaba ganando para sus Santos, para su Madre Santísima, para su mismo Corazón.

Jesús, Rey de los ángeles, recibe los consuelos que su siervo le ofrece.

Y desde aquella noche, los cristianos sabemos orar en nuestras penas: —¡Padre, no se haga lo que yo quiero, sino lo que quieres tú.

Unicamente en acomodar nuestro querer a lo que quiere Dios está nuestra felicidad. Si creo en Dios —¡en Dios **Padre!**—, debo saber que Dios me ama más de lo que yo puedo imaginar, que Dios conoce todo lo que me conviene. Y si alguna vez me parece que mi Padre me hace sufrir mucho... —¿Qué padre hay que no castigue a su hijo?—, ¿acaso tengo derecho a ser tratado mejor que el Primogénito Jesús Nazareno?

—Padre..., ¡cúmplase tu voluntad!

También esta noche del Jueves Santo nos descubre

otra verdad de magníficas consecuencias para nuestra vida cristiana: podemos **consolar a Jesús.**

¿Consolar a Jesús? La expresión parece atrevida, ya que solamente pueden ser consolados los que sufren, y Jesús hoy no sufre: es infinitamente feliz.

Hoy no sufre; pero durante su vida mortal, no sólo le hicieron sufrir hombres de su tiempo, sino de todos los siglos, cuando los veía pecar y condenarse.

Los sucesos tristes no nos apenan cuando ocurren, sino cuando los conocemos. Jesús —incluso en cuanto hombre y merced a la ciencia infusa que dejé explicada en el capítulo 13— conoció **entonces** los sucesos tristes de **hoy,** y entonces sufrió.

De modo semejante los sucesos agradables no nos alegran y consuelan cuando ocurren, sino cuando los conocemos. Jesús conoció **entonces** tus obras buenas —oración, caridad, vencimiento de tentaciones, cumplimiento del deber—, y sintió consuelo por lo que haces **hoy.**

Así, pues, esta verdad de que podemos consolar a Jesús, como le consoló el ángel, está fundada en cuanto nos enseña la teología católica acerca del Verbo encarnado, y ha sido fomentada en la piedad moderna por la devoción al Corazón de Jesús, tal como la presentan los últimos Papas, de acuerdo con lo que el mismo Señor reveló a Santa Margarita María.

Las personas que viven amorosamente sus deberes diarios con esa generosa intención de consolar a Jesús llegan —acaso sin darse cuenta— al trato de familiar amistad con él... Es que nada fomenta tanto la intimidad, como acercarte al amigo para ofrecerle alguna consolación, cuando sabes que alguien le hace sufrir... ¡Podemos consolar a Jesús!

119.—AMIGO, ¿A QUE HAS VENIDO?

Por tercera vez se levanta Jesús de la oración y se acerca a sus discípulos.

—Dormid ya y reposad —les dice compadecido de ellos. Y él queda en pie, mientras ellos duermen. El los guarda como una madre guarda el sueño de sus hijos pequeños. El no está solo: «Mi Padre está conmigo.»

Como el amante espera oír en la noche los pasos del amado, y esfuerza el oído, y aguza los ojos, así Jesús

Nazareno aguarda y atiende... Sabe que no tardarán. Los espera, va contento a morir por estos pobres amigos que se le han dormido y por los enemigos que no duermen. Cada latido de su Corazón amantísimo es una aspiración porque llegue pronto la hora.

En el estupor de la noche, se levantan rumores más cercanos cada vez, y unos reflejos de luz rojiza aparecen y desaparecen temblando entre los arbustos que rodean el camino del huerto.

La voz firme del Maestro despierta a los discípulos que le oyen espantados:

—¡Basta! Ha llegado la hora. Levantaos, vamos: ya está ahí el que me va a entregar.

Abren los ojos, se incorporan, se levantan... ¡y se encuentran ante una turba, armada con palos, espadas, antorchas!..., ¡y al frente de todos ellos venía Judas!

¿Qué es esto? Los Apóstoles no se lo pueden explicar. Pero Jesús sabe que el traidor, entregado a Satanás, decidido a ganar cuanto antes las miserables monedas, había salido del Cenáculo y se había presentado a los príncipes del Sanedrín y les había prometido entregarles esta misma noche al aborrecido Nazareno con tal de que le diesen gente armada.

Pusieron a su disposición un buen pelotón de legiona-

rios romanos y además unos cuantos de los servidores del Templo, los guardianes, los alguaciles, los porteros y barrenderos, convertidos en guerreros de ocasión.

Judas les había dicho:
—Aquel a quien yo daré beso, ése es: sujetadlo y llevadlo bien asegurado.
Y se acercó luego a Jesús, y le dijo:
—Dios te guarde, Maestro.
Y le besó.

¡Qué escalofríos sentirían ante este beso los ángeles del cielo, capaces de medir el escarnio sacrílego que aquella boca traidora infería en aquel rostro divino!

Y Jesús se deja besar. Y todavía quiere moverle al arrepentimiento. Y del buen tesoro de su Corazón saca la palabra buena:

—Amigo, ¿a qué has venido?

Amigo, no porque lo eres, sino porque lo has sido, y porque en cuanto de mí depende, lo puedes seguir siendo en adelante. Amigo, no porque tú quieras serlo, sino porque yo quiero que lo seas para tu bien. Amigo, que vienes a perderme mientras yo voy a salvarte. Amigo, ¿a qué vienes?

Le llama con su nombre propio, como le llamaría cuando iban caminando por la dulce Galilea, y le pone delante la monstruosidad de su crimen:

—Judas; ¿con un beso entregas al Hijo del Hombre?...

Tampoco ahora el desgraciado Iscariote se echó a los pies de quien hubiera llorado con él.

Temeroso tal vez de sus condiscípulos, se escabulló por el huerto.

Ni un solo hombre de aquella chusma armada daba un paso para prender al Señor.

Entonces, Jesús, sabiendo todo lo que venía sobre él, se adelanta y les dice:
—¿A quién buscáis?
Le contestaron:
—A Jesús el Nazareno.
Les dice Jesús:

—Yo soy.

Estaba también con ellos Judas el traidor. Al decirles «Yo soy», retrocedieron y cayeron a tierra. Les preguntó otra vez:

—¿A quién buscáis?

Ellos dijeron:

—A Jesús el Nazareno.

Jesús contestó:

—Os he dicho que soy yo. Si me buscáis a mí, dejad marchar a éstos.

Y así se cumplió lo que había dicho: «No he perdido a ninguno de los que me diste.»

Sublime escena. Bastó la voz de Jesús para derrotar a sus enemigos, y darles a entender cuán fácilmente los pudiera deshacer si quisiere. ¿Qué hará, cuando venga a juzgar, el que cuando va a ser juzgado hace tal demostración de su poder?

Los Apóstoles, animados al ver la omnipotencia de su Maestro, le dijeron:

—Señor, ¿heriremos con la espada?

Simón Pedro no aguardó la respuesta. Impetuoso y vehemente como era, creyendo llegada la hora en que debía probar la fidelidad tan confiadamente jurada a su Maestro, extendió su mano, desenvainó su espada, y dando un golpe a un siervo del Príncipe de los sacerdotes, le cortó la oreja derecha. Malco se llamaba este siervo.

Entonces Jesús le dijo:

—Mete tu espada en la vaina; porque todo el que hiere con espada, a espada morirá. ¿Acaso piensas que no puedo rogar a mi Padre, y me mandará al punto más de doce legiones de ángeles? Pero ¿el cáliz que me ha dado mi Padre no lo voy a beber?

Y acercóse al herido, le tocó la oreja y se la dejó sana. Bueno siempre, y siempre omnipotente, además de su gran caridad en curar a uno de sus enemigos, mostró su discreta prudencia. Porque de no haber cohibido públicamente a Pedro, y de no haber sanado a Malco, pudieran algunos después haberle acusado de esta agresión. Y Jesús quiere quitarles todo pretexto de acusación. ¡Ha de morir en absoluta inocencia, proclamada varias veces por el mismo juez que lo condenará a morir!

En aquella hora dijo Jesús a los que habían venido contra él, príncipes de los sacerdotes, magistrados del Templo y ancianos:

—Como a un ladrón habéis venido con espadas y palos a prenderme. Cada día estaba con vosotros enseñando en el Templo, y no me prendisteis. Pero ésta es vuestra hora y el poder de las tinieblas.

Entonces la patrulla y el tribuno y los guardias de los judíos apresaron a Jesús, lo ataron, y le llevaron a casa del Príncipe de los Sacerdotes.

Todos sus discípulos, abandonándole, huyeron.

120.—ANTE ANAS

Es un viejo habilísimo en el arte de acumular riquezas y granjearse con ellas el favor del Gobernador romano y del Pontífice judío.

El mismo ha sido Pontífice Supremo de su nación durante siete años, y ha conseguido este cargo para cinco de sus hijos y para su yerno Caifás, que es quien actualmente lo desempeña.

Caifás, más audaz de palabra, mucho menos diplomático que su taimado suegro, se deja fácilmente gobernar por él. Es lo más probable que toda la campaña contra el profeta Nazareno fue preparada y dirigida por Anás, que seguía siendo de hecho, aunque no de nombre, el Jefe del Gran Consejo de Israel.

El Sumo Sacerdote Caifás y los demás miembros del Consejo han dado orden de que Jesús sea conducido, ante todo, a presencia de Anás. Quieren adular al viejo zorro, y quieren que luego le quede tiempo para dormir, ya que ellos deberán velar hasta que se reúnan todos y se celebre el juicio.

Y Jesús de Nazaret se encuentra frente a frente con el Príncipe del pueblo. Aquél, atado, de pie. Este, sentado, dominador. Anás le pregunta quiénes son sus discípulos, qué hacen y cuál es esa doctrina que va predicando.

Jesús nada dice de sus discípulos. Uno le ha traicionado, otros le han abandonado. El no los quiere traicionar. Nada bueno puede ahora decir de ellos, y se calla. Sabe que el interrogatorio de Anás es ilegal, pues sólo el Sanedrín tiene jurisdicción para inquirir en las causas de los acusados. Sin embargo, a la pregunta acerca de su doctrina, le responde noblemente:

—*Yo he hablado abiertamente al mundo; yo he enseñado siempre en la sinagoga y en el Templo donde se reúnen todos los judíos, y no he dicho nada a escondidas. ¿Por qué me preguntas a mí? Pregunta a los que me han oído: ellos saben lo que he dicho yo.*

En diciendo esto, uno de los ministros que estaban a su lado, dio a Jesús una bofetada, diciendo:

—*¿Así respondes al Pontífice?*

Era uno de aquellos siervos sin conciencia que en algunas ocasiones envió Anás al Templo para robar a los sacerdotes y aun derribarlos a golpes, si oponían resistencia.

Esta bofetada —**bastonazo** puede significar también la palabra empleada en el texto griego— es la primera de las que caerán esta noche en el rostro de Jesús.

El ofendido, al ver que el Pontífice no le defiende como era su obligación, se vuelve al agresor y le dice mansamente:

—*Si he hablado mal, di qué he dicho mal; pero si he hablado bien, ¿por qué me pegas?*

El siervo nada sabe decir: Anás empieza a entrever que el galileo no es un aventurero vulgar; crece su envidia, su odio contra él, su deseo de perderle. Mucho había oído hablar del Nazareno a sus hijos, primos, parientes y paniaguados. Pero acaso nunca le había tenido delante. Incapaz de sostener sus miradas, y deseando que empezara pronto aquella ficción de juicio legal preparada a toda prisa para esta noche, tomó a Jesús, «y lo envió atado al Pontífice Caifás».

121.—¡REO ES DE MUERTE!

Hace ya varios días que han dado esta sentencia contra Jesús. Pero necesitan vestirla de alguna forma legal y darle apariencia de justicia.

Se reúnen, pues, apresuradamente, nerviosamente, muy entrada la noche del Jueves Santo, los Sacerdotes, los Escribas, los Ancianos que componen el Gran Consejo de Israel, presididos por Caifás, el Pontífice Supremo de aquel año, enemigo jurado de Jesús Nazareno, el que había dado a los judíos este consejo: «Conviene que muera un solo hombre por el pueblo.»

Sentados sobre almohadones en un amplio semicírculo aguardan la llegada del famoso reo. Sus ojos relampagueantes de satisfacción advierten algunos puestos vacíos. Faltan Nicodemo, José de Arimatea y algún otro tal vez, que no quieren consentir en la iniquidad ni tienen valor para oponerse a los inocuos. Eso no importa. Los presentes se bastan para ratificar con máscara de legalidad un decreto de homicidio firmado ya en sus corazones.

De pie, con las manos atadas, la cabeza descubierta y en silencio noble, Jesús comparece ante aquellos hombres sentados a quienes tantas veces había hecho callar y bajar la cabeza.

Deseosos de terminar el proceso y la ejecución para antes del sábado, el gran día de la Pascua, han pagado algunos testigos que vengan a deponer contra el Galileo.

Y vienen muchos, y unos le acusan de una cosa, otros de otra, pero no se entienden, no han tenido tiempo de muñir acertadamente la calumnia; deshace el segundo lo que ha dicho el primero; no hay manera de cohonestar una sentencia de muerte...

Jesús calla. No necesita defenderse cuando las acusaciones mutuamente se destruyen. Tiene los ojos bajos, la presencia majestuosa. Cuanto más inocente aparece la víctima, es mayor el encono y la rabia del verdugo porque es mayor su derrota. Caifás se revuelve en su asiento, ve que nada ha conseguido, ve que pierde un tiempo precioso, no puede contenerse, se levanta y lanza una voz:

—¿Nada respondes? ¿Qué es lo que éstos testifican contra ti?
Jesús callaba y nada respondía.

¿Qué iba a decir a los que ya le han condenado antes de oírle?

Entonces Caifás, tomando la entonación augusta de Sumo Sacerdote y usando de su autoridad de Juez y de la fórmula con que pedían juramento de alguna confesión, le dijo:

—Por Dios vivo te conjuro que nos digas si tú eres el Ungido, el Hijo de Dios (¡que sea bendito!)

¡Tremendo momento, en que un hombrecillo con tanta arrogancia, como si fuese el personaje más venerado de la tierra, y en nombre de Dios, tomaba cuentas al mismo Hijo de Dios, de si era o no el Cristo y el Hijo de Dios!

Yo creo que en aquel instante se haría un silencio anhelante en toda la sala. Todos tendrían los oídos atentos, las bocas entreabiertas, los ojos clavados en el rostro de aquel preso que tenían delante.

Jesús levanta sus miradas al Presidente del pueblo judío. Le ha conjurado en nombre de Dios vivo. Al Dios que vive y vivirá eternamente, al Dios que vive en todos nosotros, que vive también en aquel Tribunal perverso, al Dios que es su Padre natural no puede negarse Jesús: ¡tiene que decir la verdad, aunque sabe que ha de costarle la vida!

Con la sencillez sublime de la verdad, responde:

—Tú lo has dicho. Yo lo soy.

Y después, recorriendo serenamente con su mirada todo el círculo de sus juzgadores, penetrando en las negruras de sus almas y conociendo la sentencia que él mismo ha de pronunciar sobre cada uno de ellos en el Gran Día, añade con augusta majestad, atado como estaba:

—En verdad os digo, que dentro de poco veréis al Hijo del Hombre sentado a la diestra del poder de Dios, y que viene en las nubes del cielo.

Entonces el sumo sacerdote rasgó sus vestiduras diciendo:

—Ha blasfemado. ¿Qué necesidad tenemos ya de testigos? Vosotros mismos habéis oído la blasfemia. ¿Qué os parece?

Y respondieron todos, diciendo:

—¡Reo es de muerte!

Reo de muerte el autor de la vida, blasfemo el Hijo de Dios: así juzga el mundo.

Vengativos unos, aduladores otros, todos ciegos, no han querido fijarse en la tremenda amenaza de Jesús: Me veréis sentado a la diestra del poder de Dios...

Rasga sus vestiduras el Príncipe de los sacerdotes, señal de íntimo dolor usada entre los orientales, como indicando que la confesión de su divinidad hecha por Jesús le ha desgarrado el corazón... ¡Hipócrita! ¿No ha probado Jesús a lo largo de toda su vida la verdad de su afirmación?

¿Qué te importa romperte tus ropas en esa comedia

jurídica, si has roto ya la orden que tenéis de no juzgar los días festivos ni en sus vísperas ni durante la noche ni antes del sacrificio matutino; y la ley que os manda oír a dos testigos por separado, y a nadie condenar por solamente confesión propia, y extenderos por más de un día en las causas de muerte? ¿Y qué importa ya al pueblo de Dios —pueblo desprestigiado por vuestra culpa— verte a ti, el último de sus Príncipes, con la túnica rasgada, si en la tarde de ese mismo Viernes que ahora alborea se le ha de rasgar de arriba abajo el velo sagrado del Templo, señal de que vuestro sacerdocio es inútil ya, y dentro de pocos años se le ha de incendiar y destruir hasta la última piedra?

Rásgate el pecho, pero recuerda el anuncio de ese Hombre que has tenido ante los ojos: Dentro de poco me veréis venir en las nubes del cielo...

122.—LOS PRIMEROS SALIVAZOS

Como quienes ya nada tienen que temer del Nazareno vencido y condenado a morir, los inicuos consejeros se levantan y se retiran a descansar durante el poco tiempo que les queda hasta el amanecer del nuevo día.

Caifás ordena a la chusma de alguaciles y porteros y servidores que se encarguen del preso, que le traten como se merece...

Ellos entienden que les da permiso para entretenerse con él en esta noche fría y de un trabajo extraordinario. ¡Les da permiso para divertirse con su Rey, para jugar con su Dios!

Se lo creen bien merecido aquellos hombres groseros, pero no saben por dónde empezar. El Nazareno está atado de pie, sin un amigo a su lado. Tiene una expresión de serenidad augusta en el rostro sudoroso y dolorido. Es un pobre desvalido. Es un provinciano, condenado a muerte sin defensa ninguna por el tribunal más alto de la nación.

Sin embargo, no gime, no suplica, no habla. Los mira como jamás los ha mirado nadie. Es una mirada dulce y penetrante, que pudiera llegar al fondo de su alma, si sus almas no estuvieran endurecidas.

Es la mirada de un padre que contempla los delirios de su hijo, es la mirada de un Dios que presencia el pecado de su pueblo.

Les infunde un respeto misterioso, pero uno de los ancianos o escribas quiere animarlos con su ejemplo: se acerca a Jesús y le escupe en la cara.

Una carcajada de los criados celebra la hazaña del señor. Está perdido el miedo; y uno tras otro, los salivazos de la canalla se clavan repugnantes en el rostro santísimo del Hijo de la Virgen.

El permanece quieto, pacientísimo. Esto los exaspera más, y uno de los más cercanos le da un empellón como para arrancarle alguna queja.

Hecha la señal del primer golpe, siguen los demás entre gritos y risas:

Le daban bofetadas en el rostro... Y le vendaban los ojos y le herían en la cara, mientras le preguntaban:

—A ver, Cristo, profetiza: ¿quién es el que te ha pegado?

Y así decían otras muchas cosas blasfemando contra él.

Noche triste para Jesús. Noche mil veces más triste para aquellos príncipes rencorosos que le han condenado y para estos servidores. Bajo este trapo sucio que cubre el rostro más limpio, los ojos divinos del Nazareno los están viendo.

Con la misma claridad ven también a cada uno de los hombres: a mí, a ti, al otro, al de más allá, a todos; y acepta los dolores, las palabrotas, los salivazos, por mí, por ti, por el otro, por todos.

Los acepta para redimirnos, los acepta porque nos ama, porque tiene corazón...

¡Y ve también, a través de ese velo escupido, el pecado que en estos momentos está cometiendo contra él uno de sus discípulos. Simón Pedro!

Esta fue su pena mayor en la noche triste.

123.—LA CAIDA DE PEDRO

«Antes de que el gallo cante dos veces, tú me negarás tres», le había dicho el Señor. Pedro le había respondido: «Aunque tenga que morir contigo, no te negaré.»

. Y confiado en sí mismo, se metió en el peligro. Confiado en sí mismo y movido también de su amor a Jesús, porque él amaba a su Maestro, y repuesto del primer susto, empezó a seguirle de lejos; quería saber en qué paraba todo aquello.

Simón Pedro y otro discípulo seguían a Jesús. Ese discípulo era conocido del Sumo Sacerdote y entró con Jesús en el palacio del Sumo Sacerdote, mientras Pedro se quedaba fuera junto a la puerta. Salió el otro discípulo, el conocido del Sumo Sacerdote, habló a la portera e hizo entrar a Pedro.

Este se encontraba tan nervioso y turbado entre caras desconocidas y enemigas, que bastó la voz de una mujer para derribarlo.

El mismo Pedro predicaba después esta escena con dolor infinito a los nuevos cristianos de Roma, y de sus labios la escuchó San Marcos y la describió con estas palabras:

Mientras Pedro estaba abajo, en el patio, llegó una criada del Sumo Sacerdote y, al ver a Pedro calentándose, le miró fijamente y le dijo:
—También tú andabas con Jesús el Nazareno.
El lo negó diciendo:
—Ni sé ni entiendo lo que quieres decir.
Salió fuera, al zaguán, y un gallo cantó. Reparando de nuevo en él la criada, empezó a decir a los presentes:
—Este es uno de ésos.
Y él lo volvió a negar. Al poco rato los presentes dijeron a Pedro:
—Seguro que eres uno de ellos, pues en el acento se conoce que eres Galileo.
Pero él se puso a echar maldiciones y a jurar:
—No conozco a ese hombre que decís.
Y en seguida, por segunda vez, cantó el gallo.

¡Cómo vibran entonces en el alma de Pedro, amistosas, resignadas, unas palabras recientes de Jesús: «Antes de que el gallo cante dos veces, tú me habrás negado tres veces...!»

¡Pobre pescador, levantado por Jesús Nazareno a la dignidad más alta, ¿tan malo es ese Señor, que hasta de haberle conocido te avergüenzas? ¿Tan malo ha sido para ti, que juras no conocerle, y pides rayos sobre tu cabeza, y maldiciones para tu vida, si tienes algo con él, y ni siquiera pronuncias su nombre...?

¡Y es la noche de tu ordenación sacerdotal, la noche de tu Primera Comunión...! ¡Oh desgracia tristísima, ángel caido, apóstol pecador...! Pero este es el momento en que Jesús, atado entre guardianes, atraviesa el patio, conducido tal vez del tribunal a la prisión. Y nos dice San Lucas, el evangelista, de los perdones que brotan del Corazón de Jesús, en miradas de misericordia:

El Señor, volviéndose, miró a Pedro.

Qué mirada sin palabras para no comprometerle más; qué mirada suave y dolorida con aquellos ojos que se le habían manifestado algún día con el resplandor de la divinidad; qué mirada más irresistible en la dulzura que en el enojo; qué mirada para dejar herido hasta la muerte el corazón del pecador arrepentido; qué mirada para decirle: Simón, Simón, ¿también tú me traicionas? Tú juras que no me conoces. Yo te conozco, Simón; y te perdono y te amo como siempre te he amado; pero tú, ¿podrás perdonarte a ti mismo?
«Y Simón rompió a llorar.» Y salió afuera —necesitaba soledad, necesitaba echarse al suelo en su dolor interminable—. «Y lloró amargamente.»

Llora, Simón, ahora que Dios te concede la gracia de llorar. Llora por ti; llora por los hermanos fugitivos que llorarán también; llora por el hermano traidor que jamás llorará; llora por miles de hermanos que vendrán detrás de ti, y harán lo mismo que tú, y renegarán de su libertador; y después de haber invocado su nombre con labios inocentes y haber besado su rostro ensangrentado con piedad filial, le darán la espalda; y por evitar una sonrisa o por saborear un placer, dirán también tres veces: «No le conozco. No me importa ese hombre...»
Llora esta noche, llora toda la vida, que con las lágrimas de tu arrepentimiento expías tu negación amarga, y merecerás que el Maestro venga a besarte y consolarte en la mañana misma de su Resurrección. ¡Felices los que lloran!

124.—AMANECER

Aparecían las luces primeras del Día Santo. Este Viernes presenciará la crucifixión del Inocente, catástrofe final de la tragedia judía y principio de la eterna felicidad cristiana.

Es el día grande de Dios. Es el amanecer sobre la tierra de una claridad que jamás dejará de dilatarse hasta que alcance la plenitud de un mediodía que aún está lejos. Es la hora esperada. La hora de Jesús.

Muy de madrugada se juntan los ancianos del pueblo, y los príncipes de los sacerdotes, y los escribas; celebran otro simulacro de juicio, confirman la sentencia homicida, y para hacerla ejecutar, se dirigen en seguida al Poder civil, al representante del Emperador de Roma, Poncio Pilato, el cual ha quitado a los judíos el derecho de ejecutar las sentencias de muerte.

Judas, el que había entregado a su Maestro, se entera de que los mismos príncipes de los sacerdotes le conducen al Pretorio Romano, para consumar el crimen. ¡Y entonces cayó en la cuenta de su enormidad!

En él se cumplió el fenómeno psicológico de que los grandes criminales no comprenden el horror de sus delitos sino después de consumados, como si entonces cayese la venda de la pasión que los cegaba, dejando al descubierto la maldad repugnante.

Abrumado por el remordimiento y abrasado por aquellos treinta dineros que lleva en la bolsa, busca a los príncipes de los sacerdotes, y les dice con los ojos desencajados, la voz ronca:

—*He pecado, entregando sangre inocente.*

Ellos desprecian los remordimientos del traidor, y nada les importa arrojarlo a la desesperación eterna:

—Allá tú —le responden—: haberlo visto antes.

La acusación de su conciencia hace a Judas insoportable la vida: arroja en el templo las monedas infames y se va fuera de la ciudad.

Acaso vivía aún en la tarde del Viernes Santo, cuando moría su víctima, que también moría por él. Pero no quiere llorar como Pedro, no quiere esperar en el único Corazón que todavía le hubiese amado. Se maldice a sí mismo, huye de sí mismo, se echa al cuello un lazo corredizo, ata el otro extremo a la rama de un árbol, se ahorca. Ni el árbol siquiera se resigna a sostener el cuerpo maldito, y la rama se rompe, cayendo aquél al suelo. Revienta por dentro y sus entrañas se esparcen.

Satanás viene a devolverle el beso que diera en Getsemaní al Hijo de Dios. ¡Hombre infeliz, más le valiera no haber nacido! Ni un momento pudo disfrutar de las monedas que fueron el precio de la muerte de su Señor... ¡Y hay cristianos que quieren hoy disfrutar de alguna parte de aquel dinero...!

125.—JUZGADLO VOSOTROS

Llegaron los Jefes del pueblo de Dios al Palacio del Jefe del pueblo pagano, llevando atado al Hijo de Dios.

Pilato era un hombre escéptico. No creía en los dioses de su Imperio, ni creía que hubiese un solo Dios verdadero, ni menos que este Dios estuviese en el pueblo judío, al cual despreciaba cordialmente, considerándolo plebe vencida, rebaño que él podía esquilmar más que provincia a la que debía gobernar.

Hombre de carácter violento y antojadizo, era por lo mismo irresoluto, débil, y queriendo imponerse a los judíos por la arbitrariedad y la fuerza, fue varias veces vencido por ellos.

La sentencia contra Jesús será la derrota que recordará su triste nombre a todos los siglos.

Le presentan los judíos al reo, pero ellos no suben al pretorio: según las tradiciones, quedaba impuro el judío que penetraba en la casa de un gentil, ¡y ellos quieren permanecer puros para celebrar la Pascua!

Salió, pues, Pilato a la entrada del atrio y les preguntó secamente:

—*¿Qué acusación presentáis contra este hombre?*

Los príncipes le contestan con insolencia, dándose por ofendidos de que dudase de ellos:

—*¡Si éste no fuera malhechor, no te lo entregaríamos!*

Entonces Pilato, cogiendo sus palabras y deseando librarse del asunto, les dice:

—*Lleváoslo vosotros, y juzgadlo según vuestra ley.*
Dicen entonces los judíos:
—*No estamos autorizados para dar muerte a nadie.*

Así descubren su intento, que era darle pena de muerte, y muerte de cruz. Para eso venían a Pilato, y si él no lo ha entendido desde el principio, se lo dicen ya claramente.

Con eso se iba a cumplir la profecía de Jesús que había ya predicho su muerte en cruz, cuando tal profecía era completamente increíble.

Al escuchar Pilato que quieren imponerle pena de muerte, pregunta cuál es el delito de aquel hombre. Ellos le acusan a gritos:

—*Le hemos hallado revolviendo nuestra gente, prohibiendo pagar tributo al César, y diciendo que él es Cristo Rey.*

Astutamente cambian ante Pilato todo el aspecto de la causa. Ellos, en su tribunal religioso, lo han condenado a muerte por blasfemo. Y por blasfemo quieren matarlo: porque se llama Hijo de Dios. Pero saben que una acusación religiosa dejará impasible al Presidente pagano: por eso, ante él fingen crímenes políticos.

A través de los siglos se repetirá la historia, y los predicadores de Cristo, cuando anuncien verdades que remuerden a los grandes de la tierra, oirán la misma acusación: «Este hombre se mete en política.»

Tres fueron las acusaciones contra el Nazareno, y falsas las tres. El no revolvía al pueblo: mandaba perdonar, y obedecer, y desprenderse de las cosas de la tierra. No prohibía dar tributos: afirmaba que había que dar al César lo que es del César, y a Dios lo que es de Dios. No se proclamaba Rey: huyó de las gentes entusiasmadas, cuando querían coronarle después del gran milagro de los panes.

Por sí mismo quiere Pilato conocer qué hay de cierto en acusaciones tan graves: entra en una de sus habitaciones, y manda que le traigan solo al acusado.

Jesús, pues, comparece ante el Presidente. Y el Presidente le pregunta:

—*¿Eres tú el rey de los judíos?*
Jesús le contestó:
—*¿Dices eso por tu cuenta o te lo han dicho otros de mí?*
Pilato replicó:
—*¿Acaso soy yo judío? Tu gente y los sumos sacerdotes te han entregado a mí: ¿Qué has hecho?*

Jesús le contestó:

—Mi reino no es de este mundo. Si mi reino fuera de este mundo, mi guardia habría luchado para que no cayera en manos de los judíos. Pero mi reino no es de aquí.

Entiende Pilato que Jesús se proclama señor de un reino misterioso, un reino distinto de los demás reinos del mundo. Adopta, pues, un tono más solemne, como planteando la pregunta oficial en nombre del que entonces era tenido por rey de reyes, el emperador de Roma, y le pregunta:

—Conque tú, ¿eres rey?

Jesús no puede callar. En el tribunal religioso le preguntaron si era Hijo de Dios, y respondió que sí. En el tribunal civil le preguntan si es Rey, y tiene que afirmarlo también, mártir eterno de la verdad:

—Tú lo dices: Soy rey. Yo para esto he nacido y para esto he venido al mundo; para ser testigo de la verdad. Todo el que es de la verdad, escucha mi voz.

Sublime manera de hablar, que indica en el reo una preexistencia anterior a su venida al mundo. «Yo para eso he nacido y venido...»

Pilato, hombre incrédulo y positivista, sin entender el discurso del Nazareno, pero viendo en él algo extraño que acaso temía acabar de conocer, se contenta con decir desdeñosamente:

—Y ¿qué es la verdad...?
Y diciendo esto, sale de nuevo a los judíos y les dice:
—No encuentro ninguna culpa en este hombre.

No ha querido aguardar respuesta de Jesús a su importantísima pregunta. No se la hizo para averiguar una cuestión filosófica, en la que tiene pereza de pensar; sino para darle a entender que todo aquello es inútil y él un pobre iluso, puesto que nadie sabe qué es la verdad...

Pobre Pilato; la Verdad es ese Hombre que tienes delante, con las manos atadas, el rostro abofeteado, y cuya inocencia tú mismo proclamas ante el pueblo.

Irritados los judíos de que Pilato no encuentre causa suficiente, para condenar a Jesús, empiezan a lanzar contra él nuevas y gravísimas acusaciones.

El Presidente, que había salido a ellos con el reo como para devolvérselo, pregunta al Nazareno:

—¿No oyes cuántos testimonios dicen contra ti?
Como Jesús nada respondía, el gobernador estaba muy extrañado. Los judíos insistían en acusarle con más fuerza:
—Está revolviendo al pueblo por toda la Judea, comenzando desde Galilea hasta quí.
Pilato, en cuanto oyó Galilea, preguntó si aquel hombre era galileo. Y en cuanto supo que era de la jurisdicción de Herodes, lo remitió a Herodes, que por aquellos días estaba en Jerusalén.

Ha sido la primera escapatoria de Pilato para no condenar al que reconoce como inocente y para no quedar mal con los judíos: ¡qué Herodes se las componga con el Nazareno!

126.—EL SILENCIO MAYOR

En el antiguo palacio de los príncipes asmoneos habitaba el rey Herodes, hijo de aquel otro Herodes que mató a los niños inocentes cuando nació Jesús.

No desmentía la casta, porque hizo mal a sus hermanos, como aquél lo había hecho a sus hijos, ofreciéndose a Roma para ser espía contra ellos.

Vivía en público escándalo con la mujer de su hermano Felipe; hizo matar al santo Bautista; fue traidor a sus amigos. Delante de este hombre van a poner a Jesús Nazareno. El mal rey se alegró de saberlo, porque «hacía mucho tiempo deseaba ver a Jesús, pues había oído mucho de él y esperaba que en su presencia haría algún milagro».

El hombre libertino, acostumbrado a que todo el mundo se rindiese a sus caprichos, prométese un día divertido, una serie de espectáculos de magia; persuadido de que el reo le obedecería ciegamente con tal de salvar la vida.

Invita a su corte para la fiesta... Allí están la mujer adúltera y cruel, la hija bailarina, los ministros aduladores... Todos curiosos, todos procaces, todos mirando despectivamente al prisionero, de quien tantas cosas se cuentan.

Herodes le hace mil preguntas, Jesús nada responde. Los príncipes judíos y los escribas que le han traído desde el Pretorio, le acusan tenazmente, rencorosamente. Jesús calla. Herodes vuelve a decirle que demuestre ante todos sus habilidades sorprendentes; que si lo hace, le libertará en seguida. Jesús, inmóvil, callado, digno. nada le responde, ni siquiera le mira. Habló a Caifás, habló a Pilato. A Herodes, no. Herodes es el hombre impuro, el hombre que no quiere salir del vicio y ha matado a Juan, al profeta que le avisaba en nombre de Dios. Ya no oirá la palabra de Jesús. Morirá pronto, y los gusanos le comerán las carnes antes de expirar.

Pero todavía le queda tiempo para vengarse del Nazareno, porque no le ha querido complacer.

—Está loco —dice a sus cortesanos—: vestidlo de aspirante a rey, ya que se proclama Rey de los judíos.

Y, celebrando la ocurrencia de su amo, le echan encima una ropa blanca, el color de los candidatos, riéndose de él y despreciándole: Y mandó Herodes devolverlo a Pilato.

Con esto se hicieron amigos Herodes y Pilato aquel mismo día, porque antes eran enemigos entre sí.

A costa de Jesús han hecho las paces.

127.—¿A QUIEN DE LOS DOS?

De nuevo el Señor es conducido al Pretorio entre sus enemigos. Según avanza el día, hay más gente por la calle y la vergüenza de Jesús es mayor.

¡Vestido y tratado de loco ven ahora los hijos de Jerusalén al que tenían por Maestro sabio y santo!

Cuando Pilato ve llegar a Jesús, comprende que ha fracasado su primer intento de librarse de este asunto sin molestar a los judíos. Se entera de la respuesta de Herodes, y sale otra vez para decir a los Magistrados y a la gente que se va reuniendo en la plaza:

—Me habéis presentado este hombre como amotinador del pueblo, y ya habéis visto que, preguntándole yo ante vosotros no hallé en él ningún delito de esos que le imputáis. Ni Herodes tampoco porque nos lo ha remitido, y ya veis que nada digno de muerte se le ha probado.

Bien advertía Pilato las torvas miradas que sus palabras suscitaban en los enemigos de Jesús. Un segundo arbitrio se le ocurre para salir del paso y contentar a todos. Era costumbre que en la Pascua indultase a un preso, escogido por el pueblo. Mientras él está discutiendo con los príncipes, un gran tropel de gente desemboca en la plaza y empieza a pedir el indulto acostumbrado.

De esta manera ha comenzado la intervención del pueblo en el proceso de Jesús. Hasta ahora lo han llevado todo los jefes del pueblo.

Pilato piensa: «—En vez de **dejarles** elegir el que quieran, les obligaré a llevarse libre al Nazareno.»

Por eso, manda traer a Barrabás, un preso famoso, condenado a muerte.

Lo muestra al pueblo junto a Jesús y pregunta:
—¿A quién queréis que os suelte: a Barrabás o a Jesús, llamado el Cristo?

Y aguarda la respuesta, dejándoles deliberar. Le parece que nadie querrá la libertad de Barrabás, encarcelado por sedicioso y homicida y ladrón. «El pueblo —piensa el Presidente— no aborrecerá a Jesús como los fariseos; pedirá su indulto, y así podré soltarlo, sin quedar disgustado con éstos».

Pasado el tiempo suficiente, sale otra vez, y teniendo a Jesús a su lado, dice:

—¿A quién de los dos queréis que os suelte?
A una voz exclama toda la turba:
—¡Quita a ése y suéltanos a Barrabás!

Espantado queda Pilato ante esta elección. ¿Cómo es posible que la gente grite contra Jesús lo mismo que los jefes? ¿Qué ha ocurrido en la plaza?

Intentemos una breve explicación:

A lo largo del drama de Jesús, hemos visto al pueblo ordinariamente adicto al Maestro, mientras los dirigentes le hacían enconada guerra. Llegamos ahora al acto supremo. El triunfo tiene que decidirse por aquél o por éstos. ¿A quién se inclinará el pueblo, que por vez primera aparece como actor de la Pasión en este momento en que Pilato pregunta: —¿A quién de los dos queréis?

Si estuvieran en esta plaza todos aquellos hombres,

mujeres y niños que oyeron las palabras de Jesús en Galilea y Perea; si estuvieran aquí aquellos cinco mil y cuatro mil que él alimentó en el desierto; aquellos cojos, ciegos y leprosos que él curó; aquellos pecadores que él perdonó y consoló; aquellos padres y madres cuyos hijos resucitó; si estuvieran aquí todos los que hace cinco días —el Domingo de las palmas y los cantos— le aclamaban como Rey pacífico, no llegaría ahora a los oídos de Pilato ese grito triunfador: ¡Quítanos a ése; suéltanos a Barrabás!

Pero llenan la plaza gentes bajas y turbulentas, que han venido a sacar un preso de la cárcel romana para llevárselo a hombros por las calles de Jerusalén, como trofeo de un miserable triunfo sobre el Emperador. Y gentes que viven de las sobras de los príncipes y fariseos; que los adulan y sirven; que han sido pagadas por ellos para vociferar contra el Nazareno. Lo más bajo de la ciudad, que son la mayoría, y entre ellos algunos honrados, algunos amigos, que no se atreven a gritar porque son la minoría.

Esos llenan la plaza. Y entre ellos, olvidando su nombre y su dignidad, se mezclan los príncipes, los sabios, los sacerdotes, los ancianos de Israel, los que eran pastores del pueblo y se han convertido en lobos. Ellos son los que más gritan, ellos son los que seducen a las masas:

—¡Pedid que suelte a Barrabás! ¡A Barrabás! Barrabás ¡no es peligroso! ¡El Nazareno, sí! ¡Pedid que mate al Nazareno! ¡Que lo crucifique, pedid que lo crucifique!

Pilato no había medido todo el odio de los jefes judíos contra Jesús. Por eso, queda espantado cuando oye la respuesta: —¡Suéltanos a Barrabás!

Y pregunta segunda vez:

—*¿Qué haré entonces de Jesús Nazareno, llamado el Cristo?*

—¡Que lo mate, pedidle que lo mate! —silban los señores, serpenteando por todo el pueblo.

Y en el silencio que impera Pilato e imponen sus legionarios a fuerza de golpes, vibran la pregunta y la respuesta que determinarán el destino de aquel pueblo:

—*¿Qué haré de Jesús Nazareno?*
—*¡Crucifícalo, crucifícalo!*

Horrorizado queda el Presidente. Va de fracaso en fracaso. Vuelve a preguntar, indignado contra aquella muchedumbre que aumenta, según crece el día:

—*Pues ¿qué mal ha hecho?*

Ya no se discurre, ya no se aguarda. Ya sólo es tiempo de triunfar definitivamente sobre el débil representante del poder más fuerte del mundo:

—*¡Crucifícalo, crucifícalo! ¡Fuera, fuera; crucifícalo!*

Pilato muerde la lengua. Confiesa su segunda derrota dejando libre a Barrabás, el homicida, el ladrón. Y busca un tercer recurso que le permita complacer a los judíos sin crucificar a Jesús, cuya inocencia le impresiona:

Y más todavía, cuando en uno de estos intervalos recibe un angustiado aviso de su mujer:

—*No te metas con ese justo, porque esta noche he sufrido mucho soñando con él.*

Para quedar persuadido de la inocencia de Jesús, Pilato no necesitaba avisos, ni siquiera el de una pesadilla nocturna, que parecía de origen sobrenatural y traía una nueva punzada a la conciencia del Presidente.

Bien convencido estaba de que el Nazareno era inocente víctima de la envidia y del odio; había repetido que no encontraba causa ninguna para condenarlo a muerte; su conciencia de juez romano le exigía ponerlo en libertad; pero... ahí estaban los judíos clamando contra Jesús. Pilato no tuvo coraje para superarlos, ¡y encontró la nueva escapatoria que le permitiría satisfacerlos, sin quedar él atormentado por el remordimiento de haber impuesto una pena de muerte totalmente injusta!

Gritó, pues, a los judíos.

—*Le castigaré y le dejaré libre.*

Y se retira a dar órdenes, mientras la explanada ante el Pretorio hierve cada vez con más sol, cada vez con más gente.

128.—ATADO Y AZOTADO

Entonces tomó Pilato a Jesús, y le hizo azotar.

El Evangelio no dice más. No necesitaban más pormenores los primeros cristianos, porque bien sabían que el tormento de los azotes era horriblemente doloroso y vergonzoso.

Doloroso, por los brazos que azotaban y por los instrumentos empleados. Eran éstos el **flagrum** y el **flagellum.**

El **flagrum** consistía en dos ramales de cuero con dobles bolas de hierro en ambas puntas. El efecto que producía sobre las espaldas del condenado aparece descrito en los autores romanos con palabras que significan aplastar, machacar, contundir, destrozar. El **flagellum** —diminutivo de **flagrum**— era de nervios de buey entrelazados y armados a lo largo con huesecillos o ruedecitas de metal. Su efecto sobre las carnes era cortar, abrir, desgarrar.

Vergonzoso, por imponerse únicamente a los vencidos y a los esclavos (no a los ciudadanos romanos), después de haberlos desnudado de todo el cuerpo o a lo menos de la cintura para arriba.

Tormento de tanta vergüenza y dolor, que Cicerón lo llamó la mitad de la muerte, y de hecho morían a veces bajo el horrible flagelo.

Los que escapaban con vida quedaban rotos, enrojecidos, magullados, lanzando aullidos espantosos y palpitando en colvulsiones de agonía.

No sólo a las espaldas, sino a los brazos, pecho, piernas y todos los miembros del azotado llegaban las horribles uñas del látigo, movido por lictores sin piedad. Casos hubo en que saltaron los ojos y los dientes, y quedaron al descubierto las venas y las entrañas.

Tormento de tanta vergüenza y dolor, que el mismo Jesús, paciente y sufrido hasta lo último, cuando anunciaba la Pasión a sus amigos, no lo podía callar: —Me azotarán, me azotarán...

¡Y a ese tormento condena Pilato a Jesús, después de haber proclamado su inocencia, nada más que por salir del paso! El piensa que cuando le vean triturado por los golpes, se darán por satisfechos y le dejarán marchar a su casa.

Por eso da orden de que le atormenten hasta que llegue a inspirar compasión. No necesitaban más los verdugos. Toman los azotes, los prueban, los agitan en el aire, se remangan, aprestan cuerdas y aguardan de pie junto a la columna.

Es un sótano circular, al cual se desciende desde el patio del Pretorio por una escalerilla de piedra. Jesús empieza a bajar conducido por dos legionarios del ejército de Roma. Mira hacia abajo; ve el suelo con manchones de sangre seca y pisoteada, restos de otras víctimas que pasaron por allí; ve la columna baja de piedra con una argolla de hierro; ve los dos atormentadores, que le miran impasibles, mostrándole su **flagrum** en la mano derecha.

Cómo siente en su Corazón Jesús Nazareno aquella palabra del salmo antiguo: «Yo estoy preparado para los azotes: mi dolor está siempre ante mis ojos.»

A cada escalón que baja, va diciendo: —Padre mío, estoy preparado...

Llega. Le quitan las cuerdas de las muñecas, le mandan desnudarse, y Jesús obedece. Amarran otra vez sus manos juntas, pasan los cordeles por la argolla, dan un tirón, y queda el Hijo de Dios encorvado hacia adelante, como una res bajo el cuchillo.

Los látigos describen rápidos círculos en el aire con silbidos de amenaza. A la señal del jefe de los lictores, se lanzan con espantosa violencia sobre la espalda desnuda, y suena el primer golpe.

Jesús ha sentido vivísimo dolor. Todo su bendito cuerpo se estremece; mas persevera firme, y levanta al cielo sus ojos que se cubren de lágrimas.

Rásgase en seguida el aire y vuelven a caer restallantes y crueles sobre la espalda las correas armadas de hierro. La piel se enrojece, se rompe. Movidos por feroz porfía, cada uno de los verdugos se esfuerza por recorrer la espalda, el pecho, las piernas con el terrible instrumento.

Parece que el suelo treme y que el espacio se atruena con el chasquido de los azotes, mientras el cuerpo de Jesús ofrece a los ojos lastimero espectáculo y su sangre enrojece los látigos, la columna, la tierra y hasta las manos de los sayones... ¡Sangre de Cristo!

Bajo la fiera granizada, el cuerpo se ha inclinado más sobre la columna, aunque todavía se mantiene de pie; los brazos tiemblan, el Corazón late apresurado, los ojos miran arriba... ¡Padre mío, cúmplase tu voluntad...!

¡Cuánto cuesta a Jesús la reconciliación de los hombres con su Padre! Mandaba una ley judía que los que cometie-

sen cierta clase de pecados contra la pureza fuesen casti-
gados con este suplicio horroroso. El Hijo de la Virgen,
purísimo, santísimo, se ha puesto en nuestro lugar.

¡Cuántos y qué horrendos son los pecados de la carne:
cuánto queda todavía que sufrir a Jesús!

Terminada la flagelación, sueltan las cuerdas, y Jesús
cae en tierra sobre su sangre. Extiende las manos para
tomar la túnica, y ellos no se la dan.

Cuando se ha vestido, le obligan a subir, le arrastran
hasta un poyo que hay en el atrio, llaman a los demás
soldados, y allí se disponen a divertirse con el azotado,
mientras llegan las órdenes del Presidente.

129.—«¡MIRAD AL HOMBRE!»

Los soldados de Roma se han reunido burlones y crueles en torno a Jesús:

—Ya que dicen los judíos que se proclama Rey, vamos a coronarlo —dice uno, trayendo una corona tejida con espinas y metiéndosela de golpe en la cabeza.

Todos ríen y aceptan la ceremonia. Este ayuda a clavarle las espinas en las sienes, aquél busca una caña para que haga de cetro, el otro trae un manto viejo para echárselo a la espalda.

Y mientras la cabeza del Rey siente un dolor acerado en las sienes, la frente y la nuca, y mientras por su rostro sereno corren gotas de roja sangre, ellos fingen reverenciarle.

Y, doblando ante él la rodilla, se burlaban de él diciendo:

—¡Salve, rey de los judíos!

Luego le escupían; le quitaban la caña y le golpeaban con ella la cabeza. Y terminada la burla, le quitaron el manto, le pusieron su ropa.

Los salivazos, la sangre, el sudor y el polvo de la estancia quieren ocultar la majestad y hermosura de aquellos ojos y aquella cara que los ángeles desean contemplar. Nada detiene la furia de los soldados, instigados sin duda ninguna por el mismo Satanás, eterno enemigo del Nazareno; pues ellos solos, ¿qué interés habían de tener en martirizarle tanto?

Cuando aparece Pilato, se apartan los soldados, y queda Jesús expuesto a las miradas del Presidente, que debió de conmoverse ante aquella visión de dolor y mansedumbre. Tomó a Jesús, impuso silencio a los que hervían en la plaza, y gritó:

—Mirad, os lo saco afuera para que sepáis que no encuentro en él ninguna culpa.

Y salió Jesús afuera, llevando la corona de espinas y el manto color púrpura. Pilato les dice:

—¡Ecce homo! ¡Aquí tenéis al hombre!

Con estas palabras dijo más de lo que quiso, más de lo que supo. Quería decir Pilato:

—Mirad aquí al Hombre que me habéis traído como muy peligroso. Vedle deshecho; dejadle ir a su casa, que pronto morirá.

Mas sus palabras significarán eternamente: **Ecce Homo,** mirad aquí al hombre: al Hombre perfecto, al Hombre a quien mira Dios, al Hombre a quien todos los hombres debemos mirar, al Hombre que nos hace mirar a Dios.

Pero Pilato tenía ya perdida la batalla.

Cuando los sacerdotes y sus guardias vieron cómo sacaba a Jesús, gritaron más:

—¡Crucifícalo, crucifícalo!

Pilato les dijo:

—Lleváoslo vosotros, y crucificadlo, porque yo no encuentro culpa en él.

Entonces los judíos, como en último esfuerzo por sujetar la victoria que ya creen tocar con las manos, acuden al argumento que nunca hubieran querido emplear ante el romano:

—Nosotros tenemos una ley; y según esta ley debe morir, porque se ha declarado Hijo de Dios.

No dijeron esto al principio. Le acusaron únicamente de crímenes políticos ante el ateo Pilato, ellos que en su tribunal religioso le habían condenado por hacerse Hijo de Dios.

Al fin, tienen que repetir esta acusación, pues ven que las demás no bastan. Así morirá Jesús como él quiere morir: como mártir de su divinidad.

Por eso, ¡cómo yerran algunos revolucionarios modernos, cuando para cohonestar su propia conducta, escriben que Jesús fue sentenciado por revolucionario, por independentista frente a Roma, y que Pilato pronunció sentencia **justa,** cumpliendo fielmente su oficio de gobernador romano!

Para desbaratar calumnia tan mostruosa, apelo a la frase repetida por el mismo Pilato:

—Yo no encuentro ninguna culpa en este hombre.

Pero ahora, cuando oye decir a los judíos que Jesús se declara Hijo de Dios, teme encontrarse ante un ser de ascendencia misteriosa; le mira al rostro ensangrentado, y le pregunta:

—*¿De dónde eres tú?*

Jesús calla. ¿Qué va a decir al juez cobarde, que, reconociéndolo inocente, mandó azotarlo con tanta crueldad? Este silencio ensoberbece al romano:

—*¿A mí no me hablas? ¿No sabes que tengo autoridad para crucificarte y autoridad para libertarte?*

Esta arrogante afirmación es la sentencia condenatoria de Pilato. Tiene poder para libertar al inocente, y lo entrega a los enemigos; su falta es inexcusable.

—*No tendrías sobre mí poder ninguno, si no se te hubiese dado de arriba.*

Así le responde Jesús noblemente, invitándole a pensar que deberá rendir cuentas de su gobierno al Autor de todo poder.

Pilato quería dejarlo libre; pero los príncipes se lanzan al supremo recurso, al ataque personal contra Pilato:

—*Si das libertad a ése, no eres amigo del Emperador. Porque todo el que se hace Rey, va contra el Emperador.*

El Presidente no puede resistir más. Se siente vencido. Es el tipo del hombre que no sabe lanzar un ¡no! rotundo al principio de la tentación y luego muerde su derrota, y se refugia en el miserable consuelo de insultar a sus vencedores.

Pilato los insulta sentando a Jesús en su propio tribunal, como para decirles que tienen un rey de comedia, según nos sigue refiriendo San Juan:

Pilato, entonces, al oír estas palabras, sacó afuera a Jesús y lo sentó en el tribunal, en el sitio que llaman **Enlosado** *(en hebreo Gábbata). Era el día de la Preparación de la Pascua hacia el mediodía. Y dice Pilato a los judíos:*
—*Aquí tenéis a vuestro Rey.*
Ellos gritaron:

—¡Fuera, fuera: crucifícalo!
Pilato les dice:
—¿A vuestro rey voy a crucificar?
Contestaron los Sumos Sacerdotes:
—No tenemos más rey que el Emperador.

Es la proclamación oficial de la apostasía de Israel. Hasta ahora era el pueblo de Dios: su Rey era el Señor. Hoy se entregan al poder de un extranjero.

Viendo, pues, Pilato que no adelantaba nada, sino que iba creciendo el alboroto, pidió agua y lavóse las manos delante del pueblo, diciendo:
—Yo soy inocente de la sangre de este justo; ¡allá vosotros!
Y respondiendo todo el pueblo, dijo:
—Su sangre sobre nosotros y sobre nuestros hijos.

Estaba terminado el juicio. **Ibis ad crucem,** dijo en latín Pilato, empleando la fórmula oficial con que se decretaba el suplicio de la crucifixión: Irás a la cruz.

130.—VIA CRUCIS, CAMINO DE LA CRUZ

La muerte en cruz apareció entre los judíos durante la dominación de Roma. No se aplicaba a quien tuviese derecho de ciudadanía; sino a esclavos, a malhechores insignes, a sublevados contra el imperio.

Era tan afrentoso este tormento, que Cicerón lo llama «el supremo suplicio de los esclavos».

La cruz no solía ser muy grande. Bastaba que el crucificado quedase un poco levantado del suelo. Tenía varias formas; pero la más corriente era la cruz de dos maderos, tal como la vemos en los crucifijos.

A la hora de ejecutar la sentencia, el **poste,** o palo vertical, estaba ya clavado en tierra. Cada reo era sometido a la atroz tortura de transportar hasta allá, sobre sus espaldas, el travesaño horizontal, llamado **patíbulo.**

Llegado al lugar del poste, era desnudado, echado encima del patíbulo, donde le sujetaban los brazos con clavos o con cuerdas. Luego lo izaban al poste, que ya tenía sitio preparado para sostener el patíbulo, y así quedaba formada la terrible cruz: la cruz de dos maderos, la cruz del hombre clavado a los dos maderos.

Un taco pequeño llamado **sedil,** sujeto al mástil, y sobre el cual quedaba cabalgando el ajusticiado, le obligaba a mantener derecho el cuerpo.

La tensión de los músculos, la congestión de la sangre en la cabeza, en los pulmones y en el corazón, la inexplicable angustia consiguiente a una posición violenta, una fiebre intensa sobre un lecho semejante, y una sed ardiente, torturaban al infeliz sin matarlo.

Era una espantosa picota sobre la cual había tiempo de agotar toda la amargura de la muerte. Algunos morían de hambre, al cabo de tres o más días.

En la mayor parte de los casos, hacíase necesario rematarlos, quebrándoles las piernas. Por eso, en los últimos tiempos, habían suprimido el taco que sostenía el cuerpo, para que, colgado de cuatro llagas, el crucificado muriese antes.

Así, la muerte se hacía más rápida, pero la agonía era más dolorosa.

Ninguna de las ignominias ni de los dolores de este atrocísimo suplicio se ahorrarán a Jesús.

Para justificar su conducta, envolviendo la ejecución de un inocente con la de dos criminales, ordenó Pilato que saliesen con Cristo otros dos reos sentenciados a muerte. Ellos salieron renegando contra aquel Nazareno cuya ejecución aceleraba la de ellos.

La procesión del primer Viernes Santo salió de la Torre Antonia, donde estaba el Pretorio, hacia el monte Calvario, distante unos 700 metros. Solemos llamar a este trayecto Vía Crucis, Camino de la Cruz, Vía Dolorosa, Calle de la Amargura.

Abría la marcha un Centurión a caballo, aquel a quien llamaron con trágica brevedad **exactor mortis,** el cobrador de la muerte. Seguía el pregonero trayendo en la mano el cartel en que estaba escrita la causa de la condenación de Jesús, en hebreo, griego y latín: **Jesús Nazareno, Rey de los Judíos.**

Esta inscripción se clavará en lo alto de la cruz, y allí la leerán muchos judíos. Los príncipes la tomarán como una injuria que se les hace, después de haber proclamado que no tienen más rey que el Emperador de Roma. Por eso dirán a Pilato.

—No escribas: «El Rey de los Judíos», sino: «Este ha dicho: Soy Rey de los Judíos.

Mas Pilato, harto ya de tantas exigencias y gozándose de echarles en cara la clase de reyes que tenían, o persuadido de que el Nazareno era un ser superior a sus compatriotas, los despachará diciendo:

—*Lo escrito, escrito está.*

Y así quedará para todos los siglos el título de Rey clavado sobre el trono del dolor y del amor, sin que haya jamás fuerza humana capaz de arrancarlo. Dios lo quiere.

Detrás del heraldo viene Jesús, y luego ambos ladrones.

Dos filas de guerreros romanos custodian a los tres. Los precedía y los seguía una muchedumbre de curiosos; y mezclados entre ellos los príncipes de Israel, los fariseos, los doctores, los sacerdotes, los ancianos, ¡los vencedores del odiado Nazareno!

Por estrechas y tortuosas calles camina lentamente la procesión.

En todas partes se nota el griterío pacífico y el risueño jolgorio que precede a las grandes solemnidades populares. Mañana es el gran sábado de la Pascua judía. Todos se aprestan para la fiesta y un diluvio de luz se vuelca del sol oriental sobre las cuatro colinas.

En este ambiente de fiesta, en medio de este pueblo en fiesta, va pasando, pausada como un entierro, la comitiva lúgubre de los que llevan la cruz. Todos aguardan la noche para sentarse a la mesa familiar, y para ellos esta noche será la última.

La gente se aparta ante el pisotear del caballo del Centurión y se detiene a mirar a los míseros que jadean y sudan bajo la temerosa carga. Los dos ladrones parecen más seguros; pero el primero, el Hombre de los Dolores, parece a cada paso no tener fuerza para dar el siguiente. Extenuado por la terrible noche, por los cuatro interrogatorios, por las penosas andanzas, por las bofetadas, los palos y la flagelación; desfigurado por la sangre, el sudor, los salivazos y el esfuerzo de este último trabajo, no parece ya el joven animoso que días atrás había purificado el Templo a latigazos.

Aquel rostro, siempre iluminado por la serenidad interior, aparece ahora deformado por contracciones que acusan la presencia de dolores insufribles. Los ojos, quemados por llanto contenido, se ocultan en las fosas de las órbitas. Las llagas de las espaldas, rozadas por los vestidos y por el patíbulo, prolongan el martirio de los azotes. Las piernas tiemblan bajo el peso del madero... «El espíritu está pronto, pero la carne es débil.»

Desde la víspera, que había sido el principio de la agonía, ¡cuántos golpes habían herido aquellas carnes! El beso de Judas, la huida de los amigos, las ligaduras de las manos, las amenazas de los jueces, las injurias de los guardias, la cobardía de Pilato, los gritos de muerte, los ultrajes de los legionarios, y aquel ir con la cruz a cuestas entre las sonrisas y desprecios de aquellos a quienes ama.

Según piadosas tradiciones, una mujer valiente, atravesando la fila de los lanceros romanos, se acercó a Jesús con un lienzo blanco; le enjugó el rostro sudoroso, ensangrentado. Y como recompensa u obsequio

de tanta piedad, de tanto amor, se llevó impresa la faz augusta de Jesús redentor en aquel mismo lienzo... ¡el lienzo de la Verónica!

También la piadosa tradición refiere que Jesús, en aquel camino hacia el Calvario, cayó tres veces bajo el peso del patíbulo.

Y el Evangelio nos dice que los ejecutores de la sentencia, temiendo tal vez que el Nazareno se les muriese antes de llegar al final, obligaron a un hombre, Simón de Cirene, que volvía de su granja, a llevar la cruz de Jesús detrás de él. Sabemos que dos hijos de este honrado campesino, Alejandro y Rufo, fueron cristianos; y es muy probable que él mismo los convirtiera a Cristo, al contarles la muerte de que fue obligado testigo, y aquella mirada de divina gratitud que Jesús le dirigió al sentirse aliviado del tremendo peso.

También nos dice la tradición que en esta Calle de la Amargura la Virgen María salió al encuentro de su Hijo: tiernamente se miraron, como queriendo mutuamente consolarse; mas el martirio del Hijo aumentó el martirio de la Madre, y el dolor de la Madre se clavó en el Corazón del Hijo.

Sumido en el silencio de los grandes dolores avanza Jesús, sintiendo en su alma la tragedia pavorosa del pueblo que a su alrededor curiosea y ríe y grita. Sólo una palabra suya pronunciada en este camino nos ha conservado el Evangelio:

Las dirigió Jesús a un grupo de mujeres que le seguían llorando:

—*Hijas de Jerusalén, no lloréis por mí; llorad por vosotras y por vuestros hijos.*

Y como razón de este llanto final, les predice el castigo que vendrá sobre la ciudad que lo arroja a morir fuera de sus murallas:

—*Porque llegará día en que dirán... a los montes: «desplomaos sobre nosotros», y a las colinas: «sepultadnos» porque si en el árbol florido se hace esto que veis, ¿qué no se hará en el árbol seco?*

131.—PADRE, PERDONALES

Pronto terminará el último acto de la tragedia divina. Llega el cortejo al Calvario, pequeño montecillo a las afueras de Jerusalén. Se echan los patíbulos en el suelo.

El rostro de Jesús está húmedo de frío sudor.

Los golpes de los maderos al caer, los gritos de la gente, los mandatos del Centurión parecen martillearle las sienes.

El sol, que tanto le agradaba, imagen del Padre, justo aun con los injustos, ahora le deslumbra y le quema los párpados. Siente por todo su cuerpo una languidez, un temblor, un deseo de descanso al que toda su alma se resiste —¿no ha prometido padecer hasta lo último, cuanto sea necesario?—, y al mismo tiempo le parece amar con más desgarradora ternura a los que deja, incluso a los que trabajaron por su muerte.

En esto, unas mujeres de Jerusalén, que solían hacer esta gracia a los reos, se adelantan y le ofrecen una bebida con el fin de aletargar los sentidos y aliviar los dolores de la cruz.

Jesús toma el vaso y lo gusta un poquito, para mostrar su gratitud; pero no lo quiere beber. Padece y muere con todo su conocimiento y reflexión. Sería indigno del Hijo de Dios tomar bebidas que adormezcan los sentidos.

Le mandan que se desnude, y él obedece. Dolor imponderable para una naturaleza tan idealmente pura como aquélla.

Los soldados, cuando crucificaron a Jesús, cogieron su ropa, haciendo cuatro partes, una para cada soldado, y apartaron la túnica. Era una túnica sin costura, tejida toda de una pieza de arriba abajo. Y se dijeron:

—No la rasguemos, sino echemos a suertes a ver a quién le toca.

Así se cumplió la Escritura: «Se repartieron mis ropas y echaron a suerte mi túnica.» Esto hicieron los soldados.

Le mandan que se tienda en el patíbulo, pues desde que han suprimido el **sedil**, los crucifican echados en tierra, y él obedece.

Le cogen la mano derecha, y él no la retira, y extiende también la izquierda. Las manos que curaron a los leprosos y acariciaron los cabellos de los niños están ahora bajo la punta de un clavo largo de ancha cabeza. Un verdugo fuerte lo sostiene con la izquierda, mientras enarbola un pesado martillo con la derecha. Da un golpe y la carne queda atravesada; luego otro y otro. El clavo va desapareciendo en la mano y en la madera. Y Jesús sabe que su madre, que ha subido al monte con el discípulo Juan y otras piadosas mujeres, está oyendo aquellos martillazos...

Con el mismo rito escalofriante le clavan la mano izquierda.

Después, mediante cuerdas y escaleras, sujetan el patíbulo, con el cuerpo pendiente, a la parte alta del mástil, y clavan los pies en la parte baja.

Es dolor atrocísimo, un dolor de tendones y nervios que se rompen, que se encogen, que se agarrotan. La muchedumbre calla con la esperanza de oír los alaridos de los ajusticiados...

Crucificaron con él a dos bandidos, uno a la derecho y otro a la izquierda. Los que pasaban, lo injuriaban meneando la cabeza y diciendo:

—Tú que destruías el templo y lo reconstruías en tres días, sálvate a ti mismo; si eres Hijo de Dios, baja de la cruz.

Lo mismo los sumos sacerdotes con los letrados y los notables se burlaban diciendo:

—A otros ha salvado y a sí mismo no se puede salvar. Es rey de Israel: que baje ahora de la cruz y le creeremos. Ha confiado en Dios: que Dios lo libre ahora si tanto lo quiere, ya que ha dicho que es Hijo de Dios.

Incluso los bandidos que estaban crucificados con él lo insultaban, diciendo:

—¿No eres tú el Cristo? Sálvate a ti mismo y a nosotros.

Todo lo oye Jesús Nazareno, y sus ojos se levantan y del fondo de su alma inocente, como canto de victoria sobre la carne dolorida, brotan las palabras que jamás olvidaremos:

—¡Padre, perdónales, porque no saben lo que hacen!

Ninguna plegaria más divina que ésta se elevó a los cielos desde que hay hombres y oran. Pide perdón para los que le matan; y los excusa: No saben lo que hacen. Saben que matan a un inocente; no saben que este inocente es Dios. Y aunque no lo saben por culpa propia, por ceguera voluntaria, Jesús ruega por ellos, cumpliendo lo que enseñó: —Haced bien a los que os hacen mal.

Ha sido la primera palabra de Jesús agonizante. Pronunciará otras seis, marcadas todas con una elevación y una dulzura infinitas.

Estas siete palabras terminan la vida mortal de Jesús, como las ocho bienaventuranzas la habían comenzado con la revelación de una grandeza que no es de la tierra. Las siete palabras son la traducción sangrienta de las ocho bienaventuranzas. Jesús había comenzado por enseñarlas al mundo; muere practicándolas. Para levantar nuestras almas hasta esa altura, sube él primero.

Pone sus labios en este cáliz de dolor y de amor; apura su amargo encanto hasta las heces. Tras él vendrán los enloquecidos con la misma divina locura, los Santos, que le dirán: ¡O padecer o morir! ¡Morir, no; padecer!

132.—HOY MISMO

Uno de los ladrones, cuando oye las santas palabras del Nazareno: **¡Padre, perdónales!,** se calla de pronto. Aquella oración nunca oída le recuerda la edad en que era inocente y también él rezaba a Dios. Piensa luego en toda su vida de pecados, la compara con la santidad del Nazareno, y se siente acusador de sí mismo y defensor de Jesús.

Vuélvese hacia su compañero que sigue blasfemando, y le dice:

—¿Ni siquiera temes tú a Dios, cuando estás para morir? Y lo nuestro es justo, porque recibimos el pago de lo que hicimos. En cambio, éste no ha faltado en nada.

A través de la confesión de su culpa ha llegado a la certidumbre de la inocencia del misterioso perdonador que tiene a su lado. «Nosotros hemos cometido crímenes dignos de castigo; pero éste es justo y le condenan igual que a nosotros: ¿por qué le insultas? ¿No temes que Dios te castigue por haber humillado a un inocente?».

Y recuerda lo que había oído contar de Jesús: pocas cosas, y para él poco claras. Pero sabe que ha hablado de un Reino de paz que él mismo presidirá, y que ha prometido venir al mundo como Rey al fin de los tiempos. Entonces, en un ímpetu de fe, como si invocase cierta comunidad entre la sangre que brota de sus manos criminales y la de aquellas manos del inocente, pronuncia una oración, cuya traducción exacta es la siguiente:

—Jesús, acuérdate de mí, cuando vengas con tu majestad real.

Hemos sufrido juntos: ¿no reconocerás al que estaba a tu lado en la cruz, al único que te ha defendido cuando todos te ofendían? Los judíos te matan, yo confieso tu inocencia; ellos esperan verte enterrado y olvidado, yo digo que ahora empiezas a reinar y que algún día volverás a este mundo como Rey triunfante; ellos te odian como a un malhechor, yo sólo te pido que te acuerdes de mí, porque sé que eres bueno. Jesús, acuérdate de mí en el día de tu gloria, aunque aún esté lejos aquel día, aunque tarde años y siglos en llegar. Yo estaré en la última fila, pues soy un malhechor justamente condenado a muerte; tú vendrás sobre las nubes del cielo; pero... estamos agonizando muy juntos. ¡Acuérdate de mí en aquel día! Esto me basta.

¡Qué sublime la oración del primer arrepentido que muere pronunciando el nombre de Jesús!

Su fe es impresionante: ve un sentenciado a la cruz, y cree: «Tú eres el Rey de los siglos.» Su esperanza es colosal: le pide un recuerdo, dispuesto a esperar contestación miles de años.

Pero Jesús no se hace esperar. Y su respuesta no es

solo instantánea, sino superabundante: No un recuerdo... ¡el Paraíso! No para dentro de miles de años... ¡hoy mismo!

Se lo dice volviendo hacia él la cabeza torturada a impulsos del amor que redime:

—*Hoy estarás conmigo en el Paraíso.*

Estas palabras nos ofrecen un nuevo autorretrato del Corazón de Jesucristo. No ofrece bienes de la tierra. ¿De qué serviría al buen ladrón ser bajado de la cruz para andar durante algunos otros años por los caminos del mundo?

Le promete la vida eterna, la felicidad verdadera, para empezar a gozarla ahora y con él.

Aquel ladrón había robado. Había quitado a los ricos parte de su riqueza; tal vez robó también a los pobres. Pero Jesús ha tenido siempre por los pecadores, enfermos de una enfermedad más atroz que la del cuerpo, una compasión que no ha querido esconder. ¿No vino para buscar la oveja perdida? Un solo instante de verdadera contrición basta para que él perdone y abrace. El ruego del ladrón queda inmediatamente escuchado.

Es el último convertido por Jesús en tiempo de su vida mortal. La Iglesia, fundada en aquella promesa de Cristo, lo ha recibido entre sus Santos con el nombre de Dimas.

Gran motivo de esperanza para los pecadores, en cuyos oídos no dejan de resonar las palabras de Jesús: —¡Padre, perdónales...!— Pero también gran motivo de temor. Junto a Dimas estaba el mal ladrón. Los dos vieron lo mismo, los dos sufrieron lo mismo. Y ¡uno muere arrepentido, otro muere blasfemado! El misterio infinitamente respetable de la libertad del hombre en la gracia de Dios.

133.—¡HE AHI A TU MADRE!

La respiración de Jesús se hace cada vez más trabajosa. Dilátasele el pecho por beber un poco más de aire; la cabeza le martillea por las heridas; el Corazón le late acelerado, vehemente, como si quisiera escapársele; la fiebre ardorosa de los crucificados le quema el cuerpo, sujeto a dos palos con cuatro hierros: aquel cuerpo que tantas veces ha sufrido en fuerza de contener un alma demasiado grande, y que es ahora una hoguera de dolor, en la que arden al mismo tiempo todos los dolores del mundo.

Quiso Dios que la Naturaleza mostrase estupor por la muerte de su Hijo muy amado; y en pleno día, «el sol se oscureció y las tinieblas se extendieron por toda la región y duraron hasta las tres de la tarde».

Muchos, atemorizados por la invasión de aquellas tinieblas, huyen del monte a sus casas.

Quedan algo más solitarios los alrededores de la cruz. Jesús saborea el terrible abandono. Todos están lejos de él: los compañeros de los caminos felices, los confidentes de sus bondades, los pobres que le miran con amor, los niños que ofrecían la cabeza a sus caricias, los curados que le seguían agradecidos, los discípulos que le habían prometido no abandonarle nunca...

Pero todos, no. Un grupo de amantes estaba lejos y ahora se acerca a la cruz. Son el discípulo Juan y algunas mujeres, entre las cuales está la madre de Jesús. «Ella no me abandona», piensa el divino Mártir, al sentirla junto a sí.

María dolorosa a los pies de Jesús crucificado no es sólo la madre que sufre inmensamente los dolores y la muerte del Hijo santo: es la madre del Redentor, que asiste consciente y voluntaria al gran sacrificio de nuestra reconciliación; es la madre del Sacerdote, que, en una sublime conformidad con el querer divino, ofrece espiritualmente y en expiación de nuestros pecados la Víctima que ella misma dio a luz y alimentó y preparó cuidadosamente; es la Virgen María que siente ahora los dolores de una maternidad espiritual e inefable, cuando nacen los nuevos hermanos de Jesús, los redimidos con su sangre.

En Adán por Eva, todos pecamos y morimos; en Jesús por María, todos somos santificados y vivimos. María está de pie junto a la cruz de Jesús. De pie, en un martirio del alma y en una conformidad insuperable: «Vosotros los que pasáis por el camino, atended y mirad si hay dolor comparable a mi dolor.»

De pie está la Mujer fuerte, mientas los hombres han huido. De pie nuestra Mediadora, junto a nuestro Salvador. De pie nuestra Corredentora, junto a nuestro Redentor. De pie nuestra Madre en la gracia, junto al Autor de la gracia.

Quiere Jesús que esta realidad de María, madre de todos los cristianos, realidad existente desde el momento en que fue hecha madre del que es cabeza de todos los cristianos, quede solemnemente proclamada en este instante supremo, y conservada en las palabras escritas por el único discípulo que estaba allí presente y que entonces representaba a todos los redimidos:

Junto a la cruz de Jesús estaban su madre, la hermana de su madre María la de Cleofás, y María la Magdalena. Jesús, al ver a su madre y cerca al discípulo que tanto quería, dice a su madre:
—Mujer, ahí tienes a tu hijo.

Luego dice al discípulo:

—Ahí tienes a tu madre.

Y desde aquella hora, el discípulo la recibió en su casa.

¡Oh madre de Jesús, hecha madre de Juan; madre de Dios hecha madre de los hombres; madre del Santo hecha madre de los pecadores! Por ti se salvan todos los que se salvan. Ninguno se condena de los que acuden a ti. Más quisiera estar sin vida que sin amor a ti, madre mía, esperanza mía.

134.—«¡PADRE!»

No es solamente la ausencia de los amigos por quienes muere; no es solamente la presencia de la madre a quien ha despedido ya; no es solamente el dolor encendido en todo el cuerpo; es una abrumadora soledad de Dios la que siente Jesús en su alma, hasta el punto de rasgar el silencio de aquellas tinieblas del mediodía con estas palabras:

—Dios mío, Dios mío, ¿por qué me has desamparado?

Profundo misterio encierran estas palabras, solo explicable en aquel profundo amor de Jesús a los hombres, que no se saciaba sino en el sumo dolor.

Nuestra inteligencia no acierta a hermanar la horrible angustia contenida en este desamparo con la bienaventuranza que reinaba en el alma de Jesús. Se siente desamparado por su Padre en los tormentos del cuerpo y en la desolación del alma. Y quiere que nosotros conozcamos y veneremos ese sublime abandono.

Se siente desamparado por su Padre en medio de los martirios que le causan los hombres. Desde lo alto de la Cruz, la mirada de su espíritu recorre todos los días y noches de todos los siglos, y ve el enjambre innumerable y horroroso de todos los pecados que gravitan sobre él.

Y ve, uno por uno, a los blasfemos, a los lujuriosos, a los avaros, a los glotones, a los vengativos, a los inútiles... Y me ve a mí. Y ve el misterio magno escondido hasta entonces en los secretos de Dios. El misterio de que él, Jesucristo, y nosotros, los pecadores, formamos un solo Cristo místico. Y él, que no conocía el pecado, toma sobre sí todos nuestros pecados, se hace víctima de nuestros pecados, sufre el abandono de Dios y la vergüenza ante Dios que nosotros merecíamos.

En esta terrible noche oscura, ruega a su Padre con el salmo profético cuyas primeras palabras ha pronunciado en voz alta:

Dios mío, Dios mío, ¿por qué me has abandonado? A pesar de mis gritos, mi oración no te alcanza.

En ti confiaban nuestros padres, confiaban, y los ponías a salvo; a ti gritaban, y no los defraudaste.

Pero yo soy un gusano, no un hombre; vergüenza de la gente, desprecio del pueblo; al verme, se burlan de mí, hacen visajes, menean la cabeza: «Acudió al Señor; que lo ponga a salvo; que lo libre si tanto le quiere.»

Estoy como agua derramada; tengo los huesos descoyuntados; mi corazón, como cera, se derrite en mis entrañas.

Mi garganta está seca como una teja, la lengua se me pega al paladar; me aprietas contra el polvo de la muerte.

Me acorrala una jauría de mastines; me cerca una banda de malhechores: me taladran las manos y los pies, puedo contar mis huesos.

Ellos me miran triunfantes, se reparten mi ropa, echan a suertes mi túnica.

Pero tú, Señor, no te quedes lejos; fuerza mía, ven corriendo a ayudarme...

Contaré tu fama a mis hermanos, en medio de la asamblea te alabaré.

135.—EL FIN

La sangre de las cuatro heridas gotea en tierra. La cabeza se ha doblado por el dolor del cuello; los ojos, aquellos ojos mortales a que se había asomado Dios para mirar a la tierra, están vidriados por la agonía; y los labios, temblorosos por el llanto, resecados por la sed, contraídos por la afanosa respiración, parecen mostrar los efectos del último beso, el beso traidor de Judas.

Así muere Jesús Nazareno.

Ha cerrado las llagas, y han llagado su cuerpo santo. Ha perdonado a los malhechores, y le han clavado entre malhechores como el mayor malhechor. Ha amado infinitamente a todos los hombres, incluso a aquellos que no merecían su amor, y el odio le ha clavado aquí donde el odio es castigado y castiga. Ha sido justo como la justicia y se ha consumado en su daño la injusticia más dolorosa. Ha ofrecido santidad a los hombres envilecidos, y sucumbe a manos de los envilecedores. Ha traído la vida, y le dan la muerte. Ha dicho: «Venid a mí todos», y todos le huyen.

Todo lo soporta, todo lo calla. Sólo de un martirio se queja piadosamente en esta hora, un martirio que compendia todos los martirios de su cuerpo y de su alma:

Sabiendo Jesús que todo estaba cumplido, para que se cumpliese la Escritura, dijo: —¡Tengo sed!

Aquel que vino al mundo para saciar la sed ajena y dejará en el mundo una fuente de vida que nunca se ha de secar, donde los cansados encuentran fuerza, los corrompidos juventud, los turbados serenidad, ha sufrido a lo largo de su vida una sed de amor jamás satisfecha, y ahora agoniza abrasado de una sed de vehemencia infinita. La sed del herido que pierde la sangre. La sed de un poquito de aquellas aguas frescas de Nazaret, pintadas a lo vivo por la imaginación calenturienta. Una sed mucho mayor que la que sentía cuando volvía de niño a casa, y decía a su madre, que le miraba arrobada mientras le acercaba el cántaro recién traído de la fuente: —Madre, tengo sed.

Y su madre está ahora al pie de la Cruz; oye la queja y no le puede dar ni una gota de agua. Y ve que un soldado le acerca a los labios, secos y llagados, una esponja empapada en hiel y vinagre...

Es lo último que Jesús tiene que agradecernos antes de morir. El soldado no considera lo que hace, pero ya se ha cumplido aquella Escritura que dice: «En mi sed me dieron a beber vinagre.»

Era normal que los crucificadores romanos tuviesen a punto esponja y calderillo con vinagre. Tal era el desinfectante casero que empleaban para las heridas. Y sabían que éstas se las podían causar ellos mismos con sus clavos y martillos, cuando los ejecutados se revolviesen con fuerzas titánicas al sentir los primeros dolores de la crucifixión.

Parece que Jesús esperaba este pequeño pormenor del vinagre en sus labios para proclamar cumplido todo el programa que el Padre le marcó cuando lo ungió como redentor de los hombres: nacer pobre; ser perseguido desde niño; vivir treinta años en obediencia y trabajo; predicar el Reino de Dios a un pueblo desagradecido; escoger un grupo de amigos que perpetúe su obra; ser traicionado por uno de esos amigos; ser azotado, escupido, crucificado; abrasarse de sed y recibir vinagre... Sólo faltaba esto. Ya se lo han dado; ya nada falta.

Jesús, cuando tomó el vinagre, dijo:
—Está cumplido.
Luego clamó con voz potente:
—Padre, a tus manos encomiendo mi espíritu.
E inclinando la cabeza, expiró.

El Centurión que estaba frente a la Cruz, al verle expirar con aquel gran clamor, daba gloria a Dios, diciendo:
—Realmente, este hombre era justo.

Entonces el velo del templo se rasgó en dos de arriba abajo; y la tierra tembló; y las rocas se hendieron; y las tumbas se abrieron; y muchos cuerpos de los santos ya muertos resucitaron y, saliendo de las tumbas después que él resucitó, entraron en la Ciudad Santa y se aparecieron a muchos.
El Centurión y sus hombres, que custodiaban a Jesús, al ver el terremoto y lo que pasaba, se aterrorizaron y dijeron:
—Realmente éste era Hijo de Dios.

Y toda la muchedumbre que había acudido a este espectáculo, al ver lo que pasaba, se volvían, dándose golpes de pecho.

Así triunfa Jesús. Todo está cumplido: ha podido decir a su Padre antes de confiarle su alma. Padre, tú quisiste que yo naciera en una cueva: lo he cumplido. Tú quisiste que yo trabajara en un taller de obrero: lo he cumplido. Tú quisiste que yo revelara la doctrina nueva durante tres años: lo he cumplido. Tú quisiste que yo padeciera dieci-siete horas de Pasión amarguísima: lo he cumplido. Ahora, Padre mío, deposito mi alma en tus manos, para volverla a tomar dentro de tres días.

Y entregó su alma. La entregó porque quiso: los tormen-tos bastaban para quitarle la vida; pero él bastaba para impedir la acción de los tormentos. Y así ha prolongado su vida milagrosamente en medio de suplicios que debían haberle agotado mucho antes.

Cuando quiso, la entregó por la salvación de los hom-bres, mientras la naturaleza se estremecía y los sepulcros se abrían.

¡Obra estupenda del amor divino! «Esta es —dice San Juan Crisóstomo— la primera razón de la Pasión: que quiso Dios que se supiese cuánto amaba a los hombres el que más quiere se amado que temido.»

Y el cristianísimo San Pablo escribe extasiado: «Me amó, y se entregó por mí.»

Y el mismo Señor Nuestro Jesucristo puede afirmar generosamente: «Tanto amó dios al mundo, que le entregó su Hijo Unigénito».

¿Qué valen junto a este Señor crucificado todos los demás argumentos para servir a Dios? Bien decía aquel Santo:

Aunque no hubiera cielo, yo te amara,
y aunque no hubiera infierno, te temiera...
Aunque lo que espero no esperara,
lo mismo que te quiero, te quisiera.

136.—SOLEDAD

Los judíos querían enterrar pronto los cuerpos de los ejecutados, para que no profanasen con su presencia la santidad del día siguiente, el gran sábado de la Pascua.

Para rematar a los agonizantes en cruz, los verdugos romanos solían descoyuntarles y romperles los huesos de las rodillas a fuerza de mazazos.

Así, el pecho ya no podía hacer fuerza con las piernas para hechirse de aire y respirar algo; todo el peso del cuerpo tiraba de los brazos para abajo: sobrevenía la muerte por asfixia.

Este escalofriante golpe de gracia, llamado **crurifra-gium** fue aplicado a los dos ladrones.

Pero al llegar a Jesús, viendo que ya había muerto, no le quebraron las piernas, sino que uno de los soldados con la lanza le traspasó el costado, y al punto salió sangre y agua.

Por sus Profetas Isaías, Ezequiel y Zacarías, había Dios prometido —según os expliqué en el capítulo 63— comunicarnos la vida manante del Corazón de su Hijo Primogénito —¡la vida de Dios!—, comparándola al agua viva que salta de precioso manantial.

Leímos aquellas palabras tales como las escribió en su Evangelio el Apostol San Juan, que las oyó a Jesús en el Templo de Jerusalén, durante una fiesta judía.

Ahora, en la tarde del Viernes Santo, cuando amanece la gran Fiesta de la Redención Universal, el mismo San Juan está viendo cómo saltan agua y sangre del Corazón de Jesucristo, herido por la lanza romana.

En ese chorro generoso ve simbolizado el cumplimiento de aquella promesa mesiánica, y lo hace constar con palabras solemnes para que todos los discípulos creamos que del Corazón de Jesús muerto brotó la Iglesia —así como del costado de Adán dormido había brotado la primera madre—, la Iglesia con los sacramentos que nos purifican, la redención que a todos alcanza, la vida que a todos nos hace hijos de Dios.

Y para afianzar nuestra fe en verdades tan sublimes, se presenta como testigo de cuanto escribe. Por eso, añade:

El que lo vio da testimonio y su testimonio es verdadero, y él sabe que dice la verdad, para que también vosotros creáis. Esto ocurrió para que se cumpliera la Escritura: «No le quebrarán un hueso»; y en otro lugar la Escritura dice: «Mirarán al que atravesaron.»

Al mirar ellos al que atravesaron, al mirarlo también nosotros, al mirarlo todos, porque todos en él pusimos nuestras manos, vemos que, mediante la herida abierta en el costado, ha quedado patente el camino que nos lleva hacia el Corazón de Jesús, y que ese camino ya no se cierra. Es descanso para los piadosos, refugio de salvación para los arrepentidos, amor para todos.

Intentaban los judíos retirar a toda prisa y sin honra el Cuerpo del Nazareno, sepultarlo en la fosa con los otros dos condenados, hundir en un sepulcro común sus huesos y poner sobre ellos y sobre toda su vida la tierra que destruye para siempre su memoria.

Dios dijo al mar: ¡Hasta aquí! Y le puso una barrera infranqueable con menuda arena. Ahora, muerto ya su Hijo, dice al mar de las potestades infernales: ¡Hasta aquí! Y no pueden más contra Jesús.

En efecto, apenas salían los judíos de la presencia de Pilato, con el permiso de que se quebrasen las piernas a los condenados y se los descolgase en cuanto muriesen, entró un señor respetable a pedirle una gracia.

Era José, senador o consejero noble del Sanedrín, caballero rico de Arimatea, pueblo cercano a Jerusalén.

Hombre bueno y justo, que también esperaba el Reino de Dios y era discípulo de Jesús, aunque oculto por temor de los judíos. Este no había votado a favor de la decisión y crimen de ellos.

Si antes había temido y no se había declarado como debiera, ahora, movido por la muerte del Maestro y por la gracia divina, desecha todo temor:

Audazmente entró a Pilato y le pidió el cuerpo de Jesús. Pilato se lo concedió.

Viene también Nicodemo, aquel que en otro tiempo había venido a Jesús de noche, y trae consigo una confección de mirra y áloe que pesaba cerca de cien libras.

Llegados al Calvario, piden permiso a la Señora que al pie de la Cruz velaba el último sueño de su Hijo. Ayudados de escaleras y lienzos, desclavan el sagrado Cuerpo y lo bajan con toda reverencia. La primera que está allí presta a recibirlo y abrazarlo es su madre, la madre dolorosa. ¡Oh Virgen, hija de Sión! ¿A quién te compararé? Grande como el mar es tu quebranto, ¿quién te podrá consolar?

José de Arimatea, Nicodemo, el discípulo Juan y las piadosas mujeres dan lugar al dolor de la madre, sumidos en un silencio de respeto y compasión. Después contemplan de cerca el sagrado cuerpo. Ven muerto al amado amigo, al dulce huésped de los días de paz. Le ven muerto por la fuerza de las torturas que los hombres escogieron. Y acaso no saben aún que las escogía el Padre y las aceptaba el Hijo.

Pero urgía el tiempo. Era preciso acortar la devoción y acelerar el entierro, antes de que brillasen las estrellas, pues entonces comenzaba para los judíos el día del sábado y quedaba prohibido todo trabajo.

Lavaron el cuerpo brevemente, lo cubrieron de aromas y lo envolvieron en un lienzo grande, según acostumbraban los judíos a sepultar. El de Arimatea tenía en un jardín suyo, cercano al Calvario, un sepulcro nuevo cavado en la roca viva. Estaba sin estrenar y lo ofreció para el Maestro. En la cámara interior, sobre una piedra plana y larga, a modo de altar, fue colocado el cadáver, y allí le dejó su última mirada y su Corazón la Virgen María. Una gran piedra redonda fue corrida hasta cerrar la entrada.

Las mujeres, y especialmente María Magdalena, la arrepentida, la amante, han observado cómo preparaban los hombres el cadáver y han decidido volver pasado mañana para perfumarlo mejor. Mañana estarán en reposo absoluto conforme a la ley.

Para la madre de Jesús han traído un velo negro; y ella, con el rostro cubierto, acompañada por las mujeres y por San Juan, desciende a Jerusalén. Calles y plazas rebosan de gente. Alguno la mira y dice por lo bajo al compañero:

—La madre del ajusticiado.

Pero ella, a cada persona que cruza en el camino, sea israelita, sea griego, sea romano, le dice en silencio, con afecto de ternura inmensa y como el eco de un testamento sublime: —¡He aquí a tu madre!

Y así entra en la casa donde pasará estos tres días de soledad y de esperanza. Allá afuera, en lo alto de un montecillo cuyo nombre ya nunca se olvidará, aparecen las siluetas de tres cruces que se recortan sobre un cielo iluminado por la luna de Nisán. Las tres están vacías. Ha terminado el primer Viernes Santo del Cristianismo. Jesús ha expiado hasta lo último por nosotros, y ahora empieza nuestra expiación.

Esta expiación nuestra consiste en aplicarnos los méritos infinitos de nuestro Redentor mediante la recepción de los sacramentos y el cumplimiento de nuestros deberes de cada día. «Sólo los que se hacen fuerza —nos dejó dicho el Maestro— entrarán en el Reino de los cielos.»

CORONAMIENTO

ESTOY CON VOSOTROS

Resucitó, ¡Aleluya!—«La paz sea con vosotros».—¡Felices los que no vieron y creyeron!—«Predicad este Evangelio a todo el mundo.»—Ascensión.—Amado y aborrecido.—El canto del Amigo

137.—EL PRIMER ALELUYA

Mientras el cuerpo queda en la cruz y luego en el sepulcro, el alma de Jesús, unida siempre a la divinidad, baja al Limbo, lugar donde las almas de todos los justos que habían pasado por este mundo aguardaban su venida.

No podían ir al cielo a ver a Dios y gozarle, hasta que se hiciese su redención.

Como libertador y consolador se les presenta Jesús en el día de su triunfo doloroso. Repentina luz de divinidad, jamás contemplada por vista humana e inmenso gozo de gloria jamás sentido por corazón de hombre, inundaron todo el Limbo y lo convirtieron en paraíso.

Dice San Pablo que Cristo, antes de subir, «quiso bajar a las partes más bajas de la tierra». Este es el dogma de fe que profesamos en el Credo: «descendió a los infiernos».

Añade San Pedro «que muerto en el cuerpo, pero vivificado en espíritu, marchando a las almas que estaban en la cárcel, las evangelizó»; es decir, les anunció el alegre

Mensaje del Reino de Dios y las hizo felices para siempre con su presencia.

Ellas fueron las primeras que gustaron las alegrías de la Pascua cristiana.

138.—¡TESTIGOS DORMIDOS!

El día que siguió al enterramiento de Jesús, no se ve a nadie en el sepulcro. Es sábado, día de descanso, día del Señor.

Los fariseos y los príncipes de los sacerdotes se hallaban indignados por no habèr podido echar los restos del aborrecido Nazareno en la fosa común de los criminales, y turbados por el anuncio que Jesús había hecho de su futura resurrección. ¡Qué contraste! Creían más en ella que los discípulos escondidos en casa. El odio tiene también sus intuiciones, y a veces más profundas que las del amor.

Fueron, pues, a Pilato y le dijeron:

—Señor, hemos recordado que ese impostor, cuando aún vivía, dijo: «Después de tres días, resucitaré.» Ordena, pues, que se guarde el sepulcro hasta el día tercero, no sea que sus discípulos vayan a robar el cuerpo y digan al pueblo: «Ha resucitado.» Y el último error sería peor que el primero.

Pilato se lo concedió, harto ya de sus exigencias.

Y ellos fueron y aseguraron el sepulcro, sellando la piedra y poniendo centinelas.

Podían dormir tranquilos y estar seguros de que nadie violaría el monumento ni sacaría el cadáver.

Qué bien servía la misma iniquidad a la Providencia, sin saberlo ni pretenderlo. Habían tomado todas las medidas posibles para evitar cualquier fraude, y esas mismas medidas sirven hoy para probar que fue verdadero el milagro de la resurrección.

Amanece el primer día de la nueva semana. Es el día designado por el Nazareno para resucitar. En el jardincillo de José velan los guardas aquel sepulcro que tanto recelo inspiraba. La piedra está en su lugar, cerrando la entrada. Los sellos, intactos. Los amigos de Jesús duermen o rezan

en la ciudad, olvidados de la gran profecía de su Amigo: «a los tres días resucitaré», que debía ser su única esperanza.

Ninguno de los evangelistas nos refiere el hecho mismo de la resurrección. Han visto al resucitado; no dicen cómo resucitó. El que más lejos va en los incidentes de aquella famosa aurora dice que se produjo un temblor de tierra, que un ángel bajó del cielo, echó al suelo la piedra que cubría el sepulcro y se sentó encima. Su rostro brillaba como un relámpago, y su vestido era blanco como la nieve.

Los guardas, heridos de espanto, quedaron como muertos. Desatinados, fuera de sí, corren a Jerusalén y refieren lo que han visto a los príncipes de los sacerdotes.

Tremenda turbación experimentan aquellos criminales al oír el relato. ¡Vive de nuevo el que habían querido sepultar para siempre; y el milagro, el milagro estupendo que él prometió, la resurrección de sí mismo al tercer día, anunciada como prueba suprema de su divinidad, ya está cumplido!

Reuniéronse precipitadamente en consejo, y después *llamaron a los soldados, diéronles gran cantidad de dinero y les dijeron:*

—Decid: «Estando nosotros dormidos, han venido de noche sus discípulos y lo han robado.» Y si eso llegare a oídos del Presidente, nosotros le hablaremos, y os libraremos de todo peligro.

Los soldados tomaron el dinero, y dijeron como les habían mandado.

¡Pobre astucia humana! Para probar que los apóstoles, metidos en su casa, habían venido a robar el Cuerpo de Jesús, aduce como testigos a cuatro soldados ¡dormidos! No fue posible guardar un secreto tan absurdo.

Poco a poco se reveló toda la verdad del suceso, y fue tan sabido, que se divulgó entre los judíos «y dura hasta hoy todavía».

Así escribe San Mateo pocos años después de ocurrido, cuando aún vivían los testigos y hubieran podido darle público mentís.

139.—¡NO TEMAIS!

El alma de Jesús, que estaba en el Limbo, llegada la mañana del domingo, sube a la tierra, penetra en el sepulcro, se une de nuevo con su cuerpo, lo reanima en un instante y lo reviste de gloria y hermosura. ¡Aleluya!

Como si fuese de luz sale Jesucristo a través de la roca, se lanza triunfalmente a campo abierto, resucitado y glorioso para nunca más morir. Se aparece, ante todo, a su

Santísima Madre, inundando de gozo aquel corazón maternal, que había sido atravesado por espada de dolor.

¡Día feliz! Ha terminado el duelo admirable con que pelearon la vida y la muerte. «El Rey de la vida, después de muerto, reina vivo.»

Reina desde que ha muerto, y reina sobre todos los muertos y sobre la misma muerte. El mismo había dicho: «Yo doy mi vida para tomarla otra vez. Ninguno me la quita, sino que yo la doy por mí mismo; tengo poder para darla y poder para volver a tomarla.»

Entretanto un grupo de mujeres fieles camina hacia el sepulcro. Llevan vasos llenos de aromas, y se preguntan con inquietud quién les quitará la piedra que cierra la entrada.

El sol ha salido ya. Lo primero que les sorprende al llegar es ver que la piedra está corrida a un lado. Miran adentro: el sepulcro está vacío. Siéntense sobrecogidas. Entonces una de ellas, María Magdalena, más vehemente, más amante, corre a la ciudad y busca a los discípulos, acudiendo tal vez al Cenáculo, donde piensa que la Virgen María habrá ido llamando y recogiendo a los apóstoles huidos y también a Pedro, el apóstol cobarde y arrepentido.

Las otras mujeres perseveran ante el sepulcro. Y estando así consternadas, he aquí que se les aparece un joven de túnica cándida. Deslumbradas y llenas de espanto, inclinan la frente y no se atreven a mirar aquel maravilloso espectáculo. Mas el ángel, el mismo que había aterrado a los guardias, dice a ellas:

—No temáis vosotras. Porque ya sé que buscáis a Jesús Nazareno, el que fue crucificado. ¿Por qué buscáis al vivo entre los muertos? No está aquí; ha resucitado, como él dijo. Venid y ved el sitio en que pusieron al Señor. Acordaos de lo que os habló cuando estaba aún en Galilea, diciendo: «Es necesario que el Hijo del hombre sea entregado en manos de los pecadores y crucificado y que al tercer día resucite.» Id presto y decid a sus discípulos y a Pedro que ha resucitado, y que irá delante de vosotros a Galilea; allí le veréis, como él os lo dijo.

Al oír estas palabras se acordaron las mujeres de las predicciones de Jesús que antes no entendían o no creían.

Y al punto salieron del monumento llenas de venera-
ción y de alegría grande.

Volvían presurosas a la ciudad.

De pronto Jesús se presentó a ellas y les dijo:
—Yo os saludo.
En seguida ellas se postraron a sus pies, y abrazándo-
selos, le adoran. Entonces Jesús les dice:
—No temáis; id y decid a mis hermanos que vayan a
Galilea, y allí me verán.

Y desaparece dejándolas colmadas de gozo.

Entretanto, María Magdalena llega adonde están
Simón Pedro y el otro discípulo a quien quería Jesús,
y les dice:
—Se han llevado del sepulcro al Señor, y no sabe-
mos dónde lo han puesto.

Así les comunica la tremenda pena que ella ha sentido
al ver vacío el sepulcro. La oye Pedro, y se lanza a la
calle. Le sigue el discípulo amado. Su emoción es intensa. Se la siente palpitar en el relato del Evangelio,
escrito por el mismo San Juan.

Salieron Pedro y el otro discípulo camino del sepul-
cro. Los dos corrían juntos; pero el otro discípulo co-
rría más que Pedro: se adelantó primero al sepulcro;
y, asomándose, vio los lienzos aplanados; pero no en-
tró.
Llegó también Simón Pedro detrás de él y entró en
el sepulcro: y ve los lienzos aplanados; y el pañolón
que le habían puesto en la cabeza, no con los lienzos,
sino enrollado en su sitio (1).

---

(1) De las palabras griegas empleadas en este pasaje por
San Juan he dado la traducción que parece más exacta según
exhaustivos estudios del salesiano padre Carreño, en torno al
Santo Lienzo conservado en Turín.
San Juan habla de dos telas distintas, traducidas en la Vulga-
ta latina con las palabras: **linteamina** y **sudarium**. La primera
es aquella **síndone** o sábana grande traída por José de Arimatea y citada por los otros tres Evangelistas. El **sudario** era un
pañolón que parece le pusieron rodeando el rostro para que la

Pedro no sabe qué pensar, ante aquel sepulcro vacío y aquellas telas dejadas en el mismo sitio en que habían cubierto el cuerpo de Jesús recién sepultado.

Para entender este asombro, es preciso ponernos en su caso y considerar el estupor que suceso tan prodigioso hubiera infundido en nuestros ánimos, si agitados por el amor, la esperanza y el temor nos hubiéramos hallado ante lo sublime y misterioso de aquella resurrección, cuyas únicas huellas son este sepulcro vacío y estos lienzos cuidadosamente abandonados.

San Juan dice de sí mismo que entonces **vio y creyó.** Vio **aplanados,** vacíos, sobre la lápida sepulcral **aquellos lienzos** que el Viernes Santo había visto **abultados,** conteniendo el cuerpo de Jesús muerto, sobre la misma lápida, y creyó que su amado Maestro había salido de esos lienzos porque ya no le hacían falta: había resucitado. Creyó San Juan, cuando los demás discípulos, como él mismo escribe, *aún no sabían que, según las Escrituras, era necesario que el Cristo resucitase de entre los muertos.*

Creyó cuando Pedro no sabía qué pensar. Creyó cuando Magdalena no creía aún. ¡Bienaventurados los corazones puros, porque verán a Dios!

Jesús tiene mayor ternura para Magdalena; para San Juan tiene mayores dones. La primera besa sus pies; el segundo descansa sobre su pecho.

No tardará en aparecerse a la una; no necesita aparecerse al otro. El corazón puro tiene intuiciones más penetrantes que el corazón arrepentido.

Y cuando San Juan creyó, no podía imaginar que en aquellos mismos lienzos aplanados Jesús había dejado, momentos antes, estampada toda la figura de su sagrado cuerpo con las marcas de la pasión redentora, para que los cristianos podamos más fácilmente meditarla y agradecerla, como ante un segundo evangelio, especialmente después de descubierta la potencia de

boca se mantuviese cerrada. Por eso, este pañolón tenía como sitio **suyo** la parte en que había estado la cabeza de Jesús, y allí lo vio San Juan. Como la sábana era tan grande que cubría el cuerpo por la parte dorsal y la frontal, y como tal vez la acompañaban algunas cintas o vendas con que fuese atada al cadáver, San Juan la cita no en singular, lienzo, sino en plural, **lienzos.**

las radiaciones lumínicas y calóricas de un cuerpo para dejar estampada su figura en otro.

Nuestra fe en Jesús muerto y resucitado se funda en la palabra de Dios contenida en el Evangelio. Pero este lienzo, que hoy se conserva en Turín, presenta una imagen causada tal vez por una radiación potentísima proveniente del cuerpo de Jesús en el momento mismo en que dejaba de ser muerto para ser resucitado, por habérsele juntado el alma.

Sobre esta imagen se han concentrado estudios atentísimos de especialistas en medicina, química, radioactividad... de todo el mundo. Es un cuerpo perfectísimo, como podréis comprobar en los incontables libros, revistas, cuadros y estampas divulgados acerca del Santo Lienzo de Turín, que algunos llaman también Sábana Santa.

Muestra las huellas impresionantes de haber sido herido en manos y pies cuando aún estaba vivo, y en el costado, después de muerto; de haber sido terriblemente azotado, coronado de espinas, cargado con gran peso sobre los hombros, golpeado... y un rostro que aparece estampado con luces surgiendo entre sombras; tan humano y tan divino como ningún pintor ha presentado uno igual; un rostro en que se transparenta la mansedumbre de la víctima voluntariamente entregada y la majestad del Rey que juzgará a todos; la suavidad del amigo, la seguridad del maestro, la presencia de Dios.

Mientras tú, querido lector, concibes el deseo de conocer mejor esta impresionante y misteriosa reliquia, sigamos con Pedro y Juan que, dejando el sepulcro vacío y con el alma llena de recuerdos y de emociones, regresan a la casa en que se hallaban cuando los llamó María Magdalena.

Esta ha vuelto al jardín de José de Arimatea. No acierta a separarse de lugar tan amado. ¿Qué va a suceder? Oigamos a San Juan, especialista en describir escenas tan humanas y tan divinas como ésta:

Estaba María junto al sepulcro, fuera, llorando. Mientras lloraba se asomó al sepulcro y vio dos ángeles vestidos de blanco, sentados, uno a la cabecera y otro a los pies donde había estado el cuerpo de Jesús. Ellos le preguntan:
—Mujer, ¿por qué lloras?

Ella les contesta:
—Porque se han llevado a mi Señor, y no sé dónde lo han puesto.
Dicho esto, da media vuelta y ve a Jesús de pie, pero no sabía que era Jesús.
Jesús le dice:
—Mujer, ¿por qué lloras?, ¿a quién buscas?
Ella, tomándolo por el hortelano, le contesta:
—Señor, si tú te lo has llevado, dime dónde lo has puesto, y yo lo recogeré.
Jesús le dice:
—¡María!
Ella se vuelve y le dice:
—¡Rabboni! (que significa Maestro mío).

Si antes Jesús había desfigurado su voz, ahora pronuncia tan claramente, tan dulcemente esta palabra ¡María!, que ella, enajenada y jubilosa, cae a los pies del Señor, para abrazárselos y besárselos. Este la separa bondadosamente, anunciándole que aún tendrá tiempo para estar con él.

Jesús le dice:
—No me toques, que todavía no he subido al Padre. Anda, ve a mis hermanos y diles: «Subo al Padre mío y Padre vuestro, al Dios mío y Dios vuestro.»
María Magdalena fue y anunció a los discípulos:
—He visto al Señor y me ha dicho esto y esto.

Divinidad del Evangelio... ¡cómo resalta en esta página! Cada palabra es como un relámpago de celestial claridad.

Al otro día de la muerte, en ese momento en que, si fuésemos libres, nos apresuraríamos a visitar a los que más hemos amado, para enjugar sus lágrimas, y acaso también a los que nos han calumniado, vendido o hecho morir de pena, para confundirlos, ¿a quién se aparece Jesús después de haber visitado a su Madre Santísima? Ni a Pilato, ni a Herodes, ni a los príncipes de los sacerdotes. Nada humano debe velar tan sublime resurrección. «Se aparece primeramente a María Magdalena.» A la que pecó mucho, pero que amó mucho: ¡delicadeza del más hermoso de los corazones!

140.—LA PAZ SEA CON VOSOTROS

Lo mismo que María Magdalena, las santas mujeres anuncian a los Apóstoles que han visto a Jesús resucitado. Pero ellos no sólo se niegan a creer, sino que todo aquello no es a sus ojos otra cosa que «fantasía de mujeres».

Pero después, hacia el mediodía, Jesús se aparece a Pedro solo. Ya al dar su encargo a las mujeres, habían dicho los ángeles: «Decid a los discípulos y a Pedro», frase infinitamente delicada para el arrepentido. Le debía hacer sentir que si él había renegado de su Maestro, su Maestro no renegaba de él.

Se le aparece ahora, antes que a los demás Apóstoles, para acabar de transfigurar esta alma en el arrepentimiento y en el amor. Desgraciadamente, no tenemos pormenor alguno de este encuentro entre el Padre que abraza y el hijo pródigo que llora.

San Marcos, discípulo de San Pedro, no dice una palabra: prueba de que el humilde Apóstol no hablaba nunca de este favor que Jesús le concedió. San Lucas nos transmite el hecho, San Pablo también lo atestigua; pero ambos con una frase brevísima, como si los bien conocidos sentimientos del Príncipe de los Apóstoles les impusieran esa reserva.

En cambio, San Lucas nos refiere con singular encanto otra aparición que ocurrió poco después. Es un relato tan vivo, tan bien tomado del natural y de tal manera se ve ahí al testigo ocular, que uno se pregunta si San Lucas, que nombra a uno de los dos discípulos y que oculta el nombre del otro, no era él mismo ese discípulo anónimo. Dice así:

Dos discípulos de Jesús iban andando aquel mismo día a una aldea llamada Emaús, distante unas dos leguas de Jerusalén; iban comentando todo lo que había sucedido. Mientras conversaban y discutían, Jesús en persona se acercó y se puso a caminar con ellos.

Pero sus ojos no eran capaces de reconocerlo.

El les dijo:

—¿Qué conversación es esa que traéis mientras vais de camino, y por qué estáis tristes?

Ellos se detuvieron preocupados. Y uno de ellos, que se llamaba Cleofás, le replicó:

—¿Eres tú el único forastero en Jerusalén, que no sabes lo que ha pasado allí estos días?

El les preguntó:

—¿Qué?

Ellos le contestaron:

—Lo de Jesús el Nazareno, que fue un profeta poderoso en obras y palabras, ante Dios y ante todo el pueblo; cómo lo entregaron los sumos sacerdotes y nuestros jefes para que lo condenaran a muerte, y lo crucificaron. Nosotros esperábamos que él fuera el futuro liberador de Israel. Y ya ves: hace dos días que sucedió esto. Es verdad que algunas mujeres de nuestro grupo nos han sobresaltado: pues fueron muy de mañana al sepulcro, no encontraron su cuerpo, e incluso vinieron diciendo que habían visto una aparición de ángeles, que les habían dicho que estaba vivo. Algunos de los nuestros fueron también al sepulcro, y lo encontraron como habían dicho las mujeres; pero a él no le vieron.

Entonces Jesús les dijo:

—¡Qué necios y torpes sois para creer lo que anunciaron los profetas! ¿No era necesario que el Mesías padeciera esto para entrar en su gloria?

Y comenzando por Moisés y siguiendo por los profetas, les explicó lo que se refería a él en toda la Escritura.

Ya cerca de la aldea adonde iban, él hizo ademán de seguir adelante; pero ellos le apremiaron diciendo:

—Quédate con nosotros, porque atardece y el día va de caída.

Y entró para quedarse con ellos. Sentado a la mesa con ellos, tomó el pan, pronunció la bendición, lo partió y se lo dio. A ellos se les abrieron los ojos y lo reconocieron. Pero él desapareció.

Ellos comentaron:

—¿No ardía nuestro corazón mientras nos hablaba por el camino y nos explicaba las Escrituras?

Y, levantándose al momento, se volvieron a Jerusalén, donde encontraron reunidos a los Once con sus compañeros.

Ya ha descendido la noche, y en esta reunión de amigos, cada cual comunica a los demás sus impresiones de este día, ¡el día que ha hecho el Señor!

No dudan de que Jesús haya resucitado, que la aparición a Pedro les ha disipado las últimas sombras.

En esto llegan los dos de Emaús, y son recibidos con una exclamación jubilosa:

—¡Era verdad! Ha resucitado el Señor, y se ha aparecido a Pedro.

Ellos refieren lo que les ha sucedido por el camino, y cómo han conocido a Jesús al partir el pan.

Todos se sienten desbordaɑos de alegría, como se habían sentido desbordados de dolor, pánico y desilusión durante la tragedia del Viernes Santo.

Pero tienen las puertas bien cerradas por miedo a los judíos. ¿No cabe temer que, después de haber oído la relación de los soldados, se les ocurra mandar prender a los discípulos del muerto que dejó vacío su sepulcro?

De pronto, se les presenta Jesús, sin haber abierto ninguna puerta.

Creían en su resurrección, pero no esperaban verle ahora. El asombro, el júbilo, la duda, disputábanse las almas. Oigamos a San Lucas, que presenciaba probablemente aquella escena. ¡Con qué viveza la describe!

Se presenta Jesús en medio de sus discípulos y les dice:
—Paz a vosotros.
Llenos de miedo por la sorpresa, creían ver un fantasma. El les dijo:
—¿Por qué os alarmáis?, ¿por qué surgen dudas en vuestro interior? Mirad mis manos y mis pies: soy yo en persona. Palpadme y daos cuenta de que un fantasma no tiene carne y huesos, como veis que yo tengo.
Dicho esto, les mostró las manos y los pies. Y como no acababan de creer por la alegría, y seguían atónitos, les dijo:
—¿Tenéis ahí algo de comer?
Ellos le ofrecieron un trozo de pez asado. El lo tomó y comió delante de ellos. Y les dijo:
—Esto es lo que os decía mientras estaba con vosotros: que todo lo escrito en la ley de Moisés y en los profetas y salmos acerca de mí, tenía que cumplirse.

Otro de los testigos presenciales, San Juan, comenta y completa la narración de aquel divino encuentro:

Los discípulos se alegraron, habiendo visto al Señor.
Jesús les dice de nuevo:
—La paz con vosotros. Como el Padre me ha enviado, así también os envío yo.

Y dicho esto, exhala su aliento sobre ellos y les dice:

—Recibid el Espíritu Santo; a quienes perdonéis los pecados les quedan perdonados; a quienes se los retengáis les quedan retenidos.

Tal ha sido la aparición de Jesús a los apóstoles reunidos, preludiada por las demás apariciones que se han sucedido en este día feliz, Domingo de Resurrección.

Les ha preparado el alma y les ha excitado la esperanza con visitas rápidas, íntimas, a las santas mujeres, a Pedro, a los de Emaús, a Magdalena. Quiere pasar la noche con ellos y cerciorarlos de que es el mismo que estuvo destrozado en la cruz.

Por eso, les muestra sus manos traspasadas, sus pies heridos, la llaga de su costado.

Siéntase a la mesa; come ante ellos, come con ellos. Les dirige palabras rebosantes de amor; explica en las Escrituras cuanto a él se refiere.

Les transmite el poder de perdonar los pecados, prometido antes, según expusimos en el capítulo 83.

Aleja poco a poco la duda, el asombro, el pavor de sus almas; sustituye en ellas el consuelo, la admiración, la antigua amistad; crea en ellas la fe en su resurrección.

No es una aparición rápida como las anteriores. Es una larga y dulce velada, que pasa con los Apóstoles, menos solemne y más detenida de lo que imaginamos.

Pero faltaba uno de los Doce: era Tomás, aquel que había dicho cierto día: —Marchemos y muramos con él.

Abrumado de tristeza, desalentado, dudando de todo, después de haber visto frustradas sus más caras esperanzas, se había alejado de Jerusalén.

Cuando volvió y supo lo que había sucedido, sintió amarga pena, que en él se convirtió en duda:

Los otros discípulos le decían:
—Hemos visto al Señor.
Pero él les contestó:
—Si no veo en sus manos la señal de los clavos, si no meto el dedo en el agujero de los clavos y no meto la mano en su costado, no lo creo.

Y así estará ocho días, dudando y disputando en medio de los Apóstoles que creen ya.

Dijo de primera intención: si no veo. Pero luego avanza más: también los ojos se engañan. Y su pensamiento corre a la experiencia carnal, a la prueba del tacto: poner el dedo donde estuvieron los clavos; poner la mano, toda la mano, donde entró la lanza. Hacer como el ciego, que a veces se equivoca menos que los que ven.

Reniega de la fe, vista suprema del alma; reniega de la vista misma, el sentido más poderoso del cuerpo. No tiene confianza más que en las manos, carne que oprime carne.

Aquel doble reniego lo deja a oscuras, en el tanteo de la ceguera, hasta que la luz hecha Hombre, por una suprema condescendencia amorosa, le devuelve la luz de los ojos y la del corazón.

Mas Jesús es bueno con los que dudan, principalmente cuando su corazón sufre y su alma siente deseos.

Delicadamente nos lo refiere San Juan, el historiador de las ternuras del Corazón de Jesucristo, cuyos latidos él mismo había sentido de cerca en las confidencias del Jueves Santo:

A los ocho días, estaban otra vez los discípulos y Tomás con ellos; llegó Jesús, estando cerradas las puertas, se puso en medio y dijo:

—Paz a vosotros.

Luego dice a Tomás:

—Trae tu dedo, aquí tienes mis manos; trae tu mano y métela en mis costado; y no seas incrédulo, sino creyente.

Contestó Tomás:

—¡Señor mío y Dios mío!

Jesús le dice:

—Porque me has visto, Tomás, has creído. Dichosos los que creen sin haber visto.

Es una escena que impresiona por lo majestuosa y transparente. Tomás, profesando ante todos su fe en Jesucristo como Dics y Señor, reconoce su propia derrota, más bella que muchas victorias, y se entrega al resucitado con una fidelidad que mantendrá hasta el martirio.

Tomás no ve a Dios; ve un hombre; pero un hombre tan sabio, que conoce todo lo que él ha exigido de mirar y tocar para creer; un hombre tan poderoso, que ha triunfado de la muerte, como sólo Dios puede triunfar; un hombre tan bueno, que viene precisamente para él, para el apóstol huidizo, incrédulo, apenado; un hombre que le atrae hacia sí con palabras de amigo y le muestra el pecho abierto, como diciéndole: «Mira, he muerto por ti, he resucitado para ti, he venido a buscarte... y todo por esto, porque tengo Corazón, porque te quiero mucho. No busques otras razones.»

¿No es ése el Jesucristo que debemos concebir cuando pronunciamos este nombre: **Corazón de Jesús?**

El mismo Jesús del Evangelio —no hay otro—; el de las parábolas y los milagros; el de Nazaret, la Cruz y la Pascua; el que a Tomás y a cada uno de los cristianos se muestra infinitamente poderoso, sabio, perdonador, bueno; el que, como única razón de haber vivido para instruirnos y haber muerto para reconciliarnos con el Padre y haber resucitado para comunicarnos su vida divina, presenta un amor digno de ser intensamente meditado y agradecido: su amor a Dios con su amor a nosotros; amor que, para urgirnos a la recíproca respuesta del amor nuestro, el mismo Jesús ha querido simbolizar en su Corazón.

Sí, todo eso tan sublime, y al mismo tiempo tan lógico y tan atractivo, se expresa con un nombre único: Corazón de Jesús.

Ante él se encontró el apóstol Tomás, y se reconoció perdonado y amado por él. Amado con **amor divino,** puesto que el Corazón de Jesús es Corazón de Dios; y amado con **amor humano,** puesto que es Corazón de hombre perfecto y posee —como el de todo hombre normal— tanto el amor **espiritual** que perdona al arrepentido, como el amor **sensible** que llama al amigo por su nombre y le estrecha la mano.

Fue el momento estelar en la vida del apóstol; y él vibró al unísono, **se entregó** sin condiciones: ¡Señor mío y Dios mío!

Si Jesucristo, según fue contemplado por Santo Tomás, es Corazón de Jesús, la respuesta de Santo Tomás es **devoción al Corazón de Jesús,** puesto que devoción significa entrega.

Jesús se agrada en la fe del que ve un hombre resucitado y cree que este hombre es Dios. Pero extiende su mirada hacia los que no ven a Dios, ni ven al hombre resucitado. Sólo ven una Hostia blanca que parece un poquito de pan, y creen y le dicen: ¡Señor mío y Dios mío!

O sólo ven una imagen del Corazón de Jesús, y se consagran a este Corazón para expiar pecados, salvar a los hombres y glorificar al Padre, aceptando recomendaciones de los Papas y mensajes privados que alabó la Iglesia. Para ellos dijo Jesús a Santo Tomás: ¡Felices los que creen sin haber visto!

Todos los que tenemos fe en la redención de Jesucristo podemos quedar incluidos en esa bienaventuranza, pues la fe nos dice que la redención —ese tremendo misterio del amor— es la plenitud de la santidad que de un Corazón humano, el Corazón del Hijo Primogénito, se desborda sobre muchos corazones para que también ellos sean santos, ya que ellos «precisamente en el Hijo Primogénito han sido predestinados desde la eternidad a ser hijos de Dios y llamados a la gracia, llamados al amor». ¡Qué grandiosa esta concepción del Papa Juan Pablo II, en su primera Encíclica! Toda la redención brotando del Corazón del Hijo Primogénito, y todos los hombres santificados por esta redención... ¡Felices los que creen sin haber visto!

141.—CERCA DEL MAR

Las fiestas de la Pascua han terminado. Caravanas de peregrinos regresan a sus países. Los Apóstoles se unen a los que se volvían a Galilea. Jerusalén, teñida con la Sangre de su Maestro, se les ha hecho odiosa. Por otra parte, Jesús les ha citado para Galilea: «Allí me veréis.»

Parten llenos de gozo. Piensan que van a verle, no en aquellas rápidas apariciones que no satisfacen a los corazones amantes, sino en una presencia continua, como en los tiempos de paz.

Acaso comenzará él su reinado y restablecerá ya la gloria de Israel. Inmensa expectación les llena los corazones. No será defraudada. Volverán, efectivamente, a ver y oír al amado Maestro. Verán comenzar su reinado.

El elevado pensamiento de Jesús, tan mal comprendido por ellos hasta entonces, el reinado universal y eterno de las almas, empezará a adquirir ante sus ojos, en Galilea, su invencible vuelo.

Vueltos, pues, a las orillas del mar de Tiberíades, ejercitan su antiguo oficio de pescadores para ganarse el pan de cada día. Y nos cuenta San Juan, que era uno de ellos:

Jesús se apareció otra vez a los discípulos junto al lago de Tiberíades. Y se apareció de esta manera:

Estaban juntos Simón Pedro, Tomás apodado el mellizo, Natanael el de Caná de Galilea, los Zebedeos y otros dos discípulos suyos.

Simón Pedro les dice:

—Me voy a pescar.

Ellos contestan:

—Vamos también nosotros contigo.

Salieron y se embarcaron; y aquella noche no cogieron nada. Estaba ya amaneciendo, cuando Jesús se presentó en la orilla; pero los discípulos no sabían que era Jesús.

Jesús les dice:

—Muchachos, ¿tenéis pescado?

Ellos contestaron:

—No.

Él les dice:

—Echad la red a la derecha de la barca, y encontraréis.

La echaron, y no tenían fuerzas para sacarla, por la multitud de peces.

Juan, a quien desde el principio llamara la atención el desconocido de la orilla, al ver ahora este gran prodigio, fija en él su virginal mirada penetrante; le reconoce, y él mismo sigue describiendo la escena que vivió y que nunca puede olvidar:

Aquel discípulo que Jesús tanto quería dice a Pedro:

—Es el Señor.

Al oír que era el Señor, Simón Pedro, que estaba desnudo, se ató la túnica y se echó al agua. Los demás discípulos se acercaron en la barca, porque no distaban de tierra más que unos cien metros, remolcando la red con los peces.

Al saltar a tierra, ven unas brasas con un pescado puesto encima y pan. Jesús les dice:

—Traed de los peces que acabáis de coger.

Simón Pedro subió a la barca, y arrastró hasta la

orilla la red repleta de peces grandes: ciento cincuenta y tres. Y aunque eran tantos, no se rompió la red.

Jesús les dice:

—Vamos; almorzad.

Ninguno de los discípulos se atrevía a preguntarle ¿quién eres tú?, porque sabían que era el Señor.

Jesús se acerca, toma el pan y se lo da, y lo mismo el pescado.

¡Qué dulce aquella mañana en la playa del Tiberíades, con un huésped tan cariñoso y atento, con un almuerzo tan sencillo y sazonado! Pocas escenas contempló el fogoso mar tan delicadas como aquélla.

Comían todos, servía el Señor, y dejábanse servir los discípulos, sin dudar de que es el querido Maestro muerto y resucitado; felices de estar otra vez con él y de contemplarle llenos de amor.

Esta fue la tercera vez que Jesús se apareció a los discípulos, después de resucitar de entre los muertos.

Terminado el almuerzo, pregunta Jesús a Simón Pedro:

—Simón, hijo de Juan, ¿me amas más que éstos?

El le contestó:

—Sí, Señor; tú sabes que te quiero.

Jesús le dice:

—Apacienta mis corderos.

Por segunda vez le pregunta:

—Simón, hijo de Juan, ¿me amas?

El le contesta:

—Sí, Señor, tú sabes que te quiero.

El le dice:

—Pastorea mis ovejas.

Por tercera vez le pregunta:

—Simón, hijo de Juan, ¿me quieres?

Se entristeció Pedro de que le preguntara por tercera vez si le quería, y le contestó:

—Señor, tú conoces todo, tú sabes que te quiero.

Jesús le dice:

—Apacienta mis ovejas.

Con estas tres afirmaciones de su amor en las orillas del mar galileo, Simón Pedro ha sobrepujado aquellas tres negaciones de su fe, en el patio de Caifás.

Y gracias a estas tres afirmaciones, se nos descubre un nuevo rasgo de la bondad contenida en el Corazón de Jesucristo, siempre dispuesta a difundirse sobre sus amigos.

Es el rasgo latente en el uso de los verbos **amar** y **querer.** Tanto en castellano, como en sus correspondientes vocablos latinos y griegos, **amar** parece más elevado, **querer** más humilde. El amor está remontado a las alturas de la inteligencia; el cariño tiembla en el corazón. Este último es el empleado por el pescador en sus tres respuestas: «Te quiero..., tú sabes que te quiero.»

Jesús empezó elevado: «¿Me amas?», pero a impulsos de la bondad desciende y se pone al ras del amigo humilde: «¿Me quieres?» Y contento con la respuesta, le confía sus corderos y sus ovejas, es decir, las crías y las madres, los súbditos y los jefes, todo el pueblo redimido y cada uno de los miembros del pueblo, como a supremo e inmediato pastor.

Mas, después de haberle puesto a la cabeza de su Reino, Jesús recuerda a Pedro que no le aguardan prosperidades terrestres, sino que es vicario de un Dios que estuvo en la cruz:

—Te lo aseguro: Cuando eras joven, tú mismo te ceñías e ibas adonde querías; pero cuando seas viejo, extenderás las manos, otro te ceñirá, y te llevará adonde no quieras.

Esto dijo aludiendo a la muerte con que iba a dar gloria a Dios.

Le anuncia que morirá mártir. Con las manos extendidas, atado por otro, llevado a la fuerza. Morirá en cruz como su amado Maestro. Este es el Corazón de Jesucristo para el hijo pródigo que se arrepiente de corazón. Le abraza y le consuela el día de Pascua, le confirma en su antigua dignidad de jefe de la Iglesia, le hace lavar la triple negación con tres afirmaciones de amor, le promete el título más glorioso con que hombre alguno puede presentarse en la Historia: Mártir de Cristo Dios.

142.—ID POR TODO EL MUNDO

Otra de las grandes apariciones de Jesús a sus discípulos fue en un monte de Galilea, que él les había prefijado. Se les presentó como quien viene de lejos —¡esta tierra pesada no era ya su patria!–

Al verlo, ellos se postraron, pero algunos vacilaban.

Acercándose a ellos, Jesús les dijo:

—Se me ha dado pleno poder en el cielo y en la tierra. Id y haced discípulos de todos los pueblos, bautizándolos en el nombre del Padre y del Hijo y del Espíritu Santo; y enseñándoles a guardar todo lo que os he mandado. El que creyere y fuere bautizado, será salvo; el que se resista a creer, será condenado. Y sabed que yo estoy con vosotros todos los días, hasta el fin del mundo.

Después de la Pasión se lo había dicho: «Así como me envía el Padre, así os envío yo a vosotros.» Y ahora se lo repite solemnemente: Yo tengo recibida del Padre toda la potestad en el cielo y sobre la tierra. Pues bien, según estos poderes que tengo y con el poder que ahora os comunico, id por todo el mundo. Enseñad a todos la doctrina de mi Evangelio. Una vez que estén enseñados, si creen, bautizadlos. Y luego educadlos en guardar todos los preceptos que yo os he dado. Y esto para siempre. Porque aunque pronto he de irme definitivamente a mi Padre, puedo estar y estaré en medio de vosotros hasta el fin del mundo: mientras viváis vosotros, con vosotros; y después que muráis vosotros, con vuestros sucesores.

Palabras solemnes **que imperaban el** establecimiento del Reino de Dios en la tierra, que lo hacían universal como la Humanidad, uno, santo e indestructible como Dios.

San Pablo vio a varios de los que habían asistido a esta escena extraordinaria. Pasados veinticinco años, la recordaba con impresión tan vigorosa y tan viva como el primer día.

«He aquí la gran nueva —decía él—; he aquí el Evangelio que os he predicado, que vosotros habéis recibido, en el cual os mantenéis, por el cual también sois salvos:

Que el Cristo murió por nuestros pecados, según las Escrituras, y que fue sepultado y resucitó al tercer día, según las Escrituras.

Que se mostró a Pedro y después a los once Apóstoles. Y luego a más de quinientos hermanos, de los cuales muchos viven todavía».

Tales son las principales apariciones de que los Sagrados Libros conservan recuerdo; mas dejan comprender que hubo más. Dice San Juan:

Otros muchos milagros hizo Jesús a la vista de sus discípulos, que no están escritos en este libro. Pero éstos se han escrito para que creáis que Jesús es el Cristo, el Hijo de Dios, y para que, creyendo, tengáis vida en su nombre.

Cuarenta días pasaron en aquella vida deliciosa, alegre y triste a la vez. Veían con frecuencia a Jesús, mas nunca lo bastante. Estaba con ellos, invisible o visible, presente u oculto, siempre esperado, siempre fugitivo, y tanto más amado.

En sus conversaciones les iba disipando los sueños de grandeza humana, y les hablaba del verdadero Reino de Dios. Pero ellos eran tardos en entenderle. Hasta el último día habrá uno que le pregunte:

—*Señor, ¿ha llegado el tiempo en que vas a restaurar el reino de Israel?*

Así se acercaban las fiestas de Pentecostés.

Los galileos iban a celebrarlas a Jerusalén. Poco antes Jesús llevó allá a sus discípulos. Había resuelto separarse de ellos en el monte Olivete, una de cuyas laderas está ocupada por el Huerto de Getsemaní, escenario de la agonía espiritual que precedió a la Pasión.

Así, la manifestación de la gloria de Jesús en aquel lugar serviría de eterna recompensa a los que le habían sido fieles en el dolor.

143.—ESTOY CON VOSOTROS

Llegado el día, los reúne a todos y celebra con ellos la última comida.

Es en el mismo Cenáculo, morada habitual de los Apóstoles en Jerusalén después de la Pasión.

Jesús les dirige los últimos consejos, les descubre el sentido de las Escrituras para que las entiendan, y les dice:

—*Pues así está escrito que el Cristo había de padecer y resucitar de los muertos al tercer día, y que en su nombre se había de predicar penitencia y remisión de los pecados a todas las gentes, comenzando por Jerusalén. Vosotros sois testigos de esto. Y yo os enviaré la promesa de mi Padre sobre vosotros. Así, pues, permaneced en la ciudad hasta que seáis revestidos de fortaleza desde lo alto. Porque Juan bautizó en agua, mas vosotros seréis bautizados en el Espíritu Santo dentro de pocos días.*

Terminada la refección, se levanta Jesús y los conduce a las afueras de la ciudad por el conocido camino de Betania, que tantos recuerdos suscita. Todo ha pasado. Sólo queda la realidad de un amor conservado hasta el fin.

Jesús vuelve a prometerles que recibirán la fuerza del Espíritu Santo, y serán sus testigos —¡sus mártires!— en Jerusalén, en Samaria y hasta lo último de la tierra.

Conversando amistosamente llegan al monte Olivete. Amante de todas las cosas luminosas y bellas que ha hecho Dios, Jesús quiere que su despedida sea bajo aquel sol espléndido de mayo. Se detiene, y todos ponen sobre él los ojos para ver qué hace. Levanta sus manos, les bendice, y al mismo tiempo se eleva suavemente por su propio poder, y viéndole todos, se aleja más y más por el cielo.

Ante aquel espectáculo nunca visto, todos quedan extáticos y maravillados, mirando arriba y esperando dónde y cómo ha de terminar aquella ascensión, cuando una nube viene a interponerse entre ellos y su Maestro, robándolo a su vista.

Mas ¿quién era dueño de apartar los ojos de aquel sitio en que habían perdido a Jesús?...

Ansiosos y quietos seguían todos mirando a la nube, cuando aparecieron a su lado dos varones vestidos de blanco, dos ángeles del cielo, que les dijeron:

—*Galileos, ¿qué hacéis ahí plantados mirando al cielo? Este mismo Jesús que de vosotros ha sido recogido al cielo, ha de venir del mismo modo que le habéis visto subir al cielo.*

Postráronse en tierra, adoraron al que habían visto

subir a los cielos, y llenos de un gozo singular volvieron a Jerusalén, a cumplir las últimas órdenes del Maestro.

Por el camino vuelven recordando la bendita promesa: «Yo estoy con vosotros hasta la consumación de los siglos...»

A los diez días, estando reunidos en Jerusalén todos los discípulos con María, la madre de Jesús, reciben el Espíritu Santo, como Jesús les había prometido. Y San Marcos cierra el libro de su Evangelio, escribiendo estas palabras:

El Señor Jesús, después de hablarles, ascendió al cielo y se sentó a la derecha de Dios.

Ellos salieron y lo proclamaron por todas partes, y el Señor actuaba con ellos y confirmaba la Palabra con los signos que los acompañaban.

144.—AMADO Y ABORRECIDO

¿Ha terminado el drama de Jesús? No ha terminado ni terminará hasta el fin de los tiempos.

Cada cristiano que viene a este mundo escoge un papel que representar, y Jesucristo siempre es el héroe de la tragedia, siempre es **la gran actualidad** en la vida de cada cristiano. ¿Por qué? Sólo una doble respuesta nos descubre el secreto de Jesús. Amó a todos, exigió ser amado de todos. No busquéis más.

Jesucristo amó. Jesucristo amó a todos.

Sin duda somos amantes: nos damos. Esta es nuestra gloria y la señal de que procedemos de arriba. Pero amamos poco. ¿Quién ama hasta darse por entero, hasta la sed del sacrificio? ¿Quién, habiendo subido a ese Calvario en donde uno se sacrifica en el amor, no ha deseado bajar de allí?

Todos llevamos en el corazón la triste llaga de no poder sufrir mucho tiempo, ni aun por aquellos a quienes más amamos. Todos nos sentimos pequeños para cumplir la ley grande del amor: amar al amado es amar al sacrificio por el bien del amado.

Sólo hay una excepción: el Corazón de Jesucristo. Ama y lo da todo. «No hay amor más grande que morir por sus amigos», dijo él mismo; y desde el primer momento de su vida hasta el último, espera anhelante **su honra.** Su hora es aquella en que podrá finalmente elevar sus dolores, a la altura de su amor, en una cruz.

Mas he aquí otra maravilla del Corazón de Jesús correspondiente a otra debilidad del corazón del hombre. Precisamente amamos poco, porque amamos a pocos. Para amar nos encerramos, nos formamos estrecho nido en el cual ponemos los seres que nos son más queridos: el padre, la madre, la esposa, los hijos, algunos amigos.

¿Qué queréis? Sólo una gota de amor tenemos: la economizamos, la damos a pocos; porque, aun dándoles todo lo que poseemos de amor, no estamos seguros todavía de darles bastante. ¡El Corazón de Jesús no necesita economizar!

Ama a todos los hombres, y los ama con el mismo fuego. Los pequeñuelos, los grandes, los pobres, los ricos, los justos, los pecadores, los desamparados, los abandonados del mundo, ¿a quién deja olvidado?, ¿a quién no ama tierna y ardientemente?

Nadie es demasiado hijo pródigo para este Corazón tan paternal, ni demasiado grande para este Corazón tan noble, ni demasiado pequeño para este Corazón tan humilde. A todos los hombres de todos los tiempos llega este amor.

Pero acaso preguntarás: ¿qué ganamos con ser amados así? Mira: todos los hombres nacimos manchados, todos excluidos del Reino, porque todos pecamos en nuestro padre Adán. Ningún sacrificio de hombres ni de ángeles, ninguna reparación bastaría para limpiarnos de esta mancha que nos hace nacer reos de la ira de Dios.

No bastaría, porque la ofensa hecha se mide por la dignidad de la persona ofendida. Es grave la ofensa hecha a un compañero, es más grave la ofensa hecha a un superior, es gravísima la ofensa hecha a un rey, es de gravedad, en cierto modo infinita, la ofensa hecha a Dios.

En cambio, la reparación se mide por la dignidad de la persona que la ofrece: ¿qué hombre o qué ángel podría ofrecer una reparación de valor infinito, una reparación proporcionada a la gravedad de aquella ofensa? Ninguno. Y esta reparación condigna es la reparación que exigía la justicia y la santidad de Dios.

Por eso, todos los hombres, imposibilitados de ofrecérsela, no teníamos más recurso que bajar la cabeza, reconocernos manchados, rodar en masa dañada hacia nuestro destino postrero y definitivo.

Este destino había de ser el limbo para los que muriesen sólo con el pecado original, el infierno para los que añadiesen pecados personales, la privación de Dios para todos.

Ninguna fuerza creada, ni hombre ni ángel, nos podría limpiar. Todos habíamos pecado en un hombre, todos éramos reos de una desobediencia, todos estábamos sujetos a un castigo, todos desgraciados.

Pero he aquí que triunfa el amor de Jesús, he aquí que se rompen de pronto esas negruras de la noche desesperanzada, asoma el sol de la redención, y el Apóstol que vio en su camino a Jesús Nazareno, lanza un grito consolador y triunfal: Donde abundó el delito, ha sobreabundado la gracia. Y la gracia reina por la justicia para la vida eterna, así como el delito reinó para la muerte. Y la gracia reina por Jesucristo Señor Nuestro, el cual nos amó y se entregó por nosotros, como víctima viva y agradable a su Padre, para limpiarnos perfectamente, a fin de que seamos santos e inmaculados en la presencia de Dios.

Conoció él, desde el primer instante de su vida, que la divina Majestad no aceptaba las ofrendas antiguas y que los holocaustos expiatorios eran insuficientes; conoció él que tenía un cuerpo que podía inmolarse como satisfacción sobreabundante por ser el Cuerpo de Dios; y desde aquel primer momento abrazó su oficio de Sacerdote y Víctima.

Con este sacrificio inefable, conocido y aceptado en el primer momento, acariciado a lo largo de toda su vida, ofrecido misteriosamente al anochecer del Jueves Santo, ofrecido cruentamente el Viernes Santo, sobre la Cruz —el mismo sacrificio, la misma Víctima, el mismo Sacerdote—, con este sacrificio reparó Nuestro Señor Jesucristo todas las ofensas hechas contra la santidad de la Justicia y contra la santidad del Amor. Las ofensas, reparadas; la Justicia divina, satisfecha; los hombres, purificados: he ahí la obra del amor que nos tiene Jesucristo.

El ultraje había sido de gravedad infinita por ser infinita la majestad de Dios ofendido. La expiación es de valor infinito por ser infinita la dignidad del Hombre inmolado, el cual —incluso en cuanto hombre— es Hijo de Dios.

Infinidad de un lado, infinidad de otro: el equilibrio es perfecto. Ya se rinde la justicia eterna. Ya se rinde y deja caer en las manos heridas de Jesús el decreto fatal que nos maldecía por nuestras manchas. Ya lo coge Jesús, lo clava en la Cruz y con su propia Sangre, borra aquellas líneas que pedían venganza. **Consummatum est.** La Redención está hecha.

Jesucristo amó. Jesucristo nos amó a todos. Jesucristo nos amó hasta el sacrificio que nos redime y que nos hace de nuevo hijos de Dios.

* * *

Y Jesucristo exige ser amado.

A lo largo de su vida hemos visto que no se ha contentado con llamarse Dios, sino que ha exigido todos sus derechos y todos sus homenajes. Mas entre esos homenajes hay uno que exigió con singular insistencia, que obtuvo de manera soberana y que le señala con un rasgo exclusivo.

Es el amor que exigió de los hombres. Amor tan completo, tan elevado, tan absoluto, tan heroico, que la sola idea de exigirlo supone la conciencia de la más divina de las superioridades, y no se admira uno de que lo haya obtenido, habiéndose atrevido a exigirlo.

Y como si todo el buen sentido humano debiera ir por tierra cuando se trata de este ser extraordinario, al propio tiempo que exigía el amor de los hombres, anunciaba que lo había de conseguir, y se profetizaba también el odio de los hombres, un odio tan sublime como su amor.

Jesús, objeto de un amor tan sincero, que todo lo deja por él, como lo hicieron sus discípulos, enviados de dos en dos a predicar el Alegre Mensaje del Reino.

Y lo que él decía, se cumple. A la vez amado y aborrecido; adorado y escupido; objeto de un amor que llega hasta la locura y de un odio que llega hasta el furor; amor y odio que veinte siglos no han sabido satisfacer ni explicar.

Esta historia nos ha presentado los principales momentos en que Jesús emitió la singular pretensión de ser amado, de ganar y conquistar los corazones. En esta pretensión advierto tres cosas que, reunidas, constituyen un fenómeno único en la historia de los sentimientos humanos.

Es la primera, que Jesucristo ha querido ser amado **por todos.** ¡Ay! Nos cuesta trabajo el vernos amados por algunos: ¿cómo pensar en hacernos amar por todos?

Y objeto de un odio tan sublime como el amor. (Lo que Jesús veía desde la cruz).

¿Quién se ha atrevido a pensar así? Nadie, ni aun los fundadores de alguna religión: ¡de tal manera, en este difícil asunto, sentía cada cual su irremediable miseria!

Por otra parte, ¿acaso para ser dichosos necesitamos vernos amados de todos? Cuando despertamos a la vida bajo las miradas de un padre y de una madre, rodeados de hermanos y hermanas que juegan y cantan con nosotros, esto basta durante mucho tiempo a las aspiraciones de nuestro corazón.

Cuando crecemos, buscamos entre los compañeros de nuestra juventud algunas almas que simpaticen con la nuestra; y si hallamos una, nos creemos dichosos.

Cuando llega esa edad más ardiente a la vez que más formal, en la que aquellos primeros encantos ya no pueden bastar, ¿qué es lo que uno dice? Llegará un día en que tenga yo un amor apasionado y fiel, una casa, un hogar feliz, algunos pocos amigos, y esto es bastante para mi dicha.

Tal es el corazón humano. Necesita torrentes de luz, torrentes de gloria, torrentes de gozo. Mas tratándose del amor, se conforma con poco, porque teme debilitarse y perderse, si se atreve a dilatarse. Pues cuando vemos a Jesucristo entrar en el mundo de manera enteramente distinta, declarando que quiere ser amado por todos, sentimos ya profundo asombro.

Y eso es nada todavía. Quiere Jesucristo no sólo que le amen todos, sino que le ame cada cual **sobre todas las cosas.** Exige el amor más grande: un amor que arranque al hombre de los placeres, que llegue hasta el testimonio de la sangre, que haga palidecer todos los demás amores.

Eres niño, eres joven: amas a tu padre y a tu madre; los cubres con tu veneración. Y a cada año que pasa, los quieres más, porque sabes que se acerca la separación, y aquel afecto filial, algo inconsciente, de la infancia, se eleva hasta una especie de culto.

Pues bien, tienes padre, tienes madre; los amas con toda la ternura de tu alma. ¿Hay alguien que pretende que tú le ames más que a ellos? Es Jesucristo. «El que ama a su padre o a su madre más que a mí, no es digno de mí.»

Eres madre: tienes sobre tus rodillas a ese tierno niño tan esperado, tan deseado, tan amado. ¿Hay alguien que quiere ser amado por ti más que él, alguien al cual deberás, si necesario fuere, entregar ese niño? Es Jesucristo. «El que ama a su hijo o a su hija más que a mí, no es digno de mí.»

Y aun dentro de ese amor que de dos almas forma una, ¿hay alguien que se cree con derecho a entrar en esos impenetrables repliegues y quiere ser todavía más amado? Es Jesucristo. «El que ama a su esposa más que a mí, no es digno de mí.»

Pero ¿es posible? Imponer tales condiciones, ¿no es exponerse a quedarse solo, abandonado al ridículo y al desprecio? Pues he aquí que Jesucristo persevera en exigir este amor tan extraño, tan absoluto, tan definitivo, **y anuncia que lo obtendrá** desde el día de su martirio:

«Cuando yo sea levantado de la tierra —dijo— atraeré a mí a todos los hombres.» ¡No consiguió semejante amor cuando estaba vivo, y espera obtenerlo después de muerto!

Cuando entre los hombres difundía su gracia en milagros y en palabras de vida eterna, parece que no lograba hacerse amar como él quería. Porque ¿quién se sacrificó por él? ¿Quién lo acompañó hasta el Calvario? Sólo su madre y tres o cuatro más. Subió solo; y allí, como dicen las Escrituras, buscaba quien le consolase y no lo encontraba. Y un hombre que se ve abandonado cuando vivo, negado cuando vivo, entregado cuando vivo, ¿se atrevería a soñar, siendo hombre mortal, que después de su muerte había de ser amado con aquel amor tan grande, tan heroico, tan extraordinario, amado por todos, amado sobre todas las cosas, amado hasta morir?

Ese hombre sería un loco...

Y, sin embargo, he aquí que hubo un Hombre cuya cuna fue embalsamada por la virginidad y cuyo sepulcro fue custodiado por el amor.

Hubo un Hombre cuyo sepulcro no sólo es glorioso, como anunció el profeta, sino también adorado y besado.

Hubo un Hombre que renace todos los días en el pensamiento de millares de hombres y que todos los días palpita en millares de corazones.

Hubo un Hombre que, después de desaparecido, se ve acompañado por muchedumbres infinitamente más numerosas que las que durante su peregrinación por el mundo le acompañaron. Muchedumbres que rehacen sus pasos, sin cansarse nunca. Muchedumbres que le buscan y le encuentran en todos los lugares que santificó con su presencia: en el pesebre y en los brazos de su madre, en el taller y en la orilla del lago, en los trigales de Galilea y en los atrios de Jerusalén, en la sombra de los olivos y en la vergüenza de la cruz.

Un Hombre que fue cosido a dos palos con cuatro hierros, y ha visto desde entonces desfilar a sus pies siglos de adoradores, que todos los días le han desclavado para sentarle en su trono, proclamarle su Rey único, amado sobre todas las cosas, postrarse ante sus pies heridos y besárselos con ardor indecible.

Un Hombre azotado, escupido, muerto, a quien una fe invencible resucita sin cesar de la muerte y de la infamia, para consagrarle un amor que nunca desfallece y encuentra en él la paz, el gozo, la gloria, el éxtasis.

Un Hombre aborrecido con el odio del verdugo brutal contra la víctima inocente; pero que pide mártires y apóstoles a toda posteridad que surge, y encuentra apóstoles y mártires en todas las generaciones.

Un Hombre que ha iniciado el tiempo nuevo en la historia de los hombres, un Hombre que ha fundado el amor sobre la tierra y divinizado el dolor: el único Hombre que pudo decir a Dios: —No te han agradado los holocaustos de los hombres y sus sacrificios por el pecado. Me has dado un cuerpo apto para sufrir y para inmolarme por ellos. Padre, aquí me tienes dispuesto a cumplir tu voluntad.

El único Hombre que pudo decir a los demás hombres: —Este es mi Cuerpo, que será roto por vuestra salvación. Esta es mi Sangre, que será derramada por la remisión de vuestros pecados. Este es mi Corazón que tanto os ama...

El único que ha podido tomar a los hombres en su

debilidad y en su egoísmo, y coronándolos con la triple diadema de la virginidad, del martirio y del apostolado, los ha elevado a las cumbres más divinas del amor.

El único que, condenado a muerte y fracasado al parecer, contempla cómo a su alrededor el viejo Templo se abre, los altares se arruinan, los sacrificios de animales se extinguen, y las almas que saben dónde se halla la única redención y la felicidad verdadera, no sólo le consagran su propio amor, sino que llegan a lo sumo del sacrificio por el amado cuando le entregan o envían al martirio a sus propios hijos, mientras agrupadas en torno a su Cruz le cantan con voz tierna y agradecida: **¡Tú eres el Santo, Tú eres el Señor, Tú eres el Altísimo, oh Jesucristo!**

¡Y me he atrevido a decir que sería un loco si exigiese tanto amor de los hombres! ¡Oh, no! Jesucristo no es un loco. ¡Qué sublime argumento pudo desarrollar la pluma de aquel pensador cristiano, con las tres frases que estampó en un pedazo de papel como relámpagos de su genio: Jesucristo exigió ser amado, Jesucristo es amado, luego Jesucristo es Dios!

* * *

No ha terminado el drama de Jesús. Hoy, como ayer, sigue siendo objeto de un amor y de un odio, tan inexplicables los dos para quien no tenga fe. A su alrededor actúan todavía fariseos que acechan, Judas que traicionan, discípulos que duermen, Herodes sensuales, Pilatos cobardes, saduceos despreocupados. Y también apóstoles que predican, agradecidos que le proclaman Rey, mártires que por él mueren, jóvenes que le siguen, mujeres que le hospedan, muchedumbres que le acompañan sin cesar, fieles que reciben sus palabras y las cumplen.

Yo no puedo permanecer como mero espectador. Después de haber leído esta historia, la gratitud me obliga a escoger pronto mi papel en el Drama de Jesús. ¿Cuál escogeré? Mi vida y mi muerte y lo que viene después dependen de la posición que yo adopte respecto a nuestro Señor Jesucristo.

YO QUIERO VER, ... ¡QUIERO CREER!

– ¡Luz, Señor! Dame luz, que quiero ver;
qué es la vida y la muerte;
cómo lo sabes todo,
antes de que suceda;
cómo y por qué nos predestinas, dando
a éstos gran claridad, gran energía;
a ésos pequeñas; a otros, casi nada...
y por qué esta angustiosa convivencia
de lo bueno y lo malo...
¡Luz, más luz...! Quiero ver, quiero entender...

+ Tienes muy limitada inteligencia
para abarcar el colosal enigma
de lo malo y lo bueno.

Todo lo abarco yo, y todo lo ordeno
a vuestro bien. Tú mismo, en el gran día,
verás que os he atraído,
con mi fuerza y mi luz a la alegría.
Vive, pues, sin angustia: en mí confía.

– Gracias, Señor. ¡Qué descarriada ha sido
mi pretensión de ver!
Ahora sólo pido
tu luz, Señor... Más luz: ¡quiero creer!.

EL CANTO DEL AMIGO

Tríptico de sonetos

I

Quiero cantar el canto de mi amigo
en la paz de esta hora vespertina:
Mi amigo es bueno; junto a mí camina
para mejor oír lo que le digo;

si advierte que me canso y no le sigo,
aguarda un poco y hacia mí se inclina;
si no le puedo ver porque hay neblina,
me dice: «Nada temas, voy contigo.»

Sé que podré pedirle cuanto quiera;
si voy a un sitio nuevo, allí me espera;
si me pierdo, no cesa de buscarme.

y el dolor que le causo con mi huida
no me lo echa en cara y se le olvida
por el gozo que siente al encontrarme.

II

Conozco que mi amigo es verdadero
en que le gusta confiarme parte
de sus secretos, y me enseña el arte
de convertir el mal en bien entero.

Amigo mío, en ti yo siempre espero,
porque siempre me escuchas sin cansarte,
siempre por mí deseas entregarte
y me quieres, y sabes que te quiero.

Confieso que ante ti soy como nada,
y que más de una vez de ti me olvido,
mientras en todo instante tú me miras.

Mas pienso que mi pobre amor te agrada,
por este noble afán que tú me inspiras
de que seas amado y conocido.

III

Y ahora, el sumo elogio de mi amigo:
Cuando sabe que tengo alguna pena,
con más piedad me habla, me serena,
y, en prueba de amistad, se está conmigo.

Cuanto más pobre soy, mejor le sigo:
el fracaso a sus brazos me encadena,
y hasta la muerte me parece buena,
porque él vendrá y me llevará consigo.

Mi amigo nunca cambia, y si pretende
que yo le siga por camino estrecho,
sólo es para impedirme un descarrío.

Mi amigo es Dios. Por puro amor desciende
a mi nivel y un corazón se ha hecho.
¡para ser y llamarse amigo mío!

ÍNDICE DE ALGUNOS TEMAS

contenidos en el Evangelio y comentados en este libro. Puede ser útil en las visitas que hacen los TESTIGOS DE JEHOVA, no para convencerlos (que no se dejan convencer), sino para que ellos no desorienten a los que poseen la verdad. Vale también para conversaciones con cristianos, para Círculos de estudio, Reuniones de Evangelio, etc.

Los números entre paréntesis remiten al capítulo de la presente obra.

y en unión con el Corazón de Jesús (69).

APOSTOLES. Elegidos y educados por Jesús (31); enviados por primera vez a predicar (43); enviados por segunda vez (58). Jesús les comunica el poder de perdonar pecados (83); el poder de consagrar el pan y el vino convirtiéndolos en cuerpo y sangre de Cristo (111); el mandato de predicar el Evangelio y bautizar a todos (142).

AUTORIDAD SUPREMA EN LA IGLESIA. Jesús la confió a Pedro (141), como antes se la había prometido (53).

BAUTISMO. El de Juan sólo era un acto piadoso (15). El de agua y Espíritu Santo, instituido por Jesús, es necesario para entrar en el Reino de Dios (21); Jesús manda administrarlo (142).

CONFESION de la propia fe, reconociendo a Jesús ante los hombres (43); confesión de los pecados, necesaria para que sean perdonados (83).

CORAZON DE JESUS. Es el mismo Jesús del Evangelio que nos ama hasta entregarse y que simboliza este amor en su Corazón herido (140); perdona siempre y nunca echa en cara los pecados (84); se revela a quien quiere, como se reveló a Santa Margarita-María (60); en su mensaje hay exigencias; pero él mismo se ofrece a consolarnos y fortalecernos (60), y promete saciar la sed de cuantos creen en él, porque de este Corazón manarán torrentes de agua viva, símbolo del Espíritu que comunica alegría, santidad, felicidad, haciéndonos hijos de Dios (63).

Desde hace 20 siglos tiene preparados designios de paz y felicidad para cada uno de nosotros (13); le agrada que confiemos en él ilimitadamente (69 y 84); desborda de sensibilidad humana y de poder divino (33); es la hermosura de la vida interior de Jesús que se asoma a los ojos cuando habla (35). La Eucaristía es el don más excelso de este Corazón, en la cual él está vivo (111). También está vivo en nosotros, Corazón de hombre que ama a Dios cuanto Dios merece ser amado; Corazón de Dios que ama a los hombres cuanto los hombres necesitan ser amados (116). Este Corazón, por ser Corazón de Dios y Corazón de Hombre perfecto, nos ama con amor divino, con amor humano espiritual y con amor humano sensible. Por eso, se expansiona con sus amigos (112); tiene un amigo predilecto al que confía su madre (113); ama a los mismos que reprende (99); le duele la prevista ruina de su patria (96); sufre en Getsemaní, y podemos consolarle (118); quedó herido el Viernes Santo, y emitió sangre y agua que representan los sacramentos de la Iglesia, aquel agua viva que había prometido (136). Es el Corazón del Hijo primogénito (140); está viviendo el drama de nuestra redención (30); generoso y condescendiente hasta lo sumo (141), ama a todos, exige ser amado de todos (144), y agradece nuestras pruebas de amor (109). Desagravia el honor de Dios, a quien el mundo no conoce y quiere tener discípulos asociados a su acto de reparación (116). En otros capítulos se habla también del Corazón de Jesús (32, 34, 49, etc.).

CORDERO. Jesús, desde el principio de su vida pública, es presentado como Cordero de Dios, es decir, como víctima que sin culpa propia, acepta el sacrificio para expiar pecados ajenos (19).

CRUZ. Jesús llevó la suya camino del Calvario (130), y nos manda llevar la nuestra cada día (el cumplimiento del deber), si queremos ser discípulos suyos (43).

CUERPO MISTICO DE CRISTO. Misterio anunciado por él mismo: «Yo en ellos»; misterio que es esperanza de gloria (116).

DEMONIO. Tentador y vencido (17); expulsado por Jesús en varias ocasiones (25, 37, 41, etc.).

DEVOCION AL CORAZON DE JESUS. Es entrega para amar y servir (140). Nos lleva a vivir en amistad confiada con Jesucristo (69 y 84). El Apostolado de la Oración es manera concreta y perfecta de practicar esta devoción (69).

DIVORCIO. Prohibido por Jesús en el Sermón de la Montaña (32, f); renueva la prohibición, apelando al mandato impuesto por Dios al primer hombre y a la primera mujer (81).

DRAMA DE JESUS. Se compendia así: presentado a los hombres por el Padre, unos le aman, otros quieren matarle; Jesús se entrega por amor, para salvar a todos (30).

ENCARNACION del Hijo de Dios en María Virgen. Anunciada por el ángel, realizada por el Espíritu Santo (2).

ESPIRITU SANTO. Amor del Padre y del Hijo, Dios como el Padre y el Hijo (prólogo); Persona divina que cubre a María, para que en ella se haga hombre el Hijo de Dios (2); desciende sobre Jesús recién bautizado (16); actúa en la vida de Jesús (17, 26, 60, etc.); el mismo Jesús, después de ascender al cielo, lo enviará a sus apóstoles como Consolador y Maestro (114) y lo infunde en las almas de ellos para comunicarles el poder de perdonar pecados y transmitirles la misma misión que él ha traído del Padre (140); sugiere a los mártires lo que deben responder ante los perseguidores (43). Por qué dice Jesús que no será perdonado quien pecare contra el Espíritu Santo (37).

EUCARISTIA. Jesucristo promete dar su carne como alimento y su sangre como bebida; pero no dice *de qué manera* hará esta donación (48). Un año después, Jesús cumple la promesa, dando su cuerpo bajo apariencia de pan y su sangre bajo apariencia de vino (110); es el Sacrificio —cuerpo entregado, sangre derramada— de la Alianza nueva y eterna, que el mismo Jesús manda perpetuar —haced esto en conmemoración mía— (111).

EVANGELIO. Significa Buena noticia, predicada por Jesús y por sus discípulos (24); es el libro que nos conserva aquella predicación (1).

EVANGELISTAS. Son cuatro; testigos de lo que escriben, pondrán la vida por la verdad (1).

FARISEOS. Aborrecen a Jesús, porque le ven actuar como enviado de Dios, sin haberles pedido permiso (27 y siguientes); le sentencian a morir porque se proclama Hijo de Dios (121); ante Pilato inventan acusaciones de cariz político; pero al fin no encuentran más solución que descubrir el verdadero motivo de su odio y de su empeño por crucificarlo: «Se ha hecho Hijo de Dios» (129).

FE. Todo es posible al que cree (56); Jesús exige fe para conceder sus beneficios (24, 42, 56, 86, etc.). Jesús ha orado para que no falte la fe de Pedro (117).

GRACIA SANTIFICANTE. Participación de la naturaleza divina que nos comunica Jesús (116); comparada con el agua viva (23); comparada con la vida nueva (21); el que la posee, tiene el alma limpia de pecados graves (108).

GRACIAS ACTUALES. Dios nos las concede como luz en la mente y fuerza en la voluntad para que obremos bien: Judas las rechaza (109); el buen ladrón las aprovecha (132).

HERMANOS DE JESUS. Con este nombre —de acuerdo con la costumbre oriental— son designados los que sólo eran primos de Jesús, ya que María y José no tuvieron más hijos (26).

IGLESIA. Jesús promete fundarla sobre Pedro (roca firme), como jefe (53); promete estar con su Iglesia hasta el fin de los siglos·(143).

INFIERNO. Jesús lo predica como castigo eterno para los que mueren en enemistad con Dios (71, 76, 105).

JESUCRISTO es VERDADERO DIOS, puesto que es el Verbo (Palabra) del Padre, Dios como el Padre, encarnado en María y aparecido entre los hombres, lleno de gracia y de verdad (2). Es VERDADERO HOMBRE, en todo igual a nosotros, menos en el pecado, nacido de María en Belén (7), venido al mundo para iluminar a todos los hombres el camino de la verdadera felicidad (15); el Padre nos manda oírle (16 y 55); por la fuerza de su nombre, los Apóstoles curan enfermos, expulsan demonios (43). Como hombre, llora por el amigo muerto; como Dios, resucita al amigo muerto (86). Como hombre, es hijo de David; como Dios, es Señor de David (99). Como hombre, es menor que el Padre (113); como Dios, es uno con el Padre (68); existe antes que Abrahán (67); da vida eterna a los que quiere (28); verle a él, es ver al Padre (112); quien cree en él, no morirá para siempre (86). Como es el Hijo de Dios venido al mundo para salvar (58), perdona pecados (27); tiene la potestad de juzgar a todos (28); dará premio o castigo (105); resucita muertos (33, 42, 86), y hace otros muchos milagros para que creamos en él (por todo el libro); se resucita a sí mismo (137); sube al cielo (19 y 142); promete que volverá sobre las nubes (121), y exige ser amado sobre todas las cosas (75 y 144).

JOSE. Recibe del cielo una misión sublime (5). La cumple fielmente; la guarda en secreto (14).

JUAN BAUTISTA. Hijo de la vejez y del milagro, anuncia que ya ha llegado el Redentor prometido; acepta ser eclipsado; muere mártir de la verdad (15, 16, 22, 33 y 44).

JUDIOS. Con este nombre son designados en el cuarto Evangelio, no los del pueblo, sino los dirigentes del pueblo (28); en muchas ocasiones se enfrentan con Jesús (20, 28, 30, etc.); esperan al Mesías Salvador; y cuando llega, no le quieren recibir (1); con tal de condenar a Jesús, renuncian a ser pueblo de Dios y aceptan el imperio del César romano (129).

JUSTICIA. En muchos pasajes del Evangelio equivale a santidad (5, 32, etc.).

LIMOSNA. Recomendada por Jesús, para purificarnos de pecados (71); siempre será necesaria porque siempre habrá pobres (94); Dios no mira cuánto das, sino cuánto amas al dar (100).

LUZ. En qué sentido Jesús es la luz del mundo (65).

MARIA. Unica (2). Inmaculada en su concepción, por estar destinada a ser madre del mismo que tiene por Padre a Dios (2). Consagrada con voto de virginidad, por inspiración del Espíritu Santo (2). Su santidad es la más excelsa después de la santidad de Dios (2). Tiene tanto poder como mediadora, que adelanta a Jesús la hora de hacer milagros, y actualmente intercede por nosotros cuando acudimos a ella (20). La más cercana a la obra redentora de Jesús (9). Asiste activamente al sacrificio redentor y es proclamada Madre de los redimidos (133).

MILAGROS DE JESUS. En ellos resalta el poder al servicio de la bondad (33, 42, 47, etcétera).

MISA. Es Sacramento de la presencia de Jesús; es alimento para el alma; es renovación del sacrificio redentor (111).

MISTERIOS. De la Encarnación (2), de la Trinidad (2), de la Eucaristía (110), de la Predestinación (48, 91); de la resurrección de los muertos (86).

MUERTE. Jesús predice la suya varias veces (54, 67, etcétera); la acepta libremente en filial sumisión al designio divino de redención universal (87 y 91); la vence resucitándose (137); no será definitiva para los que creemos en Jesús (86).

OBEDECER a los apóstoles, y a sus sucesores de hoy que son los Obispos con el Papa, la Iglesia docente, es obedecer a Jesucristo (58).

ORACION. Es eficaz (69); hemos de hacerla con humildad, perseverancia y confianza (69); oración de Jesús antes de elegir a los doce (31); antes de salir para entregarse (116); en el Huerto (118); en la cruz (131 y 134).

PADRE NUESTRO. Es la oración oficial enseñada por Jesús para pedir todo lo que necesitamos (70).

PARABOLAS. Unas explican cómo es el reino de Dios entre los hombres (39); otras explican la reprobación del pueblo elegido y el llamamiento de todos los pueblos (97); otras quieren inculcarnos la obligación de vivir vigilantes (104), o la confianza en el Corazón de Jesucristo (84), o como ha de ser nuestra oración (69).

PARIENTES DE JESUS. No creían en él como Mesías; reconocen que tiene poderes mágicos y desean que sea conocido y alabado; Jesús no necesita ser apoyado por ellos (58).

PASCUA. Fiesta de los judíos (107); fiesta de los cristianos (108).

PASION Y RESURRECCION. Anunciadas por Jesús como inseparables (90).

PERDON. Debemos concederlo de corazón al que nos ofenda, como Dios nos perdona (82); Jesús comunica a sus apóstoles (y en éstos, a los obispos y sacerdotes) el poder de perdonar pecados (83 y 140).

PRESENCIA DE JESUS en la Iglesia. Por la fe, por la Eucaristía, por sus legítimos representantes (143).

REDENCION. Todos los hombres la necesitaban (1); Jesús la realiza para formar de nuevo la gran familia de los hijos de Dios (87); es Redentor, porque ha venido al mundo para poner su vida en rescate por muchos (91).

RESCATE. La vida de Jesús, ofrecida libremente, y aceptada por el Padre, nos rescata de la esclavitud del pecado (91).

REDENTOR. Había de tener dignidad infinita para satisfacer a la infinita dignidad de Dios, ofendida por los pecados del hombre (1). Jesús tiene esa infinita dignidad, puesto que —incluso en cuanto hombre— es Hijo de Dios (144).

RESURRECCION. El mismo que estuvo en la cruz y fue despreciado, salió del sepulcro convertido en cuerpo glorioso (138 y siguientes). Todos resucitaremos en el último día (86 y 98).

REY. Jesús es Rey, pero no como los de este mundo (125); admite en su reino a los arrepentidos (132 y 57).

RICOS. Tendrán dificultades para salvarse (77, 78 y 79); un rico arrepentido (93); un rico, Lázaro, hospeda a Jesús (94); otros ricos le convidan a comer (34 y 75); otros dos, Arimatea y Nicodemo, le preparan sepultura nueva (136).

SABIDURIA DE JESUS. Desde el instante de su concepción, sabe que —incluso en cuanto hombre— es Hijo de Dios (2). Conocimientos adquiridos, sabiduría infusa, visión beatífica (13). Para él están patentes los pensamientos de sus interlocutores (26, 27, 57, 98, etc.).

SACERDOCIO. Jesús instituye el de la Nueva Alianza (111).

SALVADOS. No sabemos si serán muchos o pocos. Sabemos que todos podremos salvarnos con tal de perseverar en la fe y en la obediencia de Jesucristo (76); por tanto, vivamos vigilantes para no perder su gracia (97, 104 y 105).

SENTENCIA CONTRA JESUS. Sólo por haberse declarado Hijo de Dios (121). Ni Pilato ni Herodes encuentran causa alguna para condenarle a muerte (125 y siguientes).

TESTIGOS. Los apóstoles son nombrados testigos de Jesús ante los judíos y ante todo el mundo (142 y 143). Cada cristiano debe ser testigo de Jesús confesándolo ante los hombres (43).

TESTIGOS DE JEHOVA. No tienen derecho a llamarse cristianos, pues afirman que Cristo no es Dios. Dicen que admiten todo el Evangelio; pero niegan muchas verdades contenidas en el Evangelio. Algunas de estas verdades aparecen bajo los siguientes títulos de este Indice: ALABANZAS A MARIA, AUTORIDAD SUPREMA EN LA IGLESIA, CUERPO MISTICO, ESPIRITU SANTO, EUCARISTIA, IGLESIA, INFIERNO, JESUCRISTO ES DIOS, PODER DE PERDONAR PECADOS CONCEDIDO POR JESUS A SU IGLESIA, REDENCION, SALVACION PARA TODOS, TRINIDAD, VERBO DE DIOS es Dios como el Padre, se hace Hombre y es JESUCRISTO.

TENTACION. Jesús permitió ser tentado, no para que nosotros no seamos tentados, sino que para que nosotros podamos vencer las tentaciones (17).

TRINIDAD. Misterio de Dios, vida de Dios (prólogo).

VIDA. Jesús pone la suya voluntariamente en rescate por los hombres (67 y 91); tiene poder para ponerla y poder para recuperarla (135);

nos comunica su vida divina como el tronco comunica savia a las ramas (63 y 113). Vida eterna: la recibirán los que hayan cumplido la voluntad del Padre (68). Vida religiosa, activa y contemplativa (62). Premio prometido por Jesús a los religiosos (80).

VIGILANCIA. Recomendada por Jesús, porque vendrá a juzgarnos cuando menos lo pensemos (73).

VERBO (palabra) de Dios. Existe desde siempre. Es Dios como el Padre. Se hace hombre en María. Es Jesucristo (2).

VIRGINIDAD. Jesús alaba a los que la aceptan libremente por el reino de los cielos (81).

VOCACION. Es tan potente la llamada de Jesús, que en un instante puede cambiar la manera de vivir (24); la vocación puede ser desoída (79); los que la siguen recibirán gran premio (80).

VUELTA DE JESUS. Vendrá otra vez (105, 121, 143); no sabemos cuándo (104).

INDICE GENERAL

ACTO PRIMERO

EL ENCUENTRO

ACTO SEGUNDO

LEVANTA SU BANDERA

ACTO TERCERO

FRENTE A FRENTE

ACTO CUARTO

HACIA UN TRIUNFO ETERNO

ACTO QUINTO

SERA ENTREGADO

SEMANA SANTA

CORONAMIENTO

ESTOY CON VOSOTROS

AL HAMBRIENTO COMO A UN AMIGO

Me prometió el Señor una visita,
y tengo ya en mi mesa el pan y el vino...
¡qué alegría y qué honor,
dar la cena al Señor!

Me asomo y, mientras miro hacia el camino,
mis deseos aumentan y mi amor:
¿Cuándo vendrá el Señor?

En esto, viene un pobre
y me pide alimento.
Puedes pasar, hermano; toma asiento;
come lo que aparté para el Señor.
Si él viene luego, le diré: Perdona;
ya no me queda nada para ti,
que llegó un pobre hambriento,
                y todo se lo di.

Cuando declina el día,
el Señor me habla al alma, en el silencio:

Yo a tu casa hoy venía,
en traje de mendigo
con hambre; pero tú, sin conocerme,
me has dado de comer, y me has tratado
como a un querido amigo.
Yo así te trataré, en aquel gran día;
pues serás invitado
a mi mesa, en el Reino de mi Padre,
y para siempre reinarás conmigo.

ESTE, SIEMPRE CLAVEL;
AQUEL, SIEMPRE RUISEÑOR;
TU, SIEMPRE DIOS.

He bajado al jardín; escojo flores,
y hago un ramo de mucho colorido;
mas del clavel me olvido.
Allí se queda él;
y allí sólo, perdido,
siempre da buen olor: siempre es clavel.

Junto a un zarzal, cuando amanece el día,
oigo de un ruiseñor la sinfonía...
¡qué admirable cantor!
Nadie le aplaude aquí; nadie le oye,
y él siempre canta: siempre es ruiseñor.

Tú, Señor, en las flores
depositaste aromas; tú enseñaste
la música a los pájaros cantores,
y ellos proceden como tú mandaste.
Yo, en cambio, algunas veces me sublevo
contra tu voluntad, y hago la mía;
cuando estamos hablándonos los dos,
no atiendo sólo a tus palabras santas
y pienso en otras cosas y personas...

Mas tú siempre me aguantas,
siempre me quieres, siempre me perdonas,
siempre conmigo estás, siempre eres Dios.

POR QUE, SEÑOR,
PROCURAS MI AMISTAD

– Señor, aquel poeta,
al que buscabas tú en noches oscuras,
te preguntó contrito y humillado;
"¿Qué tengo yo, que mi amistad procuras?"
Tú quedaste callado.

También desciendes hoy de tus alturas
y vienes a buscarme; yo, contrito,
la pregunta repito:
"¿Qué tengo yo, que mi amistad procuras?"
y otra pregunta añado:

"Si la amistad es sólo verdadera,
cuando se da entre iguales,
¿cómo amigos tú y yo, si entre nosotros
existen diferencias abismales?
Tú eres la claridad, el todo santo;
yo soy la oscuridad, el todo impío...
¡Qué distintos, Señor! Yo no comprendo
cómo podré llamarte amigo mío."

+ Podrás, porque a mi altura te levanto,
cuando hacia ti desciendo.
Te doy mi claridad; me la dió el Padre.
Ella es gracia, es amor, es alegría...
Tienes así la misma vida mía
y la igualdad que tu amistad reclama...

– Gracias, Señor. Me has puesto en tus alturas;
me das tu claridad, tu amor, tu gozo...
Tengo vida de Dios; ¡ahora entiendo
qué tengo yo, que mi amistad procuras!.

ENCUENTRO QUE ME ILUMINO:
¡TIENES CORAZON!

Cuando empezaba yo a buscarte dentro
de mí mismo, Señor, te preguntaba
qué tienes y qué ofreces;
tú me hiciste saber, en un encuentro,
que tienes todo: suavidad, potencia,
vida inmortal, sublime inteligencia
y tienes ... Corazón. Esto me atrae,
que así tú, siendo Dios, te haces amigo,
muestras cuánto me quieres,
atiendes con bondad a lo que digo
y, si quedo callado, me recuerdas
que tienes Corazón, y así, me mueves
a confiar en ti y estar contigo.

LIBROS DEL MISMO AUTOR

Editados en MENSAJERO, Apartado 73. 48080 BILBAO:
EL DRAMA DE JESUS
POESIAS DE GIRASOL

• • •

Editados en EGDA, Cinca, 6. 28002 MADRID:
HAY MUCHA GENTE BUENA
NUEVAS HISTORIAS DE GENTE BUENA
TODO, Y... CANTANDO
VERSOS ANGELICOS; LA BONDAD, NO LOS
MARTILLAZOS.
LECTURAS PARA PENSAR, PENSAR PARA VIVIR.
EN LA INDIA LUMINOSA
REGALO DE DIOS, biografía de Madre
Rafaela de Jesús-Hostia.
DIOS Y HOMBRE VERDADERO, poesías breves en torno
al bienhechor más grande de la Historia.

• • •

Editados en Edapor, Núñez de Balboa, 115, 1, E, 28006 MADRID:
ESTOS DAN CON ALEGRIA
80 LEYENDAS, 80 MENSAJES
LA DIVINA TRAGEDIA
DEVOLUCIONARIO POPULAR
FAMILIA Y CORAZON

• • •

Editado en el Monasterio de las Religiosas Capuchinas.
18330 CHAUCHINA (Granada)
ASI VINO LA VIRGEN A CHAUCHINA

PEDIDOS: A las respectivas Editoriales, a Librerías o al autor
(José Julio Martínez, S.J. Apartado 1. 48080 BILBAO).